韬略平天下

U0623110

宋元韬略

刘韶军 著

长江出版传媒 | 崇文书局

图书在版编目（ＣＩＰ）数据

宋元韬略 / 刘韶军著 . -- 武汉 ：崇文书局，
2018.1（2023.1 重印）
（韬略平天下）
ISBN 978-7-5403-4872-4

Ⅰ . ①宋… Ⅱ . ①刘… Ⅲ . ①中国历史－研究－宋元
时期 Ⅳ . ① K240.7

中国版本图书馆 CIP 数据核字（2017）第 313065 号

宋元韬略
SONG YUAN TAOLUE

策　　划　田扬帆
责任编辑　高　娟
出版发行　长江出版传媒｜崇 文 书 局
地　　址　武汉市雄楚大街 268 号 C 座 11 层
电　　话　(027)87677133　邮政编码　430070
印　　刷　湖北画中画印刷有限公司
开　　本　700mm×1000mm　1/16
印　　张　24
字　　数　360 千字
版　　次　2018 年 1 月第 1 版
印　　次　2023 年 1 月第 3 次印刷
定　　价　69.80 元

（如发现印装质量问题，影响阅读，由本社负责调换）

前　言

谋略与文明

谋略是人类生活中的文明现象之一，是人类生活中不可缺少的一个部分。试想，没有谋略，人类的社会与生活又有什么色彩与趣味？甚至可以说，没有谋略就没有人类的文明。

何谓谋？何谓略？

"谋"之云者，是人类智力与知识的体现与运用，是人类特定群体或势力之间的冲突与碰撞所发出的智慧之光。职是之故，它的价值就不局限于一时一地的功利目的，而于人的心智开发有着永恒的价值。

"略"之云者，乃是策略甚至战略之意，是对事情的进程所策划的整体部署与周密安排。这种部署，不是按部就班、墨守成规；这种安排，不是循规蹈矩、安于故俗；而要讲究轻重缓急、前瞻远虑，需要灵活机动、随机应变。确定谋略之前，心心念念；执行谋略之时，行险徼幸；完成谋略之后，痛快淋漓。

谋略，不能聚集众人共同参与商议，只能由少数智者在暗中进行。

谋略，会为历史篇章增添一笔传奇色彩。

谋略伴随着特殊的人才而产生，又使这些人才的特殊才能得以充分发挥。没有奇人怪才，就没有引人入胜的谋略。而没有那些谋略，这些奇人怪才就永远埋没在人群之中，庸碌一生。

谋略与国家

如何夺取天下，称王称帝，这在古代是最大的事业，也是最危险的事业，成则为王侯而享受至高尊贵，败则为贼寇而遭杀身之祸。不精心谋算策划，必无成功之望。所以中国历史中充满了谋略，这些谋略左右着国家与天下的命运。

宋代的建立，是一场深远而周密的谋略。得天下不易，守天下更难！在古代社会，对一位帝王来说，巩固统治是永远的谋略课题。而作为一位臣子，谋略的重心则是如何取得帝王的宠信，不断提高自己的政治地位，排斥并打击对自己形成威胁的对手与敌人等等，这都是中国古代政治斗争中不可忽略的谋略内容。

从邦国关系来看，要战而胜之，或者保持战略平衡，物质方面的实力必不可少，但精神方面的谋略力量，有时则起到更为重要的作用。

宋王朝的物质力量虽并不输于辽、金、夏、元，但宋未能在军事上战而胜之，最后亡于他人之手。不得不说，宋人在谋略上的不足或失误，或许是一个重要的原因。

总之，从人类文明发展角度上看的谋略，必是广义的谋略，在各种事情中，都会有所表现。在此概念的基础上再来审视中国历史，就可发现，所谓谋略已深入到中国人生活的方方面面，我们在理解历史与文明发展时，不能忽略了谋略在其中的作用。

正是基于此种认识，我们说谋略就是文明，文明必有谋略，甚至可以说，凡是伟大的民族，其历史之中必然充满谋略。中国人素以聪明机智著称于世，这些聪明机智，不仅浇灌出了灿烂辉煌的艺术之花，而且铸造出了神奇诡谲的谋略之剑。

宋元那个时代

人的命运，与其生活的时代紧密相连。人摆脱不了时势的控制，只能顺应时势，依靠自己的努力，运用各种手段来改变时势。谋略就是手段之一。要了解宋、元时代的谋略，必须首先知道宋、元的时代全景。

每个时代都不是空降而来的，而是前一时代的延续。宋、元之前，是唐和五代。唐是中国历史上最兴盛的时代之一，然而盛极必衰。开元盛世之后不久，安史之乱、黄巢起义爆发，盛极一时的大唐王朝开始走向衰败，终于在 907 年，亡于没有什么文化的社会下层人物——朱温（即朱全忠）之手。整个中国从统一走向分裂，由和平变成战乱，从此进入了五代十国的乱世。

五代，是指在唐灭亡之后建立起来的五个小王朝：后梁、后唐、后晋、后汉、后周。这五个王朝相继替代，控制着华北与中原，期间并没有统一全国。与此同时，还有十个割据之国，散立于五代控制的地区周围。

整个五代十国，从 907 年朱温灭唐，到 960 年赵匡胤黄袍加身，只有短短五十三年，却是中国历史上最著名的乱世之一。

在这样一个战乱不断的时代，军阀武夫们不断杀戮和称帝，人民饱受战乱之苦，根本享受不到长久的和平与安宁。他们只相信一句话：谁兵强马壮，谁就可当皇帝！

中国大地乱得太久了。人心思治，向往统一，便成了历史的大势所趋。直到五代的最后一个王朝后周，才逐渐出现了统一的迹象，郭威、柴荣等贤明的君主，励精图治，改革弊政，希望统一全国。然而二人虽有统一的雄心，却最终天不遂人愿，正所谓"出师未捷身先死，长使英雄泪满襟"。然而可幸的是，赵匡胤兄弟挺身而出，运用大智大勇，顺应民心，完成了二人的遗志，终于统一了中国，建立了大宋王朝。

然而大宋王朝的日子，从来没有安定过。从北宋到南宋，最大的忧患，是北方一个接一个兴起的少数民族政权的军事压力。

宋从建国之初到亡国之时，从来没有摆脱掉辽、金、夏、元虎视眈眈的威胁。与此同时，大宋王朝的内部，也充满了帮派的党争。党争使众多士大夫手足无措，被迫卷入政治争斗的漩涡之中，人们为此心力交瘁，甚至性命不保。

宋王朝灭亡之后，取而代之的是元朝。元朝是中国历史上第一个由少数民族（蒙古族）建立的统一政权。蒙古族历史上最辉煌的时期，就在此时。

他们西进，一直征服到远在西方的大半个欧洲；他们南下，打败了宋朝，建立起元朝。他们能取得这样的成就，归功于成吉思汗和忽必烈这两位富有谋略的天才。成吉思汗从一个普通的蒙古青年成长为叱咤风云的天之骄子；忽必烈从众多的蒙古王子王孙中脱颖而出，他们都拥有超人的谋略智慧。

正是这种内忧外患和统治动荡的时势，造就了宋元时代的众多杰出人物——他们用智谋化解了政局中出现的种种纷争，也使这一时代的谋略文明在中国历史上留下鲜亮的一笔。

目录

第五章
士大夫党争与政治

第六章
宋与辽、金的缠斗

第十章
忽必烈和他的谋士

第
一
章

CHAPTER1

兵变加黄袍的来历

宋王朝的开端源自一场精心策划的演出，即所谓"陈桥兵变，黄袍加身"。一个晚上，赵匡胤还在睡梦中，就被士兵拥着上了马，披上了黄袍，第二天就当了皇帝。利用兵变而黄袍加身的方法，并不是赵匡胤的首创，在他采用这一方法之前，已经有四个人用同样的方法实现了当皇帝的美梦。赵匡胤只是故技重演，但他的手法更为娴熟。当然，整个过程并不简单，这场精心策划的历史大戏，让赵匡胤完成了称帝的大业。

士兵哗变与帝王的废立

唐王朝从强盛走向衰败，最后灭亡，其后的朝代是五代。五代的第一代是后梁，由朱温灭唐后建立。由他开始，整个五代都是如此：靠武力不断杀戮和称帝。在这种背景下，不断上演一场场士兵哗变拥立新皇帝的闹剧。

◇唐王朝衰败后，谁当上了皇帝？

自唐代中期起，镇守一个地区的军事长官——节度使的实力与权力就不断增长，逐渐成为皇帝无法控制的军阀豪强。节度使们不把皇帝放在眼里，无限制地扩张力量与权势。然而螳螂捕蝉，黄雀在后，当节度使们对着皇帝撒野放肆的同时，他们的下属也会上行下效，成为取而代之的节度使第二。唐中期之后出现的安史之乱，是节度使对皇帝犯上作乱的顶峰，与此同时，节度使们一夜之间被手下的某位军官掀翻在地、再一刀插进胸膛的事件也层出不穷。

不过，这种事变往往采取了"借士兵哗变之名、行夺权之实"的方式，事情总是在黑暗中喧嚣着开始，等到太阳升起时，军营里就更换了主人。类似的场面自唐代中叶出现之后，一直延续到兵荒马乱的五代，且在夺权的级别上不断升级，由最初的借兵变夺节度使之权，发展成借兵变夺皇帝之权，最后一幕也是最为著名的一场兵变，即陈桥兵变。赵匡胤黄袍加身之后，为防止类似局面再次出现，便精心谋划，运用多种手段，消除形成兵变的条件，最终给这类闹剧画上了句号。

整个五代时期，此类闹剧一次次重复，似乎没有什么新意，但其实每一次兵变夺权的背后，都隐藏着与众不同的谋略。

唐王朝的灭亡，及其后第一个割据小王朝的出现，即五代的开始，这一历史作品，谁也想象不到，竟出自一个乡下教书先生的儿子之手。此人在中国历史上最为捉摸不定，因为他每完成一次历史性的"佳作"，就喜欢改一个名字，不知是想以此作为成功的纪念，还是想以此来洗刷完成"佳作"过程中的罪恶？不管他的动机如何，其人频繁改名的最直接效果，就是使后人读到这段历史时，常常分不清早先的他与后来的他。所以，要想了解其后的闹剧，先得认准这个人才行。

此人姓朱，安徽砀山人，他饱读儒家诗书的老父亲为他取了一个字的单名：朱温。也许是想让这个儿子成为"温良恭俭让"的儒生，将来博取科举的功名，也就可以告慰祖宗了。然而此子从小不喜读书，更不乐意到田里干活，只爱使枪弄棒。无奈老父撒手太早，朱温与两个哥哥，只好到别人家里当长工，混个一饥半饱。

到二十六岁时，机会终于来了。这一年，声势浩大的黄巢起义军路过朱温家乡，看着与自己差不多的农村青年，身披黄巾，手执刀枪，扬眉吐气，而非自己平日受人欺压的倒霉样子，朱温毫不犹豫，投身到这股见所未见的滚滚洪流中。没用多久，朱温便从一个普通的起义军士兵，升为队长，到黄巢大军攻下唐王朝首都长安时，朱温已经成了东南行营的先锋使。又经过几年的战场厮杀，朱温表现出英勇善战之气，屡立战功，成为黄巢手下不可多得的猛将。

朱温虽然参加了农民起义军，但他并非一个真正的起义者，他最初的动机完全是为了个人的私利。在形势变得对农民起义军不利时，他又毫不犹豫地投降了唐朝。朱温降唐，使黄巢起义军的实力大受损失，而让风雨飘摇的唐王朝大大松了一口气，因此之功，朱温就从唐僖宗那里换来了丰厚的赏赐，被任命为同州华州节度使、左金吾卫大将军、河中行营招讨使。同时，朱温的名字也改成了朱全忠。

朱温变成朱全忠之后，他就从起义军的猛将摇身一变而成为镇压起义军的干将，唐王朝对他也有厚报，让他当上了割据河南的宣武节度使。当黄巢起义被镇压以后，朱全忠的目标又变为扩充地盘，他逐步吞并掉周围的割据军阀，控制了长江淮河以北、黄河中下游的广大地区，成为当时最有势力的藩镇。

不久，朱全忠清除了一切可能的障碍之后，又一次改名，叫作朱晃，表示与唐王朝的恩赐一刀两断，也表示与当初加入农民起义军的朱温毫不相干。改名之后，他指使手下上演了一场禅让闹剧，于是鼎盛一时的大唐王朝宣告寿终正寝，当年这位乡下教书先生的儿子——朱晃当了皇帝。这就是五代的第一代——后梁王朝的太祖，此时他已五十六岁，距他参加黄巢起义军，已是三十年过去，弹指一挥间。

从一个农村青年，靠着自己的"奋斗"，最终爬上皇帝宝座，这对个人来说，也算是人生的一种成功。但个人的成功，不能保证他的子孙后代也会有同样的成功。朱温这种人，为了个人目的，从不讲任何原则，所以他的"奋斗"，就是不择手段地害人以利己。

◇父子相杀

晚年的朱全忠，由于猜忌部属，疑虑万端，最终众叛亲离。回想当初的成功，面对眼前的困窘，他变得越发暴戾荒淫。为了发泄心中积郁，他恣行虐杀，纵欲宣淫，逞其兽性。朱全忠的淫乱无耻，在中国古代帝王中堪称第一。

从朱全忠的一生看，他的人文素质甚差，只不过是乱世之中冒出来的一个较有头脑的野心家而已。他在提高自己的军事政治地位以及夺取最高权力方面还算成功，但在巩固政权、长治久安方面，则完全是个低能儿。这种现象，在中国古代历史中并不罕见。所以，朱全忠虽然结束了大唐王朝，建立起后梁，使中国历史进入了五代时期，却不能使这个新的王朝像刘邦、朱元璋的王朝一样，成为中国历史上一个举足轻重的朝代。朱全忠成功之后的倒行逆施，使他前半生的成功，很快就灰飞烟灭，以一个可笑的结局告终。

在朱全忠那伙无耻又狂妄的儿子中，有个养子叫朱友文。此人本事不大，但他的老婆王氏却有很大野心，总想让自己的丈夫从众兄弟中脱颖而出。所以她把朱全忠的每次"召幸"都视为良机，大肆卖弄，加上她确也有些姿色，竟然讨得了朱全忠的欢心，成为最受朱全忠宠爱的女人。于是无能的朱友文，在老婆不惜血本的"帮助"下，在诸兄弟中的地位不断上升，大有立为太子的希望。

然而事情有其利就有其弊，朱友文暗中庆幸胜利之时，绝不会想到随之而来的是杀身之祸。912年，朱全忠与盘踞山西的节度使李存勖作战失败，气急败坏，返回洛阳休养。这时他感到自己的日子没有多少了，就把朱友文从汴梁召来，嘱以后事。

朱全忠一召朱友文，其他的儿子们就感到事情不对了，他们纷纷活动，探听消息。正巧这时朱全忠"召幸"亲生儿子朱友珪的老婆张氏，张氏设法从朱全忠嘴里打听到消息，派人向朱友珪报告："皇上已把传国宝玺交给朱友文的老婆带往大梁了，我们今后可怎么办啊？"

朱友珪原本就不被朱全忠疼爱，曾因一点小的过失，被朱全忠用鞭子痛抽了一顿。他听说朱全忠将传位朱友文，不知如何是好。第二天，朱全忠又派人宣布：调朱友珪离开都城，前去山东莱州当刺史，并且要立即赴任。朱全忠一贯的做法就是贬官之后紧跟着赐死。朱友珪知道自己的死期不远，这次任命实际就是朱友文假借朱全忠的名义，要置自己于死地。

面对这个局面，朱友珪不知所措，他的随从劝告他："事到如今，为什么还不另作打算呢？与其坐着等死，不如抓住时机干一番事业！"

朱友珪只好决死一拼，他想到宫廷禁军中还有几个朋友，于是马上改换服装，来到禁军的左龙虎军，请统军韩勍帮忙。朱全忠平日里滥杀无辜，军队将领稍不顺其意，就被问罪赐死。韩勍担心自己的命运，怕朱友文上台后，不相信自己。若能帮助朱友珪成就大事，自己的前程自然不可限量。如此想来，韩勍与朱友珪一拍即合，两人商量了一个办法，要除掉朱全忠和朱友文。

韩勍挑选手下牙兵五百人，换上侍卫亲军控鹤军的服装，由朱友珪安排混入宫中，并在宫内埋伏下来。等到半夜，由朱友珪率领这五百士兵，潜行至朱全忠的寝宫。此时寝宫内外侍候朱全忠的人见状不妙，一哄而散。朱友珪第一个冲进寝宫，朱全忠醒了，起身问："谋反的是谁？"朱友珪说："不是别人，就是我。"朱全忠说："我原来就怀疑你这个贼子，只恨没有尽早把你杀死。你如此叛逆，天地怎么容得下你？"朱友珪说："老贼你该碎尸万段！"

这时朱友珪的仆人冯廷谔猛刺朱全忠的腹部，刀尖直从背上穿出。朱友珪拿了条破毯子，把朱全忠的尸体包裹起来，埋在寝殿里。接着，朱友珪又派人告知其胞弟朱友贞，朱友珪让他赶赴汴梁，杀死朱友文及王氏。

第二天，朱友珪假借朱全忠的名义发布诏书："朱友文阴谋叛逆，派士兵冲入宫内，朕靠朱友珪的忠诚与勇敢，挫败了朱友文的叛变，保全了朕的生命。但因事变的惊吓，朕的病情恶化，命朱友珪代朕摄政，主持军政大事。"韩勍又替朱友珪出主意，从皇宫仓库里取出大量金帛钱物赐给各地军队和文武百官，以此收买人心。

又过了两天，朱友贞送信说，朱友文已被干掉，这时朱友珪才向全国宣布朱全忠的死讯，举行国葬，同时继位称帝。为了报答韩勍和朱友贞，朱友珪任命韩勍为侍卫诸军使，并兼领匡国节度使，任命朱友贞为开封府尹、东京留守。

◇第一次兵变立皇帝

朱全忠死了，无人痛惜。朱友文死了，大家都骂他活该。但朱友珪弑父篡位，也得不到人们的赞同。朱全忠的其他儿子，无论是亲子还是养子，谁都不服朱友珪，想要取而代之。朱全忠的重臣宿将，也知他必败，谁也不肯出来支持他。朱全忠的谋主敬翔，在朱友珪上台后，马上称病而不预朝事。朱全忠的养子朱友谦则传檄各地，向朱友珪宣战。而素为朱全忠猜忌的杨师厚，这时则趁乱袭取了河北的军事重镇魏博。朱友珪对此毫无办法，只好承认既成事实，任命杨师厚为天雄军节度使。

朱友珪对杨师厚既恨又怕，想除掉他却无实力，欲让他效忠于自己也不可能。他横梗在那里，是巩固皇位的最大障碍。杨师厚是朱全忠最得力的猛将，素有威信，现在又把魏博重镇掌握在手，后梁的精兵锐卒基本上都成了杨师厚随意调遣的力量。朱全忠在世时，杨师厚还有一点顾忌，不敢过分放肆，现在朱友珪上台，杨师厚根本不把他放在眼里。朱友珪对此心知肚明，所以杨师厚就成了朱友珪的眼中钉，肉中刺。

怎样除掉杨师厚？朱友珪想了一个办法——借商讨军机为名，召杨师厚来洛阳，找机会将其一举拿下。

杨师厚一接到朱友珪的诏书，便看穿了朱友珪的如意算盘。于是杨师厚亲率精兵万人，杀气腾腾地进入洛阳。朱友珪见此架势，哪敢乱来，只好温言逊辞，厚加赏赐，老老实实地把杨师厚送回河北。这场较量之下，朱友珪计谋落空，反被杨师厚所牵制，二者孰强孰弱显露无遗。

正当朱友珪与杨师厚斗力的时候，朱全忠的另一个儿子朱友贞暗起心思：要想在此人心不稳之时上台称帝，只有借杨师厚的手来除掉朱友珪。朱友贞虽有野心但无实力，他自知这一点。所以在此之前他都只是在一旁静观局势发展，甚至不惜充当朱友珪的帮凶。当朱友贞看到朱友珪的无能和杨师厚的骄横时，他决定伺机而行。

朱友贞手下的谋士赵岩向朱友贞建议：杨师厚是后梁老将，功高位重，现在既掌禁军，又据魏博重镇，可谓举足轻重。况且他与朱友珪不和，正好挑唆他们互斗，若由杨师厚的人干掉朱友珪，朱友贞便可从中取利。不过，公然让杨师厚举兵反对朱友珪实在不妥，看来只能采取另一种办法。这就是唐代以来多次发生过的兵变拥立节度使的办法，然而这一次却要升格了——借兵变之名换皇帝。

朱友贞与赵岩谋划好之后，马上派出亲信潜行至魏博镇，游说杨师厚，请他除掉朱友珪，并许诺事成之后给以高官厚禄，同时犒赏军费五十万缗。杨师厚一向未把朱友珪放在眼里，现在又有丰厚的酬报作条件，当然乐意。于是杨师厚派贴身禁卫随朱友贞的使者回到洛阳，与皇宫禁军首领袁象先联系。同时派遣一支部队挺进到滑州，作为都城内的声援与外应，让朱友贞再无后顾之忧。

袁象先是朱全忠的外甥，担任侍卫亲军都指挥使一职，具有调动禁军的权力。赵岩是朱全忠的女婿，官职为驸马都尉，与京城权贵联系密切。朱友珪上台后变得荒淫无道，没有开国君主的气象，更不知对赵岩、袁象先之类贵戚勋臣进行安抚与笼络。袁、赵本来就窝了一肚子火，加上朱友贞的煽风点火，这伙人便抱成团，谋划着干掉朱友珪。

有了计划，还需要实施计划的人员。朱友贞等人本来准备鼓动皇宫内的侍卫禁军搞兵变，但一时没有绝对把握，只好由袁象先等人在禁军中先做工作。就在这时，天赐良机，驻扎怀州的禁军龙骧军部分士兵溃散乱窜，到处抢掠，朱友珪派部队去镇压，并搜捕他们的余党，弄得人心惶惶。朱友贞借此事大做文章，龙骧军除了驻扎在怀州之外，还有部分驻扎在首都汴梁，朱友贞看到朱友珪四处搜捕龙骧军余党，就派人把驻在汴梁的龙骧军士兵召回东都洛阳，然后让人在这部分龙骧军中散布谣言："皇上因为驻扎在怀州的龙骧军反叛，准备连你们一起问罪。听说过了年就要把你们全部坑杀。"

本来这批人就惶惶不可终日，不知朱友珪哪天来找麻烦，再听朱友贞如此一说，更加不知所措，整个军营中一片恐慌。

朱友贞又到朱友珪那里添油加醋，他装作十分忠诚的样子对朱友珪说："驻扎在汴梁的龙骧军士兵，不肯奉命返回洛阳，他们似乎有反叛的迹象。"朱友珪十分恼火："我上台后，怎么个个都不配合，专找麻烦？"于是让朱友贞到龙骧军中做安抚工作，不行的话，就用武力镇压。朱友贞见朱友珪上了当，心中暗喜，立刻赶到汴梁龙骧军中。

当朱友贞再次出现在龙骧军面前时，那些如惊弓之鸟的士兵，都把他当成了救世主，齐齐跪拜在朱友贞面前，要他为大家指一条生路。看到这个形势，朱友贞对大家说出真心话："先帝和你们南征北战三十多年，才经营了这一份帝王事业。如今先帝尚且被人杀死，你们又怎能逃过一死呢？"

众人听他如此说，想到当年跟随朱全忠四处征战，如今却落到这个下场，心中不知多难过；再想到朱友珪如此无情狠毒，心里又充满了怕和恨。朱友贞见大家的情绪被调动起来了，便从怀里掏出朱全忠的遗像，声泪俱下，他说："先帝如何死的，想必你们也都听说了，他老人家在九泉之下能瞑目吗？你们活在天地之间能甘心吗？其实我也和大家一样，性命不保，别看我今天还是什么开封府尹和东京留守，谁敢保证明天会是什么情况？有的人连父亲和兄弟都敢杀，更何况我们呢？我们如今坐等也是死，拼一场或许还有一线希望。"

士兵们听了这番话，都被激怒了，大家摩拳擦掌，准备大干一场，他们对朱友贞说："事到如今，你叫我们干什么，我们二话不说，都豁出去了。"

朱友贞一咬牙，对士兵们说："我们只有到洛阳去为先帝报仇雪恨了！谁要是不让我们活，我们也不让他活。就凭我们这些禁军精兵，看谁能挡得住我们！这才是我们唯一的转祸为福之路！"

士兵们这才从恐惧与难过中解脱出来，大家雀跃欢呼，请求派发兵器。朱友贞早就准备好了，马上龙骧军的士兵装备齐整，再让袁象先等人部署具体行动。

到了晚上，袁象先等人率龙骧军数千名士兵冲入皇宫，另外还纵容大军在洛阳城内大肆烧杀抢掠。朱友珪就像当初的朱全忠一样，从睡梦中惊醒，已经没有人为自己卖命了。他和老婆张氏及几个亲随在慌乱中从皇宫逃到洛阳城的北城墙下。朱友珪明白终究难免一死，于是命令亲随先把张氏杀死，再杀死他。他的几个亲随，最后也都自杀了。

龙骧军士兵在城内大肆抢劫，其他部队的士兵也群起效之，一时间，京城洛阳内一片大乱，朝廷里的许多大臣都不能幸免，一连好几天，才平静下来。

袁象先和赵岩看到大功已成，就带着传国宝玺赶到汴梁，请朱友贞到洛阳登基。朱友贞说："汴梁是先帝创立基业的地方，何必再到洛阳去登基呢？"朱友贞知道此时的洛阳经过兵乱之后，已非往日景象，到那里去登基，不会有多少愉快的心情。再则他担任东京留守和开封府尹时，都把工夫下在了汴梁，在这里登基，心里更踏实一些。

朱友贞这次有计划地发动兵变来谋取帝位，是自唐代藩镇兵变改换节度使的一大发展，同时也是五代时期兵变立皇帝的第一场演出。自他开了这个头之后，以后的人们都学会了这一招。所以整个五代，经常出现与之类似的场面。兵变立皇帝，成为五代政治史上一个不可不仔细审视的现象。

兵变，从表面上看，好像是士兵们的骚动，没有什么人指使，其实只是一种假象，历史上从来不会有无人策划的行动。所以，每次兵变背后，都有难与人说的谋略。不了解兵变背后的谋略，历史就变成了无序事件的堆积。只有透视这一场场兵变立皇帝，才能真正了解从五代到北宋王朝建立的这一段历史，最终了解到北宋太祖赵匡胤与太宗赵光义上台前后的一系列谋略之来由与用心。

◇河东李氏的崛起

朱友贞借兵变达到上台当皇帝的目的后，并没能让后梁重振雄风。别看他在夺取王位时还有些谋略，但到上台执政时，就暴露出与其兄弟一样的无能。他913年上台，923年亡国被杀，在位不过十年时间。

消灭后梁的，是一直占据着山西而与称帝于河南的朱氏王朝对抗的李氏家族。李氏祖先是来自北方塞外的少数民族沙陀人，是突厥族的别部。当年唐太宗打败突厥，把这一支突厥人所在的地区设置为沙陀都督府，因当地沙碛遍布，故被称为沙陀人。沙陀人后来迫于吐蕃的压力，辗转内迁到甘州（今甘肃张掖）、灵州（今宁夏灵武）。唐王朝设置阴山都督府，让他们自行治理。

沙陀人虽打不过吐蕃，但在帮助唐王朝镇压内地农民起义时，却是一支强悍的兵力。唐后期黄巢起义时，沙陀人的部队屡立战功，首领李克用被唐朝封为河东（今山西一带）节度使；后又被朝廷封为晋王。李克用与朱全忠分据山西、河南，是当时中原地区兵力最强的两大藩镇。

朱、李两家的战争，从父辈延续到子辈，最后李家消灭了朱家，后唐取代了后梁。李存勖消灭后梁之后，被史家称为后唐庄宗。

后唐庄宗在军事上有勇有谋，但当皇帝之后，则表现出低能的政治水平。这也不奇怪，因为沙陀人本来就以征战见长，缺乏治国称帝的文化素质。正是后唐庄宗李存勖在政治上的低能，导致了五代时期的第二次兵变立皇帝。

后唐之所以能灭后梁，上下协力同心，是一个很重要的因素。正因为如此，才能够在李克用死后撑住危局，反击后梁的进攻，并逐渐转弱为强；才能够在十多年的浴血苦战中，屡丧宿将而军心不摇；才能够在与后梁的决战时刻，谋臣武将置生死于度外，一举打败后梁。然而胜利后，李存勖却把这批忠心耿耿的谋臣武将的功劳完全抹杀，把一切功劳记在自己头上。他曾竖着手指对别人夸耀说："我于指头上得天下！"此外，他对宿将功臣猜忌备至，战功第一的猛将李嗣源受到冷遇和猜忌，忠诚而有谋略的郭崇韬死于非命。上下解体，终于使自身灭亡。

凡是不能任用贤能的人的君主，必然对无能而善于拍马屁的小人重用。李存勖正是如此。他对真正的人才压着不用，对一些腐朽无用的名门世族却十分青睐。这些出身名门世族的所谓名流，在李存勖称帝后，纷纷出来亮相，通过各种不光彩的手段，占据了朝廷里的重要职位。这些人掌权后，不仅不能帮助李存勖励精图治，反而千方百计地排挤打击那些颇有识见的谋臣武将。

李存勖更大的失误在于，他特别喜欢那些宦官和伶人。因为李克用当年能在政治上起家，就是依靠唐王朝里的宦官，所以李存勖上台后还对宦官们情有独钟，非常尊崇，给以很大的政治权力。李存勖自幼爱好音律，所以他对皇家豢养的伶人，感情特别深厚。在李存勖没有称帝之前，军事的压力迫使他不敢放肆地宠信这些宦官与伶人，而在他称帝之后，似乎就没有什么顾忌了。

于是这帮小人恃宠怙势，但群臣也只能愤嫉，而莫敢出气。更有一批没骨气的朝臣附托这些宦官与伶人，以谋私利。李存勖对文臣武将都不放心，便让这些毫无政治知识、只知牟取私利的伶人做文武百官的监督者，正可谓小人得志满天飞。他们擅作威福，陷害贤能，搜刮民财，穷奢极欲，为所欲为，自然造成上下离心、民怨沸腾的恶劣局面。

兵变拥立皇帝的多次成功

以兵变的形式拥立新皇帝上台，在五代不断上演，且多次取得成功，这只能说明那是一个混乱的时代：谁的兵力强，谁能控制军队，谁就可能把皇帝赶下台，自己来当皇帝。

◇第二次兵变拥立皇帝

正是因为宦官的谗言，后唐最有政治头脑的郭崇韬被害，而李存勖接着又听信谗言，杀死素著威望的功臣朱友谦。功臣宿将人人自危，各地的节度使也都心怀不满，一时间流言四起，军队中的中下层军官及士卒们更是愤愤不平。于是叛乱此伏彼起，令李存勖睡不安寝，疑心更重。

先有攻伐西蜀的骁将康延孝以为郭崇韬、朱友谦复仇为名，率军反叛，与后唐的其他部队大战于四川地区。但由于康延孝是后梁的降将，得不到后唐其他军事将领的支持，很快战败身死。然而乱局一开，就不可收拾，混战继续蔓延，整个中原地区都笼罩于动荡不安的气氛中。

这时候的李存勖，如果处理得当，还有希望平定乱局，稳定李氏王朝。但他身边已没有像郭崇韬这样的能臣为之出谋划策了，相反，李存勖还在为自己的灭亡火上加油。当时，驻守在北部边疆瓦桥关的部队应按期调回内地，让士卒休假返乡，但他们在返回途中，却突然接到皇上的敕令，让他们暂停回家，待命接受新的任务。

在流言四起、人心浮动之际，李存勖的这一敕令，直接激使了兵士造反。兵士皇甫晖率众哗变，拔刀露刃，胁迫军官赵在礼为首领，长驱南下，攻入后唐的东京邺都。这支哗变的部队，是后唐最精锐的部队，在攻灭后梁的战争中功劳最大。他们的反叛令李存勖吃惊不小，但他没有好言招抚以安定人心，而是派亲信率军讨伐。这些亲信平时溜须拍马还算好手，真正到了战场，就只能是坏事的角色，被精锐的哗变部队打得落花流水。

李存勖不得已，只得起用素所猜忌的猛将李嗣源率侍卫亲军出去镇压。这支侍卫亲军，号称"从马直"，是无论什么时候都不离皇帝身边的最亲信部队，也是李存勖从诸军中亲自挑选出来的骁勇士卒。他们分为四支部队，而其总指挥官郭从谦，平常最崇拜郭崇韬，以叔父之礼事之。在郭崇韬被陷害致死之后，他早就心怀不满，暗中散发私财结交从马直的军官们，向他们哭诉郭崇韬的冤屈，酝酿着为郭崇韬复仇。在此之前，从马直中已有过一次军士王温策划兵变的事件发生，但由于事前泄了密，相关人员被李存勖全部处死。而李存勖此时并未对郭从谦有疑心，他还在一次平常的谈话中，戏问郭从谦为何要依托郭崇韬和李嗣源，为何要唆使王温谋反。

李存勖本是戏语，但言者无心，听者有意，郭从谦心中有鬼，听到李存勖这样说，更加惶恐焦急，于是便在暗中散布谣言，说李存勖已经决定，在从马直部队平定邺都的叛乱后，要尽杀亲军。消息传出，从马直的士兵人人惶恐。而李存勖却麻木不仁，全无所知，还要强迫他们出征，这无异于火上浇油。

其实受命率军出征的李嗣源虽然受到李存勖的猜忌与冷遇，却并无异心，他还是全心全意地为后唐王朝出力卖命，正准备率领部队出发。部队离开首都后，抵达叛军所在的邺都城下，当天夜里，在郭从谦的暗中策划下，士兵们发生哗变，他们劫持了李嗣源，要求李嗣源当他们的首领以反叛朝廷。士兵们对李嗣源说：

"邺都的部队辛辛苦苦，本当回家休假，皇上不加优待，反而视之为叛军，进行镇压。皇上让我们与邺都的部队厮杀，却要在平叛结束之后，把我们也全部杀死。这到底是怎么回事？我们本无叛心，只不过是不愿意死而已。我们与各部队商量好了，与城中的部队联合起来，击退各路前来讨伐的部队，请令公（李嗣源当时已被李存勖任命为中书令，故称他为令公）来当皇帝!"

李嗣源当然不愿也不敢反叛,但兵士们都拔刀相向,杀气腾腾,不答应也得答应。于是城外的部队与城内的部队合成一伙,让李嗣源当了首领。李嗣源到这时仍想向李存勖表示忠心,他假托收抚散兵,出了邺都,来到魏县,聚拢了当地部队五千人,再向李存勖上书申诉,是迫不得已才被叛军推为首领的。但李嗣源的上书,都被李存勖身边的宦官伶人们扣压下了,李存勖了解不到形势发展的真相,继续做出错误的指挥,调动各地的部队前往镇压李嗣源。

这时中国历史上另一个重要人物出场了,他就是著名的儿皇帝石敬瑭。当时石敬瑭还是李嗣源的女婿,官职也并不高,但他看准了时机,积极劝说李嗣源与李存勖决裂。他对李嗣源说:"上将与三军已向全天下宣布反叛了,难道还能指望得到皇上的谅解吗?如果现在犹豫不决,恐怕不会有什么好结局!"他自请为先锋,率军攻取后唐的首都汴梁和洛阳。

李嗣源得不到李存勖的回音,看来不反也得反了,于是铁下一条心,准备与李存勖大干一场。这时候,各地前来讨伐的部队也都纷纷表示拥戴李嗣源,不再听从李存勖的命令,形势一下子变得让李嗣源信心百倍了。正可谓李嗣源人心所向,李存勖回天无力。李嗣源率领大军,浩浩荡荡,渡过黄河,进入汴梁,直逼洛阳。

这时候李存勖才知大事不妙,先前他被身旁的宦官与伶人们蒙蔽得好苦,竟然不知道李嗣源、郭从谦及各地将领们的真心。兵临城下,李存勖这才与他那贪得无厌的老婆刘皇后打开皇宫里的宝库,向城中的部队散发金银财宝,想让他们为自己卖命。但已经太晚了,平时李存勖与刘皇后,只知搜刮民财,不知体贴士卒,别说普通的部队,就连皇家的亲卫军,也常处于饥寒交迫的境地。所以此时士兵们接到李存勖发下来的钱财,不仅无丝毫感激之心,反而破口大骂:"我们的老婆孩子早都做了死鬼,要这些东西有什么用?"

李存勖亲自率军向汴梁进发,准备与李嗣源决一死战,才走到半路上,就听说李嗣源的部队已经进入了汴梁,李存勖只好仓皇逃回,还未等回到洛阳,士兵们已经逃走了一大半。此时李存勖再三向士兵们说好话,并许以厚赏，但士兵们还是不听，他们对李存勖说："陛下赏赐得太晚，人们已不感激圣恩了！"等到洛阳，郭从谦又率众哗变，与京城留守的禁军混战起来。李存勖在乱兵之中被流箭射中身死，左右的亲信逃散，只有一个伶人把平日所用乐器收敛在一起，放在李存勖身上，一把火烧了，也算是伶人对他恩遇的最后酬报吧！

李嗣源进入洛阳，很快就称帝于天下，史称后唐明宗。不久，李嗣源手下的亲信安重诲瞒着李嗣源，把后唐的宗室诸王全部杀死，当年英武一时的李克用家族全部灭绝。李存勖那个以贪婪著称的刘皇后，趁乱逃出洛阳，这时仍不忘携带珍宝，企图逃到太原当尼姑，但也被愤怒的人们捉住处死。

当年与朱全忠争战中原叱咤风云、几乎统一了整个中国的智勇兼备的后唐庄宗李存勖，在消灭后梁之后，为时不过三年，就变成了内外离叛、死无葬身之地的独夫民贼，身死族灭，历史真是无情！北宋的历史学家司马光评论他说："知用兵之术，不知为天下之道！"真是一针见血。

邺都兵变，后唐明宗李嗣源被拥戴为皇帝，这就是五代时期的第二次兵变立皇帝。它与其他几次兵变立皇帝相比，最大的区别在于它不是被拥皇帝李嗣源本人的预谋，而是出于一个并未从这场兵变中获利的人（郭从谦）的谋划。尽管如此，这一次兵变立皇帝，仍是一场谋略的最终结果。五代时期，经过这次兵变立皇帝之后，骄兵悍将对于政治局势的危害更烈，而手握兵权的军官们对于皇位的觊觎之心，也更加强烈，耍阴谋靠兵变夺取皇权的人也就更多了。

◇兵变立皇帝屡试不爽

李嗣源被哗变的士兵们拥立为帝，史称后唐明宗。此人从来没有当皇帝的野心，完全是被形势推上帝位的一人。他本来是沙陀部落中一个普通的部民，连个姓氏都没有，只有一个小名，叫作邈佶烈。十三岁时，就到沙陀人的首领李国昌手下当了亲兵。他年纪虽小，却擅长骑射，又有过人的骁勇之气，故在李克用当首领时，升为亲兵中的小校，并被李克用收为义子。其后随李克用及李存勖南征北战，屡立战功。尤其是在一次战役中拼死救出李克用后，更加受到重视，升为侍卫队长。李嗣源无政治方面的野心，朴实廉洁，深得士兵之心，每次战功所得赏赐全部分发给部下。他从不矜夸战功，每当诸将夸功竞噪时，他总在一旁从容地说："你们以口击贼，吾以手击贼！"众人惭服。与他同辈的一班勇将先后战殁，只有他硕果独存，在消灭后梁的战斗中立下首功，所以后唐建立后，他进位中书令，推为内外马步军总管。

李嗣源被推到帝位后，革除弊政，罢逐伶官，诛戮阉宦，剪除佞幸，惩治贪浊，关心民间疾苦，仅用几年时间，便使后唐境内的民众生活达到小康，是整个五代最为安定的时期。但他即位之时，已是六十高龄，虽有治好国家的愿望，本身才能却不足。他目不识丁，手下又无杰出的宰辅贤臣，故虽能在短时间内达到小康，却不能从根本上改变五代的乱世。他在政治上的最大失误，一是纵容骄兵悍将，姑息藩镇；二是不懂皇位继承制度，根本不考虑立储的问题，因为他是靠兵变登上帝位的，所以他总想报答这些士兵与将军们，对他们完全放任不管，结果造成骄兵悍将的愈益狂妄。而不在生前立好皇位的继承人，更直接造成后唐的亡国。

李嗣源在位仅七年就去世了。他垂死之时，嫡亲儿子李从荣就被权臣谋害致死。李嗣源在弥留之际闻此消息，悲愤难抑，一命呜呼。李嗣源死后，他的第五子李从厚继位，史称后唐闵帝。闵帝优柔寡断，完全被权臣控制，成为一个傀儡。

当时的沙陀人有个风习，有权势的人常爱把喜欢的青年收为义子或养子，从李克用到李存勖、李嗣源，都是如此。收义子有好处，也有坏处。好处是可以豢养一批为自己拼死卖命的得力干将，坏处是容易在死后引起继承权的争斗。

在李嗣源的诸子中，李从珂是收养的义子，出身贫困，很小就被李嗣源收养，在长期的患难中，与李嗣源结下了父子深情。李从珂长大后，也确是一个骁勇善战的猛将。当李嗣源攻下汴梁时，他苦战立功，名震全军。此后被任命为凤翔节度使。也许由于他的战功过于卓著了，竟然遭到权臣与其他儿子的忌恨。李嗣源未死之前，还能保他无虞，李嗣源一死，李从珂的日子就不好过了。

闵帝即位后，最受重用的权臣是枢密使朱弘昭和冯赟，此二人一向依靠李从厚，与李从珂关系疏远。现在李从厚上台当了皇帝，朱、冯二人感到最有威胁的政敌就是李从珂，于是唆使闵帝李从厚除掉李从珂。闵帝没有自己的主意，一切都听从朱、冯二人指挥，更何况李从珂确实比自己有本事、有威望，他也有心削弱李从珂的权力。于是闵帝就发出一个命令，让李嗣源的另一个儿子李从璋到凤翔代替李从珂的职务，而把李从珂调回京城。

李从珂本来并没有反叛之心，但自从李从荣不明不白地死去，闵帝即位以来，朱、冯等人对自己明确表示了不信任，现在又有这样的诏书，不免疑惧万分。李从珂召集手下将佐一起商议，大家一致认为这是朱、冯的阴谋，若听从诏命回到京城，必然凶多吉少。而不接受诏命，就不得不公开与之决裂而宣战。他们必须找到一个名义，使自己的行动有理有据。他们向天下发布檄文，宣告朱、冯的罪行：朱、冯害死李从荣，拥立李从厚，乃是违背李嗣源的意愿，是杀长立幼，阴谋专政，号召各地藩镇联兵讨逆，以清君侧。

朱、冯没有料到李从珂敢于公开对抗，慌忙之间，派出部队往凤翔镇压李从珂。朝廷派来的部队，是精锐的禁军及其他藩镇的精兵。大军来到凤翔城下，李从珂登城向城外的部队哭诉自己的忠心与战功，极言自己无罪而遭到陷害。李从珂的哭诉，当然是出于诚心，可能也是出于无奈，然而却产生了意想不到的作用。

这时，城外的部队中，有一位偏将叫杨思权的，他又学习以前兵变的先例，煽动讨伐部队的士兵哗变，率城外诸军投诚于李从珂。部队如此容易被煽动起来发生哗变，这说明闵帝在军队中毫无威信，而像李从珂这样闻名的有功之将，才是士兵与军校们心目中的英雄。

杨思权率军归顺李从珂之时，附有自己的条件，他在一张纸上写着："愿王（李从珂是潞王）克京城日，以臣为节度使，勿以为防（御使）、团（练使）！"李从珂当即在纸上批复："（杨）思权可邠节度使！"五代时期的骄兵悍将所以喜欢发动兵变，就是想借兵变升官发财。杨思权是一个典型的例子。

军官是如此，士兵们也不例外，李从珂对此十分明白。他下令把凤翔城内所有的金银珠宝及一切值钱的东西，都收集起来，犒赏投诚的部队。接着，李从珂又率大军攻下长安，把全长安城内的值钱东西，全都用来奖赏将士。

闵帝听说派去的讨伐部队倒戈，只好又征集其他的部队前去镇压。闵帝把皇宫内的所有财宝都拿出来作为奖赏，并宣布打下凤翔后，每人再赏二百缗钱。可军中的官兵们全不在意，他们扬言说："到了凤翔，我们还要请一份赏！"果然，当李从珂的部队攻击到半路时，闵帝派出的部队全部投降李从珂，李从珂对他们又有新的赏赐。

闵帝见大势已去，仓促之间逃出京城，此时，臣下已无一人肯从行了。闵帝只带了五十个亲兵逃走，渡过黄河后，在半路上遇到姐夫石敬瑭。闵帝向石敬瑭求救，石敬瑭却派手下的大将刘知远尽杀闵帝的随从亲兵，把闵帝一人丢在野外不闻不问。闵帝只身无援，被李从珂的部队追上杀死。

李从珂于无奈之中起兵反叛，不料很快成功，他便在汴梁登基，是为后唐的末帝。于是五代时期的第三次兵变立皇帝，宣告终场。不过，李家建立的后唐王朝，经这一折腾，也元气大伤，局面一片混乱，很快就冒出了另一个野心家石敬瑭，他勾结北方少数民族契丹的部队进入中原，消灭了后唐，石敬瑭以割让燕云十六州的代价，当上了儿皇帝，于是五代就进入了第三代——后晋。

后晋只有前后两个皇帝在位，石敬瑭死后，是他的侄儿石重贵继位，前后不过十年，就为新的想当儿皇帝的野心家勾结契丹所消灭。到这时，契丹的势力进入中原，其首领耶律德光在洛阳称帝，建立了辽朝。但契丹人凭自己的力量，并不能在内地站住脚，在中原人民的反抗下，很快就败逃到北方。中原地区便被石敬瑭原来的亲信刘知远控制在手，成立了五代的第四代——后汉。

后汉的存在时间更短，只有四年，可以说是中国历史上最为短命的王朝之一。刘知远费尽一生的心机，才当上皇帝，但只过了两年的皇帝瘾，就一命呜呼。他的儿子刘承佑根本无法让刘氏的王朝长治久安下去，仅仅两年，就被更为强有力的人物所取代。这就是后汉的禁军首领郭威，由他建立了五代的最后一代——后周。

◇郭雀儿：黥面天子登场

在大乱的时代，残酷的事实让人们只相信武力，武力强大者，就可称王。但这样的王往往短命，因为统治人民的王，不能只靠武力。所以，五代之时，五十三年间，虽然此起彼伏地冒出了五家十三个皇帝，可是这些皇帝都逃不脱历史的愚弄，其中亡国被杀的就有八个，在宝座上待得久一点的，也只有十几年，一般只有几年，短的则不过几个月。这些只相信武力的人，为了这个宝座，不知费了多少心血与精力，但最终都成了历史舞台上的匆匆过客，甚至成为后人的笑柄。

但五代时期的最后两个皇帝，则与众不同，他俩都锐意改革，努力统一，既有夺取天下的远见，又有控制能臣的智谋，故而成为一代英主，受到后人的敬佩。此二人虽然也是五代时期出现的皇帝，但绝不是那种只相信暴力的武夫，而是颇具头脑的君主，有政治家的风度，这就是五代最后一朝——后周的太祖郭威和世宗柴荣。学者们研究这一段历史，都对他们赞不绝口，评价他们："后周的改革创于太祖而成于世宗，为北宋开国奠定基础。"

郭威，邢州尧山（今河北隆尧）人，出生于904年，此时距唐朝灭亡仅剩三年时间了。而由他所创建的后周，又是五代的最后一朝，他死后只过了六年，赵匡胤便建立了北宋，所以他的一生，正好与五代同步。通过郭威的人生历程，看他如何从一个普通的贫家子弟成长为一个开国皇帝，就可从一个侧面了解到活在乱世的中国人，是如何运用自己的智慧来改变其命运的。

郭威本姓常，幼年丧父，其母改嫁，于是改姓郭。他从小生活于寒微贫贱之中，但心有大志，爱兵好勇不事田产。刚到十八岁，他就应募为兵，在后梁的潞州节度使李继韬手下当了一名禁军士兵，由此开始了他在五代乱世的军事、政治生涯，逐步从一名普通士兵，成长为五代最后一朝的开国皇帝。

当时当兵的人，有黥面（即后世所谓的"刺青"）的风习，郭威脖子上就刺了一只展翅的飞雀，时人称他为"郭雀儿"。由于这一原因，郭威也就成了中国历史上仅有的一位"黥面天子"。

郭威从进入禁兵行列之日起，就有着与众不同的志向。一般的兵士，或来自农村，或来自城镇，在当时的乱世，都是迫于生计，不得不到军营中混个前程。他们没有什么文化，不过是些鲁莽的武夫。郭威与他们大不一样，他不满足于只当一个禁兵，他要以此为出发点，实现心中超人的抱负。

郭威知道，要想从军营中出人头地，必须文武双全，靠武勇与智谋"两条腿"走路。要说武勇，这本是郭威的特长，当初他能进入禁军，当上李继韬的贴身护卫，就是靠这一点。后来郭威受到李继韬的赏识，也是靠勇敢与血性。

一次，部队驻扎在上党，郭威发现当地街上有一个屠夫，非常粗野，欺行霸市，人们对他怨声载道。郭威便要惩治这种恶霸，来抬高自己的身价。他故意前去挑惹屠夫，说："我要买肉，你必须照我的说法割。"屠夫不知是计，就按郭威的说法割肉。但郭威故意刁难他，总是说他割得不好，还破口大骂。屠夫被激怒了，但见郭威是个军官，也不敢动手打人，就一把扯开衣服，敞开肚皮，对郭威说："你狠，你敢杀了我吗？"郭威二话不说，抄起割肉刀，一刀捅死了屠夫。当郭威来找屠夫的麻烦时，已有许多人围上来看热闹，人们想不到郭威敢公开杀人，见出了人命，也都一哄而散。郭威杀了人，却毫不在意，颇为自得。官府当然不会放过郭威，把他抓起来要治罪。李继韬爱惜这个人才，得知情况后，暗地里派人把郭威从狱中救了出来，让他暂时逃亡外地，避避风头。不久，又把郭威重新召回，还升了他的官，更加重用。

后梁亡于后唐之手，李继韬被杀，其属下的部队被后唐庄宗李存勖收编。郭威因往日的勇敢与义气，仍受到李存勖的赏识。这时的郭威，更注意读书，史书称他"喜笔札""多阅簿书，军志戎政，深穷肯綮"，又与好友李琼一起研究兵书《阃外春秋》，懂得不少兵法要义，正是由于这些与众不同的才能，他才能从军队的最底层飞快上升。

后唐灭亡之后，郭威所在的部队成为石敬瑭的嫡系禁军，当时禁军的首领就是后来建立后汉的刘知远。刘知远也是沙陀人，起初在石敬瑭手下当一个军校，但在一次战役中舍命救护了石敬瑭，从而成为石敬瑭的亲信。石敬瑭称帝后，刘知远当了同平章事（即宰相），同时又掌管禁军，可谓红极一时。但刘知远居功自傲，后被其他大臣排挤出朝廷，到河东当了节度使。从这时起，刘知远就心怀异志，广招天下志士，积聚实力，等待时机，准备取石敬瑭的后晋而代之。此时的郭威也已进入军队的中上层，他分析形势，看出刘知远的志向非同一般，便离开石敬瑭的禁军，到河东投奔了刘知远。

刘知远掌管禁军时，就非常赏识郭威，此时郭威离开禁军来投奔自己，他更是高兴，把郭威视为亲信。每次征战，都让郭威跟随左右，两人的交情非同一般。

石敬瑭称帝后不久就病死了，死后无子，他的侄子石重贵继位。然而契丹不满意石重贵，便出兵灭了后晋。契丹人进入中原后，根本立不稳脚跟，不到一年，就被赶走。这时，在河东积聚力量的刘知远，就顺理成章地出来收拾局面，建立了后汉。郭威则被刘知远任命为枢密副使，同时掌管禁军。

整个五代时期，各朝各代的禁军，不仅是天下最精锐的部队，同时还是一支举足轻重的政治力量。每次兵变立皇帝，几乎都是由禁军控制局势。所以，不管是谁当了皇帝，都把禁军视为命根子，必须让最信得过的人来掌管。刘知远是石敬瑭最贴心的亲信，所以石敬瑭让刘知远掌管禁军。等到刘知远当了皇帝，他也让最信得过的郭威为自己掌管禁军。后来郭威当了皇帝，他也让最信得过的赵匡胤掌管禁军。然而这些最信得过的禁军首领，都变成了自己的掘墓人。所以赵匡胤称帝后，在如何管理禁军方面做了彻底的改革，这才杜绝了类似局面的产生。

刘知远当皇帝不过两年就患病而死。临终前，他以四个人为顾命大臣，郭威是四个顾命大臣之一。刘知远平时最相信这四个人，所以临死托孤，希望此四人能忠心耿耿地辅佐自己的儿子刘承佑，把好不容易得到的天下巩固下去。

当时郭威已成为后汉的军事首领，在政治素质方面，也比另外三个顾命大臣杨邠、史弘肇、苏逢吉高出一筹。杨邠、史弘肇是从低级小吏爬上来的，鄙俗无知，却横蛮贪暴，显贵之后，非常瞧不起儒生出身的官员。而苏逢吉就是儒生出身，于是三人分成了两派，互相排挤，双方仇恨日深，有一次在宴会上甚至当众吵闹起来，史弘肇几乎拔刀杀人。

苏逢吉虽是儒生出身，但没有治国安邦的学问，谄佞之术、贪暴之政却是他的专长。所以这三个人，整日里钩心斗角，根本没有什么宏图大计，再加上新上台的刘承佑年仅十八，更是不学无术，在一伙宦官的教唆下，专事荒淫，不把国家大事放在心上。

与此三人相比，郭威心里最有数，他知道后汉持续不久，目前最重要的是如何积聚实力，提高自己在人们心中的威望，为早日上台打好基础。在身负托孤之命后，由于其他三人的倒行逆施，政治形象大坏，实际上只有郭威成为后汉王朝最有威信的政治领袖。此时的郭威，心中必然联想万千，想当年，自己只不过是一个普通的贫家子弟，从军之后，正是靠一颗怀有远大志向的心，今天终于站到了能够扭转历史的地位上。接下来，郭威就要为实现自己最后的梦想开始行动了。

◇第四次兵变拥立皇帝

郭威若想进一步实现自己的梦想，还需时势的配合。这一点也不用郭威担心，因为时势不断地为郭威提供良好的机会，使他实现梦想的路子越走越顺。

在四位顾命大臣中，其他三人都是文吏，只能处理政务，而不能统兵打仗，郭威则不仅具备从政能力，而且具备军事能力，可谓文武双全。这是他在素质方面的优势。这种优势，使他在后来的政治活动中，不断提升自己的政治地位，为实现自己的政治抱负而奠定基础。

后汉王朝虽然建立，但它的力量却很弱小，一方面，它要承受北方契丹人的军事压力，另一方面，它又不得不对内地的藩镇悍将做出反应。这两方面的压力，都只有靠郭威出马来对付。

刘承佑刚一上台，就面临内外交困的局面。在北方，有契丹的扰边，他们侵入到黄河以北的广大地区，而各地藩镇拥兵自守，不敢抗击。在内地，则有三员军事将领在陕西一带连兵叛乱，史称"三叛"。后汉小皇帝刘承佑不像父亲刘知远出身军旅而富于军事经验，面对辽兵的内侵与将领的反叛，竟然手足无措，不知如何是好。其他三个顾命大臣，对于这种事也一窍不通，只能让郭威处理难局。虽然这使郭威的军政权力大大增强，但其他三人也无可奈何。

刘知远称帝时，各地的藩镇其实并不心服，只是慑于他的实力，不得不表示顺从。等刘知远一死，年幼无能的刘承佑上台，这些凭借军力称霸地方的节度使们就要兴风作浪了。当时在陕西地区的三个节度使联合反叛，他们是护国节度使李守贞、凤翔节度使王景崇和晋昌节度使赵思绾。刘承佑在史弘肇等人的策划下，连忙派出邻近的几名节度使率兵镇压，但这些人各怀私心，又无宏图大略，不能利用这个天赐良机增强自己的实力，只是按兵不动。这时，刘承佑只好请郭威亲自出马，指挥西征诸军，以平定反叛。

郭威明白，自己身怀异才平时无法施展，只有在这种时候才能充分表现，因此必须好好利用这个机会，在人们的心中树立自己的丰碑。怎样才能达到这个目的呢？他在出征前，拜访了五代时期著名的老臣冯道，听取他的意见。冯道告诉郭威："郭将军要想此番出征成功，必须得到军队官兵们的支持。没有他们的支持，任凭你有多大本领也会一事无成。在这个时代，军人们都是唯利是图的家伙，要想他们真心出力，必须让他们得到实际的好处。所以，你要不惜官、钱，对官兵广施恩惠，还要赏罚分明，有功就赏，有罪则罚。让人们看到努力的好处，与不努力的坏处。这样一来，军人们才会佩服你，听从你的指挥。"

郭威听了这番分析，心里就有了主意。史家记载他的做法是："常接宾客，与大将宴语，即褒衣博带；或遇巡城垒，对阵敌，幅巾短衣，与众无殊。临矢石，冒锋刃，必以身先，与士伍分甘共苦。稍立功效者，厚其赐与；微有伤痍者，亲为抚循。士无贤不肖，有所陈启，温颜以接，俾尽其情。人之过忤，未尝介意。故君子小人，皆思效用。"

郭威的这些做法，十分周到，既与将军们搞好了关系，又与士兵们联络了感情，还让各种人才都有了效力的明主。因此，他能调动人们的积极性，令行禁止，顺利实行战役部署，实现战略意图。郭威在理顺了内部的关系之后，就要来消灭叛敌了。他分析对手的情况，认为"三叛"既然以李守贞为首，若集中兵力打垮李守贞，其他二人就可不攻自破。如果先攻王景崇、赵思绾，则有可能陷入旷日持久的消耗战，腹背受敌。因此，郭威采用"擒贼先擒王"的谋略，用主要兵力进攻"三叛"的首领李守贞。

而李守贞则错误地认为，自己曾是禁军的首领，在禁军将士中素有威望，况且禁军士兵向来骄纵，不满于后汉的严苛法律，并不想真正为朝廷卖命。等到他们来到城下，只消他三言两语，一番劝诱，禁军将士就会倒戈，站到自己一边。可是他没有想到，禁军将士以前虽然也受过李守贞的恩惠，但现在已被郭威的恩惠所代替，而这正是当时军人的普遍心理。所以就在李守贞做梦的时候，禁军将士不但不再记得李守贞的旧恩，反而个个奋勇争先，为郭威出力了。只见他们高举旗帜，猛敲战鼓，奔腾踊跃，向李守贞发起了全面进攻。这一切都大大出乎李守贞的意料，他一时慌了神，这就使他在与郭威的对阵中，首先失了一分。

其次，在如何攻击李守贞的问题上，郭威也显示出超人的智谋。在众将士用命、李守贞心慌意乱之际，郭威并不轻敌冒进，他对急于进攻的将士们说："李守贞是前朝的老将，勇猛善战，好施恩惠，屡立战功。他所据守的城池面临黄河，城楼护墙完好坚固。他们倚靠城墙作战，而我们是从城下向上仰攻，如果贸然进攻，就会让士兵牺牲过大。勇气有盛有衰，进攻有缓有急，机遇有得有失，处事有先有后。不如暂且把他们团团围住，隔绝城内与外地的联系，而我们清洗兵器，放牧战马，安闲地享用朝廷送来的物品，养精蓄锐。等到城中粮食吃完，公家私人的财物用完，再去进攻他们，同时飞传檄文招降他们。到那时，他们就成了乌合之众，将士必然争相逃命，谁还会为李守贞卖命呢？"

郭威还分析了李守贞的心理，他说："李守贞过去在后晋，畏惧高祖石敬瑭，虽有战功，也不敢放肆。现在他虽然归顺了后汉，但他心里认为后汉起自太原，事业功绩都还不显赫，故在内心深处轻视我们。这就是他敢于反叛的主要原因。现在我们要想制服他，必须以静制动，让他在我们的冷静面前，失去信心。"

郭威把李守贞的个性与心理完全摸透了，所以他能完全占据主动，使李守贞从狂妄一下子变成了瓮中之鳖，非常顺利地打败了李守贞，接着，又指挥其他部队消灭了另外两支叛军，让风雨飘摇人心不稳的后汉王朝松了一大口气。

顺利平定"三叛"之后，郭威得胜回朝，后汉皇帝刘承佑要对郭威升官加爵，赏赐大量金钱玉帛宝物等，郭威此时又表现出与众不同的气度与远见，他推辞了重赏，对刘承佑说："我受命出征，费时一年，只攻下一座城，这算什么功劳！要说取得了一点胜利，也完全是凭借汉家的威灵。况且在我率兵在外的时候，朝内的将相守卫后方，关键时刻及时转运粮草，使我能专心作战。要说功劳，他们不也有一份吗？臣怎能把功劳都算作自己的呢？如果皇上要赏赐，还是分赏给大家吧！"在郭威的请求下，后汉皇帝对有关官员都加以赏赐，同时遍赏参战将士，将士们都非常高兴。郭威平定三叛而不居功，由此得到朝野内外的普遍称颂，这是志高心远的郭威深得人心的一种谋略。

平定三叛之后，郭威的声望大大提高，于是在如何处理北方辽兵压力的问题上，朝廷也只有让郭威担纲了。这一次的重大任命是让郭威担任邺都留守，主持河北军政，统率诸镇，抗击辽兵。朝臣出任外职，就存在是否继续担任朝职的问题。郭威既要掌握河北军政大权，又不愿放弃朝中的军政权力，为了既不失此，又得之于彼，郭威在出任之前做了一番工作，最终达到了自己的目的。

郭威深知其他三个顾命大臣之间的矛盾，表示愿意站在史弘肇、杨邠一派，与苏逢吉对抗。史、杨二人与苏的矛盾已深，此时又有了郭威的加盟，当然高兴，当即表示愿意在兼领枢密使的问题上为郭威说话。其实郭威所以能够一下子就让史、杨二人替自己说话，也是摸准了他们的心理。史、杨二人出身文吏，向来瞧不起儒生文臣，而只重视武将，认为天下就是靠这种人打下来的。况且郭威平定三叛，更加重了他在史、杨二人心中的地位。而史、杨二人与苏逢吉素来相互鄙视，只要郭威明确表示站在史、杨一边，史、杨肯定会毫不犹豫地支持自己。现在郭威心中踏实多了，只要史弘肇、杨邠站在自己一边，当在皇帝面前讨论此事时，四个顾命大臣里至少有两位为自己说话。就算苏逢吉反对，也只有一票。

一切都在郭威的算计之中。苏逢吉担心郭威的权力过强，便在刘承佑面前极力反对郭威兼拥朝内朝外的双重军政大权。他对刘承佑说，凡是大臣出调外任，从无兼任枢密使的先例，所以应该在郭威出任邺都留守的时候，免去其枢密使一职。这时，史弘肇就站出来为郭威说话了，他说："苏逢吉的说法，只适用于平时。现在形势不同，就应该灵活处理，不可呆板。现在的形势是河北处于岌岌可危之时，郭威前去是要平定局势，所以他兼领枢密使才可便宜从事，使诸军畏服，号令才可通行无阻。若不让他兼领枢密使一职，就与诸镇节度使地位相等，又如何能指挥他们，统一用兵？"

苏逢吉还是不同意，他反驳说："以朝廷控制外地，这才是正理。若按史弘肇的搞法，岂不是以外地控制朝廷了吗？这可对朝廷不利！"杨邠也赞同史弘肇，于是苏逢吉成了少数，刘承佑也搞不清楚其中的奥妙，稀里糊涂就采纳了史弘肇等人的意见，让郭威出任邺都留守的同时兼任枢密使一职，此外还给他加上一个重要的职务，即担任天雄军的节度使。基本定局之后，郭威又让史弘肇在为刘承佑起草下达这一系列任命的诏书中，还特意加上一句："河北诸州，凡事一禀郭节度。"这意味着黄河以北的军政大权，完全掌握在郭威一人之手，也意味着郭威握有控制朝廷的实力了。郭威为实现梦想，心中更有了一分把握。事情到了这一步，如果直接取后汉而代之，在中国根深蒂固的正统观念下，还是行不通的。郭威也明白这一点，他还需要等待更好的时势，让一切都变得顺理成章。

如果后汉皇帝刘承佑及辅佐大臣史弘肇、杨邠是贤明之人，能顺时应变，注意消除不稳定的政治因素，安民治国，郭威再有潜力，也不可能贸然动作。可这些人根本不是治理天下的人物，而是自乱阵脚的家伙。

刘承佑虽然年轻，但他毕竟是皇帝，而史、杨二人，仗着是刘知远信任的顾命大臣，根本不把刘承佑放在眼里。另一个顾命大臣苏逢吉则为了打击史、杨二人，极力谄媚讨好刘承佑，可这样一来，就更令史、杨二人对他仇视。刘承佑明白史、杨二人的态度，心里当然不满，但碍于老臣的面子，也不好发作。然而史、杨二人太自不量力了，他们根本没有觉察到刘承佑的不满，反而更加放肆。一次，当着刘承佑的面议事，刘承佑说："这件事要好好地议一下，不要让别人说闲话。"可杨邠竟然说："陛下不要作声，有我们在呢！"

刘承佑越发受不了，他与身边的亲信商议，在宫中埋伏了兵士，趁史、杨上朝的时候，把二人杀了，并尽灭其族。这样一来，苏逢吉就大权在握了。他还继续鼓动刘承佑杀郭威。于是刘承佑一面发布诏书，命令河南的节度使们到汴梁觐见，同时又派密使到河北去杀郭威。郭威此时不反也得反，但他不是公开反叛，而是以"清君侧，洗冤诬"为名，统率河北诸镇的兵力长驱南下，向汴梁进发。

刘承佑见状不妙，命河南各节度使们出兵攻击郭威，但他们都按兵不动，没有人响应。很快，郭威的大军来到汴梁城下，刘承佑打开皇家府库，重赏禁军士兵。可禁军士兵得了赏赐，出了城并不作战，反而一窝蜂地投降了郭威。郭威率军进入汴梁，纵军大掠。刘承佑被乱兵杀死，苏逢吉自杀，剩下的朝臣也都归顺了郭威，郭威实际已成最高的政治领袖。但在这种情况下，郭威还不能公然取代后汉，自己称帝。因为他出兵的理由是清君侧，而不是叛汉。于是，郭威请太后临朝听政，准备迎接刘知远的侄子武宁节度使刘赟继位。

正当刘赟走到半路时，地处北部边境的镇州、邢州向朝廷紧急报告，说契丹大兵入侵，形势严峻。太后只好派郭威率禁军北上，抗击辽兵。当郭威所率部队走到澶州，将士哗变，嚷嚷着："天子必须由郭将军来做！我们已与刘氏结了仇怨，不可立他们为君！"还撕裂黄旗，披在郭威身上，然后一齐高呼"万岁"，声音震天动地，大军簇拥着郭威返回汴梁，而契丹入侵的事，再也没有人提了，可知那只是一个虚假的幌子而已。

郭威与大军回到汴梁，太后与朝臣们只好废黜了刘赟，用禅让的形式，让郭威当了皇帝，这就是五代时期的第四次兵变立皇帝。郭威所建的王朝，即五代的最后一代——后周，而郭威就是后周的太祖。自此，郭威的梦想实现，中国历史的面貌也将随之而改变了。郭威此次的兵变立皇帝，与后来赵匡胤的陈桥兵变立皇帝，简直可说是一个模子倒出来的，都是事先策划好的，并非什么士兵哗变，而是郭威、赵匡胤幕后指挥的结果。

郭威在位只有三年，无法实现统一天下、结束乱世的理想，但他已经开辟了这样一条道路。他的继承人是其养子柴荣，即后周的世宗。此二人的政治素质明显高于五代时期的其他皇帝，虽然由于年寿太短，而未能完全实现政治的改革与军事的统一，但从他们的作为来看，不愧是从天下大乱走向天下大治的明主，表现出政治上的深谋远虑。

郭威在位三年，柴荣在位也只有五年，死时年仅三十九岁。二人在位期间，面对疮痍满目、弊政丛生的破败局面，一方面保守疆土，一方面力事恢复，积蓄力量，稳步改革，几年时间内就取得了明显的成效。他们采取了各种措施，恢复生产，发展经济，减免赋税，以苏民困，改革朝政，整饬纲纪，躬行节俭，惩治贪污，澄清吏治，对年老的大臣给予优待，让他们退位，同时选拔年轻的人才，主持政务。又抑制武人，提倡文治，对外则积极进行统一战争，对内则切实地整顿禁军，消除五代时期士兵哗变、军人乱政的弊病。

这一切的思路，都是为了结束唐代晚期以来的乱世局面，虽然天不假年，不能亲自完成，但也出现了异姓的继承人，即建立北宋王朝的赵氏兄弟——赵匡胤与赵光义。从表面上看，赵氏二兄弟，仍然采取了五代时期独特的兵变立皇帝的老办法，但他们成功之后的一系列措施，无一不是后周二帝的继续。从历史发展的角度看，此四人的政治谋略，是一脉相承的，代表了历史发展的方向。

从谋略的角度看，郭威和赵匡胤的两次兵变立皇帝，都比前三次更为成熟与周备，可以说是兵变立皇帝最为成熟的表现。这种成熟与周备，来源于他们较高的政治素质与人文素质。探讨历史上谋略之成败高下，谋略者的主体素质是不可忽视的因素。他们借兵变当上皇帝之后的所作所为，充分反映了其高人一筹的主体素质，与前三次兵变的策划人相比，这种主体素质方面的优势更显突出。

第
二
章

CHAPTER2

陈桥兵变是如何成功的？

陈桥兵变是第五次兵变拥立新皇帝，前面已有四次成功的经验，但也不能机械照搬，赵匡胤及其兄弟和谋士们策划陈桥兵变时，面临的局势与前四次兵变前的情况也不尽相同，所以更要仔细策划。另外，从赵匡胤的性格来看，他是一个谨慎小心的人，要求陈桥兵变的整个过程必须事先经过周密策划与安排，不得出现意想不到的纰漏。更重要的是，不能让人看出这是一场事先策划的阴谋，而要表现得十分自然，让赵匡胤的称帝看起来不是他自己要这样做，而是在士兵们的逼迫下，不得不然。从而让人们不能指责，他与此前那几次搞兵变来当皇帝的人是一丘之貉，要让自己在天下人以及后来人的面前，留下一个良好的道德形象，这样才能使到手的皇帝宝座坐得久远，不至于再被其他人又来一次兵变拥立皇帝。由于他思虑周全，因此第五次上场的陈桥兵变，就设计得非常周密完满，从前戏到结局，都大大超过了前四次的兵变拥立皇帝，也使后来不再可能出现兵变拥立皇帝的闹剧。

制造"主少国疑"的气氛

兵变拥立皇帝，虽然只是少数人的活动，但是仍然需要人心的支持。古人早就说过，要想改朝换代，必须有两个条件，即顺乎天而应乎人。顺乎天，就是顺应天命；应乎人，就是顺应人心。也即是说，必须有天命和人心的支持，才能让某些人换掉另一些人而登上帝位。天命太玄，但人心却是具体可知的。因此，在陈桥兵变前夕制造某种引导人心的气氛就显得特别重要。

◇第五次兵变的背景

人们的心情常随时势的变化而变化。时势平稳、社会安定之时，人们虽有野心，也不敢放纵。时势动荡、社会混乱之际，人们心中长期压抑的欲望就会借各种机会发泄出来。整个五代时期一直动荡混乱，短命的王朝此起彼伏，就是这种野心和欲望发泄的突出表现。

到了五代之末，动荡与混乱还没有结束的迹象，然而比较英明有为的君主已开始出现，如后周太祖郭威与世宗柴荣。此二人都有雄才大略，兼具政治与军事才能，既能统兵打仗，又有政治远见，军事上不断取得胜利，政治上也不断实行改革，使得后周王朝在五代时期一枝独秀，颇有前所未有的开国气象。无论当时的人们，还是后来的史学家，都认为唐晚期以来的分裂与战乱，极有可能在此二人手中结束，天下的统一，本有可能由此二人完成。然而上天似乎还不想让中国历史上的这一动乱时期就此告终，竟然过早地夺走了二位英主的寿数，郭威只活了五十岁，柴荣则只活了三十九岁。纵有天赋良才，也没有足够的时间来实现自己的理想，只能让后来人完成其遗愿了。

历史从不会让人失望。郭威、柴荣二人的登场，使五代出现了由乱到治的转机，此二人的表现，也成为后来人的榜样。成为他们继承者的，则是一对兄弟及其一帮好友。这一伙后来者，既以前人为鉴戒，汲取了前人的经验教训，又有自己独特的运筹，因而做得比前人更好，真正在现实中取得了成功，终于使一代乱世走向统一，有了一个令人满意的结局。

这兄弟二人就是北宋的开国皇帝宋太祖赵匡胤与第二任皇帝宋太宗赵光义。而与之共同奋斗的一帮朋友，则包括赵普等人。他们在长期的政治军事生涯中，荣辱与共，结成了结束乱世的一个政治集团。为了达到目的，或曰实现政治理想，一直都在精心策划、精心准备。世人所熟知的陈桥兵变、黄袍加身，不过是他们长期谋划的最后一场和公开的一幕而已。

整个五代时期，每一代帝王，都想由自己亲手统一天下。公元 959 年，精明强悍的周世宗柴荣正当北伐节节胜利，即将大功告成之际，不幸突然身患重病，一命归天，北伐行动随之草草收场。人们遵循父死子继的制度，扶持世宗年仅七岁的儿子即位，史称周恭帝。

周世宗在世时，人们都认为他是一个英主，值得跟随，所以后周的政局相当稳定，大家在世宗的率领下，齐心协力，北伐西征，为统一中国大地奋斗着。在这位年富力强而又有政治头脑的君主的领导下，没有谁敢萌生一丝一毫的异心。然而正在捷报频传之时，一个最大的噩耗袭击了后周王朝：年轻而有为的英主过早地离开了人间。一切都出乎人们的意料之外。于是一个原本非常稳定的政治局势，变成了"主少国疑"——非常令人不安的局势。

◇ 可疑的入侵情报

其实"主少"不一定就会出现"国疑"的局面。所谓"国疑"，是指国家人心不稳，小道消息四起，搅得人心惶惶，不知明天将会发生什么事情。如果没有人在幕后有意识地活动，散布各种扰乱人心的小道消息，这种"国疑"之势肯定不会出现。因为在"主少"之时，只要全体臣民团结一致，积极扶助年幼的皇帝，很有可能会使局势成为另一种样子。而"主少国疑"之势既然已经在实际中出现，这就表明它是某些人有目的活动的结果。是谁造成了这种局势？或者说，是谁在利用世宗柴荣的逝世大做文章？史书对此没有明确的记载，但看一看与"主少国疑"同时记录于史书的其他一些人的活动，也许能够看出其中的蛛丝马迹。

周世宗是在959年的十月于北伐途中突然去世的。到了次年即960年的元旦，后周的群臣都来到皇宫内，与皇太后和年幼的皇帝一起庆贺元旦。从这个场面看，根本没有什么"主少国疑"的气氛。由此也可以想象得到，自从世宗柴荣去世以后，后周王朝的臣民似乎并没有因此丧失自信心，产生恐慌心理，所以才有这一庆贺场面。

然而，平安景象不会维持太久。就在君臣同贺之日，北方军事重镇——镇州、定州的急报送到了一片节日气氛的皇宫内，递到了对天下大事一无所知的皇太后手上。这份急报中说："辽兵南下，与北汉合兵，进攻周境，形势十分紧急，若不马上增兵，辽兵必将长驱直下，后果不堪设想。"

年仅七岁的小皇帝连字都认不了几个，当然不能亲自处理此事，皇太后也是束手无策，她只好请来两位老宰相——范质和王溥商量对策。范、王二位都是书生，周太祖、周世宗在世之日，这类大事一向由皇帝亲自做主，两位宰相不过是个陪衬而已。而如今，能干的皇帝已经去世，两位老臣别无他法，只能请归德军节度使、检校太尉、殿前都点检赵匡胤率领禁军前往北方边境，抵抗入侵的辽军。

其实，这份军事报告完全是份假情报，根本就是由赵匡胤等人布下的一个圈套，事实上并没有辽兵入侵之事。谎报军情，目的是为赵匡胤制造机会亲率大军出动，然后再来上演兵变立皇帝的闹剧。当然，这一手法并不是赵匡胤等人的首创，而是效仿了后周开国皇帝郭威。当年，郭威从一个禁军头领一跃而登上皇帝宝座，就是用的这一手法。现在赵匡胤等人不过是依样画葫芦罢了。

当然，宋朝史书是不会如此记载这些幕后内情的。兵变也好，黄袍加身也罢，全被说成是兵士的自发活动，而赵匡胤根本不是蓄谋或幕后指挥者，他能当上皇帝反而成了迫不得已和身不由己。然而对五代以来的历史稍有了解的人，都不会相信任何一场兵变是自发的行动，更不相信由这些兵变拥立上台的新皇帝都是一身清白的君子。在那个崇尚武力的时代，这样的事，简直就是天方夜谭。还是让我们对这一场历史疑案做个仔细的剖析吧！

在那年的元旦，声称有辽兵入侵，这只是宋朝史书的一家之言。如果查查与此同时的辽国史书，就会发现根本没有出兵的记载。据辽人史书记载，当时的辽国不仅没有南下的雄心和胆量，反而充满了对柴荣北伐的畏惧之心。在后周恭帝庆贺元旦的同时，辽穆宗也在按他们的民族习惯过节日，根本没有派兵南下。辽穆宗手下统率军队的将军萧思温，即便是在过元旦，受到辽穆宗的好言安慰，他的脑海中还不能完全消除去年率军与周师对垒时惨遭败绩的阴影。

那次前来北伐的周师，在萧思温看来，似乎比以前的中原军队有了质的进步，他们不再像以前那样，一触即溃，反而显得无比神勇，一胜再胜，一举攻陷了辽兵驻守的易州、瀛州、莫州等要地。辽人在遭受了这次沉重打击后，举国上下都很震骇，民众大批遁入西山，以防后周军队的再次打击。后来听说周世宗逝世，辽国民众才稍微安定下来。萧思温对此知道得一清二楚，他不敢再在辽穆宗的面前提出兵的事，希望待后周内部出现可乘之隙时，再作打算。

总而言之，从辽人的史书看，当后周君臣欢度元旦之时，根本没有辽兵侵周之事。再从辽人的立场讲，他们根本不会在遭到周世宗沉重打击不久就贸然举行反攻。

◇制造"国疑"气氛

如果说辽兵入侵的事是假情报的话，那么这个假情报的制造者，又会是什么人呢？当太后与老宰相手捧那份十万紧急的军事告急书一筹莫展之时，他们根本分辨不出这是一份假情报，当他们被假情报上所说的危急形势吓得手足无措的时候，他们根本想象不到他们做出的错误决定将会导致何种后果。当然，我们作为后来人，可以从更多的资料信息中了解到这一切的幕后真相，根本不会被这份假情报所蒙蔽，但在当时，只这一份情报就足以造成"主少国疑"的严重局面了。而这正是赵匡胤等人精心谋划时所希望出现的局面。

当郭威与柴荣叱咤于中原大地，成为历史舞台上的主角时，他们没有想到，自己的子孙也像五代其他皇帝的子孙一样，被自己手下一个得力干将所取代。而这位得力干将所以能够具备对政局举足轻重的力量，又完全是靠这些皇帝的重点栽培。郭威当年走过的路，就是后来赵匡胤所走的路。本来郭威可以避免这一历史悲剧的重演，因为他有一个能干的接班人柴荣，然而柴荣死得太早，这才让赵匡胤能重温郭威的旧梦。

赵匡胤在郭威与柴荣手下一直受到重用，如果柴荣能多活三十年，也许赵匡胤就没有机会施展自己的抱负。不过就在柴荣早逝之时，赵匡胤已经成为后周王朝最有实权和威望的军事将领。史书称，在柴荣死后，幼主继位之时，赵匡胤已掌军政六年，多次随从周世宗东征西伐，屡著战功，既得士卒之心，又为众望所归。

即使到这种时候，赵匡胤也不能直接向后周的老太后和小皇帝抢班夺权，所以他需要一个顺理成章的权力转移。而在当时，他能想到的办法，不外乎五代以来人们惯用的手段，即用兵变立皇帝的套路，来达到自己的目的。不过，要想造成一次成功的兵变立皇帝，还需要一个合适的形势，这个形势，用史家的话说，正是所谓的"主少国疑"。"主少"的问题已是客观事实，赵匡胤所要做的，则是创造"国疑"的气氛。

从事实看，赵匡胤在制造"国疑"气氛方面，比其前的郭威更胜一筹。如在元旦节庆之时，突然送到一份紧急军事情报，使人们在一片欢乐中仿佛挨了一闷棍，这对打乱人们的正常思维，起了很大作用。老太后与小皇帝自不用说了，就连范质和王溥这样的老宰相也被搞昏了头，仓促之间，把禁军的指挥权交到赵匡胤手上。

太后、皇上、宰相被蒙蔽之后，还要使大多数的臣民也都处于疑惑的状态之中。赵匡胤为此究竟做了多少工作，已无法查考，但史书中记载了几件事，已足够说明他当时为制造"国疑"气氛的用心良苦。

史书上说，在赵匡胤统兵出征时，京都已出现了希望赵匡胤当皇帝的舆论，人们三五成群聚集在一起议论，说什么"策点检，为天子"。"点检"就是赵匡胤，因为他的官职是殿前都点检，用今天通俗的话说，就是皇家禁军的总指挥。人们为什么会突然议论这种策立某人为天子的事？绝非空穴来风。所谓无风不起浪，人们既然这样议论纷纷，就证明有人在为赵匡胤的上台制造舆论。

这种制造舆论的事还有一例。赵匡胤手下有一位号称懂得天文星象的术士苗训，他在赵匡胤率军出师之时，对人们讲："你们看，天上的太阳下面还有一个太阳，两个太阳'久相摩荡'，这是天命啊！"他说的天命是什么意思？当时的人们都很明白，那就是赵匡胤将做皇帝，取代后周的王权，这在古人看来，就是天命转移。

如果说这一切都不是出自赵匡胤的授意，那恐怕只能让毫无历史知识和政治常识的人相信。宋代人写的史书，对赵匡胤的上台，总是充满对于伟人的歌颂之情，不愿提及赵匡胤的上台背后还有什么不可告人的谋略。这当然是在儒家道德的影响下形成的一种正统意识，即伟人不可能做不光彩的不道德的事，他的一切言行都是神圣的，不可怀疑的。但细心读书的人还是能从字里行间看出一点涂抹未尽的痕迹。

当时因赵匡胤即将率大军离开都城，京城内的一群公卿大臣，特意聚集在芳林园为他送行。在送行宴上，一位颇为有名的文臣陶谷说了一句话，让寻找赵匡胤用谋的人终于看出了苗头。参加聚宴的人，当然都是赵匡胤的亲信或朋友，如陶谷就是其中最为卖力的一人，后边还会看到他的表演。不过，此时的他手举酒杯，对赵匡胤说道："等到回来，就难为揖酌了。"

陶谷的这句话，可以说是泄漏天机的一句话，但也表明赵匡胤与"主少国疑"及其后的陈桥兵变、黄袍加身有着直接的关系，而并非史书所说的完全出于被迫。陶谷说出这句话，当然是想讨好赵匡胤，他的意思是说：这是最后一次与赵匡胤以同等身份喝酒，等赵匡胤这次出征回来，他的身份就将发生根本的变化，像陶谷这些人，就不可能再像今天一样能与赵匡胤无拘无束亲亲热热地喝酒了。

陶谷这句话，足以证明他已知道将有大事发生，赵匡胤的政治地位将有根本性的变化。对这一记载，清代编纂《续资治通鉴》的学者毕沅评论说，陶谷虽然归心太祖赵匡胤，但不应在送行时就预泄其谋。这不等于说赵匡胤称帝之事是有预谋的吗？甚至这根本就不是阴谋，而是人所共知的阳谋，大概只瞒过了老太后、小皇帝与两位老宰相而已。同时也表明，赵匡胤的上台，确实是人心所向，所以他才能一举成功，并受到整个宋代臣民的敬仰。当然，赵匡胤有预谋地发动兵变而夺取后周的皇权，这一点在后代的学者中间，乃是一个公认的事实，根本用不着隐讳。

谁部署了陈桥兵变？

一场兵变，古今中外，都必须有组织者，不会平白无故地爆发出来。就陈桥兵变而言，从历史记载上看，似乎没有人出面来组织，但仔细分析起来，还是能够找出这场兵变的组织者的。

◇ 有可能的障碍，都要排除

据史书记载，在赵匡胤率兵出发之前，禁军将士就已阴谋拥戴他为帝。既称将士，可知事情不是由士兵所发起的，必定有军官在背后活动，士兵们不过在台前吵吵嚷嚷而已。为了保险起见，赵匡胤还有一个重要的调度，即让禁军的另一位重要将领——殿前副点检、镇宁军节度使慕容延钊率前军先行出发，又过了一天，赵匡胤才率大军出发。

虽然从后来看，慕容延钊对赵匡胤一直忠心耿耿，没有叛乱的表示，但在事前，赵匡胤对他并不放心。慕容延钊当时是一位手握大权的禁军将领，如果他对赵匡胤的称帝之事心有不满的话，则极有可能在兵变过程中，以禁军副总指挥的身份号召士兵反对赵匡胤的称帝之举。若真是如此，赵匡胤的兵变立皇帝恐怕就会有很多麻烦了。为了不让这位危险人物破坏全部计划，赵匡胤运用禁军总指挥的权力，命慕容延钊做全军的先锋，先走一步，离开京城，与大部分的禁军士兵脱离接触。这样一来，即使慕容延钊对赵匡胤发动兵变以称帝有什么不满，也不能有所作为了。

除了慕容延钊之外，还有一个极有可能反对赵匡胤称帝的危险人物，那就是韩通。而整个兵变称帝过程中，因反抗兵变而被杀的，只此一人。史书记载，在后周世宗时，韩通与赵匡胤同掌宿卫禁军，他的职位是天平节度使、同平章事、侍卫马步军副都指挥使。赵匡胤虽然是殿前都点检，也有节度使的职位，但他不像韩通担任同平章事这种政务上的职务，而韩通则身兼军政两方面的要职。所以，柴荣去世后，有关军政的事务多由韩通裁决，赵匡胤根本插不上手。因此，柴荣以及后来的太后、幼帝及范质等人，在韩通与赵匡胤之间，更相信韩通。

从人望上来看，韩通比不过赵匡胤，但韩通生性刚烈，凡是他不满意或看不惯的，就一定会硬对硬地表现出来，不怕得罪任何人，所以当时人称他为"韩瞠眼"。可以想象得到，此人脾气一来，眼睛一瞪，是不会把什么人放在眼里的。

韩通有勇无谋，但韩通的儿子颇有志略，他看到赵匡胤颇得人望，便劝韩通及早采取措施，防患于未然。韩通根本听不进儿子的话，他打心眼儿里瞧不起赵匡胤，也就没有把赵匡胤当成一个敌手。

相反，赵匡胤对韩通则早有防范之心，他在谋划整个兵变方案时，就已针对韩通制定了得力而有效的对策。在整个兵变过程中，确实没有别人出面反抗，只有韩通父子率部分禁军准备抵抗赵匡胤。但他们还未能走到皇宫，半路就被赵匡胤手下的悍将王彦升率部拦截。

韩通父子闻变后仓促出发，毫无作战准备，所以根本敌不过王彦升。韩氏父子节节败退，被逼回自己的府宅。王彦升哪肯善罢甘休，冲入韩府，将韩府全家老少尽数杀死。事后，赵匡胤对王彦升专杀之举十分恼怒，终生废弃不予重用。

在赵匡胤看来，王彦升打退韩氏父子的反抗，根本用不着如此狠毒地斩草除根，当时只要控制住韩氏父子的反抗，不让他们对赵匡胤的称帝形成障碍就足够了。可王彦升这家伙太想讨好赵匡胤了，只想干得更漂亮一些，以求在这次事变中立下大功。但他这个想法，显然不符合赵匡胤的要求。如此残杀，会对人心造成恶劣的影响，有损赵匡胤的政治形象，不利于这位新上台的皇帝巩固政权，而且从史实看，赵匡胤也确实是一个不爱以杀人逞威的人，他想夺取皇权，但他并不想靠血腥的屠杀树立自己的政治威信。赵匡胤走的是一条和平主义的政治道路，这一点，当然也属于他的整体韬略，我们在后面还要专门进行分析。

总而言之，在对老太后、小皇帝和老宰相以及有可能阻碍兵变的慕容延钊、韩通父子分别采取了措施之后，赵匡胤就可以放心大胆地实施借兵变以称帝的全套计划了。

◇ 军营中的诡异传说

陈桥兵变，在宋人的记载中，完全把赵匡胤说成是被迫与无奈。这当然都是粉饰赵匡胤的政治形象，不能让人们知道赵匡胤自己是全部事变的主谋，而把他的上台，形容成天意，并非有意地抢夺。这种观念，当然出自正统的儒家仁义道德观，伟大的人物怎会卑鄙到抢班夺权？他的上台，完全是顺乎人心与天意。

然而从更广的视野看，像赵匡胤这样夺取权力，也并非什么见不得人的事。他的上台，实际上对中国历史的发展起了积极作用，而不能被简单地看作篡权。只不过在当时人们的头脑里，只有儒家的观念，不会像现代人那样根据是否正义与合理进行分析判断。

尽管宋代人记载那段历史，把赵匡胤说得非常高尚，毫无篡权的野心，但我们仍可从中看出许多蛛丝马迹，证明赵匡胤并非被迫登上帝位。

首先，在事前的军中，将士们相互谈论："主上幼弱，我辈出死力破敌，谁则知之？不如先立点检为天子，然后北征。"（《续资治通鉴长编》卷一）这种说法，就是所谓兵士发动哗变的主要理由。但兵士们何以会产生这种想法，肯定是被某些人鼓动起来的。既然主上幼弱，不足为之出死力，那也不一定非要让点检（赵匡胤）做天子来代替幼弱的主上。由此可看出，对兵士们进行鼓动的人，不必是点检本人，但必定是点检的人。在北方军情紧急之时，兵士们想到的不是如何去杀敌立功，却来议论为谁卖命的事，如果没有人在他们中间说三道四，他们绝不会产生这些想法。不过，兵士们一经鼓动就倒向赵匡胤一边，这也证明赵匡胤掌军政六年期间，已经下了不少功夫，既在各级军官中拉拢了一批心腹，又在兵士中树立了相当好的威望。史书上说赵匡胤得士卒心，为众望所归，将士阴谋推戴，看来都是实情，否则的话，赵匡胤就算有天大的野心，也不敢保证一夜之间，就能把禁军将士全部拉到自己的一边，借他们的力量推自己上台称帝。

如此看来，从假情报的炮制，到京城内、军队中的纷纷议论，以及陈桥之夜的兵变、赵匡胤的上台称帝，都不是自发的，而是由赵匡胤及其兄弟一伙人精心策划后，有条不紊地一步步地实现的。也就是说，对于当时的形势、人心的向背、臣民的心意，赵匡胤不可能一无所知而糊里糊涂地被一伙兵士推到皇帝的宝座上。没有赵匡胤多年来处心积虑的努力，怎么会有这样美好的一天？他是早已把功夫下在了前头，时机一旦成熟，到了最关键的时候，他就能以不主动出面的方式登上皇帝宝座。如果再联想一下陶谷先生那句不同寻常的祝酒词，人们就完全可以断定，陈桥兵变和黄袍加身，不过是一场精心谋划的行动，后代的历史学家都清楚地看出了这一点，至于宋代人记载这段历史时所做的粉饰与回护，人们也不必苛求，权且看作臣民对开国皇帝的崇拜心理的具体体现好了。

◇赵匡胤真的毫无所知吗？

这场兵变立皇帝，虽然主角是赵匡胤，但不可能由他一人全部包办，在他手下必定有一伙忠心耿耿的弟兄，他们处理与安排各种事务，而赵匡胤只是在这场历史喜剧的最后一幕中堂而皇之地登上皇帝宝座，使全剧有一个圆满的终结。

我们说在这场兵变立皇帝的背后，有一伙忠于赵匡胤的军官和文臣，精心策划和安排了一切，这不是凭空乱说，而是确有实据。纵观这场兵变的全过程，就能清楚地看出以赵匡胤为首的赵氏集团在这场历史事变中扮演了什么角色。

当赵匡胤率大军离开京城之后，出发行进了一天，天黑时到达京城北边的陈桥驿。所谓驿，即是站，当时人们的交通，都靠步行或马匹，按一天行程在交通要道上设立一个个的歇脚站。陈桥是个地名，而陈桥驿就是设立在陈桥的一个驿站。从京城出发向北行走一天，第一个落脚休息的驿站，就是这个陈桥驿。

等到夜深人静之时，突然有一伙士兵从四处聚集起来，喧嚷着："皇帝这么年幼无知，他怎么治理朝政？让我们与辽人打仗，出生入死，谁能了解我们的辛苦与功劳？不如先立点检当了天子，他是最了解我们的人，在他的统率下再去北征，我们才好杀敌立功！"

士兵们越聚越多，眼看就要变成一片混乱。这时赵匡胤的一个亲信军官叫李处耘的，找到赵匡胤的弟弟禁军总供奉官赵光义和赵匡胤的书记官赵普，向他们报告士兵的动向。还未等他把话说完，闹事的兵士及一些军官已经手执刀枪冲进来了，他们高声喊道："大家都商议定了，要让点检当天子。"

赵光义一下子跳到桌子上，对大家喊话："拥立一个新的皇上，虽说是出于天命，实际是人心所向。既然如此，谁又能违抗？不过要想大功告成，还需大家严格管束部队，不准四处烧杀抢掠，扰乱民众。京城的人心安宁，天下四方自会安定。如此一来，大家才好共保富贵。你们既然真心拥立点检，从现在起就要听我的指挥，不许乱来，不然的话，事既不成，大家还有杀头之罪！"

人们喊道："只要点检做了天子，要我们干什么，都没有二话！"于是赵光义等人便分头部署，当夜就派遣一个叫郭延斌的军官，飞马返回京城，向尚留在城内的禁军殿前都指挥使石守信、殿前都虞候王审琦报告情况。此二人都是赵匡胤的老部下，当然没有异议，连夜在城内做了安排，准备迎接赵匡胤回来当皇帝。

事到此时，赵匡胤还没有出场，而事情的全部记载，都是出自宋人的手笔。我们看他们是如何记载此事的后半部分的！

在赵光义做了部署之后，兵士们并没有休息，而是"环列待旦"，大家严阵以待，准备天亮后就返回京城。这时根本就没有人再提什么辽兵入侵的事了。赵匡胤这会儿在干什么呢？宋人记载说，当夜的他竟然是"醉卧"，对外边的事一概不知。看到这里，不禁令人大生疑惑。

赵匡胤是大军的主帅，又是大敌当前，刚刚出发上路，怎能如此醉酒？他再爱喝酒，在这种时候，也不会对率兵出征之事掉以轻心到如此地步。看来赵匡胤的"醉卧"，必是一个假象，而且是一个事先安排好的假象，以此向世人表明自己与这场兵变立皇帝的事件毫无干系，自己取代后周，也完全是身不由己，或者是顺乎天命人心的。赵匡胤所以敢这样干，当然还是靠他的弟弟及赵普等一伙既忠心又能干的帮手。若只有自己一个人，他肯定不会采用这种方式。

宋代人记载那段史实时，在粉饰赵匡胤的被迫与无奈上，确实是不惜笔墨的。在他们的笔下，赵匡胤不仅是醉卧在室而对所有的事一概不知，而且在不得不来当皇帝时，也是那么的仁义厚道，丝毫没有那些篡权的野心家的恶劣形象。据宋代人描写，直到天快亮时，那些闹事的将士才手执兵器，前来叩击赵匡胤的寝室之门，他们声称："诸将无主，愿策太尉为天子！"赵匡胤这时才被惊醒，但未等他回话，将士们就把象征皇权的黄袍裹在赵匡胤身上，并且都下跪欢呼"万岁"。看来，他们已经承认赵匡胤就是他们的新主子了。

奇怪的是，在这个时候，关于赵光义、赵普、李处耘等人，史家却没有任何记录。应该说，他们早已知道兵变之事，且基本上已将兵士们控制住了，即便有种种原因未及时向赵匡胤报告，但到此时也应该管束好兵士，不能让他们手执兵器冲入赵匡胤的寝室。唯一的解释是，兵士们的一切举动，都是由赵光义等人部署好的，而且赵匡胤也心中有数，一切都是表演，以便在历史上不留任何遭人谴责的借口。五代时借兵变而夺权称帝的人并不算少，但他们都只想着如何夺权登基，而不曾考虑到如何向后人交代。只有赵氏兄弟能有如此长远的考虑，让一切都显得是那么冠冕堂皇，名正言顺。

按照计划，赵匡胤被迫披上黄色的龙袍之后，就要马上返回京城，把名义上的帝王变成真正的帝王。但在宋人笔下，这一切都是赵匡胤所不情愿而被兵士强迫进行的。史称兵士们把赵匡胤"掖"上马然后"乘马南行"，连赵匡胤的上马，也完全是被兵士们硬推上去的，如果这是不利于赵匡胤的行动，赵光义等人能袖手旁观吗？可知这一切至少是赵氏兄弟默许了的，甚至极有可能是由赵光义等人暗中指使一些士兵按计划进行的。

宋代的史家接着记下了赵匡胤的一番重要讲话。他们认为当时的赵匡胤不能不顺着士兵，就在马上揽辔对他们说："你们是贪图富贵，才立我为天子。既然如此，你们能听从我的号令吗？"

众人下马，都说："一切听从指挥。"赵匡胤于是对他们宣布了几条纪律，他说："太后和主上，我都以臣子身份侍奉他们，朝廷里的大臣，都是我的同辈，所以进城后，你们不得惊犯宫阙，不得侵凌朝贵，不得抢掠府库。能服从这个命令的，我将有厚赏，违反这个命令的，我将严惩不贷。"将士们都回答说："是。"

在将士们表示服从之后，赵匡胤就整军回城，而最初所谓辽兵入侵的事，早已不再有人提及了，连宋代的史家也对此事不再置一词，一个有头无尾的虚假入侵事件，就这样无声无息了，这只能证明当初那份军事紧急情报完全是假的，根本没有辽兵入侵这回事。

◇ 是谁安排好了一切？

在京城的北门——仁和门，前天刚刚由此出发北征的部队，此时又尽数沿原路返回，宋代的史家对此仍不忘赞美一句：部队进城后"秋毫无所犯"，这与五代时历次的兵变部队都大不一样。

以往，只要是兵变的部队进入京城，无一例外，都被拥立的将领允许抢劫三日至数日不等，管你是什么人，在这几天里都不可幸免，因为这就是向参加兵变的士兵们事先答应的犒劳与奖赏。而这次却不一样，这就是所谓圣君仁主的伟大之处。

赵匡胤率军回城后，一切都进行得有条不紊。首先是派潘美去见范质与王溥两位老宰相，向他们宣告事变及其结果。同时又派一亲信楚昭辅到赵匡胤家，抚慰全家老小，从后来的情况看，实际就是向赵匡胤的老母亲汇报大功告成。

这时的老宰相范质、王溥，还像往常一样，天不亮就进宫向皇太后和小皇帝问安，还未等退朝，潘美就找到他们宣布了一切。二位一听，顿时惊呆了，不知说什么才好。范质走下殿来，捉住王溥的手说："仓卒命将出征，吾辈之罪也。"言之不足以尽其悔恨之情，手指甲不知不觉之中，已深深掐进了王溥的手臂，而王溥则嘴唇打着哆嗦，不能开口。这时的二老肯定心中已明白了：一开始的辽兵入侵之事，就是设好的圈套，我们和太后、小皇帝都上当了！然而悔之晚矣。在无法挽救太后与皇帝的命运之后，他们更担心的是自己的命运：这位新上台的皇帝，会怎样处理我们这批老臣？赵匡胤从来没有把我们视为自己人，不然也不会采用这种手段来夺位了。

赵氏兄弟之所以能有如此周密的行动计划，在很大程度上，应归功于赵普这位同姓的文吏。赵氏兄弟都是武人，对于政治虽有野心，但并不十分在行。幸亏有了赵普这位政治经验老到的文吏，弥补了赵氏兄弟的不足，才使得他们的夺权计划井井有条，天衣无缝。关于赵普，我们在后边还要专门讲说，这里只看赵氏兄弟抢班夺权的全过程是如何安全运转的。

赵匡胤率部队返回京城之后，在禁军诸将的簇拥下，登上皇宫的明德门，在这里，赵匡胤命令兵士们都返回自己的营地，这表明士兵们的任务已经完成，剩下来的事，则只需一批军官就能胜任了。禁军士兵回营之后，赵匡胤则回到自己本来的公署，脱下黄袍。由此看来，事情完全可以平定下来了，赵匡胤若真的不想当皇帝，这时完全可以到老太后和小皇帝那里去表忠心，不让那些闹事的将士放肆。但事实完全不是这样。

过了一会儿，禁军的军官们就把范质等人带来了。赵匡胤一见这些老臣，竟然呜咽流涕，对他们说："我受世宗的厚恩，为六军逼迫才到此地步，真是惭负天地，该怎么办才好？"听他这口气，他要征求范质等人的意见。其实你自己不穿这黄袍，仍然北面事周不就行了吗？何必再向别人讨意见呢？既然禁军将士是那样地服从你，你说一他们还敢说二吗？

未等范质等人回答，一个名叫罗彦环的禁军军官就抽出利剑对范质等人厉声喝道："我辈无主，今日须得天子。"

明明有皇上，却说"无主"，看来他们早就不把太后和小皇上放在眼里了。在他们的心目中，只有赵匡胤才是真正靠得住的人，只有让他当皇帝，他们才觉得有前途。这种想法，是谁教给他们的？看来只有问赵匡胤本人或他的兄弟赵光义。

范质等人，面面相觑，不知所为。突然只见王溥跑下台阶，扑通跪下，对着赵匡胤就拜，这无疑是说，我王溥愿意赵匡胤当皇帝，我这里向新皇帝表忠心了。范质一看，没有办法，不向赵匡胤低头是不行了，于是他也拜。

　　两位老宰相都表态了，其他人也就不怕了。于是众人请赵匡胤进宫，到金銮宝殿举行禅让帝位的仪式。同时命人召来文武百官，不多时，人都到齐了。只见那位曾对赵匡胤说"你回来我们就不能再像这样随便喝酒了"的陶谷先生，从袖中掏出一份"周帝禅诏"，赵匡胤的另一位亲信昝居润，则引着赵匡胤走上前去，下拜接受了这份表示禅让帝位的诏书，然后由两位宰相扶着登上皇帝宝座，换了皇帝的全套行头，即了皇帝位。只见殿下的群臣齐齐地下拜，高声赞贺。于是赵匡胤代周称帝的美梦圆满实现。

　　事情过于顺利，就让人怀疑它的真实性。赵匡胤刚才对着范质还说被六军逼迫而不知怎么办才好，可等到罗彦环这样的小军官一叫，他就再也不讲话了。可以想象，赵匡胤当时一定是直视着范、王二相，等他们表态，而赵光义等人，也一定有所表示。若不是这样，范、王二相决不会被一个小小军官的乱叫吓倒。

　　进宫举行禅让仪式，其中也大有问题。首先，他们这伙人进宫后，并不找太后与小皇上，就在那里进行皇权的交接，而召集文武百官，可想而知，也不是由太后和小皇帝发出的命令了。

　　第二个疑点，是陶谷先生从袖中拿出来的那份"周帝禅诏"。那个只有七岁的小皇帝，自己决不会写这种东西，范质、王溥也不会写，那么，这份诏书怎么跑到陶谷袖子里的呢？想来，这份"禅诏"肯定是在派人召集文武百官时，由陶谷抽暇草拟的。此人本来就是个文人，又极想讨赵匡胤的好，写出这样一份冒名顶替的"诏书"来，不正是他巴结赵匡胤的绝好机会吗？

　　再一个疑点，满朝的文武百官，真的在一夜之间，就那么甘心情愿地来了个一百八十度的大转向，齐刷刷地效忠于赵匡胤了吗？可以想象，他们前天还看到赵匡胤率军出城北征，仅仅过了不到两天，此人却突然返回京城，且把郭威、柴荣创下的后周王朝轻而易举地弃为废物，按儒家忠君思想和正统思想的观念看，这都是极难接受、理解和承认的。然而他们确实是很快就来到皇宫内了，这一方面是要看看情况到底如何，另一方面恐怕是在禁军士兵的威逼下，不敢不来吧！

　　史家对那场禅让仪式记得非常简略，但从人之常情及一般的政治常识看，赵匡胤既然是接受禅让的主角，当然不能分身指挥安排种种事务，于是赵光义和赵普以及石守信、李处耘、潘美这一伙人，就成了全场的总指挥部。也许赵光义就是这天一切活动的总司仪，他让陶谷草拟"周帝禅诏"，又让范质、王溥扶赵匡胤上殿换衣服，派人召集文武百官，让他们到皇宫内向刚登基的新皇帝赵匡胤跪拜欢呼，可能还有其他许多细节，史家已经无法一一记录了，但那忙碌的一天，若没有一个精明强干的指挥班子，赵匡胤的皇帝美梦恐怕不会做得那么舒坦放心。

宋人写史，并没有明说这个幕后指挥班子的人员组成，但后人还是有办法弄明白这一伙人究竟是谁。其实办法很简单，那就是看看赵匡胤在大功告成之后赏赐了哪些人。据史书记载，赵匡胤举行了禅让仪式后不久，就宣布了一个奖赏令，受奖赏的人们有一个共同的功劳，那就是所谓的"翼戴之功"和"佐命之功"。

古人所谓的"翼戴"或"佐命"，是什么意思？用我们今天的话说，翼、佐就是帮忙，戴就是拥护，所谓翼戴和佐命，说白了就是帮助赵匡胤登上帝位。立了这种功劳的人，肯定都是策划与指挥这次兵变的重要人物，也就是我们所要寻找的那个幕后指挥班子。

这批人分为文武两班，武的一班中，有赵光义、石守信、高怀德、张令铎、王审琦、张光翰、赵彦徽等人，他们都是禁军的高级军官，事成之后，都以翼戴之功而升官数级不等。兵变中若无这一批高级军官的支持与配合，赵匡胤很难随心所欲地让禁军按自己的意思办。

文的一班，以赵普为首，另外还有刘熙古、吕余庆、沈义伦。此四人虽然在事前的官职都不太高，皆为赵匡胤幕府中的属吏，但他们都有丰富的政治经验与周密的政治头脑，若仅靠武将的支持，还不可能把整个兵变与称帝事宜部署得天衣无缝，他们虽然不直接指挥军队，但却能运筹帷幄之中，决胜千里之外。所以在论佐命之功时，他们功不可没。

由此就可看出，赵匡胤的这个幕后指挥班子，文武兼备，相得益彰，因此才能成就这番美事，为五代乱世的结束与大宋王朝的建立，奠定坚实的基础，立下千古不灭的伟功。当然，赵匡胤能把这样一伙人才团结在自己的周围，也绝不是一蹴而就的，这正是他多年心血的必然结晶，这也正体现出赵匡胤超人的政治远见与良苦用心，所以归根结底，还是赵匡胤的"大志"主导了这场宏大而成功的谋略喜剧，他的谋略才是最大之谋。

　　总之，从所谓的陈桥兵变、黄袍加身的全过程看，这绝不是什么兵士们的自发行动，而是以赵匡胤、赵光义为首的赵氏集团精心谋划安排的一场夺权行动。他们当时肯定仔细分析了形势，做了种种的估计与盘算，最终制定了一个周密而详尽的行动计划，于是一切就按部就班地进行了，并且实实在在地取得了成功。同时再一次证实了中国人的一句老话："成则王侯，败则贼寇。"赵氏兄弟既然成功了，赵氏家族也就理所当然地当了几百年的皇帝，而那几百年的人们，也就心悦诚服地对他们充满了崇拜与敬仰，那时的历史学家（确切地说，是史官）也就在历史书里记载了有利于他们的言与行，使不明真相的后人看起来，那似乎真是一场迫于无奈的皇位交接。

陈桥兵变的是与非

　　五代时期的兵变换皇帝，新换上台的皇帝既然凭借武力而来，因此往往就是暴君，并不能给百姓带来安定的生活。但赵匡胤等人发动这场陈桥兵变之后所建立的宋朝，不像前几次兵变，很快就被新的武力替换，而是形成了一个长期和平安定的王朝。这样看来，这些皇帝虽然都是通过兵变上台，但从历史的角度来做评价，就应该有所不同。

◇完满的称帝谋略

　　中国人历来都有一个习惯，那就是新的王朝成立以后，必然要把历史重写一遍。其目的有三：一是丑化前一代的帝王，说他们是如何如何昏庸无能或残暴腐败，诸如此类的罪状，必定写得无以复加，以证明他们的灭亡是罪有应得；二是美化新一代的帝王，说他们是如何如何的英明伟大或神圣仁德，诸如此类的美德，也必定写得无以复加，以证明他们的登基是理所应得；三是消灭一切不利于新一代帝王的证据或记载，不让人们了解新帝王的本来面目，而给人一种全新的政治形象，以便让臣民们对新帝王产生由衷的敬仰与崇拜。

　　宋代人对于他们的开国皇帝赵匡胤，也不例外。其实这种写史的活动，在新皇帝一上台就马上展开了。也就是说，新皇帝一上台，最注意的一件事，就是在天下人面前树立自己的光辉形象，所以，改写史书是头等大事之一。如果了解这一情况，我们就会对赵匡胤的上台及所谓的陈桥兵变、黄袍加身的内幕，以及当时的历史记载，有一个清醒的认识了。

宋代以来的记载，都把赵匡胤的称帝说成被动与无奈，在我们后人看来，这当然是一种粉饰。如果客观地看，赵匡胤处于那样一种时势之下，他要萌生取而代之的心情，也是完全可理解的，不必为此而不好意思，或为此而有某种罪恶感。但当时的人们不能摆脱儒家思想的束缚，所以不能不在某种负罪感的压力下，运用谋略，展开夺权的活动。我们既然要回顾中国历史上的种种韬略，对于赵匡胤及其兄弟赵光义当年构思与实施的谋略，就不能简单地墨守宋代人的说法，而应剖析出其中的韬略意义来。

赵匡胤的称帝，应该说是历史的必然。但在当时，这个历史的必然，不能公开地进行，只有借助谋略的力量来实现。宋代人虽然通过改写史书，把这场借兵变以称帝的事件改头换面了许多，但我们仍然可以从这些经过改写的历史记载中发现很多迹象。

在柴荣死后，虽然赵匡胤在人们心中有一定的威信或曰人望，但人们心里绝没有直接让他代替后周王朝的念头。后周王朝在郭威和柴荣两位皇帝的治理下，可以说已在人们心中留下了比前几个王朝好得多的印象，虽然两位能干的皇帝都去世了，但按照儒家的正统观念和忠君思想，人们还是对柴荣的儿子怀有忠心，而不会产生找一个新皇帝以代替他的想法。这是赵匡胤在当时所面临的基本形势。但赵匡胤不想在一个幼小的皇帝手下为臣，他认为自己有能力做皇帝，而且肯定会比这个小孩子干得更好。在五代那个特定的历史时期，稍有权力或能力的人有这种想法，都是不足为怪的。在郭威和柴荣在世的时候，赵匡胤当然只有隐忍不发，而到了此二人都不在的时候，像赵匡胤这样的人怎会再忍耐下去？

恐怕赵匡胤也明白人们不会直接接受一个篡权者，所以他要用计谋让人们逐步地接受自己，承认自己，于是他就与赵光义等人共同策划了这场兵变立皇帝的行动。当然，他这一套也是向前人学习的，但他和他的助手们更善于总结经验，把这次兵变立皇帝的行动计划得天衣无缝，周密圆满。我们在回顾完他的全部行动之后，就可以看出他的全部计划是怎样的了。

如要采取兵变，首先要把军队掌握在自己的手里，而在当时最精锐的部队就是皇宫内的禁军。但禁军的任务是保卫皇帝及皇族，平时根本无法调动或指挥他们，即便像赵匡胤这样的禁军统帅，也不能随便调动他们，所以赵匡胤就向当年的郭威学习，也搞一个假情报，非常容易地把禁军的指挥权抓到了自己的手里。大军在手，要干什么就方便多了。

大军在手，还不一定能让兵士们进行哗变，更不能保证他们一旦哗变起来会拥护自己上台。为了保证这一个目的，赵氏兄弟及其朋友们，就大造舆论，把小皇帝说得根本靠不住，再把赵匡胤描绘成唯一能够取代小皇帝的人，再用所谓的"两个太阳"之类的天命神话来加强这些信念，于是就产生了所谓的"主少国疑"的局面。人们一旦感觉到现在的皇帝不可靠，就会盼望新的救世主出现，而赵匡胤则正好成为人们所企盼的对象。

为了保持赵匡胤良好的政治形象，他们的计划中又让赵匡胤始终处于被迫或无奈的地位，让人们觉得赵匡胤根本不是一个想抢班夺权的野心家。而之所以能这样做，就在于赵匡胤有一个很能干的弟弟赵光义。一切不用赵匡胤出头露面，都有赵光义替他张罗，赵匡胤也就能够放心大胆地当一个毫无瑕疵的正面人物，从而既保证了夺权的成功，又树立了光辉的形象。这一点，是赵匡胤比他的前任都要高明之处。此后在兵变的过程中，赵匡胤的任务就是塑造完满形象，而赵光义的任务就是幕后指挥。当然全部的计划，必然是在赵匡胤的参与下制定出来的，而具体的安排与操作，则非赵光义莫属。

宋代史官们极尽文笔之能事，为世人和后人塑造出一个非常仁厚的新皇帝形象，然而世人也有一句俗话，叫作："知子莫若母。"最了解赵匡胤的，无过其母。陈桥兵变时，赵匡胤率军在外，其老母及其全部家眷都留在京城，兵变消息传到其家，赵匡胤的老母亲情不自禁，说出一句泄漏天机的话，被史家记录在案，她说："吾儿素有大志，今果然矣。"（《宋史纪事本末》卷十）

如果单说"大志"，不一定就是夺取帝位，但与"今果然矣"连在一起说，此"大志"除了解释为称帝"为天子"，还能有什么别的解释吗？由此可知，赵匡胤称帝"为天子"，是有高度自觉性的，而且是为其母亲一向了解的，不然她在那时就不会说出这样一句话。既然如此，这次的兵变立皇帝，赵匡胤还能说一无所知吗？

还有一事，可为佐证。宋人的文集《瓮牖闲评》记载，赵匡胤临出师北上之时，京城的官员们齐集皇宫内的芳林园为他送行，饮宴之中，翰林学士陶谷一定要向赵匡胤行致拜礼，说："等北伐回来，就不能再这样无拘无束地喝酒了。"陶谷这样说，不就是明明白白地告诉世人：赵匡胤再回到京城时，就不再是原来的官员了，陶谷等人与他的关系就要发生根本变化了。所以，对陶谷这一非同寻常的举动，清代毕沅编纂《续资治通鉴》时很是不满：你陶谷老兄，再怎样表忠心，也不应在这时就预泄其谋。陶谷的这句话及毕沅的"预泄其谋"四字，真是千古妙文，与赵匡胤老母的那句话同样，都是一语道破天机。后人都看得非常清楚，当年的陈桥驿兵变、黄袍加身，赵匡胤哪里是被迫无奈呢，没有事先的周密谋划安排，哪能如此顺利地一举登基。

以往人们只是从事理上推论，还没有找出当时的证据，现在我们可以说，赵匡胤老母亲与陶谷先生的两句话，无意中暴露了这一重大历史事件的前因后果，而毕沅先生的"预泄其谋"，则告诉人们，这是一场有预谋的政变。其母杜太后，也是有谋之人，她临死时曾对赵匡胤和赵光义说："柴氏使幼儿主天下，群心不附，所以能由赵匡胤夺得天下。"可知，当时赵匡胤一家人对形势是有深刻分析的，且善加利用，最终使赵匡胤的"大志"得以圆满实现。

◇ 谋略与大志

只有大志，没有大谋，还不能保证大志的实现；只有大志，而无能力与影响力，其大志只能是一枕黄粱。赵匡胤生在乱世，既有军事指挥与组织能力，又有政治上的远大志向，他的人生就只能是政治的人生，韬略的人生。

赵匡胤用谋略来夺取帝位，这样的谋略，对历史有利，因此我们就要肯定他的大志与韬略，而不能简单采用儒家正统观念来批评他的所作所为。在古代中国皇权制度下，皇权交替是重大问题。皇权是世袭的，只有皇帝传给他的儿子，别人都不可来夺取，否则就叫篡权，是大逆不道。这就是儒家正统观念。但皇家系统的人，不能保证都是英明的，或是说都是符合人民愿望的，而英明的或符合人民愿望的人，如果不是皇家系统的人，他就根本没有取得帝位的资格。这样一个制度及其观念，是古人评价古代皇权转移的根本准则。

但在现代的人看来，这个准则是极为不合理的，因为一个国家的领袖应该是英明的人，或者是符合人民愿望的人。如果在位的人不能达到这两条要求，就应该通过一个公正而公开的程序，进行权力的正常交接，有了这样正常而公正的交接制度，人们就不用花费心机运用谋略，搞阴谋诡计。但在古代没有这样一种制度，所以人们就要运用心机，策划谋略，来实现权力的交替。所以，我们今天评价历史人物的行动，是否合理与可否肯定，就不能墨守儒家陈规，而要看取得皇权的人，是否符合人民的利益和愿望，是否能促进历史的发展，这才是正确的评判标准。

在皇权制度下，为获得权力，只有采取谋略手段，不能采取正常交接途径。谁是最好的统治者，谁最符合民众的心愿，都无法用一项制度保证实现。从现实结果看，赵匡胤的统治相对是好的，比较宽容，不滥杀政治敌手，而是给予优厚待遇以消解政治纷争，从宋人的评论看，是欢迎赵匡胤称帝的。这场谋略夺权的过程，体现了赵匡胤的谋略之大和远。所谓的大，就是化大谋于无形，比如不用自己出面就把事情办好；所谓的远，就是防乱端于未萌，比如他上台之后的杯酒释兵权，对高级军事将领的及早防范。

而从心理角度看，赵匡胤称帝完全符合人的正常心理。在郭威和柴荣当政时，他无野心，至少是没有行动的迹象，因为郭威和柴荣都是英主，跟随此人也可以有事业之成。但郭威和柴荣过早死去，而让一个小孩子当天下的家，这就不能让赵匡胤这样心有大志的人心服口服。而且当时的形势也不是太平之世，一国之主不能幼弱，否则难以为继，所以赵匡胤要夺权，相信自己能把国家管好，这在一个有政治大目标的人来说，是完全正常的心理活动。

再从世人之心来看，赵匡胤也是得人心的，因为他有军功，是个人才，这是当时公认的，在郭威和柴荣当政时，人们还不会想到由赵匡胤出来掌权，但这两个英主一死，一个孩子当政，人们也不放心，所以他们希望有能力的人出来掌权，把国家的事办好，人们的利益才有保障。出于这种心理，拥立赵匡胤为帝，也是合乎大多数人的愿望的。但碍于儒家正统观念和皇权制度的习惯，不能直接称帝，所以才要运用谋略以达到这一目的。实际上，兵变和黄袍加身，已经近乎不顾皇权而自行拥立了，在兵变和黄袍加身之后，还是不符合规矩的，所以又有禅让，这是不可缺少的一环。有些人如范质等，虽然不能赞成赵匡胤的上台，因为他们认为那是不符合正统观念的，但也能顺乎时势，没有进行更大的反抗，其他掌权的人，绝大多数都顺从了这一事变，少数人如韩通企图反抗，也被赵匡胤事先算计好而除掉，故这场不合乎正统观念的夺权行动能够顺利完成，而未遇到严重的障碍。这一切在赵匡胤的谋划中都已仔细而全面地考虑进去了，所以他们才能果断地付诸实施。

◇ 皇权制度与政治谋略

谈论中国古代的谋略，就不能不说到中国古代的皇权制度。这种制度，是培育中国古代韬略文明的土壤与温床。可以说，如果中国古代不是皇权制度，中国历史上的韬略文明就将变成完全不同的另一种面貌。中国历史上的所有谋略，都与这种制度有着千丝万缕的联系。我们在分析赵匡胤的夺权谋略时，也必须对这种制度与政治谋略的关系做透彻的说明，否则就不能发现韬略文明的深层意义。

皇权制度，决定了中国古代政治生活和社会生活的全部内容。皇帝的权力至高无上，所谓真命天子，就是普天之下所有人的最高统治者，从来没有人怀疑这一点。中国古代历代法律，对各级国家机关的职权都有明确规定，但对皇帝的权力则无任何规定。这种无规定，一方面造成对皇帝权力的毫无限制，形成绝对权力，另一方面，也造成在实际政治生活中，皇帝的权力旁落，受制于人。

所以，皇帝的权力也不是绝对稳固的。另外，皇帝的登基，有时实际是操纵于一些大臣手中的，这在历史上并不鲜见。皇帝的命运，有时也是由他人来决定的，这就是皇权制度下君主地位的不稳固性。这种状况，就造成了皇帝运用权谋的背景，皇帝从登上帝位的第一天起，就要面临维护和加强个人权力的问题，他要控制整个政治权力结构，用一人的心力来完成此事，是相当沉重的压力，这是他们全部政治生活的核心，是须臾不可忘记的中心大事。

因此，中国几千年的皇权制度，就成了各代皇帝运用谋略的广阔天地，他们在这个舞台上演出了许多精彩的场面，其中包含了许多心血和智谋，是非常丰富的历史宝库。皇帝运用的政治权谋，是政治权术，它不需要诚实，只需要欺诈和阴谋。正如西方著名学者马基雅弗利在《君主论》里说的：

> 一个君王，如果想保持他自己的权势，必须学会如何不做好事。
> ……
> 某些事看来是道德的，但其结果却置国君于败亡。另外一些事，看来是罪恶的，其结果却使君王获得了较大的安全和幸福。

这种情况是不以他们的意志为转移的，所以权力的保持就与人们大力提倡的道德形成尖锐矛盾。要保持皇权，就不能讲仁义道德，要讲仁义道德，就会失去皇权。帝王运用权谋的用心是不可公开的，所以他们做的事与说的话，与其背后的用心，是不一致的，这就要人们去分析才能看出。比如赵匡胤在陈桥兵变中的表演与讲话，就不能视为他的本心，而只能看作他夺取皇权的政治姿态。其他在位的皇帝的言行，都可同样视之。

在古代中国皇权制度下，一方面是皇帝具有绝对的权力，皇帝的意志就是法律，"普天之下，莫非王土；率土之滨，莫非王臣"，当上皇帝，便是天下的主人。但另一方面，这种绝对的权力却没有绝对的权威。这似乎是一个无法解决的严重问题。中国人似乎对于至高无上的皇位不大放在眼里，人人都是潜在的谋反分子。如当年"振长策而御宇内""执敲扑而鞭笞天下"的秦始皇，可谓威震四海，不可一世，然而小小的戍卒陈胜，却敢说出"王侯将相，宁有种乎"的话，小小的里长刘邦也敢说"大丈夫当如此"，都想尝尝当皇帝的滋味。没落的贵族子弟项羽也说"彼可取而代也"，颇有取而代之的雄心。而这样一批人，就真的把始皇帝准备传之子孙万代的皇帝美梦打了个粉碎。

自那以后，改朝换代就成了中国古代历史的基本格局，所以秦始皇以后的皇帝都明白一个道理：人人都是潜在的敌人，任何人都不可相信。所以，历代王朝制定法律，最大而最不可饶恕的罪名就是"谋反"。而在现实中，也确实有不少的谋反分子或曰想夺皇权的人出现，赵匡胤也是其中之一。当然，在这些人中，成功者总是少数，大多数都是失败者，但这并不妨碍后来的谋反分子层出不穷地涌现。这一状况也就使得中国人在保持和夺取皇权的斗争中，充分施展了自己的才智与谋略，使得中国的历史充满了引人入胜的谋略事件。

中国的皇帝，不管他有多么冠冕堂皇的外表，多么光荣显赫的来头，实际上他总是一个独夫，是真正的孤家寡人。绝对的权力，却伴随着没有绝对权威的尴尬，使得至高无上的绝对权力，绝对不能与第二人同享，连自己的父兄子弟都不能共享，有时甚至不惜为此大开杀戒。于是，人人都想做的皇帝，变成世界上最为孤独的人，任何人都不可相信。而别人对待他，就像他对待原来的皇帝一样，都是表面顺从，却心怀鬼胎。在这种人际关系中，大家都只靠谋略来混日子。皇帝只能靠自己来巩固自己的权力和地位，在这里，最关键的一环，就是耗费心机来运用谋略控制和操纵一批人，让他们听命于己，做自己的忠臣，依靠这批人，组织、运转一个庞大的统治机器，来统治整个天下。未当上皇帝前，费尽心机谋取帝位，当上皇帝后则要费尽心机维持帝位，这就是中国皇帝整个物质生命和全部政治生活的唯一核心，是其不可须臾掉以轻心的头等大事，这就是古代中国政治中心的真实状况，就是中国人构思和运用政治权谋的文化背景。

◇王权交接的方式：禅让

封建王朝的改朝换代，基本上有两种形式，一种是血淋淋的武力夺取，另一种是文绉绉的"禅让"。表面上看，二者是截然不同的王权转让方式，而实际上，都要理直气壮，都要有充足的理由，中国人从来不干没有堂皇理由的事。

当然，禅让要以实力为基础，但它比公开动用武力杀戮，显得要冠冕堂皇得多。在中国历史上，最早的禅让美谈是尧向舜的禅让，此后舜又禅让给禹，这是后来的政治阴谋家搞禅让闹剧的范例和依据。然而，后来的仿效，却与最初的一次，性质完全不同。黑格尔说过，一切伟大的历史事变和人物，都要出现两次。马克思补充说，所不同的是，第一次是以悲剧的形式出现，而第二次是以喜剧的形式出现。中国历史上的禅让事件正是如此，所不同的是，它不只出现两次，而是多次登台上演。

从西汉末年的王莽起，三国的曹丕，晋代的司马炎、桓玄，南朝宋、齐、梁、陈四朝的开国君主刘裕、萧道成、萧衍、陈霸先，北朝的高齐、宇文周，隋代的杨坚，唐代的李渊，五代时后梁的朱温，后周郭威，以及北宋的赵匡胤，都先后成为禅让闹剧的主角。

在尧舜时期，中国历史尚处于阶级社会之前，故禅让也许出于真心实意，因为那还是部落社会的正常现象，禹之后就成了"家天下"的局面，天子之权只传给自己的儿子，不再向所谓"贤者"禅让了。但后世不少想当皇帝的人，却不想冒天下之大不韪，公开抢班夺权，所以还想利用所谓的"禅让"，以无可挑剔的姿态把皇权转移到自己手中。

所谓篡权，在今天看来，并非篡权者必定为恶而应谴责，被篡权者必定为善而应予以同情，因为中国历史上的任何一次篡权活动，篡与被篡的双方，都不过是争夺天子宝座，无论是谁上台就座，都不会使社会制度发生根本改变，天下的老百姓，仍然是皇帝的子民，要为皇帝纳粮服役。用武力夺取皇位，中国人还可以用"胜者王侯败者寇"的逻辑承认胜利者的权威，而用各种手段篡权的行为，在家天下的时代，则被视为莫大的罪行，所以想当皇帝的人，谁都不愿顶着这一黑帽子坐在皇帝的宝座上。如果把权力的转移美化成心甘情愿的禅让，就可免去千夫所指的结局，这就是那些导演禅让闹剧者的用心，这无疑是一种掩耳盗铃之计，效果是欲盖弥彰，让史家当作可笑的故事记录下来。

对比起来，赵匡胤的禅让更具谋略色彩，他不是单纯的禅让，而是以兵变作充分的铺垫，然后才正式揭开禅让闹剧的大幕，以前人们只注意赵匡胤上台的陈桥兵变和黄袍加身，没有注意其后的禅让之剧，其实，这是全部计划的两个部分，只有前者，还免不了篡权的恶评，只有再演出禅让的一幕，才能使赵匡胤心安理得地当上大宋王朝的开国皇帝。

第
三
章

CHAPTER 3

巩固帝位的长远之谋

赵匡胤，生当乱世而智远谋深，从一介武夫到君临天下，他的成功经验之中最重要的一条，就是及时而适时地运用谋略。赵匡胤明白，夺得帝位，只是成功的第一步。作为天下的帝王，是一个人面对亿万人，要想巩固第一步的胜利，还必须继续运用谋略，不然的话，以一人的智能与力量，怎能敌得过亿万人。赵匡胤曾说，做皇帝太难，自从登上帝位之后，从来没有睡过一个安稳觉。可知他每天晚上，都在为如何对付亿万人而苦心焦虑。赵匡胤称帝之后的种种举措，无一不是在运用谋略，以收人心，巩固统治，思存长久。约而言之，赵匡胤夺权之后的谋略，都是长远之谋——考虑如何使赵氏王朝长治久安，不为他人所夺。这也是他看到几十年内，天子之位非常轻易地就被人们抢来夺去，从而不得不考虑的根本问题。

　　夺得天下，离不了谋略，长保天下，也离不了谋略。赵匡胤为此实施了如下几方面的谋略：一是收权之谋，二是安定之谋，三是用人之谋，四是统一之谋。而能面对乱局，从容若定，根本一点在于赵匡胤能够保持清醒的头脑，如若一登帝位，就忘乎所以，则天子之位，上得快，也下得快。

防止再次兵变拥立皇帝

前后发生了五次兵变换皇帝，这让赵匡胤在陈桥兵变成功后不免产生一种忧虑：我能组织兵变当皇帝，别人同样也能这样干。前四次发动兵变当皇帝的人，都只注意如何组织兵变来当皇帝，却没有考虑当上皇帝之后能不能防止别人同样来这一手的问题，所以不久就重蹈前人的覆辙。赵匡胤的过人之处，在于他不光考虑到如何上台，更是考虑了如何防止被别人赶下台。

◇收回权力

赵匡胤上台后，在赵普的点拨下，用杯酒释兵权之计，让石守信等人心情舒畅地交出了最具有威胁性的兵权，心满意得地享受金钱美女之乐去了。对赵匡胤来说，他的回收兵权，是吸取五代屡次兵变的教训，用优厚待遇使军人甘心交出兵权，这是缓和矛盾的良方，也是巩固统治的远大之谋。

只从军人武将手中收回兵权，远远不能达到巩固统治的目的，必须要有配套措施，如用文臣知州事，就是其一。

在赵匡胤乾德元年，即公元 963 年，赵匡胤开始实行以文臣知州事的制度。五代时期，各地割据的诸侯势力强盛，中央朝廷不能控制这些手中有兵有钱而又为所欲为的强梁诸侯。每当朝廷想要调动这些诸侯，让他们到别处任职时，总是先命近臣宣布皇帝谕旨，且必须发兵作好防备，但仍有不奉诏命者。到赵匡胤刚即位时，这种情况仍未改变，在他控制区域内，异姓王及带相印者不下数十人，这都是很有实力的诸侯，对他们控制不当，很容易激起事变，甚至引起天下的动荡，导致赵氏王朝崩溃。

为从根本上改变这种状况，赵匡胤早就在想办法，但他明白不能过于匆忙，只能顺应时势，逐步解决这批人的问题。他与赵普多次商议，采取了渐削其权的过渡办法，让这些人在不知不觉之中丧失军政经大权。赵匡胤的具体方法是，当他们之中有人病死时，就不让他们的子孙或亲信继任其职，或以年老为由，以优厚待遇让他们退休，或让他们兼任一些只有空名而无实权的文职，然后再派文臣一个个地代替他们。

用文臣逐步代替长期跋扈的武将，是赵匡胤上台后的重大谋略之一。但他又考虑到，武将受到重用，在于天下大乱，尤其是自己还没有完全统一天下，武将之力还不得不用，文臣似乎不能应付这种局面。所以赵匡胤特别想发现文臣而有武干者，若有了这种人，就可以彻底摆脱武人的威胁。一次，赵匡胤问赵普，有没有这种人？赵普说，左补阙辛仲甫就是这样的人才，希望皇帝重用他。于是赵匡胤就让他担任四川兵马都监，这个官职以往都是武人的专利，由此开始，文臣之中兼具武才者，便一个接一个地被发现而委以重任，使得只有武勇而无文才的军人们，逐渐淡出历史舞台。

赵匡胤在任命辛仲甫之后，对赵普说："五代时候，地方军镇大吏非常残虐，各地百姓在他们的搜刮下半死不活。朕现在用儒臣干事者百余人，分头治理各地的军镇大藩，纵使他们都是贪浊之官，亦不及武臣的十分之一。"

乾德元年四月，赵匡胤下诏在各州设立通判官，统一任命文臣担任通判。凡是当地军民之政，都由通判统一掌管，他们对中央直接负责，事得专达，级别地位与州刺史相当。如果是较大的州，还设置二员通判。此令一出，中央派出文职通判来到各地，以前失控的地方大员，基本失去了以往那种天高皇帝远、此地任我玩的威风。为了选拔到更多的优秀文臣，乾德二年（964）恢复了停办多年的科举考试，按三科取士。一是贤良方正直言极谏，一是经术优深可为师法，一是详闲吏理达于教化。凡是内外职官、布衣草泽，都可参加考试，这是用儒士治天下，逐步取代专横于各地的武将的长远计划。

赵匡胤还下令让各地节度使管辖的郡县，全部由朝廷直接任命和调迁，郡县的官员都可以直接向朝廷奏事，不再被节度使控制，于是节度使之权开始削弱。当时符彦卿久镇大名，专恣不法，下属的郡县被他管得一塌糊涂。此次则专门选派了一些强干的文臣，担任那里的郡县长官，不再听命于符彦卿。之后，又把这种做法定为制度，各个节度使属下的郡县长官，都由这种模式统一任命。

赵匡胤对赵普等人说："五代时各地诸侯飞扬跋扈，他那里有人枉法杀人，他根本不向朝廷报告，就由自己处理。朝廷对于各地司法案件，根本是一无所知。人命关天，朝廷姑息藩镇，能像这样搞吗？我现在从朝廷任命文官，到各地州郡县任职，让他们直接对我负责，由朝廷直接控制他们，让那些节度使们，不能再像从前那样飞扬跋扈。从今以后，诸州的死刑案件，都必须上报朝廷，由刑部仔细核准之后，才可执行。地方官不能随便草菅人命，他在地方上失去了作威作福的本钱，百姓的日子就好过了。"赵匡胤之所以要让百姓过好日子，目的在于安定天下，使民众安心从事生产，这样才能使国家的赋税收入稳定增长，国力不断增强。

说到地方的赋税收入，这是古代国家的命脉所在。老百姓不能安居乐业，生产凋敝，国家就没有稳定的经济来源，诸如用兵打仗，就没有了物质基础。在五代时期，一方面是战乱不止，天下百姓无法安居乐业，生产受到影响；另一方面，是地方百姓缴纳的赋税，尽管已比太平时期减少很多，可就连这有限的物资，朝廷也得不到，因为节度使们在收缴了百姓的赋税之后，根本不给朝廷而留为己用。这叫两头穷，中间肥。朝廷之所以奈节度使不何，这也是一个重要原因。所以，赵匡胤除了任命大批文臣到地方上任职，以削弱节度使们的军政权力之外，还要从节度使手中收回这份财权。

乾德三年（965），赵匡胤开始收回财权，他的办法是在各地设置转运使。自唐代天宝年间以来，各地藩镇都屯有重兵，当地的租税收入，朝廷就让他们自己使用，以供给当地的部队，这叫作"留使"或"留州"，因而各地向朝廷输送的物资就越来越少。到五代时，各地藩镇更加强横，当地物资收入都指派自己的亲信掌管，而且不按规定收税，总是向百姓不停地搜刮厚敛，之后全都留在节度使手中。赵匡胤素知其弊，他让赵普想一个办法，命令诸州除了有限的行政经费外，其余的物资收入，一律输送转运到汴梁，不得随意占留。朝廷任命的转运使，就负责这项任务。若当地的节度使尚未任职或退休，就令转运使兼管征收赋税。

此举在于使地方之资财全由朝廷派去的转运使掌管，虽有节度、防御、团练、观察等使及刺史，皆不能干预赋税征收，这样天下的财利就全都归于朝廷。朝廷掌握了天下的赋税，力量大增，地方的节度使等官在失去了兵权之后，又没有了财源，更成空头之职，对朝廷不会形成任何威胁，这就是赵匡胤收权以固其位的远谋大略。

太祖赵匡胤不仅将长期以来被地方诸侯把持的兵权收拢到自己手中，还更进一步把全国的精壮兵丁都集中到京城，由皇帝亲自掌握和使用，不给地方留下可以造反的能征善战的勇士。乾德三年（965）八月，他下令挑选各地兵丁入补京城禁卫军。在这之前，赵匡胤已诏令禁军殿前、侍卫二司，各自检阅部下兵士，选其骁勇者升为上军。现在又命诸州长官挑选本地兵士中的骁勇者，全部集中到京师，以补充禁军。为了保证各地挑选的是真正的精兵强将，又事先按照禁军的强壮士卒，画成兵样，分送诸道，招募教习，让其精练，然后送往京城。赵匡胤把天下的精兵集中到京师，作为皇家的禁卫军，给他们以优厚的待遇，并亲自加以训练，使之能以一当百。于是各地节度使都自知兵力非京师之敌，而莫敢有异心。史家称这是赵匡胤的强干弱枝之谋，取得了致治于未乱的效果。

全国精兵都挑选出来并集中到朝廷之后，如何使用他们，并让他们长期保持良好状态，这些问题都需考虑周到，为此赵匡胤又设立了更戍法。精兵长期不用，在京城内养尊处优，就会变质，甚至成为不安定因素。所以按照更戍法，让禁军分批前往边境地区执行戍守任务。从京城到边境，路途遥远，使得这些兵士往来于道路，长途行军，练习吃苦耐劳的精神，避免长期养兵而不用，逐渐产生好逸恶劳习气，一旦天下有事，所谓的精兵反而不能致用，这是赵匡胤设立更戍法的第一个目的。

既是更戍，就要禁军兵士分批轮换，长期在边境地区，条件艰苦，不让他们回来休息，也会产生不满情绪，到一定程度，难免不生叛乱之心。所以要定期轮换，让兵士知道吃苦只是一时，不至于绝望。同时也可借用轮换戍边的方法，使全体禁军士兵劳逸平均，谁也不能偷懒，谁也不会长期受苦，大家心理平衡，这也是控制人心的一种谋略。赵匡胤当兵出身，当然了解士兵们的心情。

更戍法还有一层意思，是赵匡胤的得意之笔。他以为如果让禁军兵士分批离开京城去边境戍守，就能使得禁军将领不能与士兵形成长期的上下级关系，以至于产生更紧密的恩情，大家都是短期内在一起合作而已，这是赵匡胤防止禁军将领在军队内部拉帮结派、培养嫡系、图谋叛逆的措施。赵匡胤是禁军将领出身，他之所以能发动陈桥兵变，就是靠的他与禁军士兵的长期友好关系，使他们成为只尽忠于将领而忘了皇帝的人。而要防止这种情况，只有使将与兵分开。更戍法的诞生，不仅要让士卒不至于骄惰，更重要的是使将与兵脱钩，不致形成具有离心力的独立军队。赵匡胤为巩固他通过不可告人手段而夺来的皇权，可谓用心良苦。

不过，从历史的角度看，赵匡胤此策，虽能防止军队叛离之患，但却不能杜绝将兵分离导致的指挥不灵，从而种下了军队作战力下降的恶果。这从后来宋与辽、金、元军作战总是处于劣势的情况便可得到证明。这也是宋代名将杨业、岳飞最终死于莫须有之罪的一个原因。因为杨业、岳飞二将，一个有战无不胜的杨家将，一个有令敌人闻风丧胆的岳家军，而这正是宋朝皇帝最为担心的异己力量，虽然可以让你活动于一时，替赵氏王朝出力卖命，但终究要把你干掉，他才能安心睡觉。按照赵氏皇帝的逻辑，内部的安定是第一位的，外部的敌人不管多么凶狠，都不可怕，只要内部没有足够强大的异己力量威胁自己的皇位就行。因为外敌，那是谁都不会看错的，一时打不赢还可再调动兵马与他抗争，而内部的人，如果一次看不准，就会让他翻上来，把自己打下去，这才是最为可怕的事。这种逻辑，在潜移默化中影响了宋代的每一个皇帝，而其源头，就是这位出身禁军、靠兵变夺权的赵匡胤。

北宋吕中曾对赵匡胤上台之后为巩固皇权而收回藩镇之权的措施发表过评论，他认为，自唐末及五代以来，天下之所以四分五裂而不能统一，都是由于藩镇的专地；干戈之所以交争互战而无法停止，都是由于藩镇的专兵；民众之所以苦于赋繁役重，都是由于藩镇的专利；民众之所以苦于刑苛法峻，都是由于藩镇的专杀；朝廷的命令不得行于天下，都是由于藩镇的继袭。太祖即位，知天下所有弊病源头都在乎此，于是以文臣任州官，以朝官任知县，以京朝官监临财赋，又置转运使，置通判官，都是渐收藩镇之权。

然后朝廷只需一纸诏令，就可指挥各个郡县，令行禁止，如同大脑支配手臂一样轻松，没有任何困难，而天下统一之势也就自然而然地形成了。

◇杯酒释兵权

赵匡胤初已篡周，最怕人心不从，激起事变，所以他常常微服私访，以了解群情的向背。他曾对别人说："有天命者任自为之，不汝禁也。"意思是说，我当上皇帝，是天命在身，不怕别人不顺从我，所以也不禁止别人的行动。这句话在表面上看，是相当自信的，但也正暴露出他内心深处的忧虑。

赵匡胤最担心的是别人学他，来一个兵变和黄袍加身，所以他要巩固既得的帝位，最重要的一件事，就是把那些掌握兵权的大将变成对自己毫无威胁的文官。为此，他精心导演了一场著名的"杯酒释兵权"的喜剧。

赵匡胤曾问赵普："自唐代末年以来，数十年之间，帝王如走马灯似的，一连换了八个不同的姓氏。战争不得停止，天下百姓遭到沉重的苦难，这到底是什么原因所造成？我想息天下之兵，为国家长久的安定考虑，你以为最好的方法是什么？"

赵普回答："陛下为天下国家百姓考虑甚远甚深，真是天地人神共同的福气。如今几十年的动乱，并非别的什么原因，只因为各地军阀的兵力太强，权力太大，而皇帝的权力太小太弱。现在想要改变这种状况，也只有一个办法，那就是剥夺此种人的兵权，控制他们所能掌管的钱粮物资，把他们率领的精兵，都收到皇帝手上，如此一来，天下才会真正平安无事。"

当时，石守信、王审琦等人，都是与赵匡胤一同在后周禁军掌权之人，赵匡胤能借兵变而称帝，他们难道就不会有什么想法吗？赵普曾多次提醒赵匡胤注意这个问题，但赵匡胤总以为他们与自己是多年的老朋友，不会像自己对待后周那样，以兵变夺帝位。这次又谈到如何巩固帝位、安定天下的问题，赵普便说："我观察他们这几人，都不是统御军队的人才，恐怕不能制服他们的部下，万一兵士作乱，他们也会无可奈何！"

听赵普这样说，赵匡胤不禁深思起来。因为他的黄袍加身，就是以兵士强迫拥立为其借口的。在他之前的几次兵变，也都是如此，所以很难说石守信等人不会在下一次兵变中被人推上帝位。这样一想，赵匡胤也就顾不上这些多年的老朋友了，决定对他们采取措施。

赵匡胤与众不同的是他的和平主义的办法，即他不愿意以杀戮来确保自己的政治权力。他相信如果那样做，虽然可以取得一时的成功，但同时也会树立起更多的敌人，为将来的失败埋下祸根。所以，在考虑如何处置石守信等人时，赵匡胤采取了皆大欢喜的办法，成功地解决了这个令所有的政治家都感到难以处理的问题。

在赵匡胤上台的第二年，即建隆二年（961）七月，赵匡胤召见石守信等人，为他们置办了隆重的宴会。待众人喝得酣畅之时，赵匡胤突然命令左右的服务人员全都离开，只留下他与石守信等一伙老朋友，并对这伙人说出一番话来。

赵匡胤说："如果没有你们，我也不会有今天。我当了天子之后，才知道当皇帝真是太难了，真的比不上原来做节度使时快活，所以我自称帝以后，从来没有安心地睡过一次觉。"

石守信等人一听，甚感奇怪，便问其中的原因。赵匡胤说："皇帝这个位置，谁不想得到？"石守信等人一听，都吓得伏地叩头，说："现在天下已定，谁还敢有二心？"

赵匡胤说："相信你们这是真心话。但若你们部属中有想得到荣华富贵的人发动一次兵变，把黄袍加在你们身上，你就是不想当皇帝，不想背叛我，也是不可能的了。"

石守信等人此时吓得不光是叩头，而是连叩头带哭泣了，他们以为赵匡胤这样说，是要对他们下手，以防患于未然。他们哀求赵匡胤："我们不敢，我们不敢，请皇上给我们指一条生路吧！"

赵匡胤乃说："诸位不必害怕，我不会以赶尽杀绝来消除后患。我想，人生短暂，如白驹过隙，大家一生拼死拼活，努力追求的不就是荣华富贵这些东西吗？不就是希望多积储金钱财宝，快快乐乐地过日子，并让子孙也能享受这种富贵日子吗？既然如此，你们何不把兵权还给皇帝，一来让皇帝放心，二来使自己摆脱杀头的危险，而皇帝我也不会亏待你们，赏赐多多的金钱，让你们都能买下良田美宅，为子孙立下永远之业。如果你们还不放心，我就与大家联为婚姻，让我们及我们的子孙都成为一家，如此互不猜疑，上下相安，不是最好的解决办法吗？"

石守信、高怀德、王审琦、张永铎等人听赵匡胤如此说，也就放了心，自愿解除军职，交还兵权。而赵匡胤仍让他们挂节度使之名，只把实际的兵权拿回来，算是一种安抚政策。当然这也是赵匡胤的缓兵之计，一年之后，则连节度使之名也都一一剥夺。同时在这前后，赵匡胤还通过调动手段，陆续把在京城之外的节度使，如慕容延钊、韩令坤等人的兵权一一剥夺，遂让此类军队老将全都变成了无职无权而尽享晚年生活之乐的闲暇之人。

赵匡胤还不放心，更进一步废除了诸如禁军总指挥等官职，使得最易发动兵变的禁军，完全变成了由皇帝直接控制的武装，从根本上堵住了任何可能兵变废立皇帝的漏洞。赵匡胤做事总是十分彻底，在杯酒释兵权之后，他又罢免了吴延祚的枢密使一职，让自己的心腹赵普担任此职。从此以后，赵氏天下便宣告稳定，而赵匡胤也可以安心入睡了。

赵匡胤在杯酒释兵权之际，用来劝说诸位将军的话，实为自古以来帝王御臣之术的常套，但明明白白地说出来，且执行得最为彻底者，实为赵匡胤。赵匡胤的意思是说，只要你们效忠于赵氏，良田美宅任你挑选，金钱财宝任你积储，醇酒美女任你享受，不仅保证你们，而且保证你们的子孙也能享受这一切，又用皇亲国戚的关系，使之具有极高的社会地位，这都是永葆富贵的重要条件。

赵匡胤的这项措施，应该说相当合理。因为他让人们在付出之后，都得到了超乎想象的物质性报酬。人们有了如此丰厚的物质享受，当然也就不会再生什么非分之想，同时又有与皇帝联姻的保护伞，这就让交出兵权的老将们更加安心和坦然。他们都安心了，赵匡胤也就可以安心了。双方都很满意，还会产生什么危险？这就是赵匡胤的如意算盘。

赵氏江山得以延续三百年之久，实有赖于此策。但是，赵匡胤决想不到，这个当初看来万无一失的谋略，竟有极为不妙的恶果。这就是历史学家一致的观点：宋代政治与军事的衰弱，都由此种政策所造成。人怀苟安之心，所以南北两宋历经契丹、女真、蒙古之外患，毫无抵抗能力，以至陷国家民族于积弱之势并历遭浩劫者，实在是赵匡胤的这一政策遗毒良多。因为上下唯私利是求，故政治风气、民情习尚，都陷于保守与不振作之中，王安石的新政失败，岳飞英勇抗金而惨遭屠戮，都是由此种政策发展出来的遗毒所致。这也告诉人们，如果只求皇权安定稳固，恐怕在这种太平日子背后，说不定会生出什么让人无可奈何的颓势，而让国家民族从此一蹶不振。

◇收服人心

一个皇帝的高明与否，很大程度上，可从他的用人看出来。用人，包括识别人才，更重要的是如何使人各尽其才，为我所用。赵匡胤在这方面也是高手，所以他在乱世夺得皇权之后，能很快平定乱局，使赵氏王朝走上正轨，并获得了延绵三百年的命数。

用人首先是驾驭功臣。既要使之尽力，又不能让他们轻易获得大权，适当时候，就要舍得用钱，这是赵匡胤控御功臣的秘诀。

曹彬是消灭南唐的大功臣，事后赵匡胤提升他做枢密使。但这不是原来的许诺，由此可看出赵匡胤的御臣之谋。在开始安排曹彬讨伐南唐时，赵匡胤说："等你给我活捉了李煜（南唐国主），我让你当宰相。"灭了南唐之后，与曹彬同行的潘美，想起赵匡胤的事前许诺，就向曹彬表示祝贺。

曹彬说："不用贺，陛下不会赏我宰相之位的。这次行动，完全是仰仗天子之威，遵照皇帝的神机妙算才能取得成功，我又有何功！何况宰相是最高的官，若赏赐到了头，以后还拿什么来赏赐？"

潘美说："你敢保证陛下说话不算数吗？"曹彬说："我敢肯定是如此。因为还有大事要让我们干呢，怎会现在就让我当宰相呢！"潘美问："这话怎么说？"曹彬说："你看山西的北汉还没有平定，陛下还要用我之力，所以你也不用贺我当什么宰相吧！不信你就走着瞧。"二人说完，一同进宫，朝见赵匡胤。

赵匡胤见了二人，先是一番热情慰问，称赞曹彬率军消灭南唐，真是劳苦功高。接着赵匡胤对曹彬说："本来要授卿相位，可是北边刘继恩还未消灭，你还是再等等吧！"潘美听了此话，不禁望着曹彬发笑。赵匡胤发觉二人表情不对，就问潘美，潘美只好据实回答。赵匡胤也不禁大笑，于是另外对曹彬再赏钱五十万。曹彬退朝后对潘美说："人生何必非做宰相，好官不过是多得钱罢了！"依曹彬这个说法，不禁让人想起赵匡胤对石守信等人说的话，他让大家交出兵权，而用金钱与享乐代替权力，表明他确实说出了这些人的心里话，所以他的以钱换权方案是切实可行的。

太祖既收兵权，让文臣代替各地的军事长官，这在内地是没有问题的，但在西北边境上，要对付外族的入侵，如果都用文臣，恐怕不能胜任，所以赵匡胤一方面寻找文臣而有武干者，更注意选用适当的武将，让他们守备边境，这里面体现了赵匡胤用人的谋略。

赵匡胤为了安定守边之将的心，好让他们忠心耿耿地为赵氏王朝守卫边疆，采取了许多方法。其一，守边之将的家属，有的未随军前往边境而留在京师，对这些人，赵匡胤就用极其优厚的待遇安抚他们。其二，把所在边郡的税收之利，全部让边将掌握，不用上交朝廷，准许他们随意进行边境贸易，从中获利。又让边将自行招募骁勇之士，作为自己的爪牙。凡是边境的一切军事处置，准许他们灵活处理。每当边将来京朝见，赵匡胤一定要召见他们，表示慰问，并且赐坐，还要举行宴席，与之饮酒作乐，最后再给予丰厚的赏赐。这样一来，戍守边境的武将都富于财货，还能蓄养死士，使他们当间谍而洞知敌人的情况。所以外族每次进犯，必能先知而预为准备，或设伏掩击，而多致克捷。

在采取了对边将完全信任与放利的政策后，西北边境的武将都能很好地完成戍边任务，而使宋朝累年无西北之虞，方得尽力东南，攻取荆、湖、川、广、吴、楚之地。如赵匡胤命赵赞屯延州（今陕西延安），姚内斌守庆州（今甘肃庆阳），董遵海守环州（今甘肃环县），王彦升守原州（今宁夏固原），冯继业守灵州（今宁夏灵武），此几处备西夏。李汉超屯关南（指当时霸县的益津关、雄县的瓦关桥、高阳草桥关之南），韩令坤守常山（今河北正定），贺惟忠守易州（今河北易县），何继筠守棣州（今山东阳信），此几处备北狄。郭进守西山（即太行山），武守琪守晋州（今山西临汾），李谦溥守隰州（今山西隰县），李继勋守潞州（今山西长治）、泽州（今山西晋城），此几处御北汉，他们都能忠于职守，令赵匡胤放心。对这些人，赵匡胤在当时还必须利用他们，是不可缺少之人，所以即使他们有些过错，也能灵活处理，不让他们有什么不愉快反而更加忠心地效劳。

李汉超驻扎在关南，当地百姓告状，说李汉超强娶己女为妾，又借钱不还。赵匡胤召见告状人问道："你的女儿可以嫁给什么样的人？"

回答说："不过农家子弟。"

赵匡胤又问："汉超未到关南时，契丹人对你们怎么样？"

回答说："每年都为契丹人的侵犯而苦恼。"

赵匡胤继续问："现在还是这样吗？"

回答说："再没有契丹人的骚扰了。"

赵匡胤说："李汉超，是朕的贵臣，你的女儿做他的妾，难道不比当个农家妇好！况且假使李汉超不在关南，你还能保住全家的财产吗？"

赵匡胤对告状的人严厉斥责后将其送回，又派人私下对李汉超说："赶快归还百姓的女儿，并还人家的钱。这次我就宽恕了你，但不可再干这种事了。钱不够用，怎么不告诉我呢？"李汉超感动得流下眼泪，从此更加卖力地治理当地的军政之事，得到属下与百姓的爱戴。

对驻守环州的董遵诲，赵匡胤则采取了另一种激励方法。董遵诲父亲董宗本在后汉时曾任随州刺史，当时赵匡胤还没有飞黄腾达，客游到随州，依附于董宗本。董遵诲对赵匡胤不大尊重。一日，他对赵匡胤说："我常看到城墙上有紫云如盖。又做梦登上高台，遇到一条黑蛇，约长一百多尺，突然变化为龙，向东北飞去，还有雷鸣电闪，这是什么征兆？"对这些问题，赵匡胤全都不作回答。

又一日辩论兵法，董遵诲说不过赵匡胤，拂衣而起。赵匡胤于是向董宗本告辞而去，而城墙上的紫云也渐消散。等到赵匡胤即位称帝，派人寻找董遵诲，董遵诲以为赵匡胤是为当年的事找他进行报复，估计没有活路了，竟想自杀。他的妻子制止他说："用不着自杀，赵匡胤是万乘之主，难道还念旧仇？也许会因祸得福，谁能说得到？"董遵诲有所感悟，于是穿着便服来见赵匡胤，叩头请死。

赵匡胤问他："卿还记得昔日紫云黑龙之事吗？"董遵诲一听，惶恐再拜。赵匡胤哈哈大笑，说："你昔日豪荡太过，我正要委任你重要工作。"即命左右扶起董遵诲，赐给官服，摆下食案，赐宴饮酒。谈起当年的往事，欢笑不已，当即任命董遵诲为通远军使，让他独当一面。

不久，董遵诲部下向上告发他的十几项不法之事，董遵诲以为这下真的完了，向赵匡胤待罪请死。赵匡胤说："朕刚宽恕了你当年的不对，岂会再加惩罚？"不仅不治其罪，反而更委以重任，并把当地的租税收入全部划归董遵诲使用，每年还另外赏赐无数的金钱财物，又允许他自行设置幕府，又从禁军中挑选精兵数千人，划归董遵诲指挥，而不必按更戍法轮换回京城。董遵诲的母亲因故留在契丹人占领的幽州，不能与董遵诲见面。赵匡胤闻知此事，就厚赏边民，请他们帮忙，秘密地接回其母，使其母子团聚。

董遵诲于是尽心尽力地为赵匡胤守边，他来到环州，召见当地的各族酋长，谕以朝廷威德，使众人都忠诚于朝廷。董遵诲也把他们当作自己的心腹，与他们建立了信任关系。并通过他们把境外的情况了解得清清楚楚，不管是谁想侵犯边境，董遵诲都能事先知道，然后先发制人，无不获胜，使得当地党项等人都视之为神，不敢作乱。他又选拔了数百个精壮兵士，作为随身卫兵，给以优厚待遇，每天只是驰射围猎，饮食作乐。而境外羌人的动静，即时知之，随时加以打击，有效地保证了边境的平安无事，使赵匡胤不再担心西北的边防。

董遵诲养马数千匹，每年都选择良马进贡，赵匡胤每次也必定召见进贡之人，询问董遵诲的日常行动，听说他守边有方，总是击节赞叹："他真能寻快活。"然后解下亲身穿着的衣物珠贝珍异赏赐给董遵诲。董遵诲捧着赵匡胤的赐品，总是感动得泪流满面。太祖在位期间，董遵诲一直受到重用，而他对皇帝的忠心至死不变，成为最让赵匡胤放心的戍边武将。

赵匡胤对部下的收心之术是恩威并用。恩威并用，不是一刀切，而是因人而异，对不同的人，恩与威的使用就有所不同。比如对于守备西北边界的将领，赵匡胤用得最多的是恩，以恩换得他们的忠诚与卖力，使赵匡胤没有西北之忧，而能专心对付南方的割据势力。看来赵匡胤的恩威并用之谋，仍然是要服从他的统一天下之大谋。

郭进在西山防御北汉，有人向赵匡胤报告说郭进暗中与北汉沟通，将叛变宋朝。赵匡胤不但不奖赏告密者，反而大怒，说这是诬害忠臣，命人把告密者捆起来送给郭进，让他自行处置。郭进见到此人，反而不杀，对他说：

"你能为我取一城一寨，不但可赎你的死罪，我还要为你向皇帝请一官职。"过了一年多，此人真的从北汉引诱一城投降宋朝。郭进向赵匡胤汇报此事，并把他送到汴京，请赵匡胤赏他一个官职。赵匡胤说："你当初诬害我的忠臣，现在这点功劳只可赎你当初的诬告之罪，要想赏官，那是得不到的。"命人把他再送回郭进处。郭进再次替他请官，并对赵匡胤说："我是在对他许诺之后让他去立功赎罪的，现在皇上不给他官，这是让我失信于他，如是这样，我以后就无法用人了。"赵匡胤见郭进如此说，就赏此人一官，好让郭进在部下面前保持威望。

郭进治军非常严格而好杀人，因此部下纪律严明，每次出兵进入北汉境内，都能马到成功。赵匡胤在派禁卫军轮换到西山戍边之时，对禁卫军士说："你们到郭进那里，一定要小心遵守军纪。如果违纪，我还可以宽恕你们，而郭进就不会放过你们，一定会杀你们的头。"有一次，赵匡胤选派御龙官三十人前往西山，正好遇上与北汉作战，这批御龙官在战斗中多有退却，郭进毫不客气，当场斩首十几人。之后，他把此次战况向赵匡胤汇报，当时赵匡胤正在宫内检阅禁卫军，听说选派的御龙官被杀了十几人，不免厉声说："御龙官是千百人中才能选到一两个的精兵，而郭进只因他们犯了一点小过失，一下子就杀了十几人，像这样，我的龙种健儿也不够他用了。"但赵匡胤又暗中派人对郭进说："这些御龙官，仗恃自己是皇帝的宿卫亲兵，到外地骄倨而不听令，你杀得非常对。"郭进当初以为赵匡胤真的为他杀了御龙官而生气，感到担心，怕赵匡胤治自己的罪。听到如此说，感动得流下泪来，认为赵匡胤是英明的皇帝，他的那份忠诚，无形中又增强了许多。而禁卫军也因赵匡胤支持郭进严格执行军纪，再不敢放肆，于是郭进的部队更加精勇无敌。

赵匡胤为了让守边的将领们安心戍边，在京城内为他们建造豪华府邸，尤其是郭进的府邸，赵匡胤竟允许他使用琉璃瓦。有关部门提出，只有亲王公主府邸才能用琉璃瓦，现在要让郭进等人的房子也达到这个规格，似乎过分了。赵匡胤说："郭进事国尽忠，我待他岂不比我儿子，有何不可？"赵匡胤为了笼络郭进等人，所施加的皇恩真可谓浩荡无边了。

赵匡胤对于人性有深刻的了解，他正是基于这种了解而决定了他对大臣及武将的控御之谋。有一次，赵匡胤与赵普议事，意见不合，赵匡胤说："要是宰相都像桑维翰那样就好了，与这样的人谋事，还能如此困难吗？"赵普回答说："即使桑维翰在，陛下也不会用他。"因为桑维翰爱钱，所以赵普这样说。赵匡胤说："要用他的长处，就要护他的短处。"赵匡胤对石守信等人收兵权时，就是非常慷慨地给予金钱与财物，这是对人性的了解，所以能够轻松解决唐末以来一直无法很好解决的收权问题。而对文臣，要想利用他们的才能，也只有用钱来解决问题。因为赵匡胤知道，无论文臣武将，要跟随皇帝做事，无非是为了钱，所以只要在钱的问题上满足他们，他们就会忠心耿耿地为自己效劳了。

赵匡胤是禁军将领出身，他的上台也是靠禁军的推举，所以他上台后集中全国的精兵到禁军中来，再把禁军将领的兵权都收到自己的手上，让禁军直接听从自己指挥，由此可知，禁军可谓赵匡胤的生命所在，所以赵匡胤对禁军将士的忠诚，一直非常重视，他常用一些小手段，考验或激励禁军将士的忠心。

赵匡胤上台后征讨北汉，包围太原，久之不拔。这时，禁卫军的士兵们主动请战："蕞尔小城久不能攻拔，都是兵士不致力的原因。我们请求亲自前去攻击，必能很快攻下。"

赵匡胤制止他们说："我从天下挑选你们，并加以精心训练，费了不少心血。你们都是天下精兵之髓，是我的忠诚部队，我宁不得太原，岂可让你们牺牲在此城之下？"竟不再攻城，引兵而还。禁卫军的士兵们听赵匡胤这番话，无不感激，甚至有不少人为之热泪盈眶。

禁卫军中多天下豪杰，赵匡胤控御他们得心应手，因而得到豪杰之人的死力。当时为了攻击南唐，赵匡胤常到训练水军的讲武池，观看他们练习水战。在观看中，他仿佛谈天似的对禁卫军士说："人们都说自己可以忘身而为国，但死对人来说，是最难的事，说说容易，真的去做，就不是那么回事了。"

当时禁卫军的将帅们都在赵匡胤周围，其中有个天武厢主李进卿，听了赵匡胤此话，就上前回答："臣对皇上绝对忠诚，皇上一声令下，说死就去死，没有任何犹豫。"说完就飞身跃入池中，此人并不会游泳，赵匡胤急忙派水工数十人救他，这才免于淹死。

赵匡胤最贴身的禁卫，是数十人的内侍，他们人人武艺高强，每人都可敌数人，骑马上下山如飞，非常人可比。因此赵匡胤对他们的慰抚养育，无所不至，又与一般禁军将士不同。但从不让他们享有什么特权，防止他们狐假虎威。泗州曾献上一只活虎，装在木檻中，赵匡胤命人拿一只全羊给虎，虎得全肉，决裂而食，气甚悍猛。赵匡胤是想让禁卫内侍们观看老虎的威风，从而激励他们的豪气。但是老虎吃着吃着，突然嘴巴合不上了，派人一看，原来是羊骨头横鲠在老虎的喉中。

赵匡胤于是环顾左右，看内侍们的反应，果然有一内侍李承训，当即上前伸手到虎口中，去取羊骨，骨头取出来了，人也没有受伤。

又有一次，赵匡胤登上五凤楼，看到一只奇怪的鸟落在东南角楼鸱尾上，赵匡胤环顾左右说："有谁能活捉此鸟?"于是一个内侍，摄衣攀屋椽以登缘，不顾危险，捉住此鸟献给赵匡胤。旁边观看的人都为之担心，可他却无事人一样。赵匡胤遇到这种情况，就要试一试这些号称高手的本事，看是不是真正的高手。

赵匡胤是军人出身，屡有战功，又会笼络人心，所以一向为禁军将士所畏服，等到他上台称帝后，又善于训练禁军。虽说禁军士兵都是从各地挑选来的精兵，但初来乍到，谁也摸不清底细，所以赵匡胤定下一个规矩，刚从地方选来的士兵，先进入禁军的雄武军。这算是一个新兵营，再经过筛选淘汰，才把经过考验的精悍之士分入禁军的核心部队。在雄武军的兵士，每天都要练习武艺，通过角力斗殴，分出胜负，胜者渐增俸缗，最后才可升入上军。每年十月以后，骑兵都要在凌晨出城习马，至日暮时才回来喂马，不让马吃饱。虽然天气寒冷，可常常让马跑到出汗，训练它们的耐苦能力，所以马都长得不甚肥盛。

这样训练的禁军，无论是将士还是马匹，都保持良好的战斗状态，成为当时天下最强的部队。赵匡胤准备攻西蜀的时候，不少大臣都说蜀道如何难行，宋军无法顺利夺取西蜀。这时禁军天武军军官武超说："西川除非是在天上，人不可到，如果是舟车足迹可至，我们一定能给皇上拿下来。"兵士们都齐声高呼，表示有信心攻取西蜀。所以宋军平蜀只用了六十日，用精兵不过七千人，这在当时算是军事上的奇迹。

赵匡胤对于禁军，不仅能用威严激励其士气与维系忠心，而且还会用手段让他们感到快乐，可谓有张有弛，甚得统御之要领。禁军士兵平常要在皇宫内值班守卫，赵匡胤让人给以棋枰，让他们对弈为乐，并说："他们整天站岗放哨，十分辛苦，大脑总是高度紧张，让他们有空下下棋，也好调适一下情绪。"

王全斌率军伐蜀，天气大寒，赵匡胤穿着皮帽皮衣，对身边卫士说："我们穿得这样多，还觉得冷得要命，何况伐蜀的将士呢？"说完就脱下身上的皮衣皮帽，派人火速送往伐蜀前线，送给王全斌。正在作战的将士们得知赵匡胤如此关心他们，当然士气大增，齐心协力，一举将西蜀攻克。而在攻伐南唐之时，大将曹彬、李汉琼、田钦祚等人向赵匡胤告辞，赵匡胤当场解下所佩的宝剑交给曹彬，说："副将以下，敢不用命，当即斩之，不必上报。"李汉琼等人听了，都股栗畏慑，所以在攻南唐时，将士用命听从曹彬的指挥，很顺利就战胜了南唐。总之，赵匡胤对于军人，是恩亦用，威亦用，二者交替运用，使将士对赵匡胤既敬又怕，只想尽忠，以换取荣华富贵。

要对臣下适当施用恩威，首先必须准确了解他们。忠诚的人，不会弄虚作假，容易了解，而不忠诚的人或私心重的人，有时会搞假象骗人，对这种人要有明鉴的能力，不要受他们的骗。赵匡胤当时已经恢复科举考试，宋白曾主管科举，有些人考得不好就向他送礼，宋白不能坚持原则，接受了不少人的财物，因而在录取当中有不少取舍不公的情况。他怕一旦发榜，引起人们的不满而群议沸腾，就在发榜前把要录取的人员名单呈送赵匡胤审阅，打算借皇帝之手通过这个不公平的录取名单。赵匡胤一眼看穿了宋白的目的，大怒道："我既委任你掌管科举大事，录取的决定权就在你手上，为什么又拿来让我批准？我怎知是否录取得准确？如果发榜之后，大家不满，我就要砍你的头谢众！"宋白听赵匡胤如此说，吓得将录取名单收回并据实全部改过，才敢发榜。

赵匡胤知道要想让大臣们尽心尽力地替自己效劳，必须做到信赏必罚，才能使正直官员得到支持，而防止贪赃枉法的官员鱼肉百姓。所以，他对有功之臣都不惜重赏。如陈承昭领导堵塞棣县、滑县黄河决口的工程，圆满完成了任务，赵匡胤命令赐钱三十万。郭进控扼西山的防务，北边十年平安无事，赵匡胤特为他在京城修建一座堂皇的府邸，有关部门认为超过了官级的规格，太祖认为这是理所当然的。故史家评论说："赵匡胤奖赏将帅，大都如此，所以能得其死力。"

而对有罪之官则严惩不贷，如右补阙袁风、左赞善大夫段昭裔，因检田不实，被赶出朝廷，贬为地方官。对判案错误、泄露机密的官吏，或免官，或除名，或降职。对假公济私者，予以重罚。如太子洗马周仁俊在知琼州时，贩卖货物以牟利，被揭发后，降为平凉县令。对罪情严重情节恶劣者则处以极刑。如太子中允李仁友知兴元府，私收渡钱数十万，处以弃市极刑。蔡河务纲官王训等四人，作糠壳土屑偷换军粮，砍碟于市。

赵匡胤对贪赃枉法者的处罚最为严厉，著名案例是建隆三案、乾德四案、开宝九案，从这十六个案例看，有十例弃市，惩治十分严厉。对枉杀百姓、制造冤狱、残害无辜者，一律处死。许多枉杀人案件是过去作的案，后经察觉，也决不原宥。赵匡胤清楚，只有对有功之臣重赏，对有罪之臣重罚，才能在众多的文臣武将中树立起正气，杜绝歪风邪气。这又是保证新政权巩固的重要因素，赵匡胤上台之后，所以不能睡安稳觉，也与他日夜考虑如何整顿好吏治有极大关系，这都是他治国治军之谋的重要组成部分。

防止异己

日后赶自己下台的人，不仅有早先的敌人，也会有自己的同伙。这种人比敌人更了解自己的性格与弱点，而且人心莫测，谁也不敢保证自己的同伙会永远忠于自己，所以这种人比明显的敌人更难防范。对这种危险，赵匡胤也有自己的考虑。

◇控制赵普

赵普与赵匡胤虽然不是同胞兄弟，但相互之间的关系，绝非常人可比。赵普之于赵匡胤，是无人可以替代的谋臣。赵匡胤对待赵普就像亲兄弟一样，使赵普具有一人之下万人之上的崇高地位。对这样重要的臣子，赵匡胤仍要利用种种手段加以控御，并非一味宠信加恩，使赵普在感恩之余，又常常感到不安，因此不敢对赵匡胤有半点非分之想。从赵匡胤控御赵普的事例中，就可看出此人对于帝王之术的运用已经达到炉火纯青的地步。

陈桥兵变，是赵普协同赵匡胤一起谋划并实施成功的，所以赵普是兵变的首功之人。赵匡胤当然不会亏待赵普，大功告成之后，对赵普已有封赏，其后又不断加官，先是枢密副使、兵部侍郎，接着是检校太保、枢密使、门下侍郎、平章事、集贤院大学士等，一连串的官职与头衔，是当时任何一个人都无法比拟的。可在另一面，我们却又看到赵匡胤对赵普的种种限制，表明无论赵匡胤如何重用赵普，也不会把权力完全交给他。

赵普当了平章事之后，有次向赵匡胤奏事，赵匡胤说："卿只管送上奏本，朕只管在奏本上签字，这样做可以吗？"赵普说："这些事情，都是负责具体事务的官吏的任务，不是帝王之事。"赵普似乎不想让赵匡胤插手具体的事务，赵匡胤对此当然觉得不太舒服，但赵匡胤没有当面驳回赵普，而是采纳了另一位大臣窦仪的建议，让皇弟赵光义担任开封府尹、同平章事，即宰相之职，地位高于赵普，不久又让赵普去监修国史，实际上是让他不能专掌国家的大事。

即使这样，赵匡胤似乎还不放心，他又想出一计，就是为赵普配个副手，表面上是说减轻赵普的工作压力，不要太过劳累，实际上就是监视与挟制。但这个副手应取什么官名，很难定夺，赵匡胤召见当时以学问大而著称的陶谷，询问："比丞相低一等的，应是什么官？"陶谷回答说："唐代有参知机务和参知政事。"于是采纳陶谷的主意，让兵部侍郎薛居正和吕余庆以本官身份参知政事，使赵普的权力进一步削弱。

但赵匡胤也仅是让此二人分赵普的相权而已，并不想让此二人权力膨胀，所以也有相应的措施防止这一点，即他们在参知政事时，不能独自宣示诏书，不能单独值班，不能掌管相印，不得到政事堂议事，只让他们到宣徽使厅议事，在殿庭上另设座位在宰相的位置之后，在公文签字时，他们的官衔与姓名都要比宰相低几个格，而他们的月俸杂给，也只有宰相赵普的一半。总之，赵匡胤让他们参知政事，只是对赵普的一种牵制，并不想让新的权势人物出现。

赵匡胤知道赵普的才能对自己的用处，所以必须要用赵普，但又不能让这位老兄的权力太大，以至于有时忘乎所以。所以赵匡胤对赵普的态度是既打又拉，让他捉摸不定，只能小心谨慎地为自己效力，而不敢产生其他的念头。

南唐国主李璟曾把五万两银子送赵普，赵普不敢收，怕别人说自己收受外国贿赂，里通外国，便向赵匡胤报告这事，请示该如何处置。赵匡胤说："他既送来，也不可不受，不过你要写封信以示答谢，并且对送银子的使节，也要有所表示才好。你既向我汇报此事，证明你的忠心，我也不怀疑什么，就这样办理好了。"

赵匡胤虽这样说，可赵普还是不敢收，他一再叩头辞让，赵匡胤说：

"这并不只是你个人与南唐之间的事,因为我们宋朝作为大国,不可自为削弱,当使南唐对我们感到神秘莫测,这才是我的本意。"赵普这才敢收下这份重礼。

赵普并非不爱金钱,只是担心赵匡胤对自己产生疑心,才向赵匡胤汇报。而赵匡胤非要赵普收下银子,也并非为了保持大国在小国面前的神秘感,他是想让赵普收下这五万两银子后,在内心深处留下一个无法消除的阴影,让他总为此事而内心不安,让他不敢对自己有任何的隐瞒。这就是赵匡胤对赵普施加的最有效且最深沉的控御。

后来南唐国主派其弟李从善来宋觐见,赵匡胤在正常的赏赐外,又密赠他五万两白金,与南唐国主送给赵普的数目一样。此事传到南唐,使他们的君臣都震骇,佩服赵匡胤的气度。其实赵匡胤是借此事,向南唐表示自己对于臣下与你们的一举一动都洞若观火,而你南唐想在我们君臣之间搞什么花样,只不过是枉费心机。看来赵匡胤在运用谋略方面,真是高明极了。同样的一件事,他可以借用来使之产生多层效用,可谓一箭双雕。

◇ 如何控制

赵匡胤深知像赵普这样的重臣,如果不严密控制,随时给他施加压力,很容易变成皇帝不易了解和控制的危险分子。赵匡胤自己在后周,就曾是这样演变过来的。所以,他登上帝位后,对于功大而智高的赵普就特别注意,随时对赵普制造突如其来的压力,使他时时刻刻不敢在心理上有所放松。

一天,赵匡胤因事出宫,突然想到,这几天没见到赵普,不知他在干什么,于是命令车骑前往赵普的府第。当时尚未被宋朝平定的吴越王钱椒派来的使节刚到赵普府上,递上吴越王致赵普的一封书信及海中珍物十瓶。赵普与使节相见,十瓶海物就陈列在廊下,准备等使节走后,再将礼品搬进库房。谁知赵匡胤就在此时跨进了院子,赵普听说皇上驾到,慌忙出迎,回头看看刚才还令人兴奋而此时却令人难堪的礼品,已经来不及收拾与掩藏了。

赵匡胤一进院子,就看到了廊下的瓶子,当即问道:"这是什么好宝贝?"赵普只好据实汇报。赵匡胤说:"这一定是海里的奇珍异宝,让我开开眼界。"即命人打开瓶子。大家一看，原来满满当当装的全是瓜子金。赵普非常惶恐，顿首谢罪道："臣根本没有与他通信，若知道他送来这些东西，一定会向皇上汇报，并拒收这些礼品。"赵匡胤笑着说："你尽管收下无妨，他们以为国家大事都由你们这些书生决定呢！"

赵匡胤又一次在赵普心上压上了一块重石，让他惶恐去吧！让吴越王继续错觉下去，让赵普也继续错觉下去。吴越王以为书生可以做赵氏王朝的主，赵普也在无形之中产生这种错觉，赵匡胤对他们的这种错觉感到好笑：你以为自己当了宰相，就能说话算数了吗？就能与吴越王之流商议什么大事了吗？就能利用职权谋取什么好处了吗？只要我高兴，马上就可以让你们都完蛋。你们还是小心一点，明白一点好。

赵匡胤非常满意这次突然造访的结果，觉得赵普在自己面前比以前更加无能为力了，更加惶恐了，这正是令赵匡胤最为满意的结果。

赵匡胤即位后不敢高枕无忧，经常微服出行，亲自观察人们的行动，尤其是对一些掌握大权的功臣和重臣，更是重点监视。如对赵普，也不例外。赵普曾多次受到赵匡胤的突然造访，所以他每天退朝后，都不敢脱下上朝的官服。一天黄昏，天下大雪，天色已暗，赵普以为今天这个样子，赵匡胤恐怕不会再出宫了，便如释重负地脱下官服，准备轻松一夜。忽然他听到急促的叩门声，出来一看，竟然还是赵匡胤，只见他立在雪地中，一脸诡谲的笑容。赵普惶恐迎拜，赵匡胤说："我已约了吾弟，他很快就会到来。"果然，不一会开封尹赵光义也赶来了。三人就在赵普堂中，围着烧红的炭火烧肉吃，赵普的妻子给他们斟酒，赵匡胤以嫂呼之，显得非常亲密无间。

赵普不知道皇上皇弟一起来是什么用意，于是试探地问："夜深了，天又这么冷，陛下还出来干什么？"赵匡胤说："我在宫里睡不着，一张床之外，都是人家的人，心里不踏实，所以来你这里，才让人放心。"赵匡胤上台后，内心深处总有一种强烈的危机感，对众人都不放心，所以他才要时常微服出宫，观察民情，顺便了解大臣们都在自己的背后干什么。虽说赵普是他关系最为亲密的人，但经过一些事情，也令人不能完全放心。所以他要经常当不速之客，突然出现在赵普面前，让他捉摸不透，而对自己产生恐惧心理，这也许是赵匡胤控御大臣的一种手段。

枢密使李崇矩与赵普厚相交结，以其女儿嫁给赵普的儿子赵承宗为妻。赵匡胤听说此事，心中不高兴。但他不在表面流露出来，而是找机会再采取措施。朝廷旧例，宰相、枢密使等候皇帝在长春殿接见时，头天晚上就进宫，而同住一庐。赵匡胤在李与赵结为亲家之后，下令为宰相和枢密使各准备一个过夜的房间，表面上是让他们住得更宽敞一些，实际上是不准宰相与枢密使同住一屋，分开他们，以防他们之间过度亲密。所以，就算是原来最为相信的人，也会因种种原因而失去信任感。

赵普之所以被赵匡胤怀疑，实因其太专权，这是皇帝的最大忌讳。所以，在开宝六年（973）八月，赵匡胤罢免了赵普的宰相之职，降职为河阳三城节度使。在后周的范质等人辞职不任宰相之后，就是赵普一人做宰相，前后十年时间。因他是赵匡胤最信任的人，所以能够在此位置上独掌大权。赵普为人刚毅果断，以天下事为己任。在他看来，自己的一切举动措施都是为天下国家着想，想让大宋王朝成为国泰民安的强盛之朝，有时不免与赵匡胤的意见产生分歧。

赵普有一次想安排一个人在某一职位上，可是赵匡胤不信任此人，不同意赵普的安排。在第一次请求未获批准之后，第二天赵普又向赵匡胤提出此事，赵匡胤还是不同意。赵普居然在第三天又提出此事，向赵匡胤奏请，这次连一向宽宏大量的赵匡胤也忍不住了，大为生气，把赵普的奏章撕破扔在地下，不再理会他。而赵普颜色自若，徐徐俯身拾起奏章告退，他回家后把已撕破的奏章补缀好，第四天还是奏请此事，赵匡胤这时才觉得赵普所以力荐此人，一定是可用之才，终于同意了赵普的方案，其后此人果然称职。

又有一人立了功，按照规定应当升官，赵普为此事向赵匡胤请示，赵匡胤一向讨厌这个人，表示不同意，赵普极力要求按规定给他升职。赵匡胤又生气了，说："朕不让升职，看你怎么办？"赵普说："国家的刑律是用来惩罚罪恶的，赏赐制度是用来奖赏有功之人的，所以，刑赏是天下的刑赏，不是陛下个人的刑赏，怎么能按自己的喜怒而不按国家的规定办事？"赵匡胤不听，起身离座，赵普也随在他后面，尾随不放。赵匡胤进了房间，并且关上门，不再理睬赵普。赵普就站立门外，不肯离开。最后还是赵匡胤听从了赵普的请求。从这类事情中，可以看出赵普虽然以国家利益为重，但有时也让赵匡胤下不了台，这种事多了，多少会引起赵匡胤的不快。如果赵普在十年的宰相任职期间，都是以这种态度对待赵匡胤，最后的失宠，也就不是偶然的了。

赵普最初受到赵匡胤的充分信任，所以能独掌宰相之权，这在唐末及五代都是不可想象的。也许一个人专掌大权久了，就会自觉不自觉地养成一种专权的习惯，这也是他后来失去赵匡胤信任的原因之一。赵普在他的宰相办公厅堂里，准备了一个大瓦壶，无论是朝廷官或是地方官奏上来的表疏，只要是赵普认为不对的，他就把它投进那个大瓦壶里。到一定时候，大瓦壶里的奏疏多了，他就取出来，一把火烧掉。赵普的这种做法，当然会让许多大臣不满，时间长了，这种不满必定会传到赵匡胤耳中。如果不满的声音越来越多，越来越强，无论赵匡胤原来多么信任赵普，他的这份信任也会大打折扣。

赵普可能对此估计不足，以为自己与赵匡胤的关系非常之深之久，别人无论如何也不能离间其良好关系，所以他为人处世就不太顾虑别人的想法，从一人之下、万人之上，最后终于成为众矢之的，获得被罢官的下场。但不管别人如何说赵普的坏话，赵匡胤如何不相信他，也没有采取杀头的惩罚，这是赵匡胤一贯的和平政策。赵普被罢官之后，曾上书自诉："外人说臣轻议皇弟，皇弟忠孝全德，臣怎会说他的坏话！况且皇太后在临终之时，让臣参与顾命，知臣者君，愿皇上明鉴！"赵匡胤知道他这个人其实并无二心，只是太过于专权，连皇帝也受不了，何况他人，因此对赵普的上书，并不回复，只是亲手封起来，藏到金匮之中。而赵普在赵匡胤在世期间，再也没有重返相位。

赵匡胤知道，一个王朝的巩固与否，不能只靠皇帝一人的英明，更要靠臣下的忠诚与能干。而要得到臣下的忠诚与尽力，皇帝要有非常高明的控御之术，说到底就是要恩威并用，不可偏废。当时内臣有一位左飞龙使叫李承进，曾在后唐皇宫中做过事。赵匡胤便向他询问后唐庄宗的得失："庄宗以英武定中原，可是却享国不久，这到底是什么缘故？"

李承进说："庄宗喜好畋猎，对将士一味姑息。每次到近郊打猎，都有禁兵卫卒拉住庄宗的马头，说儿郎辈贫困寒冷，望予以救接。庄宗总是一口答应，而且要多少就给多少，让他们满意而去。庄宗对部下不能施行威严，奖赏太无节度，最后丧失天下。"

赵匡胤听了，拍着大腿感叹道："二十年在黄河两岸拼命厮杀，好不容易才夺得天下，却不能用军法约束部下，放纵他们的无厌之求，用这种方法统御部下，诚为儿戏。朕今天抚养士卒，固不吝惜奖赏，但要是触犯法律，朕则只有宝剑，无论对谁都严惩不贷！"

赵匡胤原来对赵普绝对信任，让他一人为相，这是皇帝对臣子的"恩"，有了这种恩，臣子就会卖力为皇帝做事。但赵普的卖力有些过分，让皇帝也不太舒服，当然无形中也得罪了其他人，于是人们群起而攻之，使皇帝逐渐削减了这份"恩"。在证实赵普手下的人确实犯了罪之后，赵普也不可避免地受到怀疑，于是原来的"恩"就变成了"威"，先是削其权，最后是罢其官，幸亏赵匡胤比较讲究和平与宽容，若是换了别人，恐怕赵普脑袋都保不住了。赵匡胤对赵普都毫不客气地恩威并用，对其他人就可想而知了。

远大之谋

赵匡胤对事情的谋划，比以前那些靠兵变上台的人更为长远。通过兵变当皇帝只不过是万里长征的第一步，能不能长治久安，才是更难的问题，因此需要更为远大长远的谋划。

◇和平之谋

后周世宗柴荣，在五代时期可算一位英明的君主，但他有一个大缺点，就是用刑峻急，诛杀过当。赵匡胤对此看得非常明白，所以他上台后，能够吸取这一教训，采取了不乱杀人的和平政策，不论是对战败的割据之主，还是失宠的亲信大臣以及普通百姓，都一视同仁，采取和平的宽容政策，基本上一个不杀。只有对那些敢于贪赃枉法的贪官，赵匡胤才处以极刑，但这又是得人心的事，不会受到任何人的批评。他的这种和平主义的宽容政策，是他上台后为巩固政权而策划的治国大谋中的重要部分，不可忽视。

对于赵匡胤的和平宽容，宋代苏轼曾给予高度评价："汉高祖、后汉光武帝、唐太宗及我太祖皇帝所以能统一天下，为后人留下长治久安的大业，是因为他们都不嗜杀人。历史上的其余皇帝，杀人越多，天下越乱。秦、晋及隋能靠武力征服天下，但此后仍好杀不已，所以或合而复分，或直接灭亡。"

赵匡胤的和平政策，首先表现在他对前朝君臣的优礼与留用上。赵匡胤即位后，曾立一誓词碑，上云："柴氏子孙，有罪不得加刑，纵犯谋逆，止于狱内赐尽，不得市曹刑戮，亦不得连坐支属。不得杀士大夫及上书言事人。子孙有渝此誓者，天必殛之。"

柴氏子孙，就是后周世宗柴荣的子孙。赵匡胤在兵变的拥立下，以禅让方式从后周恭帝的手上接过皇权。按照中国历史上其他朝代禅让的惯例，都是在前朝皇帝禅让之后不久就派人杀死他们。之所以要这样做，是怕忠于前朝的人们再以前朝皇帝为号召，起兵推翻新皇帝，因此总要斩草除根，把前朝皇室的子孙杀个一干二净。赵匡胤却能立下誓词碑，表示不杀柴氏子孙，不仅自己不杀，也不准自己的后人杀，可见他是真心不杀，这是其和平政策出于真心的反映。

至于不杀士大夫和上书言事人，表现了赵匡胤和平政策的另一面。他相信士大夫及上书言事之人，一般而言是现实的，会忠于赵家王朝，所以他们才会对朝廷提出批评。对这些批评，不管你听不听，都不会影响到国家天下的安全，所以根本不必对他们的批评无法容忍而杀害他们。

赵匡胤曾在宫中设宴，翰林学士王著乘醉喧哗，赵匡胤因他是前朝学士，并不怪罪他的喧哗，令人扶他而出。王著不肯出，并移近屏风，掩袂痛哭，左右拽着才把他拉出宫。第二天，有人上奏："土著逼宫门而大恸，这是他心里还在思念周世宗，是对皇帝的不满。"赵匡胤说："他不过是喝醉了酒，当年在世宗幕府里，我与他很熟，何况一书生哭世宗，能做什么呢？"

赵匡胤兵变代周之时，真正起兵进行反抗者，只有韩通一人，而韩通的死，也非赵匡胤的本意，乃是其手下王彦升自作主张所为，所以赵匡胤并不奖赏王彦升，反而从此不再重用王彦升，可知赵匡胤实行和平政策完全出于真心，而非做样子给世人看。

赵匡胤称帝后，在外地进行反抗的，有昭义军节度使李筠，赵匡胤在攻击他之前，做了相当多的工作，希望不以兵戎相见，但李筠在其手下的鼓动下，还是走上武装反抗之路，最后战败而死。其后又有淮南军节度使李重进，不听安抚，赵匡胤率军攻之，战败自焚而死。对二李，赵匡胤称帝后，都加安抚，对李筠加中书令，对李重进也加中书令，并派人赐铁券，但二人都不能归顺而起兵，故赵匡胤攻灭之。其余的地方节镇或表示归顺，或战败后投降，都受到优待而不杀，且可继续担任重要职务，保其终年。所以赵匡胤建立的宋朝，不像五代的各个短命王朝，一个新皇帝上台后，天下仍然危机四伏，往往不过几十年，甚至只有几年工夫，就被人赶下了台。

对后周旧臣，赵匡胤不是不知道他们对自己的不满和对前朝皇恩的怀念，但他更知道对这种怀旧的心情不能硬性压制或用杀戮政策恐吓，只能用和平温和的宽容政策，使他们认识到新的王朝一样可以使他们活得很好，从而逐步产生对新王朝的忠心。如对后周的三位老宰相，赵匡胤就非常优礼，使他们从一开始的不合作甚至敌对心理，很快转变为合作与顺从。

赵匡胤兵变上台，正好在后周的三位宰相当政时，三位老相范质、王溥、魏仁浦，当时确实被赵匡胤的假情报迷惑，做出了派赵匡胤率禁卫军北征的决定，从而使赵匡胤顺利发动兵变，取代后周。因此，范质等人非常后悔自己的决定，他们是在不得已的情况下，承认了赵匡胤的上台。

对此赵匡胤岂能不知，但他上台后对三位老相并不敌视，而是采取优礼政策，继续让他们担任很高的官爵。让范质任司徒、平章事、昭文馆大学士、参知枢密院事，让王溥任右仆射、平章事、监修国史、参知枢密院事、加司空，让魏仁浦任枢密使、中书侍郎、平章事、集贤殿大学士、加右仆射。也就是说，仍让三人担任三相之职。自唐以来，朝廷的三大馆职，即昭文馆、集贤殿、国史馆的大学士之职，都由宰相兼任，第一宰相为昭文馆大学士，第二宰相为国史馆监修，第三宰相为集贤殿大学士，现在赵匡胤上台了，范、王、魏三人仍然兼此三大馆职，表明赵匡胤对他们的优礼与重用。这一步棋是赵匡胤上台后非常重要的一步，起到了稳定人心的重大作用，使人们的心理从兵变中的恐慌，转变为平和安详。当然，此三人毕竟不是赵匡胤的心腹之臣，所以其后也逐步减其实权，首先是罢其参知枢密，其次是废除宰相的坐议之礼，使他们最后感到不宜再担任此职而主动提出辞职，于是赵匡胤就用和平的方式稳妥地将相权也转移到自己人的手里。

在废除宰相坐议之礼上，赵匡胤也用了一点小手段。所谓坐议之礼，是唐及五代以来沿用多年的老规矩，皇帝凡与宰相等人议论重大政事，必要安排座位，让宰相等人坐着议事，议毕还要赐茶，然后才退朝。这是皇帝对宰相等人尊重，是君臣之间的破例之举。但范质等人继续担任宰相之后，他们自以为都是周室旧臣，内存形迹，外惮赵匡胤的英睿，每次坐议之时，都心怀忐忑，颇不自安。赵匡胤也看出了其中的问题，他有心要废除此礼，以重新提高皇帝的威势。在一次坐议政事之时，故意说："朕眼睛发昏，请把奏章拿到我跟前来看。"范质三人于是起身上前，趁此时，赵匡胤示意左右撤去了三人的座位。三人见此情景，也就顺水推舟，提出不宜再行坐议之礼，于是赵匡胤点头，正式废除了这个实行多年的制度。

后来，范质等人自知不宜再居相位，于是一再上表请求退位，赵匡胤在推让几次后予以同意，但在他们辞去相位之后，仍不忘给以很高的名誉与地位，即以范质为太子太傅，王溥为太子太保，魏仁浦为左仆射，虽然都不再参知政事，但仍受到高规格的待遇，都能安度晚年。

赵匡胤以和平方式收了禁军将领的兵权以及前朝老臣的相位之后，又用和平手段收回了外地各节度使的统兵之权。这一系列的收权行动，都能以和平方式进行，表现了赵匡胤控制政治局势的手腕，也证明了他的和平政策的正确。

在杯酒释兵权之后，王彦超及外地的节度使们也入朝觐见皇上，赵匡胤在后苑举行盛大宴会招待他们。当喝到酒酣耳热之际，赵匡胤以非常关心的口气对他们说："你们都是国家宿旧之将，长久在各个藩镇担任重要职务，事务繁重，十分辛苦，实非优待贤才之意。"

王彦超当然明白赵匡胤的话外之意，当即上前奏请："臣等本无勋劳，久享皇上荣宠，今已衰朽，不能胜任如此重要的职务，请皇上允许我们告老还乡，安度晚年。这是我们的愿望，请皇上恩准。"接着，安远节度使武行德、护国节度使郭从义、定国节度使白重赞、保大节度使杨廷璋等人，都向赵匡胤讲起自己的战场生涯和所经历的种种艰苦与危险。

赵匡胤也知道他们的意思，无非是多要些钱财与待遇罢了，便说："这都是以前的事了，大家都辛苦了，请放心，我不会亏待各位的。"于是大家心照不宣，尽欢而散，到了第二天，都呈上辞职书，赵匡胤一律批准，同时给予优厚的待遇，让他们安安心心地养老去了。

然而赵匡胤的收兵权，并不是毫不给武将兵权，而是任得其人。首先是让前朝老将们都解甲归田，安心养老；其次是任用一批年轻有为的将领，并赋予重任，如对北方和西北边境戍边的将领，任用的郭进、董遵诲等人都是此一类人。由此可知，赵匡胤收兵权不是出于猜忌而不假人以柄，乃是有步骤地改造军队将领，把一批人事关系复杂且与前朝有着千丝万缕关系的老将请出部队，而让一批忠于自己而又年富力强的将领统率军队。

但赵匡胤的后世子孙却未能深思此意，只以杯酒释兵权为美谈，只知让将领不带兵，兵不知将，不知培养将领的忠诚之心和选择能干之将卫国守边，结果造成宋朝军队战斗力非常低下的情况。直至北宋灭亡后，南宋奸臣还以杯酒释兵权为理由，罢除了岳飞、韩世忠、张俊三大帅的兵权，以此为条件与一心要灭宋的金人联合，这难道是赵匡胤的原意吗？当然，赵匡胤此时的用意还是加强君主的权势，将天下精兵尽聚京师，使地方节度使的权力逐渐削弱，未免有些矫枉过正，使得君主势强而国势反弱，最终还是影响了后代子孙对收兵权的错误理解，这不能不说是一种始料不及的后遗症吧！

赵匡胤的和平政策，不仅用于文臣武将，还用于败于自己手下的割据之王。如在攻打南唐之前，对率军的统帅曹彬说："城陷之日，慎无杀戮。如果他们还做困兽之斗，不得不杀，也必须记着，对南唐国主李煜一门不可加害。"

对后蜀孟昶也是同样，赵匡胤派王全斌率军伐蜀，只用六十六天就使孟昶投降。之后孟昶来到汴京，赵匡胤在崇元殿备礼与之相见，赏赐甚厚，还拜孟昶为检校太师兼中书令，封秦国公。

吴越王钱椒来汴京朝见，赵匡胤为他置宴，宴席上叫出宫内歌妓，为吴越王弹奏琵琶。吴越王有感而献词说："金凤欲飞遭掣搦，情脉脉，行即玉楼云雨隔。"向赵匡胤表示顺从奉藩之意。赵匡胤听了，起身拍着他的背说："誓不杀钱王。"又说："尽我一世，尽你一世。"

南唐李煜、南汉刘铱投降后，都送至汴京，赵匡胤赐给冠带器币鞍马，分别授为检校太傅和检校太保、右千牛卫上将军，封为违命侯、恩赦侯，他们的宗室和从官，皆照样做官。刘铱在南汉时，经常置毒酒害臣下。一天，他跟从赵匡胤到讲武池，其他从官尚未来到，刘铱先到了，赵匡胤赐他一杯酒。刘铱疑有毒，哭泣说："臣承祖父基业，违拒朝廷，劳王师致讨，罪固当诛。陛下既待臣以不死，愿为大梁布衣，观太平之盛，未敢饮此酒。"赵匡胤笑道："朕推赤心于人腹中，安有此事！"（《宋史纪事本末》卷五）命人取过刘𬭎的酒自饮，而另酌一杯以赐刘𬭎，刘𬭎大为惭谢。

赵匡胤将伐北汉时，宴近臣于禁中，刘𬭎进言说："朝廷威灵及远，四方僭窃之主，今日尽在坐中，且夕平太原，刘继元又至。臣率先来朝，愿得执梃为诸国降王长。"（《宋史》卷四百八十一）赵匡胤大笑，看来这正是他的心愿，能将割据之人全部召到汴京，统一天下，这是他的根本目的，至于这些割据之人，只要不再割据，仍可让他们活命。

赵匡胤的和平，还包括对待广大民众。他尤其痛恨那些随便拿民众的性命不当回事的官员。周翰监管绫绵院时，对锦工用刑过分，赵匡胤大为愤怒，当面斥之："尔岂不知人之肤血与己无异，而忍肆其酷毒！"他即位后，派遣王全斌、曹彬、沈义伦等人攻伐西蜀。攻入西蜀后，王全斌杀了蜀国降兵三千人。当时曹彬并不同意，只是收下王全斌的命令文件，但不在上面签署自己的名字。王、曹、沈等人返回汴京，太祖命将当时下令杀害降兵的文件送到宫内，并召见此数将，要治他们的罪。

此时赵匡胤身边的人说："他们刚刚攻克西蜀返回，都是有功之臣，虽杀降兵，亦不可马上劾案。不然，今后陛下如何用人？"

赵匡胤说："怎能这样说？现在北汉、南唐都还没有归顺，如果不及时治罪，恐怕今后带兵的人，都要乱杀人。所以必须要及时案验，以防效尤。"经赵匡胤亲自案验，大家都供认不讳，赵匡胤就让他们到后殿，严厉责问："如何敢乱杀人？"又说："曹彬且退，不干你事。"曹彬不退，只是叩头服罪，说："是臣一同商议杀戮降兵，朝廷问罪，臣首当诛戮。"赵匡胤见曹彬如此说，便都宽恕了诸将。

事后忽然又宣曹彬、潘美入宫，问："将命你二人率军收复江南。"又对曹彬说："再不许似往时西川乱杀人。"曹彬于是报告："臣若不奏明情况，又恐陛下未知。昔日西川，原不是臣要杀降兵，因臣参加商量此事，当时虽然不同意，但争执不下。臣现收得当日文案，原未签名。"赵匡胤说："你呈上来，让我看看。"

赵匡胤看后，又对曹彬说："你既商量不下，为何那日又服罪？"曹彬说："臣与王全斌等人，当初同奉陛下委任，若王全斌等人治罪，臣独清白无罪，就不为稳便，臣所以一起服罪。"

赵匡胤又问："你既自己愿意服罪，又安用留此文字？"曹彬说："臣初谓陛下必行诛戮，留此文书令老母进呈，乞全老母一身。"赵匡胤由此知道曹彬是个人才，更加器重他。

赵匡胤对曹彬说："此次征讨南唐，全权托付于你，切勿暴掠生民，务广威信，使自归顺，不烦急击。"又说："只要他们归服，慎勿杀人，这些人都无罪过，卿切记取。"曹彬说："谨奉诏旨，不敢违越。"

为了防止诸将不听曹彬指挥而乱杀人，赵匡胤又以剑授曹彬："副将而下，不用命者斩之。"同行诸将皆失色。

赵匡胤的和平之谋，在当时并不能为人们理解，这也说明常人都没有他那般高瞻远瞩。如宋军平定后蜀后，将送蜀主孟昶赴京。宋军大将曹彬密奏："孟昶在蜀称王三十年，且蜀道千里，若送他至京，恐怕路上有变，请擒孟氏而杀其臣以防变。"赵匡胤在他的奏章后批示说："你好雀儿肠肚！"

太祖的和平之谋，不仅臣子不能了解，就连继任的太宗也理解得不深。南唐国主李煜投降宋朝后，赵匡胤待他不薄，赵匡胤在世之时，他都安全无事。赵匡胤死后，太宗即位，对李煜不放心，特意让南唐旧臣徐铉探望李煜，知道李煜还有后悔之情，于是借口给他治病，赐了一种药，李煜服药后死于非命。

正因为赵匡胤有如此高人一等的和平之谋，所以他能在长期的乱世之后，很快统一中国，奠定了宋朝数百年帝业。在赵匡胤之前，后周的太祖与世宗都有统一之志，但未能成功，所以宋代学者欧阳修将宋太祖赵匡胤与周世宗柴荣相比，他说："五代之初，天下分为十三四，到赵匡胤建隆初年，分裂诸国或灭或微，其在者犹有七国，以西蜀与南唐地最大。以周世宗之雄，三至淮上，不能克南唐李氏，而蜀亦恃险为阻，秦陇山南，皆被侵夺，而人缩手归峡，不敢西窥以争故地。及太祖受天命，用兵不过万人，举两国如一郡县吏，何其伟欤！"所以能成此伟业，一个嗜杀，一个和平，不能不说是重要原因。从这个角度看，赵匡胤的和平政策，难道不是最高明的建国之谋吗？

◇远谋的基础

赵匡胤上台后，能采取种种目光远大的谋略，重要的一个原因是他有清醒的头脑作为基础，未被皇权到手的胜利冲昏头脑。这在中国古代的皇帝当中，是罕见的。

赵匡胤当皇帝后，他的女儿与皇后都曾对他说："你当了这么久的天子，难道不能用珠宝装饰轿子，以出入皇宫吗？"赵匡胤笑说："我以四海之富，宫殿全部用金银为饰，也完全可以办到，但要知道，我要为天下守财，岂可妄用？古人称以一人治天下，不以天下奉一人，如果用天下的财富来奉养天子一个人，让天下之人仰赖谁呢？"

古人所说的"一人"，就是皇帝，他的任务是治天下，而不是让天下奉养自己。赵匡胤明白这一点，且自觉做到这一点，可见他在胜利之后头脑一直非常清醒，正是由这种清醒出发，他能制定和采纳一系列的治国用人之谋，而为宋朝的长治久安奠定坚实基础。

史称赵匡胤心胸豁达，非常人可比，当上皇帝后，赵普多次在他面前说那些从前对赵匡胤不恭之人的坏话，想借此引起赵匡胤的怒气，加害于这些人。不料赵匡胤却说："不可计较这些往事，如果大家都能从普通人预见谁将来能当皇帝或宰相，恐怕人们都会去寻找这种人了。"因此，赵普后来不敢再提这些事。赵匡胤不算过去的陈年老账，是为人们营造一种宽松的政治环境，不是胸怀宏阔之人，是做不到这一点的，因此这可以算是难能可贵的政治之谋。试想，初得天下之时，若不宽松，造成人人自危的环境，这就容易引起不必要的动乱，反而不利于稳定统治。

赵匡胤刚即位时，非常爱好围猎。有一次围猎，不慎跌下马来，一时气愤，抽出佩刀把马刺死。但他接着感叹说："是我自己耽于逸乐，乘危走险，自己不小心跌下马来，马又有何罪？"从此竟然不再外出围猎。从一次小小的过失中体会出大的道理，可知赵匡胤是一个有心人。他的心思，总不离巩固刚刚取得的天下。若因打猎而受伤或丧生，岂不因小失大？作为一个帝王，应有这种自觉。

吴越王钱俶，曾向赵匡胤献上一条宝犀带，赵匡胤看了这条犀带，说："朕有三条宝带，与此不同。"钱俶请赵匡胤赏赐一见。赵匡胤笑着说："汴河是一条，惠民河是一条，五丈河是一条。"三条河，都是汴京的漕运命脉，钱俶听赵匡胤这样一说，大为愧服。作为一国之主，所关心的是什么，直接体现出他的治国水平。吴越王只知道以奇珍异宝为宝，不知道以国计民生的安定为宝，赵匡胤正相反，表现了作为帝王高人一筹的境界，所以使钱俶愧服。这也是赵匡胤能取得天下，而吴越王不得不归顺宋朝的原因之一。

赵匡胤称帝，中央各部门的吏员，都沿用后周的吏员，不马上裁员或另换新人，是非常重要的稳定之策。但随着形势发展，到开宝三年（970），即赵匡胤上台后的第十年，赵匡胤颁布诏书说："吏员人数过多，难以实现良好的政治。吏员俸禄太少，难以要求他们廉洁奉公。与其用过多的吏员而让他们拿低俸，不若省官而增加吏员的俸禄。诸州县宜以户口为比例，相应减少吏员，而每人每月增加五千钱。"

赵匡胤看清了官员人数、俸禄多少与廉洁程度之间的关系，大胆做出这项决定，实行这项改革，在中国历史上是非常难得的治吏之谋。也许有人懂得其间的关系，但却很少有人敢于把它付诸实践。因为减少吏员，就意味着触动相当一部分人的既得利益，难免遭到这批人甚至大多数吏员的抵制。赵匡胤不是不知道这些人的心理与可能发生的问题，但他更明白治理国家，不是为保护少数人的利益，而是为整个天下的安定。所以他能运用皇帝的权威，令行禁止，果断实行减员增俸的改革。这表明他为稳定刚刚得到的皇权，不为部分人的利益与意见所动，而能清醒地做出决断，为整个国家的长治久安立下良性的规定。

他的眼光远大，不被目前困难与障碍吓倒，而相信自己的措施是正确的，必能为国家的根本利益带来好处，所以他坚定不移地实施这项吏治改革。而且事实也证明他这一步走得对，虽然也有不少吏员不满，但终究敌不过皇权的力量，他们只好顺从现实，另谋生路。不然的话，这样的冗员越来越多，国家将不堪重负，而使自己走向灭亡之路。

赵匡胤一方面裁减冗员，另一方面也不让世家子弟轻易得到官职。这一决定，也非常有远见。赵匡胤上台后的第八年，即开宝元年（968），就恢复了因战乱而停止多年的科举考试，要从士人中选拔官员。由于这是多年后的第一次科举取士，所以规模不大，取士非常慎重，只有十八人达到进士合格。其中就有陶谷的儿子陶邴，名列第六。

如果按考试成绩算，陶邴应当录取，但赵匡胤对左右说："听说陶谷不能训子，陶邴怎能登第！"命中书省复试，并下诏说："科举选士，不是皇上对个人的恩遇，而是为了从天下选择可用之才。然而世代做官的家庭，他们的子弟具有别人不具备的优越条件，在科举取士过程中，如果发现有人营私舞弊，必治以重罪。更不允许有人借此机会，对世家子弟给予特殊照顾。因此决定，自今以后，凡是父亲为朝廷官员的子弟参加科举考试，一律由中书省加以复试。"赵匡胤所以要对世禄之家的子弟进行限制，一是不让他们形成世系，形成某种集团，二是为了防止他们在科举中利用种种关系，捷足先登，从而造成对非世家子弟的压制。赵匡胤利用科举考试，一方面是要逐步代替前朝的旧吏员集团，另一方面则要防止新的利益集团的产生，他的谋算不可谓不深远。

◇对儒士的态度

赵匡胤既要恢复科举考试，广取天下儒士，因此就要对儒士具备清醒的认识。因为他是武人出身，所以对文人自有其独到的看法，由此而决定了他使用儒士的基本政策，这就体现了他任用儒士的谋略。

首先，赵匡胤本来很轻视儒士，他出身武人，这也许是一种根深蒂固的偏见。赵匡胤某次经过朱雀门，赵普跟随，赵匡胤指着门额上的"朱雀之门"四字问赵普："何不只书'朱雀门'，还加个'之'字何用？"赵普说："'之'是语助。"赵匡胤笑道："之乎者也，助得甚事！"

另外，赵匡胤上台后，不重用陶谷这个当时很有名气的文人，认为学士起草皇帝的诏书，不过是用前人旧本略加改动而已，正如谚语所说依样画葫芦，并非真有多大学问。还说陶谷一双鬼眼能识人，认为他是个狡猾的人。对陶谷有这样的看法，表明赵匡胤对儒生从内心看不起。但赵匡胤后来能接受赵普的建议，用文臣代武将，这表明他相信文臣不能有大作为，不会对国家形成大威胁。

赵匡胤对儒生既不重视，对儒家推崇的礼也不看重，这是他的本心，但赵匡胤却让大臣们讨论礼的问题，这又是他的别有用心，是一种谋略。把他对儒生的讽刺与此事联系起来看，十分有趣。

建隆三年（962），太常寺博士聂崇义献《三礼图》，赵匡胤看后嘉奖说："礼器、礼图，相承传用，但经过了多年，怎会不出现差错？聂崇义费心考察历代礼制，值得嘉奖。他献的《三礼图》，让太子詹事尹拙召集三五个儒生，一起讨论，希望更为精审，如果出现了不同看法，就要认真研究。"

一次赵匡胤到太庙，见到里面陈列不少礼器，问："这都是些什么东西？"有人告诉他这是在太庙举行祭祀时用的礼器。赵匡胤说："我祖宗谁认得这些东西！"命人尽数撤去，只用一般的食器向祖先祭祀。但在祭祀之后，又对近臣说："再把那些礼器都摆上，让儒士辈行礼。"

这证明他认为儒士可以研究一些制度方面的问题，并用一些制度限制他们，但并不认为这种研究会对治国有多大用处，只不过是束缚儒生的工具而已。

不过后来赵匡胤也确实感觉到儒家学问对治国有用。因为封建国家、皇权制度总是需要进行礼仪活动，于是有关的种种规定与讲究，非要儒家士人为之操办不可，逐渐地赵匡胤就觉得儒士还是皇帝身边不可缺少的人才。他发现翰林学士卢多逊对皇家礼仪及其政治作用了解得不少，只要赵匡胤一问，他马上答得出来，因此对此人渐渐看重。有一天，赵匡胤对身边人说："作宰相当须用儒者。"卢多逊在赵普失宠之后，果然受到大用。

又如，赵匡胤将改年号，对宰臣说："须求古来未尝有的名号。"宰臣商量后认为可改为乾德。赵匡胤刚上台的年号是建隆，但只用了两年，他就改为乾德。谁知在乾德三年正月平蜀之时，蜀宫里有一面铜镜，背后有字："乾德四年铸。"赵匡胤看到后大惊："今年才是乾德三年，怎已有四年铸的镜？"他拿来给宰相看，都无言以对。于是就召见学士陶谷、窦仪，窦仪说："蜀主曾有此号，必是蜀中所得。"赵匡胤大喜说："做宰相须是读书人。"像这样的事都使赵匡胤明白儒士还有用处，所以以后开始重用儒臣。武力只可夺天下，儒学才可治天下。夺得天下之后，武臣也要服从文臣。儒学为帝王设计了无以复加的礼仪，可让帝王满足自己天下第一的欲望。儒生文士还知道常人所不知道的各种知识，不会让皇帝出丑，赵匡胤在懂得了这些道理后，能够一改以往轻视儒生的旧习，重用儒臣，这也是他的过人之处。

赵匡胤懂得了儒学的重要，他又要求大臣都读儒家的书，这表明他能清醒看到儒家学说对于治国的重要性。他让大臣读书，是要他们从史书中寻找为治之道，目的在于贵知为治之道，而不是让大臣们都成为只知研究礼器的书呆子。如赵普虽在政治上很有谋略，但文化水平较低，赵匡胤就让他读书，他也养成了手不释卷的习惯。赵匡胤自己也勤奋读书，如薛居正新修《五代史》，呈给赵匡胤，他连夜阅读，第二天就谈了自己的体会："昨观新史，见梁太祖暴乱丑秽之迹，乃至如此，宜其旋被贼虐也。"（《续资治通鉴长编》卷十五）

不仅要文臣们读书，武将也要读书。赵匡胤听说国子监集中太学生讲书，十分高兴，即派遣使节赐之酒果，说："今之武臣，亦当使其读经书，欲其知为治之道。"看来他已知道为治之道就在经书之中，文臣武臣虽有分工的不同，但要为治国尽力，所以都要知道为治之道。

赵匡胤知道读书的重要性，于是常请著名学者为他讲学。一次他请王昭素讲学，期间就向王昭素询问民间的情况，同时又问到治世养身之术。王昭素对他说："治世莫若爱民，养身莫若寡欲。"赵匡胤认为这两句话很有道理，于是当作座右铭，写在屏风上，随时警醒自己。

他还请著名的道士苏澄来讲学，也问到养生。苏澄对他说，有臣民的养生，也有帝王的养生，两者不同。臣民养生不过精思练气，帝王养生就不是这些。苏澄引老子的话："我无为而民自化，我无欲而民自正。"帝王只要无为无欲，凝神太和，就是最高的养生，古代的黄帝、唐尧所以能享国永年，用的就是此道。

苏澄是在告诉他，帝王的用心应该在于治国治民，不应放在养生上。赵匡胤似乎明白了这个道理，所以他在位期间，不求个人的长生不老，而是一心谋求国家的长治久安，这又是他的高明之处。中国历史上有不少皇帝，在得到了最高的权力之后，就想长生不老，像秦皇、汉武都免不了这些毛病，而赵匡胤能克服这一人性固有的弱点，所以说他是更为清醒的皇帝，这与他的治国治军平天下的谋略，有不可忽视的关系。

第
四
章

CHAPTER4

统一天下的全盘大略

赵匡胤通过兵变当上了皇帝，开创了一个新时代，但这并不是一蹴而就的，黄袍加身，让后周的小皇帝让出帝位，相对而言，还是比较简单的事情，而登上帝位之后，如何削平各地的割据小朝廷，则是更大的难题。但赵匡胤都能一一顺利地解决，该用武就用武，可和平解决就和平解决，分别对待，并不一味逞强，这也与历史上的暴君大不一样。而且在平定各个小朝廷之后，对于降服者又能采取和平的态度，而不是一一杀戮，这也体现了赵匡胤的博大胸怀。

制服不听命的节度使

赵匡胤刚登上帝位，控制的地区并不大，而且在控制的范围内，还有十几个强悍的节度使，并不乖乖听命。节度使不听命于朝廷，是唐中期以来的大问题。赵匡胤对唐代安史之乱以来的历史知道得非常清楚，所以他称帝之后，为了统一天下，首先就要解决各地的节度使问题。在朝廷内的武官可以用杯酒释兵权的办法加以解决，而在外地的节度使，就不能用这种简单的办法了，应该根据每人的不同情况，采取不同的策略。

◇腹背受敌

赵匡胤黄袍加身后，最大心愿是统一天下。五代以来，天下四分五裂，赵匡胤夺得皇权，势力局限于后周的地盘，周围还有多个称帝称王的割据政权。如南方有南唐、吴越、南汉、南平、武平，在西边有后蜀、羌、西夏。在宋的范围内，只有一百一十八个州，而且由十几个节度使分别管辖。赵匡胤当上皇帝，在后周其他地区，有不少原来的后周官员不服气，他们认为赵匡胤是用阴谋手段篡夺了后周皇权，只是限于力量，暂时不敢公开表示反对。但若一旦有风吹草动，他们就会群起而攻之。

当时的节度使是以军事将领为地区长官。这些节度使中，实力最强大者是昭义军节度使和淮南军节度使。此两人在后周是手握兵权的两员大将，本来也不把赵匡胤放在眼里。现在赵匡胤演出黄袍加身这一幕，二李心里必定充满了怨恨，所以他们是赵匡胤两个最危险的敌人。赵匡胤明白，如果不能把这些人消灭干净，自己的皇帝之号就毫无意义。

昭义军节度使所在地区，包括潞州（今山西长治）、泽州（今山西晋城）、沁州（今山西沁县）三大要地，居太行山之脊，对开封一带的京畿地区，正好居高临下，虎视眈眈。故此地区的得失，直接关系到黄河两岸的安危。自唐代安史之乱以来，历称战略要地，谁控制了它，谁就占据了对中原地区进行控制的主动地位。赵匡胤刚称帝时，此一地区还有更重要的战略意义，那就是它正好处于宋与北汉的中间地带。宋占据此地，便取得了对北汉作战的有利地势。若被北汉占领，则对宋王朝首都汴梁构成了直接威胁。

昭义军节度使所在地区，不仅地位重要，而且地势险要。双方来往的唯一关口，就是天井关，此关之北即为太行山中的羊肠坂道，扼守住这个关口，就堵住了昭义军部队南下的路线。所以，赵匡胤派石守信攻击昭义军时再三强调："勿纵李筠下太行，急引兵占领天井关，扼其险隘，就可万无一失。"

如果说昭义军对宋的威胁是抚其背的话，与之相应的，就是位于宋之东南的淮南军节度使，它对宋的威胁可谓直捣其腰。

淮南军节度使，控制扬州（今江苏苏州江都区）到沔州（今湖北汉阳）的长江地带，共十一州。对中原的宋来说，从东到南形成一个半圆形包围圈。这一地区的最大特点是地势平旷，没有任何险要可守，恃以为险者仅有一条淮河。若沿淮的寿、濠、泗等州有失，则开封形势孤危，淮南军可直捣开封城下。更为严重的情况是昭义军与淮南军若联手向宋进攻，他们只要打着为后周王朝复仇的口号，恐怕天下就要大乱，赵匡胤好不容易夺来的皇位，就要得而复失了。

这些节度使并不服从北宋政权，他们寻找机会，希望把本来与自己平起平坐的赵匡胤从皇帝的宝座上掀翻下来。赵匡胤面对如此局面，心知肚明，他也要寻找机会消灭这些不服的家伙。双方虎视眈眈，一有机会就要毫不留情地下手了。

北汉在昭义军西北，势必会帮助昭义军攻击新建立的宋。契丹在宋的北方，虽然未有帮助昭义军的计划，但他帮助北汉也是势所必至。所以北宋在北方的敌人一共有三个，如果不各个击破的话，他们势必联合起来进攻宋。

至于南方，也有危险的敌人，那就是南唐，他们的地盘位于淮南军之南，控制了江南江西地区。淮南本来是南唐的领地，后被后周占领，所以他们从来没有忘记收复这块失地。如果有机可乘，他们一定会出兵帮助淮南节度使攻击北宋，以便在鹬蚌相争中坐收渔人之利。由于北方的李重进未能与李筠同时举兵，所以南唐暂时还不敢轻举妄动。

从昭义军的据点潞州到宋的首都汴梁，小道不过四百里。不论向东或者向南，只要越过太行山脉，即可到达黄河南北的平原地区，直逼汴梁城下。昭义军节度使李筠既然下定决心反宋，自可以东出壶关攻占邺都，即今天的河北大名一带，以高屋建瓴之势南下黄河，以便攻占汴梁。也可以从潞州南下，经过晋城沁阳而攻占洛阳，而后向东直扑汴梁。

从淮南军的中心据点扬州到宋的首都汴梁，直线距离约一千里，在这千里之内，完全是平原地带，没有任何的山陵险要，淮河以北的各条河流，却有利于北宋军队的运输，他们可以坐船顺流而下，直逼扬州。所以淮南军李重进必须与昭义军李筠南北合围，才有成功的希望。但是李重进不识时机，犹豫不定，坐失夹击的机会。

宋的首都汴梁，是四战之地，北靠黄河作为屏障，在东西南方，必须依靠洛阳、徐州、陈州三地作为屏障，如果这些地区失守，汴梁就面临极端危险的局面。如果宋不得不对李筠、李重进两面作战，则其他地区的节度使都将为自己的前途考虑，那时必将产生分崩离析的局面。

◇李筠反叛

李筠，太原人，勇健有力，擅长骑射。后唐时应募加入禁卫军，在潞王李从珂称帝时，他应募做了内殿直，不久升为指挥使。后晋时，契丹侵犯汴梁，他被将军赵延寿召到帐下。在契丹后退时，李筠击破契丹军，因此受到汉主刘知远的赏识做了博州刺史。等到周太祖郭威镇守大名时，李筠已经做了先锋指挥使。到郭威取代后汉，李筠有佐命之功，升到昭义军节度使。昭义军所在地在后周属于国防重镇，屡次进攻北汉皆获大胜，所以李筠在后周属于重要的军事将领。后周恭帝即位时，让李筠当了检校太尉。

等到赵匡胤篡周，又封李筠为中书令，派人对他进行安抚。李筠当时准备抵抗，受到左右的劝告，方才接受赵匡胤的任命。尽管这样，他的态度仍然不恭敬，这实在是气愤赵匡胤的篡逆之罪。

在他招待赵匡胤派来的使节的宴席上，李筠让人拿来后周皇帝的画像挂在墙上，哭泣不已。李筠的下属非常害怕，对使者说："令公喝多了酒，请不要见怪！"北汉听说了这件事，派人送来一份蜡丸信给李筠，约他共同起兵反宋。李筠的长子李守节极力劝阻，李筠不听。

赵匡胤听说这件事，亲手写了诏书进行安抚，并且任命李守节为皇城使，让李守节返回潞州并带话给李筠："我没有当皇帝的时候，随你怎么样都可以；现在我既然做了皇帝，你就不能稍微让我一点吗？"李守节飞驰赶回报告李筠。李筠最终还是起兵了。

建隆元年（960）四月，李筠向各地发布檄书，声讨赵匡胤的篡逆之罪，表示正式反叛赵匡胤。接着他把赵匡胤派来的监军周光逊等人逮捕交给北汉，向北汉称臣以求援兵。又派部队袭击泽州，杀死赵匡胤所派刺史张福，占领了泽州。

这时，李筠手下的闾丘仲卿进言："公以孤军之势举起反抗赵匡胤的义旗，目前处于非常危险的境地。虽说有北汉声援，实际上也得不到真正的支援。赵匡胤的精兵强将不可小看，单靠我们的力量难与争锋。因此，不如南下太行，直抵怀、孟（沁县、孟州），占据虎牢关（在汜水）和洛邑（洛阳），东向而争天下，这才是上上策！"

李筠说："我是周朝的宿将，与世宗义同兄弟，禁卫军中都是我的老朋友，他们听说我起兵了，必然会倒戈归我，何惧大功不成！"李筠昧于形势，自以为是，不听从仲卿之计，他的失败也就不足为怪了。

北汉之主刘钧得到李筠送来的周光逊等人后，派使节给李筠带去诏书及众多赏赐，表示支持。李筠得到东西之后，并不见北汉一兵一卒，又派人前往北汉，要求派兵支援自己。

北汉非常滑头，并不想用自己的兵力与赵匡胤硬拼，而是转向北方的辽人求援。李筠知道后，表示不要请契丹人掺和此事。北汉主刘钧考虑再三，为了扳倒赵匡胤，只好忍痛出兵，助李筠攻宋。

　　刘钧君臣在汾水之畔举办出师宴会，当场有人表示，李筠此番反宋，未免轻率，事必无成，我们还是谨慎为宜，不可倾国之力，当别人的替死鬼。刘钧听不进意见，这正是低能政治家的特征之一。一旦自己做了决定，就不允许别人说三道四。

　　刘钧的部队从团柏谷出了太行山，不久就来到太平驿，受到李筠的欢迎。北汉主刘钧以君主的态度对待李筠，封他为西平王，完全一副天子皇帝的派头。李筠原来对北汉寄予莫大希望，但一见刘钧等人，见他们的仪卫寡弱，根本就不是实力强盛的样子，还要摆皇帝老子的架子，心里凉了一大半，有些后悔不该听信别人煽动，贸然起兵与赵匡胤作对。但事已至今，也无法挽救了，只好硬着头皮往前走。

　　李筠对北汉刘钧说，自己是周朝旧臣，曾受世宗多少恩赐，现在赵匡胤篡逆，我怎能忘了世宗的恩情？所以奋不顾身起兵反抗赵匡胤。北汉本来就是后周的世仇，听李筠如此说，心里也不太痛快。所以这次会面，双方不仅没有达成同心协力的同盟关系，反而在各自的心里埋下了互不信任的种子。

　　双方既然见了面，李筠就要求刘钧派兵支援，刘钧本来还想动用大军，但听了李筠关于后周的说法，热情消失了大半。不过，为了应付一下，不让这个好不容易出现的倒赵联盟一事无成，他只派宣徽使卢赞率数千骑兵随李筠前去，同时又暗中嘱咐这支部队，要他们对李筠采取监视态度，情况一旦不对，就抛弃李筠。

　　卢赞既然奉命支援李筠，就要找李筠商议军机大事。可李筠根本不想与他谈什么事情，卢赞受到冷遇和怠慢，大为生气，拂袖而去。北汉主刘钧闻知此事，又派平章事卫融前去调解，结果也是于事无补。李筠在万般无奈之下，只好自己单独行动。他吩咐儿子李守节留守大本营潞州，自己率领三万部队南下，准备与赵匡胤决一死战。其实不用决战，只看李筠与刘钧之间的这些貌合神离之事，其败兆就已十分明显了。

◇攻灭李筠

　　四月十七日，宋听说李筠起兵，于是枢密使吴延祚向赵匡胤进谋："潞州地势险要，贼军如果固守此城，我们很难在短时间内攻克之。但李筠一向自恃武勇而轻于用兵，如果我们尽快进击，他必离开上党，来与我军会战。他要是这样做，就等于兽亡其蔽，鱼脱于渊，离开了自我保护的屏障，正好被我军打败。"赵匡胤听从此计，又做了全盘考虑，进行了周密部署。

第一，十九日，派遣石守信、高怀德为前军，西向洛阳，自孟津北渡黄河。

第二，派三司使张美调拨粮草。张美向赵匡胤提出，怀州刺史马令琮早已估计到李筠会反宋，已经储备了大量粮草以供调用。赵匡胤一听大喜，当即提升怀州刺史马令琮为团练使，让他负责粮草的调动。

第三，五月初二，赵匡胤命宣徽南院使昝居润赴澶州（今河南濮阳）巡视，加固首都以北地区的防务。

第四，初二同日，派殿前都点检镇宁节度使慕容延、彰德军留后王全斌，从东路西向潞州，与石守信、高怀德部形成合围夹击之势。

第五，五月初三，以洛州团练使郭进为本州防御使兼西山巡检，与驻扎在邢州的检校太尉李继勋组成北路军，以防北汉军出动。又派永安节度使折德扆出兵攻击北汉，实施牵制作战。

当赵匡胤派遣石守信等人进军时，对他们嘱咐："千万不要放李筠冲下太行山，你们务必赶紧占领扼住太行山的天井关，堵住这个山口，如此一来，必能打败李筠。"太祖这番部署，目的要让石守信等部自孟津渡过黄河之后，经怀州疾速进军，占据天井关之险，使李筠不能越过险关动摇怀州，因为怀州是宋军全部给养的补给基地。因此，石守信等人引军疾驰，于四月下旬，就占领了天井关。李筠并没有意识到这一点，所以本来是主动发起的攻击，自己却没有占到有利的地形。此时李筠已率兵来到泽州之南，并未进一步南下，这也表明了他的内心虚弱及北汉的援助不力。

在双方初步部署停当后，李筠似乎仍然没有采取主动进攻的态势，反倒是石守信先下手为强，让高怀德稳固驻守天井关，亲自率军自小道迂回到李筠的背后，袭击泽州后方补给线。这一行动，有效地打击了李筠部队的士气。石守信又一鼓作气，在长平打败闻讯而来的李筠，斩首三千级，取得了首战的胜利。接着，宋军又攻下李筠据守的大会寨，与太祖所率宋军主力相会，展开了对李筠大本营潞州的总会战。

五月十九日，赵匡胤下诏书宣布亲自征伐李筠。但在出征之时，也不忘后方的安全，任命枢密使吴廷祚为东京留守，让开封知府吕余庆做吴廷祚的副手，还让弟弟赵光义任大内都点检，即皇宫的总管。又派韩令坤屯扎在河阳，即黄河重要渡口孟津北岸的要镇，北则策应石守信，南则护卫洛阳。赵匡胤从派前军到其亲征，时间刚好一个月，他之所以迟迟才下决心亲征，乃是担心扬州的李重进在背后捣乱。

五月二十一日，赵匡胤从大梁出发，二十四日抵达荥阳。此时洛阳留守官向拱，劝赵匡胤渡河翻越太行，乘李筠气势未张之际，予以致命打击。如果拖延久了，可能使李筠的影响扩大，引更多节度使参加反宋联盟。赵匡胤的军师赵普也说："李筠所以敢于公开抗拒天子，是因为他以为国家新建未能出征。现在我们既然出征了，就要出其不意，倍道兼行，攻其不备，可一战而克。"赵匡胤听从了他们的建议，急命大军快速挺进。宋军主力进入太行山，可山路险狭，崎岖多石，十分难行，严重影响了进军速度。赵匡胤亲自下马，让坐骑负石开路。将领和大臣们都不敢再坐在马上，学着赵匡胤的样子，加入排石开路的行列。于是很快排除了道路上的石头，使大军得以顺利前进。

五月二十九日，大军与石守信会合，声势更大，一齐向李筠进攻，大败李筠三万之众于泽州之南，杀北汉援兵数千人。刘钧派到李筠部监军的卢赞也被乱军杀死，刘钧派来增援李筠的河阳节度使范守图也被俘虏。李筠率败军退还潞州，缩进城里，死命固守。宋军追至城下，赵匡胤亲自督军攻城。此时，赵匡胤所派另一支部队也已攻入北汉境内，并占领了几个据点，于是北汉刘钧在前方卢赞、范守图已败而后方堪忧的情况下，更不敢出动帮助李筠。

到六月初一，赵匡胤亲督大军攻城，泽州城虽小，却十分坚固，宋军一连十天无法攻克。而李筠的龙捷使王廷鲁、分州团练使王全德等人都率部投降赵匡胤，因此李筠所守的泽州更显孤危。六月十二日，李筠爱妾刘氏见城已危，便问城中健马还有多少，对李筠说："孤城危蹙，破在且夕。现在还可集中良马数百匹，与心腹舍命突围而出，只有保住潞州大本营，再向北汉求援，就还有一线生机，比起待在城里坐以待毙要好得多。"李筠认为此说有理，于是命人集中尚可冲击的健马，准备趁夜色昏暗突围。

此时又有人告诉李筠："刚才大家都在商议，如果开门突围，只有死路一条。如果劫公而投降宋军，或许还有一条活路。"李筠听了，又对突围信心不足，更怕部下劫持自己降宋，左右为难，不知如何是好，惶惑之中错过了最后一次机会，等到第二天清晨，宋军已经攻进城内。

在宋军攻破泽州城之前，赵匡胤召指挥使马全义询问攻城之计。马全义道："李筠死守孤城，如果并力急攻，他便立即殄灭。但若犹豫延缓，只能促使李筠产生奸计，到时候是什么结果，就很难说了。"

赵匡胤听此一番分析，急忙上阵，亲率大军猛攻。马全义也自告奋勇，率领数十敢死之士，乘城攀堞先登，虽有飞箭贯通他的肩臂亦不停顿，一把拔下箭头，继续厮杀，其他宋军士兵见此情形，士气更壮，于是一举攻克泽州，而李筠则自焚而死。

宋军进入泽州，赵匡胤严令禁止军士剽掠，释放牢房的囚犯，减免泽州百姓一年的租税，以收人心。六月十七日，赵匡胤乘胜攻击潞州，李筠之子李守节举城投降，赵匡胤赦免其罪，并任命他为单州团练使，又免除潞州地区一年的租税，这都是赵匡胤一贯的收买人心的手法。刘钧听说李筠全军覆没之后，也从太平驿逃回太原，对手下赵华说："李筠轻率起兵，我早就料到他会失败，我们还能全师而还，真是幸运，只可惜我派到李筠处的几位将军，白白作了陪葬。"从中可看出刘钧从一开始就没有诚意帮助李筠，如此同床异梦，又怎是赵匡胤的对手？

◇平定李重进

消灭了李筠之后，赵匡胤的下一个矛头就指向了李重进。

李重进，河北沧州人，是后周太祖的外甥，从小跟随周太祖南征北战，立下不少战功，到后周灭亡时，已升任为淮南军节度使，成为掌管后周重要地区的军事长官。

李重进年龄比周世宗稍大，周太祖临死之时，召李重进接受顾命之托，令他拜世宗为君，以定君臣之分。周世宗继位后，李重进继续担任重要军职，为侍卫亲军马步军都虞候。在跟随世宗作战过程中，不断升职，历任忠武军节度使、行营马步军都虞候、同中书门下平章事、归德军节度使兼侍卫马步军都指挥使。周世宗亲征淮南时，李重进担任先锋，完成许多重要军事任务。

当时大将张永德与李重进不和，经常在众人面前说李重进的坏话，甚至向世宗密告李重进有叛逆之疑。世宗不信，也不介意。李重进为保住自己的地位，且为后周朝廷考虑，亲自去见张永德，以赤诚与之谈心，两人一释前嫌，成为好友，更使周军内部矛盾顿时消失。因为二人都是周朝手握重兵之人，关系恶化则全军崩离，关系和好则全军团结。

位于长江以南的南唐国主李璟闻知此事，曾派人暗中与李重进联络，许以高官重利，希望他来南唐效力。李重进不为所动，把事情经过向世宗报告，由此使世宗对他更加信任。世宗死后，恭帝即位，李重进升为检校太尉，同时任淮南军节度使。然而转眼间，恭帝禅让帝位给赵匡胤，一夜之间，李重进忠心耿耿为之奋斗了几乎一生的后周之朝，竟变成了赵匡胤的宋家王朝。

这对李重进的打击太大，尽管赵匡胤上台伊始对他还保持尊敬，但他的亲军都指挥使要职，已被赵匡胤亲信韩令坤代替，代之以空有其名的文职之衔中书令。李重进感到自己的政治生命就要在赵匡胤手里结束了，但他没有力量公然与赵匡胤对抗，于是为了自保，他向赵匡胤请求，准许他入朝觐见，希望借此机会与赵匡胤修好关系。赵匡胤赐诏止之，李重进从中仿佛听到了赵匡胤不信任的声音，变得更加惶恐不安。

不久，赵匡胤又命他转移节度使的幕府，命他从淮南重地江都迁移到距首都汴梁更为偏远的青州，这等于是让他放弃自己经营了多年的根据地。李重进一面拖延，一面准备起兵，想以讨伐篡逆的名义号召天下，与赵匡胤决一雌雄。

李筠起兵时，李重进十分高兴，他派出亲信翟守珣前去联络，策划与李筠夹击赵匡胤。谁能想到，翟守珣竟然不去联络李筠，而径直跑到汴梁，偷偷地通过李处耘求见赵匡胤，向他报告李重进准备叛变之事。

赵匡胤见到翟守珣后，十分感谢他的报告，并与翟守珣商议如何控制李重进。赵匡胤问翟守珣："我赐李重进生死不杀的铁券，他能相信我吗?"翟守珣说："不论对他如何，李重进终无归顺之志。"赵匡胤担心二李同时并举，自己应付不了，便重赏翟守珣，让他回去后稳住李重进，暂时不要与李筠同时起事，以便将来再做处置。

翟守珣返回淮南，不仅不向李重进报告自己的背叛行径，反而假惺惺地为李重进出谋划策，说在目前形势下不可轻发。李重进哪知这位老兄已经出卖了自己，竟然听信了他。

赵匡胤虽说让翟守珣蒙骗李重进，但仍不放心，又派六宅使陈思诲带着生死铁券前去赐封李重进，希望让李重进吃一颗定心丸。李重进见赵匡胤赐给铁券，以为赵匡胤仍相信自己，就欲随陈思诲入朝觐见太祖，以表忠心。可知李重进非常明白不能与赵匡胤为敌，而想与之和好，保留一条生路。但他的左右之臣竟然都不让他去见赵匡胤，说此去必然凶多吉少，赵匡胤根本不是真心赐给铁券，这不过是缓兵之计。李重进在陈思诲与左右之臣的两面夹击下，不知听谁的才好，犹豫不决之中，错过了与李筠合兵反宋的机会。

李重进后来意识到，自己终究都是赵匡胤的眼中钉，要想取得赵匡胤的信任，恐怕是不可能的，不如趁此时机早点下手，免得被人抢先下手。思量已定，便扣住陈思诲，整顿军队，同时派人向南唐求援。

可是李璟却因李重进不来投靠而不伸援手，并派户部尚书冯延鲁对其使者说："大丈夫失意而反，世所常见，只是时势已不允许了。在赵匡胤刚刚受禅之时，人心未定，到李筠起兵之时，君不及时采取行动。现在这些时机都已过去，人心已定，才想发动数千乌合之众对抗天下精兵。就算韩信复生，白起再世，也不能取得胜利了。所以，我们南唐虽有兵力与物资，也不敢帮助于你了。"南唐不仅不助李重进，反而把此事报告宋朝，以示自己的清白。

李重进在求援不得之下，还想起兵，他以为不管起不起兵，事到如今，都是死路一条，不如拼一下，或许还有生机。这时，被赵匡胤派在李重进处的监军安友规，在得知李重进已下定决心起兵之后，准备逃回汴梁向赵匡胤报告，但他的手下不敢冒险，安友规只得只身翻出城墙，逃出淮南。李重进得知此事，便把安友规的部下全部逮捕并杀死，然后举兵反宋，这已是赵匡胤的建隆元年（960）九月，离赵匡胤平定李筠之乱已有三个多月了。

李重进既已起兵反宋，赵匡胤就要考虑如何平定这场叛乱。他先向赵普询问，赵普说："李重进凭恃长淮之险，缮修孤垒，外无救援，内乏资粮，宜速取之。"赵匡胤点头称是，然后进行部署，就要向李重进进攻了。

赵匡胤在九月二十二日命石守信为扬州行营都部署，兼任扬州行府事，再派王审琦为副手，率领精锐禁军先行进发。然后派李处耘、宋延渥和安友规三人从滁州方面向李重进进逼。在以上各部对李重进攻击一个月后，即十月二十四日，赵匡胤率军亲征，留皇弟赵光义为大内都部署，吴延祚负责东京（平定李筠之后，以汴梁为东京，洛阳为西京）的治安与保卫，由吕余庆为副手。赵匡胤亲征，率大军从汴梁沿淮河乘船顺流而下，十一月初八到达泗州（今江苏盱眙），舍舟登岸，继续向李重进进军。大部人马行至大仪镇（今江苏扬州江都西北七十里），先锋石守信驰奏，李重进固守的扬州破在旦夕，愿皇上车驾亲临前线视察。赵匡胤大喜，轻装前进，十一日来到李重进老巢扬州城下。

李重进守在扬州城内，面临灭顶之灾，此时其手下都劝李重进杀死赵匡胤派来赐铁券的陈思诲。李重进说："我现在将率全族赴火而死，杀了此人，也不能挽救失败！"随后纵火自焚，陈思诲也没有逃过众人的杀害，算是替赵匡胤送了一条命。宋军攻克扬州，赵匡胤进入城内，把帮助李重进进行叛乱的同党全部处死，只有翟守珣有功，不仅未死，反而封官，当了赵匡胤的供奉官。

平定李重进后，大军即将班师，赵匡胤命李处耘留在扬州，代理此地军政之事。扬州经过战争，破坏严重，李处耘却能勤于抚绥，轻徭薄赋，不久就使扬州安定下来，并恢复了生产。这证明赵匡胤留任李处耘是任人得当。因为扬州一带，一是宋朝重要的粮食来源地，一是赵匡胤下一步消灭南唐的前哨基地，若任人不当，不能很快恢复生气，就将影响到赵匡胤下一个战略行动。由此可知，赵匡胤为统一天下，考虑深远，在众人还为眼前的胜利而陶醉之时，他就为下一步的行动做准备了。

先取荆湖

赵匡胤平定二李后，又用杯酒释兵权之策，削除了禁卫军诸将专兵之弊，内部已经安定。于是开始谋划继承周世宗统一中国的未竟之业，即一一削平各地的割据势力。二李还属于内部叛乱，而统一周围的割据政权，就是对外作战，情况要复杂得多。当时的形势，宋在中原，北方有两个强敌，一是契丹人建立的辽国，占据了燕云十六州以北的整个北方，是当时最强大之国，数十年来屡次侵入中原，五代后晋时，曾一度攻下汴京，企图建国于中原，故对宋的威胁最大。而割据太原的北汉，又依附于辽人，也是宋的心腹之患。宋的南方，西南有后蜀，南方长江流域有吴越、南唐、荆州南平、湖南武平等割据政权，岭南还有南汉。赵匡胤要想统一中国，必须讨平这些割据势力。

◇北守南攻

后周世宗时也想用武力统一这些割据政权，他的谋略是先取后蜀，再平江南南唐，然后向北收复三关，进攻幽州，最终目标是收复被契丹占去的燕云十六州。这一战略是先南后北，因为南方政权都较弱小，北方势力则强大些。

赵匡胤与赵普等人仔细研究，确定了"北守南攻"的战略方针。对待北方强敌契丹，在战略上暂取守势，等到南方诸国平定以后，再对它采取攻势。在对契丹采取守势期间，除了防守要地，同时运用政略，听任契丹人前来贸易，免其税收，其来京师贸易者，优价收购他们的货物。同时命令边境多派间谍，侦探辽人的情况，如果契丹入侵，就设伏打击之。

对北接契丹、西接党项的北汉，战略上暂取守势，因他也不敢对中原用兵，所以让他存在而不动他，可使之暂为自己在北方的屏蔽。虽然战略上采取守势，但战术上仍采取攻势，每年以游兵骚扰他，以削弱其国力，以便将来用兵时易于攻取。

对南方诸国中最强的南唐，先运用政略进行羁縻，优礼他们的礼臣，加重与他们的聘赐，尊重他们的疆界，送还其叛臣及逋逃者，同时积极训练水军，待平定上流诸国后，适时包围而消灭之，转而再谋其南的吴越。

对南方诸国国力最弱且较易剪除的荆州南平与湖南武平，以厚往薄来与之来往，聘其地方贤才加以重用，以侦知其地理形势，待其内部发生变乱，则乘隙一举攻灭，作为进取西蜀、南汉的基地。

赵匡胤在北守南攻之谋既定后，就在上台后的第三年建隆三年（962）四月，为北方安排了适当的守将人选，令赵赞为彰武节度使，屯兵守延州，姚内斌守庆州，董遵诲守环州，王彦升守原州，冯继业守灵州，以上诸人守御西夏。

命李汉超屯兵守关南，马仁瑀守瀛州，韩令坤守常山，贺惟忠守易州，何继筠守棣州，以上诸将防备契丹。

又命郭进控制西山为游军，武守琪守晋州，李谦溥守隰州，李继勋守潞州、泽州，以上诸将防备北汉。

对这些戍边武将，赵匡胤在京城为他们修建豪华府宅，厚加赏赐，允许将守区的税捐全部留下自用，可自行招募勇士做心腹干将，军事事务让他们临机做主，不必事事报告。因而宋军无西北之忧，得以专力攻取南方，这可谓是赵匡胤统一中国整个部署中最为得意的一步棋。

对南方诸国，赵匡胤明白他们大都是借唐末及五代的乱世、中央无力控制之下割地自雄的政权，从军事实力上看，都比不上北方游牧民族的政权，故对赵宋无任何威胁。虽然后蜀、南唐、南汉都曾称帝，但或因兵力不支，或因内部矛盾，都不敢行动。

至于荆湖、吴越，都一直不敢公开与中央对抗称帝，只是在实际上割据而不听中央指挥而已，都没有谋取中原的雄图大略。所以赵匡胤对于南方诸国，决定先取两湖、后蜀，然后再灭南汉、南唐、吴越。他的谋略，是按双方军事力量的强弱与政治形势的优劣而决定次第，切合时宜而不是有些人评论的"迂缓"，是智勇兼备而非有些人批评的"怯懦"。

赵匡胤的统一之谋，是经过深思熟虑之后制定的。根据当时形势，确定先取荆湖，继西川，把打北汉放到最后，这就是所谓的"先南后北"。这一战略的确定极为审慎。赵匡胤以"吾欲收太原"为题征求赵普的意见，在一个大雪纷飞的晚上，赵匡胤亲自到赵普家，赵光义也参与商议。赵普认为："北汉的地盘，正是中原面对西、北两方的屏障，假使我们现在就将它收复，则西、北两边的外族入侵，都将由我们独力支当，何不姑且留下不管，俟削平南方诸国，再作打算。北汉不过弹丸黑子之地，能往哪里逃？"

经过反复商讨，从双方力量对比、地理人口物产等具有战略意义的条件及轻重缓急看，众人认为应先攻打南方，有充实物质基础，然后才好向北发展。

赵匡胤对此有清醒认识："中国自五代以来，兵连祸接，帑藏空虚，必先取巴蜀，次及广南、江南，即国用富饶矣。"

这一战略的前提是，先打好统一大业的物质基础。自唐代安史之乱以来，分裂割据的局面持续了两百多年，要改变这种局面，不容轻佻冒险，必须建立在雄厚的物质基础上，才能保证统一的顺利进行。而且南方各政权内部，也是众叛亲离，正是消灭他们的大好时机。于是在乾德元年（963）二月收江陵，三月得湖南，乾德三年正月灭蜀，四年后于开宝二年（969）亲征北汉。征北汉，实际上是与契丹较量高下，斗智斗勇。兵临太原城下，苦战百余日，屡败契丹援军。因不能彻底取胜，太常博士李光赞提出退兵之计。在退兵之际，还采取了"先去枝叶，后取根柢"的办法，即将太原附近万余家迁到山东、河南一带。北汉经过这次战役，实力大受挫折，至少不敢轻易对宋动兵了。

攻北汉后二年，即开宝四年（971）二月灭南汉。又对北汉、契丹进行了攻心战，这比攻城更为艰巨。所谓攻心，就是对北汉和契丹进行分化瓦解，对契丹方面的归顺者，给予妥善安置的政策，并委以官职，是争取人心之策。这一策略的结果是避免了北汉、契丹与赵宋三方面的死伤。在使用武力方面，则有理有节，不过分黩武。

在对北方敌人做了基本打击且取得了一定效果后，赵匡胤才可以比较放心地对南面之敌下手。南方敌人，比较分散而弱小，他们之中仍有强弱大小之分，赵匡胤从最小最弱的地方开始，争取每次出兵都取得成功，一来避免陷于持久的消耗战，二来可以不断提高士气，为今后的更大战斗打下良好基础。

◇荆、湖最弱

赵匡胤统一南方诸国的第一步，是收复荆、湖。荆指荆南南平国，湖指湖南的楚国，是南方割据政权中最为弱小的两国。

南平，是后梁时高季兴建立的国家，控制荆州、归州和峡州地区，即今天湖北江陵、秭归、宜昌一带，一向因地域狭小、兵力不强而向四面强国称臣，靠其他强国的赏赐以及商税维持生存。又因为他们经常出兵抢劫贡道，所以有"高赖子"的绰号。后唐封为南平王，领荆南节度使。后来因为中原多事，于是自称南平国。传到高保融时，因他性格迂缓，治军治民都没有章法，国势更加衰落。他把国事委托给弟弟高保勖。建隆元年秋，高保融死，高保勖继任为荆南节度使。高保勖对宋朝顺称旨意，境内平静。建隆三年（962）冬，高保勖死，其兄高保融的儿子高继冲继位。高继冲喜欢用兵，爱好聚财，等他继位，以为自己不可一世。

湖南楚国，是唐代末年马殷所建，在五代后梁封为楚王。以长沙为其首府。后周时其国内乱，被南唐消灭。不久其将刘言、王逵、周行逢等人复国，后周任刘言为武平节度使，统治郎州（今湖南常德），王逵为武安节度使，统治潭州（今湖南长沙），何敬真为静江节度使，统治全州（今广西全州），周行逢为武安行军司马，张文表为武平副使。不久王逵杀何敬真，并袭杀刘言，使周行逢驻郎州，接着又让他迁往潭州。在后周显德三年（956），王逵被部下杀死，周行逢平定内乱，自称武平留后，向周称臣，周让他担任武平节度使，控制了湖南十个州，仍驻郎州。赵匡胤上台后，周行逢表示顺从，宋也承认他对湖南的统治。

荆湖两地，是宋之南最弱的两国，荆南只有三个州，四周没有险隘可守，地狭民寡，以荆州为首府。如此小国，能存在数十年，就靠五代混乱，中原政权无暇顾及，再加上他能向四方的割据之国称臣，所以还能自保。且荆州（今湖北江陵）与襄州（今湖北襄阳），自古称为荆襄之地，控制江汉，同气相连，不可分割。而高氏之据荆南，却一直未能取得襄州之地，以桐柏荆山为屏障，所以他也就只能始终向中原朝廷奉表称臣。

荆南与湖南紧密相连，而无山河之隔，当他与湖南有冲突时，要么向东称臣于南唐，要么向西称臣于后蜀，利用诸国之间的矛盾而求生存。所以荆南一国，实无独立为国的资格。宋自襄州攻荆州，易如反掌，所以还要用借路之名，只是为了不战而取之。

湖南地据湘江、洞庭，自古与荆襄不可分割。但其北方的荆南，地方较大，人口较多，物产较丰，所以可以把荆南当作自己的屏障，而其东、南、西三面都是崇山峻岭，不怕南唐、西蜀与南汉侵扰。其能独立存在，在很大程度上依赖于荆南，所以荆南一旦被中原朝廷所亡，则兵可直临城下，湖南则势难自保。

◇利用内乱

对此二国，赵匡胤采取了假道而灭荆南，然后趁乱平湖南之策，不费吹灰之力，一举而得两国。

建隆三年（962）九月，湖南周行逢病重，独生子周保权才十一岁，周行逢不放心，召集手下将领，请他们拥护周保权继位，并嘱咐说："我手下凶狠之人，已杀得差不多了，只有衡州刺史张文表，和我同起陇亩，因为我未让他当行军司马，他一直怀恨在心，我死之后，他必为乱，当派杨师璠讨伐他。诸位好好辅佐吾儿，不要丧失了领土。万不得已，就全部归顺朝廷，不要让这块土地陷于虎口。"

周行逢死后，保权继位，张文表大怒："我与周行逢同起微贱，立功名，今日怎能北面奉小儿为主？"便在十月周保权调他去永州（今湖南零陵）时，发动叛乱。张文表让其军队戴上为周行逢发丧的白布，以奔丧名义直奔武陵。为周保权守卫潭州的将领是武平行军司马廖简，此人一向瞧不起张文表，虽然听说张文表已向武陵奔来，但他竟然不部署防备。在他正与部下饮宴之时，有人报告张文表部队已经到了，廖简不当回事，对人们说张文表来正好让我活捉他，何足担忧！说完仍然饮酒谈笑。不一会张文表率军攻入潭州，直入府中。廖简刚好喝醉，便在醉梦之中被乱兵杀死。张文表占领了潭州，又集中部队，准备进攻武陵。周保权派杨璠讨伐张文表，同时派人向宋朝和荆南求救。

赵匡胤得知湖南有乱，准备出兵，不过出兵的目的不是救湖南周氏，而是要借此良机收取荆湖之地。出兵之前，他借了解情况与安抚周氏为名，先派卢怀忠出使荆南，准备向高继冲借路，以讨伐张文表。卢怀忠临走时，赵匡胤说："江陵人心去就，山川向背，我想全都知道。"江陵就是荆南首都，赵匡胤是让卢怀忠借此机会摸清楚荆南的情况，以便决定如何夺得荆南。

卢怀忠回来对赵匡胤说："高继冲甲兵虽整，而控弦不过三万。年谷虽登，而民困于暴敛。南通长沙，东距建康，西迫巴蜀，北奉朝廷，观其形势，盖日不暇给，取之易耳。"（《续资治通鉴长编》卷四）赵匡胤于是决定用"假途灭虢"之计，先取荆南，再灭湖南。

于是赵匡胤下令建造船只，以备南伐。次年（乾德元年）正月初五，赵匡胤派卢怀忠率步骑数千先赴襄州，初七命慕容延钊、李处耘发兵与卢怀忠相会，讨伐张文表。

又命荆南也发兵随宋军讨伐张文表。李处耘率军到达襄州后，派人向高继冲借路。高继冲与手下商议，提出"因民众恐惧大军到来，请求送粮草到百里之外，以迎宋军"，他们是担心宋军直接开到江陵，危及自己的安全。

李处耘又派人前去向他们请求借道。此时高继冲手下的孙光宪和梁延嗣以为可以同意宋军借道的要求，而兵马副使李景成建议："宋军虽借路以收湘湖，而我们则担心他趁机袭我。我愿带兵三千，设伏荆门险隘处，候其夜行，发伏兵攻其上将，宋军必自退却。而我军则回师收伐张文表，献给朝廷，这样一来，朝廷也无话可说。不然的话，恐怕将有摇尾乞怜之祸！"

而高继冲以为，吾家常年顺奉朝廷，朝廷必不会对我们耍阴谋。孙光宪对高继冲说："李景成不过是峡江一民，哪里懂得兵家胜败？且自周世宗时，已有统一天下之志，现在宋朝建立，其一切制度与部署，都显示出规模宏远之象。现在来伐张文表，如以山压卵，湖湘既平，岂有再借道返回之理，不如趁早以疆土归顺朝廷，还可以使荆楚避免战祸，而公也可保住富贵，不至于成为阶下囚。"

高继冲赞同孙光宪的方案，李景成知道自己的计谋不被采纳，不由得感叹道："大事去矣，还活在世上干什么？"竟自扼喉而死。于是高继冲派人奉牛酒犒劳宋军。

李处耘派出使者之后，不等高继冲答应，就率军连夜向江陵进发。二月初九，军队到荆门，与高继冲犒劳的使者相见。李处耘见高继冲的使者，好言相待，使者高兴，派人返回江陵向高继冲报告，说宋军态度很好，不用担心宋军。荆门离江陵只百多里，当天夜里，慕容延钊又召见使者，与之宴饮，而李处耘则密派骑兵数千，兼道而进。高继冲听了来人报告，心里放心，就等着下一步的好消息。

可是天还未亮，宋军已经来到江陵，高继冲慌忙出城迎接，李处耘命高继冲在城外等着迎接慕容延钊，而自己则率军先进入江陵城。等高继冲见着慕容延钊而回到城里，李处耘的部队已占领了全城的要冲。高继冲大为恐惧，为保一条活命，就将全境三州十七县的官民钱赋图拿出来献给慕容延钊，表示向朝廷投降。于是高季昌从后梁初年以来割据已达五十七年的荆南宣告灭亡，荆南之地并入宋的版图，赵匡胤平定荆湖的计划顺利地实现了第一步。

◇再平湖南

宋军尚在荆南，湖南周保权已派杨师璠击败了张文表，并杀死了他。宋军夺取荆南后，听说张文表已被平定，便日夜兼程向湖南前进，李处耘部扑向郎州，慕容延钊部扑向岳州。周保权闻知，十分害怕，便与手下商议如何应付。其观察判官李观象说："张文表已受诛，而宋军不退，可知他们必将尽取湖南之地。现在我们的屏障已经失去，唇亡齿寒，郎州势所难保。不如趁势归顺朝廷，还可不失富贵。"

周保权有意听从此说，而指挥使张崇富等人不同意，于是准备进行抵抗。赵匡胤为使讨伐有名，便派人告谕周保权：宋军既已拯救了你们的危难，为何反来抗拒王师？这是自取灭亡。周保权对此不作回答，赵匡胤就命部队攻击。

周保权部队不是宋军敌手，慕容延钊首先攻占岳州，李处耘攻占澧州（今湖南澧县）。李处耘为恐吓周保权，命兵士将数十个肥胖的俘虏杀了吃其肉，又在一些俘虏脸上刺了字，然后放回。武陵人听说被俘者为宋军腐食，大为恐惧，焚烧了州城向山谷逃窜。周保权的部队也怕被宋军俘虏，都争相逃奔，于是宋军兵不血刃进入郎州。

周保权及其家属逃到资江南岸的僧寺中，李处耘部将田守奇率军追赶活捉了他们，到此湖南也被扫平，由此而使宋的版图增多了十四州、二十六个县、九万多户人口。湖南自唐末梁初由马殷割据以来，自后周时被南唐所灭，不久复国，至此被宋平定，前后割据共六十八年。

赵匡胤用假道之计，一举扫平荆湖之地。事成后，并不杀二地的降者，授高继冲为荆南节度使，以周保权为右千牛卫上将军，算是对俘虏的优待。同时派出朝廷之官管理二地，以户部侍郎吕余庆权知潭州，枢密直学士户部侍郎薛居正权知郎州。实权还是掌握在宋朝廷手中。李处耘虽然平定荆湖有功，但他竟然做出杀死俘虏的暴行，赵匡胤因此治他的罪，以示惩罚。赵匡胤为了收服荆湖民众的心，下令废除了割据时期的各种苛捐杂税，并把荆湖军队当初掠夺的百姓，全部派使者分送回家，对湖南原来强迫征召的潭邵二州乡兵数千人，解散归家，这些措施都使赵匡胤在荆湖地区迅速赢得了人心。

◇收服蛮族

湖南、湖北与四川之间，历来多有少数民族，当时称之为蛮族。各个朝代对他们都难以治理得当，常常引起他们对朝廷的反抗。赵匡胤平定湖南之后，原湖南政权的一些残余分子逃窜到这些蛮族中去，煽动他们各自依托山险以自守，时时出来抢掠，以此反抗宋朝的统治。赵匡胤为使此一地区成为安定的后方，不致影响统一天下的大战略，想了许多办法来治理这些分散而难于沟通的蛮族。

首先他要寻找通蛮情、习地势、沉勇智谋之人，前去镇抚蛮族。于是他细访武平以前用什么方法驯服蛮族人，通过调查，知道了其中奥妙，即在蛮人之中选择为众人崇拜的人，来管理蛮族地区，而不能用朝廷的命官直接管理蛮族人。经过选拔，赵匡胤任命辰州（今湖南沅陵）瑶人秦再雄为辰州刺史，让他自己挑选属官，由朝廷给予财币，不在此地征收租赋。秦再雄感激朝廷对他的信任与重用，誓死报答朝廷，于是他训练精兵三千人，都能披甲渡水历山飞堑，捷如猿猴。又选亲兵二十人，分头出使各个蛮族部落，传达朝廷的怀来之意，于是各蛮族都风靡而从，向朝廷表示效忠。

北江（今湖南保靖县的西阳江）最大蛮族头人彭允林不服，秦再雄亲自前往征服了他。于是彭允林表示顺服宋朝，赵匡胤也让他当了刺史，名为誓下州。对南方蛮族是这样，对西方戎族也采取这种政策。赵匡胤相信，对这些人，与其武力夺取，不如用和平的政策收服其心，更能有效地使他们不给朝廷制造麻烦。

在陕西秦州一带，山中出产巨大的木材，森郁绵亘。由于这些山区都是戎族人居住的地方，所以木材的使用一直被戎人控制。建隆初年（960），朝廷需要营建京城皇宫等，秦州知州高防辟地数百里，筑堡扼其要，募兵千余人，建立采造务，专门采伐山中木材。

高防与戎人约好："渭水之北，戎有之。渭水之南，秦有之。"果获木材数万根，把它们编成木排，顺着渭水运出来。后来戎人不守约，出兵夺走了运输木材的木筏，并杀死押送的宋兵。高防出师与之作战，翦戮不少戎人，并生擒数十人，送到京城。赵匡胤可怜戎人俘虏，说："你夺其地之产，能无争乎？且加速了边州骚扰，不如罢之。"下诏以厚礼安抚戎人酋长，所抓俘虏都发给新衣服，然后遣还其部。这些戎人感动而流泪，向皇上表示感谢。后来戎人上表，愿意献上最好的木材五十万根到朝廷。赵匡胤用柔抚政策，不用争，不用抢，美材自然到手，还得到戎人心甘情愿的服从。

总而言之，在赵匡胤的羁縻政策的感召下，一向不服从中原朝廷管理的各方民族，都自愿顺从宋朝的统治，从此以后，朝廷再无蛮戎的侵扰之患，这对赵匡胤着手进行整个天下的统一，具有非常重要的意义。

再取西蜀

　　荆湖最弱，可以先行平定，这是平定天下的第一步，必须做到万无一失，才好继续平定较强的割据势力。不能同时开战，只能一个个地收拾，确保每一步都取得成功。

◇西蜀难取

　　乾德元年（963），即赵匡胤称帝的第四年，趁南平、武平两国内乱，以假途灭虢之计，袭占了长江中游的南平、武平，使得宋军伸入长江以南，为尔后入川灭后蜀、进军岭南和东灭南唐创造了有利条件。宋之南方剩下南汉、西蜀、南唐、吴越四家。在四家之中，吴越隔着南唐，宋兵无法直接到达。南汉在未收取荆湖之前也是如此。西蜀由于地势险要，赵匡胤只能找机会吃掉它。南唐是四家之中最强之国，所以赵匡胤要放在后面解决。在这种情况下，赵匡胤下一步的目标，就是南汉和西蜀。

　　在五代的后唐庄宗失政的时候，他的西川节度使孟知祥趁机割据称帝，建立了后蜀政权。孟知祥死后，儿子孟昶即位，因中原战乱不已，蜀地富饶且地险，故能偏安一隅。然而孟昶放纵奢侈，不恤政务，重用一批无德无才之人，如王昭远、伊审征、韩保正、赵崇韬等人。孟昶的母亲太后李氏，本是后唐庄宗的妃子，被赏给孟知祥，她曾对孟昶说："我曾见到后唐庄宗和你父亲灭梁定蜀，当时任命将领，必须要有军功，所以士卒畏服。现在王昭远是你的侍从之人，韩保正是世禄子弟，根本不懂打仗，让他们带兵，一旦有紧急情况，这些人怎能应付？"孟昶根本不听母亲的忠告。

宋平荆湖之后，后蜀宰相李昊对孟昶说："我看宋与后汉、后周不同，难道将由它统一海内吗？我们应采取顺从与进贡的办法，可保三蜀（当时的西川、东川、汉川为三蜀）平安无事，是最好的对策。"孟昶同意，准备派使节与宋通好，然而自以为是的王昭远却提出不与宋通好而准备防务的办法，以备宋军入侵。孟昶最终相信了王昭远，派景处塘等人率兵前往奉节，并于川陕边境与三峡水道中增设堡寨，又派人前往涪、泸、戎等州挑选水手，以增强水军。

当时的后蜀建都成都，拥有今四川及贵州、湖北、陕西、甘肃各一小部，共有160个州、198个县，其境域北至终南、秦岭，南至黔江、大凉山，东自白河、巫山，西至邛崃、大雪山，四界险阻，为天然四塞之国。而内部物产饶富，有天府之国之称。所以，在五代时的南方割据势力中，它是最先称帝的。

宋要攻取蜀，在其北方有三条路可以选择。最快捷的是栈道，自兴州（今陕西略阳）经过利州（今四川广元）、剑州（今四川剑阁）、绵州（今四川绵阳）、汉州（今四川广汉），直捣成都。栈道之西有阴平道，此道最艰险，易于阻塞，三国时邓艾曾由此道袭蜀。栈道之东有巴峪道，三国时魏攻蜀，由此道而失败。自古中原对蜀用兵，都由栈道而进，很少有人走阴平道与巴峪道。后蜀防御宋，在栈道上只守备两个要点：利州和剑州，此地有剑门山栈道诸险，自古为蜀之防御要点。

剑门山亦称大剑山，在剑州之北二十五里，其东北为小剑山，两山相连，山势绝险，飞阁通衢，谓之剑阁。大剑山从剑阁由阁道三十里至小剑山，山路绝险。剑山东西长二百多里，大小剑山峰峦连绵，延亘如城，下有隘路，谓之剑门关。大剑山山路稍平，小剑山则石山架阁，尤为险峻。

赵匡胤派王全斌伐蜀，至益光，后蜀降卒说："益光江东越大山数重，有来苏小径。蜀人在江西建木栅防守，对岸有渡口，路出剑门南二十里，至青强店才上大路。由此进兵，剑门之险不足恃也。"

除了剑门之险，还有大小漫天岭之险，岭在利州东北三十五里，高出云表，二岭相连，也是蜀道的险要之处。后蜀在此设下堡寨，以御宋师。宋军须要击破此一防线，才能进达利州。

宋自蜀的东方进攻，只有三峡水、陆路可进。后蜀守此路的重要据点为夔州（今重庆奉节）。宋军只有破此，才可直趋遂州（今四川遂宁），与北路军会师于成都。夔州控带二川（长江与清江），限隔五溪，据荆楚之上游，为巴蜀之喉吭。历代据蜀以防东兵者，此为必守之地。夔州东北一百三十里有巫山县，县东三十里有巫峡，为三峡之一。县内有巫山之险，为楚蜀之间的巨障。夔东北又有白帝山，山上有白帝城。自峡中望去，其城孤特峭险。城四面峭绝，只有沿着附近的马岭才可逶迤而上。后蜀亦以重兵在此防守。夔州东八里即为瞿塘峡，两岸对峙，中贯一江，三峡之中最险的滟滪堆正当其中，在江心突兀而出，为楚蜀门户。峡中有瞿塘关，与白帝城相连，自关而下谓之锁江，后蜀的镇江及浮梁都建于此地。

◇战前准备

赵匡胤依据他的既定国策，平定荆湖后就派华州（今陕西华县）团练使张晖前往凤州（今陕西凤县）任团练使兼西面行营巡检使，暗中命令张晖观察后蜀的山川险易，人心向背，以为征伐后蜀的准备工作。这是北路的准备。同时，赵匡胤为便于自长江溯江而上，以配合北路攻势而加紧训练水军。在汴京朱明门外凿池引水，训练水军。建造楼船百艘，选精兵组成水军，号称水虎捷。又命镇国节度使宋延渥率禁军数千人组成另一支水军，另凿一池进行训练。同时又命各军在玉津阁练习骑射，并命各州造轻车，以供山地运输之用。

但出兵讨蜀还必须有名，史称宋太祖赵匡胤素谋伐蜀，可知其起心甚久，但若直接出兵，会给人留下"擅灭无罪之国"的话柄，所以要灭后蜀，就要首先制造出兵的理由。

在此之前，赵匡胤已派间谍前往后蜀。一次，一名间谍自蜀返回，赵匡胤询问情况："剑外有何事？"此人报告说："别的事倒没有什么，只听到成都满城都在诵朱长山的《苦热诗》，其中有二句：'烦暑郁蒸无处避，凉风清冷几时来？'"赵匡胤说："这是后蜀民众盼望我来讨伐孟昶呢！"赵匡胤这样解释，只能表示他讨蜀的急切心情，但仅凭两句诗还不能作为出兵的理由，他只好再等更好的机会。

不久，机会就来了。当时后蜀的山南节度使（治所在今陕西南郑）判官张廷伟向王昭远献计说："公一直没有战功，现在受国主重用，此时不立大功，怎让众人心服？不如派人与北汉通好，让他们发兵攻宋，我则从黄花（在陕西旬阳）和子午谷（在陕西宁陕北）发兵接应，这样可使宋腹背受敌，不久就可占领函谷关以西，这可是我们后蜀几十年来不曾有过的重大胜利呀！"

王昭远好大喜功，采纳此议，力劝蜀主孟昶批准计划。孟昶本无谋略，完全相信王昭远，于是派赵彦韬等人携蜡丸密信前往北汉，称已于褒州、汉州等地增兵，与北汉相约共同攻宋。谁知赵彦韬等人带着密信直接来到汴京，将密信献给赵匡胤。赵匡胤大喜："西讨有名矣！"这下终于找到了出兵伐蜀的理由。

赵匡胤又让孙遇等人把蜀地山川形势、戍守处所、道里远近，全都画成地图，作为出兵的参考。在一切条件具备之后，赵匡胤派出两路大军，由王全斌和刘光义率领，分路进军。

出兵之时，赵匡胤又对军队宣布纪律："不得焚荡庐舍，驱略吏民，开发丘坟，翦伐桑柘，违者以军法从事。"（《续资治通鉴长编》卷五）

◇北路主攻

王全斌是今山西太原人，忠勇兼备，胆识过人，但其私行不检，治军残暴。赵匡胤怕他烧杀抢掠，所以宣布以上纪律。宋军出发之际，赵匡胤设宴，当场授给王全斌川蜀地图，再次嘱咐道："凡克城寨，所收其器甲粮草、金钱之类可全部分给将士，我要得到的只是其土地。"又授刘光义蜀中地图，指夔州蜀戍守处说："蜀以高彦俦等人守在夔州，江上有浮桥，上设哨楼三重，夹江两岸有炮兵。我军溯江至此，切勿以舟争战。当先遣步骑偷袭，待其稍退，再以战船夹攻，可必取之！"

蜀主孟昶听说宋军来攻，召王昭远等人商议退兵之策。王昭远等人还未来到之时，孟昶的母亲对他说："王昭远不懂得兵法，却喜好谈兵，大言不惭，好高骛远，你把他当亲信，我怕他多言误事。现在宋以大军自东方北方压境而来，情势紧急，在这国家生死存亡之时，决策定计，怎可等着问王昭远？曾听你父亲说过，蜀中具有将才而有深谋大略者有高彦俦，可你因为他耿直而不重用他。现在国家命运已到最后关头，快把他召回委以重任，还有希望挽救蜀国。不然，也可召他来商议对策。"孟昶再次不听其母亲的忠告，等王昭远来到，孟昶说："今天的战事，都是因你当初的主意所招致的，希望你能借此机会为朕立功！"于是孟昶做了如下部署：

任命王昭远为蜀军总指挥，赵崇韬为监军。命韩保正、李进率兵抵御北路宋军，东面仍由高彦俦率军守住夔州。

王昭远总以为自己在方略方面高人一筹，在率军离开成都之时，孟昶命宰相李昊在城外为他饯行。宴席上，王昭远手执铁如意，指挥军队，自比为诸葛亮。酒酣之时，他挽起袖子，振臂一挥，对李昊说："我此行何止克敌，当领此二三万雕面恶少儿，取中原如反掌耳！"

王全斌在乾德二年（964）十二月，由凤州（今陕西凤县）攻蜀，同月十九日，攻下乾渠渡（在今陕西略阳西北）及万仞、燕子等据点（在陕西略阳北），然后进攻蜀军防守的兴州，此城随即失守。宋军俘虏蜀军七千人，获粮四十多万斛。蜀兴州刺史蓝思绾退守西县（今陕西勉县），王全斌又相继攻下蜀军二十几个据点，蜀军北路主将韩保正听说兴州失守，放弃山南（今陕西南郑县），退到西县，与蓝思绾会合。

宋军先锋史延德乘胜进攻三泉砦（在陕西勉县西南），与韩保正所率万人相遇，韩保正依山背城，结阵自固。史延德奋勇进击，蜀军未战先乱，大败而逃。史延德生擒韩保正、李进。宋军攻下三泉寨，又获粮三十万斛。在宋军强攻下，蜀军烧毁嘉川（今四川广元北、川陕边境南）以南的阁道，以阻宋军前进。此时王全斌因阁道已毁，命部队从罗川道前进。罗川道在嘉川东南，路更狭窄，大军因而受阻，王全斌的一名部将提出，不如分兵去修阁道，然后前进至深渡（小漫天岭与大漫天岭之间），与大军会合，可快速入川。王全斌采纳此议，数日间阁道修复，部队很快到达大小漫天岭。

蜀军在大漫天岭北，依江连山列阵，王全斌派先头部队夺取过江之桥，蜀军退到大小漫天岭上。第二天宋军进攻，蜀军迎战，大败。王昭远率军再战，三战三败，只好退守剑门。十二月三十日，宋军进入利州，得粮八十万斛。是时京师大雪，赵匡胤脱下身上的貂皮衣帽，派使者火速送到前线的王全斌手上，并告知诸将，因皮衣太少不能遍赐。王全斌等人拜赐感泣，士气更加高涨。

乾德三年（965）正月，蜀主孟昶听说王昭远兵败，甚为害怕，又募集万余人增援剑门，命太子孟元喆为元帅，率军前往剑门。太子孟元喆是昏庸之辈，他让部队的旗帜全用文绣，旗杆用锦缎包裹，自己带着数十个姬妾伶人，率军出发，见者无不窃笑。

王全斌此时驻扎在益光，由于剑门是一道天险，他召集诸将商议进取之策。其侍卫军头向韬说："有蜀军降卒进言：'益光江东翻过大山数重，有一条小路，名为来苏，蜀军在嘉陵江西设防，对岸有渡头，由此可到剑门南二十里的青强店，然后再上大路。'若我军由此路前进，剑门之险又有何用？"

王全斌听此一说，欲率大军赴来苏小径，此时副将康延泽提议："来苏是小径，不须主帅亲往。且蜀军屡败，目前全退在剑门，胆气已丧。不如诸将协力攻其正面，命一偏将，分兵一部从来苏小径直达青强店。然后由南向北与大军夹攻剑门，必能攻破蜀军。"王全斌即命史延德率一军趋来苏，自己率大军造浮桥渡过嘉陵江。蜀军见宋军渡江又溃散而逃，史延德顺利进据青强店。

此时，王昭远率蜀军退守汉原坡（今剑阁东三十里），只留偏将守剑门。王全斌乘机攻破剑门，追到汉原坡。王昭远吓得不能起床，由监军赵崇韬布阵迎战，王全斌指挥大军再次击败蜀军，活捉赵崇韬，王昭远则只身逃到东川（今四川三台县），藏在民舍中，终被宋军活捉。蜀军没了统帅，全线崩溃，宋军占领了剑州。

◇大获全胜

东路的宋军，于乾德二年（964）十二月从归州（今湖北秭归）进入三峡，连破松木、三会、巫山等寨，杀其守将南光海等，蜀兵死者五千余人，获战舰二百余艘，然后向夔州进军。

东路军向夔州进攻时，遵赵匡胤所授方略而进。当进至距蜀军封锁江面之处三十里处，即舍舟步进，准备先夺蜀军浮桥，然后再引舟而上。时蜀守夔州之将高彦俦屯兵白帝城，知宋军将至，便对副将赵崇济、监军武守谦说："宋军历险远而来，利在速战，我军宜坚壁以待之。"武守谦以为："敌军进至城下而不击，又何待也？"便独自率军千余人出战，结果战败，宋军乘胜攻城，城失其半，高彦俦力战数天，全身负伤十余处，左右皆战死。高彦俦知大势已去，乃奔回府第，整好衣冠，望西北再拜，登楼纵火自焚而死。

宋军将领刘光义进入夔州城，收得高彦俦骨灰，以礼葬之。然后西进，沿途蜀军纷纷投降。刘光义每入一城，尽以府库钱财赐给军士。

蜀太子孟元喆身负重任，仍日夜与姬妾伶人嬉戏，对军政大事不闻不问。行至绵州（今四川绵阳），听说剑门已破，他弃军逃回成都，一路上都把当地的庐舍仓库烧毁。乾德三年（965）正月初七，孟昶知剑门已破，太子也逃回，惶骇不知所为，有老将石奉建议："宋军远来，势不能久，请聚兵坚守，使敌军疲惫，然后看形势变化再做打算。"孟昶却感叹道："我父子以丰衣美食，养士四十年，一旦遇敌，却不能为我向东发一箭。现在如若固守，谁肯效死？"宰相李昊请求封存府库，向宋投降。孟昶命李昊写降表，送给宋军。

而此时王全斌部尚未到达绵州，正月十三，王全斌在绵州以北六十里处的魏城接到孟昶的降表，十九日，其部队才到达成都近郊。数日后，刘光义的东路军也赶到成都。从王全斌自汴京出发到后蜀投降，前后不过六十六天。同年二月，赵匡胤命蜀主孟昶与其官属带着家属，全部来到汴京。孟昶生活奢侈，甚至溺器也以七宝装饰。赵匡胤看到后，命人全部打碎，说："如此奢侈，能不亡国吗？"

平定南汉

赵匡胤的下一个目标，是位于岭南地区的南汉。南汉建国时间长，早期能吸引士人，国力不断增强。要降服这样的割据势力，就不像之前那么简单了。

◇ 南汉情状

南汉立国，可追溯到唐代晚期。黄巢起义时，刘谦以保卫封州（今广东封山）有功，被任命为封州刺史。刘谦死后，其子刘隐继任封州刺史，到天祐元年（904）升为岭南节度使。此人礼贤好士，当时天下大乱，中原人士因为岭南地远，可以避难，被称为世外桃源，于是多往岭南。唐代许多名臣曾遭贬岭南，他们的后世子孙也多留在当地，并未返回中原。所以刘隐慕名邀聘，让他们在自己的幕府里担任各种职务，势力渐盛。在后梁篡唐之时，刘隐又被封为南平王。刘隐死后，其弟刘陟继位，在后梁贞明三年（917）正式称帝于广州，国号大越，后改为汉，史称南汉。

当时的南汉，拥有唐代岭南道的全部七十三个州和安南都护府，即今之广西、广东及越南北部全境。刘陟称帝后改名刘龑，淫逆好杀，因而国人离心，安南都护府十三个州脱离南汉，自立为安南，南汉此时仍有六十个州。

刘龑死后，传位于其子刘玢，此人暴虐无道，被其弟刘洪杲所杀。不久，另一弟刘晟又杀了刘洪杲。刘晟后趁湖南马氏之乱，向岭北发展，夺取了岭北七个州。

刘晟死后，其子刘铼继位，此人更加昏暴。把政事全部交付宦者龚澄枢等人，自己整天与波斯宫女淫乱。宦者陈延寿对他说："先帝所以得传位于陛下，由尽杀群弟故也。"劝刘铼除去诸王，刘铼以为然，遂杀诸弟，由是上下愤怨，纲纪大坏。其后宦官许彦真与龚澄枢勾结，诬杀尚书右丞钟允章，宦官的权力达到无以复加的地步。他们规定，凡是大臣中有才能者以及进士状元，在担任要职之前，都要先入蚕室，阉割之后才准上任。所以小小的南汉，竟有宦者两万多人，贵显及有权势者，大都是宦者之流。后来许彦真与龚澄枢又相互攻讦，争权夺利，刘铼就重用李托，使许、龚二人失宠。

此时有人向刘铼提出："中原战乱已五十多年，南汉偏安一隅，致使兵不识旗鼓，人主不知存亡。天下乱久必治，分久必合，请尽早整顿兵备，且派出使节与宋通好，以求长远之计。"刘铼竟然听不进去，继续过他的荒淫日子。

◇战前准备

宋平定湖南之后，乘胜攻克南汉的郴州，俘其守将余廷业，送至汴京。赵匡胤以礼相待，并向他询问南汉的政局与民心。余廷业告诉赵匡胤："南汉有烧人、煮人、剥人、剔人、刀山、剑树之刑罚，或令罪人与虎相斗，与象相搏。对于百姓则赋敛繁重，百姓进城，每人都要交一钱的进城税。又设了媚川郡，让犯人三千，入海五百尺捞取珍珠。刘铼的宫殿，都要用珍珠和玳瑁装饰。宦官陈延寿在宫内制作各种淫巧之技，又在宫城左右建造离宫数十处，刘铼要一个多月才能游玩一遍。"赵匡胤听他一说，大为惊骇："似此奢酷，我当救此一方百姓。"这也成了赵匡胤攻击南汉的冠冕堂皇的理由。

后蜀平定后，赵匡胤准备讨伐南汉。他命各州选派骁勇兵士，集中到京城补充禁军，并亲自在讲武殿检阅训练他们，又从中选拔出万余人，分为骁雄军（骑兵）与武雄军（步兵）二部。

南汉地处五岭之南，故名其地为岭南。南汉因与中原悬隔，北有五岭为屏障，且有广州市舶之富，所以在五代时期是最早称帝者之一。宋发兵征伐时，其北以韶州、连州、昭州、桂州与宋的郴州、道州、全州对邻，此四州是南汉国防重地。

宋此次南征，在道州集中兵力，溯沱水而南，越过萌渚岭，分两路进兵。东路趋连州，下韶州，直捣南汉之都广州。西路趋贺州（今广西贺州），取昭州（今广西平乐），拊桂州之背，然后下富州（今广西昭平），沿贺、桂二江至苍梧、封川，再循西江至广州会师。

此次用兵路上的要地为韶州、连州、英州三地。

韶州，在今广东曲江，此地与湖南唇齿相依，据五岭之口，当百粤之冲，为岭南雄郡。宋、汉曾会战于此，宋军胜，遂直捣广州。

连州，在今广东连州，其地北接九嶷山，西通桂岭（即萌渚岭），控郴、永二州之咽喉，为广州之肩背。汉平南越，一军出湟水，宋伐南汉，自连州进克韶州，均由此地，地位之重要仅次于韶州。

英州，在今广东英德市，西南有洸口（今连江口），控连江湟水袍会之口，为广州之北的重镇。南汉曾于此处设防，派内常侍邵廷琄为招讨使屯兵于此。

宋平定后蜀后，趁北汉内部不稳而两次攻击，均未成功。开宝二年（969），转兵南伐南汉。是年六月，命王明为荆湖转运使以备南伐。

赵匡胤为伐南汉，师出有名，令南唐主李煜给南汉主刘𬬮写信，劝他向宋称臣，归还以前侵占的湖南旧地，刘𬬮对此置若罔闻。

在此之前，刘𬬮的内常侍邵廷琄建议他与宋通好，同时整备军队，刘𬬮听不进去，此时郴州之地为宋攻陷，刘𬬮命邵廷琄屯兵洸口，作为防卫宋军的要塞。邵廷琄训练士卒，修整战备，南汉人心稍安。不久就有人投匿名信给刘𬬮，说邵廷琄准备谋反。刘𬬮不问青红皂白，马上处死邵廷琄。唯一的忠臣能将死了，刘𬬮还不满足，竟不自量力地派兵多次寇扰宋之边境。

当时赵匡胤正对北汉用兵，故对刘𬬮暂置不理。开宝三年（970）秋，刘𬬮又遣将侵宋道州（今湖南道县），赵匡胤让南唐主写信劝谕。南唐主写好信，派给事中龚慎仪为使前往南汉。刘𬬮得信大怒，囚禁来使，另以书信传回南唐，言辞甚为不敬。南唐主把此信送到汴京，赵匡胤这才决定出兵。

◇初战告捷

是年九月初一，赵匡胤命部队前往贺州集中，由潘美、尹崇琦指挥，王继勋为监军。潘美率军前进，至白霞（今广西钟山）时，与南汉守军陈守忠部相遇，宋军击败南汉军，陈守忠向刘鋹告急，刘鋹派宦官龚澄枢前去宣慰。当时南汉军因久戍边境，既穷又乏，听说有大臣宣慰，以为必有赏赉，而龚澄枢只拿出一纸空诏慰谕官兵，于是众心解体，毫无斗志。

此时潘美前锋已至芳林（今广西贺州北），龚澄枢闻讯独自乘舟逃回广州。九月十五日，宋军包围贺州。刘鋹召集大臣商议，都说只有请旧将潘崇彻率兵进行抵抗。然而潘崇彻因无故被罢免兵权，心中怨恨，此时称病不出。刘鋹大怒："何须潘崇彻，伍彦柔就无方略吗？"就让伍彦柔率兵三万增援贺州。

二十日，潘美听说南汉援兵将至，退兵二十里，同时潜伏奇兵在南乡岸。伍彦柔率前锋先到贺州，听说宋军已退，不等大军齐至就前往追击，黄昏时正走到南乡，即命休息，准备明晨登岸。宋军伏兵猝起，伍彦柔毫无防备，汉军大乱。宋军杀死伍彦柔，枭其首级向贺州守军示威。城中守军坚守不降，宋军随军转运使王明对潘美说："宜急击之，恐其后援部队再至，则胜负未可知。"诸将还在犹豫，王明即率所部兵士百余人及丁夫数千，畚锸齐用，堙填壕堑，直抵城门。城中大惧，竟开门投降，于是贺州不战而克。伍彦柔的后续部队听说前头部队已被歼，主将也死，贺州已破，都弃甲曳兵，四处遁逃。

潘美初战取胜之后，声言将顺流直趋广州，实则趋兵昭州（今广西平乐县），以拊桂州之背。刘鋹计无所出，封潘崇彻为内太师马步军都统，领兵三万进屯于贺江口（今广东封川西北），重设防备作为最后一道防线。

十月二十三日，潘美攻破南汉的开建寨（今广西平乐县东南），南汉昭州刺史田行稠闻讯弃城逃跑。潘美分兵包围桂州（今广西桂林），南汉桂州刺史弃城逃跑。宋军兵不血刃，轻取昭、桂二州，并顺便拿下富州，向连州进击的宋军也已攻克连州。

在这种情况下，刘鋹还自我陶醉，说："昭、桂、连、贺，本属湖南，现在北军取之，他们就会满足，不会再向南进军了。"

就在刘鋹做白日梦时，宋军于十二月自连州攻逼韶州。刘鋹慌忙命李承渥率兵十多万北上抵抗，列阵于韶州南的莲花峰下。李承渥为打败宋军，想出一个办法，他训练大象排成阵势，每头大象上载十几人，每人手执长兵杖，打仗时把大象排在阵前，以壮军威。

宋军到达以后，李承渥派出象队，分批向宋军推进。刚开始时，宋军稍微后退，设下拒马（一种木制障碍物）阻止象队前进。然后，宋军集中劲弩长弓向大象射箭，大象中箭后疼痛难忍，乱跑乱窜，象背上的士兵无法控制，纷纷跌落。前有拒马阻挡，大象掉头反奔，冲向李承渥军，使南汉军相互践踏，乱成一团。宋军乘势大举进攻，李承渥部队大败。十二月初四，宋军攻克韶州。

◇取得全胜

韶州是南汉北门，韶州失陷，南汉为之震恐。宋军派人劝说刘鋹投降，刘鋹的观军器使李托劝说刘鋹，命人挖深广州城东壕沟，准备防御。但他手下已经没有合适的将领，此时一位宫女推荐其养子郭崇岳，刘鋹无人可用，只好让这位不知底细的人担任招讨使，与大将植廷晓一起统军六万屯于马迳河（在今广东南海西北与三水之东），在河南岸排列木栅，以抵御宋军南下。这位郭崇岳并无带兵的本领，他在军中，只是日夜向鬼神祈祷而已。

开宝四年（971）正月，潘美攻克英州、雄州，南汉将军潘崇彻投降。此后宋军继续南下，来到泷头（今广东英德市南）。此地山水险恶，两山夹峙。此时刘鋹派人请和，请暂缓进军。潘美说："我军出征之际，太祖指示：南汉能战则与之战，不能战则劝之守，不能守则谕之降，不能降则只有死，不能死则待亡国而已。非此五者，皆不接受。"

潘美见此地险要，怀疑南汉设有伏兵，便鼓励将士加速前进，很快通过泷头诸险，来到马迳河北岸。当月二十七日，宋军在双女山扎营，下瞰郭崇岳营栅，准备攻击。宋军先派出多支游骑，向汉营挑战，郭崇岳则坚壁不出。

刘鋹害怕被俘，让人准备十几艘大船，装上珍宝金银与美女妃嫔，准备逃到海上避难。可笑的是，未等刘铱上船，他的宦官乐范及卫士千余人偷船先自逃走了。刘铱得知后更加恐慌，派人到宋军乞降。潘美当即把乞降之人送回汴京，然后率军渡过马迳河南下。刘铱想派弟弟刘保兴率百官出迎宋军，郭崇岳却说神有指示，到二月十五日，和平降临，劝说刘铱再坚持七天。刘铱被这派胡言迷惑，命其弟刘保兴率国内全部兵力十五万人，依山谷河川，摆甲执兵。

双方前锋已经接战，汉将植廷晓对郭崇岳说："北军其锋不可当，吾士兵虽众，都是伤疲之余，不先向宋军冲击，恐怕只会坐以待毙。"二月初四，植廷晓率前军据水而阵，令郭崇岳为其督后，向宋军进攻。宋军反攻，植廷晓力战不胜而死，郭崇岳退兵守其营栅。

当晚刮起大风，风从东北吹向西南。潘美和王明等人商量："汉军用竹木编成栅栏，如果用火焚烧，军心一定大乱，我军再攻，乃万全之策。"于是分派丁夫手持火炬，由小道潜伏到汉军营前等候，大军则列阵以待。到半夜，万把火炬齐发，突然燃烧汉军栅栏，火势乘风而炽，汉军大溃，郭崇岳死在乱军之中，刘宝兴只身逃回。天亮时，宋军已逼到广州城下。

在宋军的攻逼之下，南汉龚澄枢、李托和薛崇誉商议："北军之来，是想夺取我国珍宝。现在把它们全部烧掉，让他们只得到一座空城，必不能久留。"于是派人分头纵火，城内仓库宫殿，一夜之间化为灰烬。二月初五，刘铱素服出降。潘美按赵匡胤的指示，赦免刘铱之罪，宋军进入广州，俘获南汉宗室官属，全部送往汴京。这时有一百多个宦官盛服请见。潘美对诸将说："正是因为这种椓人太多，我们才奉辞伐罪，现在他们送上门来，正好全部干掉。"于是把这些宦官全部杀死。至此，南汉亡国。从刘隐在唐昭宗乾宁三年（896）攻占广州，到此为止，历时七十六年。

刘铱到达汴京，把抵抗宋军的罪过全部推到龚澄枢、李托等人的头上。赵匡胤赦免其罪，赐给他衣冠器币鞍马，又授官检校太保右千牛卫上将军，封为恩赦侯。对龚澄枢、李托，以纵火焚烧仓库之罪斩首千秋门之外。

刘铱体质肥硕，口舌辩捷，性绝巧，曾用珍珠编结成鞍勒为戏龙之状，极其精妙，献给赵匡胤。赵匡胤对左右的人说："刘铱好工巧，习以成性，倘能移于治国，岂至灭亡哉！"（《宋史纪事本末》卷五）

降服南唐

南唐最强，但赵匡胤降服南唐的办法也最高明。更重要的是，赵匡胤平定南唐后，获得了许多中原所缺乏的学术与文化人才，让他们都在宋朝得到任用，从而为中国的学术文化的发展做出了重要贡献。应该说，这也是赵匡胤和平主义政策的长远效果之一。

◇ 南唐形势

南唐国主李升，本是吴国主杨行密的养子，后赐姓名徐知诰。徐知诰后来篡吴自立，改名李升，国号为唐，史称南唐。

李升在位时，宽刑罚，推恩信，招延四方之士，当时避乱在吴越的士人，都能量才任用。李升刻苦自励，盛暑之际不张盖操扇，左右准备这些东西，他都推却："士众尚多暴露，我怎能独自用此？"他见人民久乱厌兵，遂与吴越钱氏相约和平，不相攻伐。当时冯延巳在南唐，曾与李升论作战之事，李升认为应该与民休息，不愿与他讨论战争之事。冯延巳竟对人说："田舍翁岂能成大事！"李升志在保境安民，不准备扩张领土。他注意不让外戚、宦官参与政事，又聘严师教育子弟，所以南唐国内平静，物阜民康。

李升之子李璟，李璟之子李煜，均擅诗词，李煜的词最为有名，在中国文学史上被称为李后主的人，就是李煜。上有所好，下必甚焉，南唐群臣多以文章学问名世，如韩熙载、冯延鲁、冯延巳、潘佑、周惟简、徐铉、徐谐，皆名重一时。

李璟继位后，为后周所败，淮南、江北之地尽归后周。赵匡胤承后周基业，李璟进贡示贺。赵匡胤平李重进，在长江迎銮镇（今江苏仪征）操练水战，李璟大惧，派使节犒劳宋师，并派儿子李从镒朝见赵匡胤。赵匡胤因当时国势未稳，不便轻启战端，乃斩杀南唐叛逃到宋的将领，并把主张进攻南唐的杜著送回南唐，以示安抚。这些都只是赵匡胤的缓兵之计，并非表示他真的不想进攻南唐。

李璟死后，太子李从嘉继位，改名李煜，同时仍向宋表示顺服。李煜对宋一向恭谨，希望以柔顺态度，换取国家的安全。但他的毛病是过分佞信佛教，金陵一地就有僧徒上万人，全部开销均由国家支付。李煜退朝后，就身穿佛衣诵佛经。赵匡胤听说他信佛教，就选派一个口才极好的少年去见李煜，与他讨论佛经佛法。李煜十分欣赏此人，谓之一佛出世，此后，他潜心与少年探讨佛学，不再关心治国之事。

李煜的周皇后，有一极为美貌的妹妹，李煜十分宠幸此女。周皇后死后，李煜立其妹为皇后。皇后因李煜喜爱音乐，为他谱出《霓裳羽衣曲》，李煜对此非常欣赏，于是耽于声色，不能自拔。遗憾的是此曲现失传已久。

李煜不理朝政，国家政务都让副相陈乔负责。陈乔懦弱畏怯，不能控御臣僚，奸吏与权幸勾结，多为非法之事。此时张泊得宠于李煜，授清辉殿学士，与太子太傅徐达、太子太保徐游等人专权。他们密谋机务，一切政策都借李煜圣旨之名发出。中书省、枢密院形同虚设。在奸臣的把持下，南唐日益腐败。

南汉灭亡后，李煜害怕赵匡胤向他用兵，派其弟李从善朝见赵匡胤，提出去掉南唐国号，改称江南国主。赵匡胤同意，但不让李从善返回金陵。南唐自失去淮南以后，侍奉宋朝以谋自保，此时则想以更加低卑的姿态求得生存。而赵匡胤下一步征伐，以南唐为目标，这是既定国策，不管李煜如何卑躬屈膝，赵匡胤都不会不动手。李煜的屈辱行动，只能让他多得几天时间苟延残喘而已。

南唐最盛时，拥有淮南、江南、湖南、江西、福建大部分地区，共有三十五个州。后周世宗从南唐手中夺取淮南十五个州，福建一带也成半独立状态，此时南唐只剩二十一个州，不过都是富庶地区，早在隋唐时期，中原政权的大半财赋都来自南唐所在的东南地区。

南唐失去淮南，只有长江天险可以防备中原。它在长江一带的重要据点以当涂（今安徽当涂）、润州（今江苏镇江）为首，其次为常州（今江苏武进）、江州（今江西九江）、湖口（今江西湖口）、池州（今安徽贵池）、鄂州（今湖北武昌），这是南唐沿着长江所能据守的军事重镇。

当涂，是东南政权防御中原进攻的关键之地。此地有梁山和采石山两处要点。梁山又分东、西梁山，东梁山在当涂西南三十里，西梁山在和县南六十里，两山夹江对峙，为长江之关要。采石山在当涂北偏西二十五里，横渡大江，西至和州二十五里，其地山岭突出江中，自古以来都是渡江要津。宋进兵时，即在此架设浮桥，南唐重兵也驻扎在此。

润州，内控江湖，北拒淮泗，自来都是用武之地。所谓京口（今江苏镇江）因山为垒，缘江为境。建业之有京口，犹洛阳之有孟津，自孙吴以来，东南有事，必以京口为襟要，京口之防疏则建业危。南朝是以京口为金陵门户锁钥，不可谓不重，此时仍是南唐重兵防守之地。

其他数州要地，都不可不守，此外就是金陵，既为南唐国都，自然是宋用兵的总目标。金陵前据大江，南连重岭，凭高据深，形势独胜。早在孙吴时就建都于此，西引荆楚之固，东集吴会之粟，使强大的曹魏也不能吞灭。自古中原分裂，天下割据，据大江以南者，莫不以金陵为都。正是因为此处有钟山龙蟠，石头虎踞，又兼舟车便利，田野沃饶。五代时，金陵为杨行密所建吴国的都城，其后李氏建立南唐依然以此为都，又不断加强城墙，形成周围二十五里的完整城墙。内又有子城，亦称牙城，即皇宫所在。金陵城北有覆舟、鸡笼二山，南滨秦淮河，西据石头城，面临大江，东至青溪，周围皆有城壕以为固。

此外在金陵郊区又有石头山、白鹭州、新林、大胜关等。石头山正对着秦淮河入江之口，山上的城称为石头城，是重要防守据点。诸葛亮曾说："石头虎踞，王业之基。"白鹭州在金陵城西江中，南面对着新林浦，为水军进攻金陵的必经之地。新林浦亦称新林港，是从大胜关进攻金陵的必经之地。大胜关在金陵西南濒江之处，其地即大城港，为江流险扼之处。

◇战前准备

由于南唐物阜民富，国力较其他割据者都更为强盛，同时控制的地域最广，所以赵匡胤把它列为最后一个攻击目标。为了保证攻击成功，赵匡胤事前做了多项准备。首先是训练水军，早在攻击后蜀时就已着手进行。其次是用反间计除去南唐忠臣。南唐南都留守兼侍中林仁肇素有威名。早在赵匡胤出兵灭南汉时，林仁肇就曾向唐主建议："宋淮南各州戍兵，各不过千人，宋前已灭蜀，今又取岭南，往返数千里，师旅疲弊。让臣率兵数万，自寿春渡过长江，恢复江北旧境。宋若增兵来援，臣可据淮河抵御。在我出兵之日，就让人告诉宋朝，说我是背叛南唐，擅自出兵淮南。如果事情成功，国享其利，若战败则杀我一家，向宋朝表明陛下并无二心。"

李煜考虑再三，不敢答应，怕宋朝一旦得知真情，将出兵灭亡南唐。其实这是多虑，因为不管南唐怎么样，宋朝终会对南唐下手。所以不妨按林仁肇的主意一试，但李煜没有这个胆量，同时也表明他对赵匡胤抱有不切实际的幻想。

尽管李煜不用林仁肇之计，赵匡胤仍对他非常忌恨，所以要用计除掉林仁肇。当时李煜派林仁肇镇守武昌，李煜的弟弟李达，作为人质来到汴京。于是赵匡胤命人前往武昌僧院，窃取林仁肇全身画像，挂在召见使者的大殿。

赵匡胤召见李达，让他看到这幅画像，问他："卿识此人否？"李达回答："臣不认识，但有些像我们南唐的林仁肇。"赵匡胤说："正是他。最近他给我写信，并送上此像，言不久就要归顺朝廷，我将遣使迎之。"又指着一座空无人住的府宅说："在他到来之后，就用此赏赐他。"李达不知是计，派人偷偷回去向李煜报告，不久李煜就用毒酒毒死了林仁肇。

南唐的副枢密使陈乔知道这是赵匡胤的离间计，但不敢向李煜说明，只好看着林仁肇被害，感叹道："国势如此而杀忠臣，吾不知今后将有如何下场！"

赵匡胤为出兵顺利，又派人谋取南唐的地图。开宝六年（973）四月，赵匡胤派翰林学士卢多逊到南唐为李煜贺寿。卢多逊至江南，用各种手段博取南唐君臣的欢心，等到返回时，对李煜说："朝廷正要重修天下地图，史馆独缺江东诸州，愿各求一本以归。"李煜令人缮写，交给卢多逊。于是江南十九州的地形、屯兵驻戍、地里远近、户口多寡，宋皆了如指掌。多逊回京，向赵匡胤汇报江南衰弱情况，赵匡胤非常高兴。

要攻击江南，必须渡过长江天险，对此赵匡胤一直担心，但也有人出力帮助。池州人樊若水（后改名樊知古）因在南唐科举不成，又向李煜献计，却未得到答复，心中颇为不满，因此他便暗中计划逃到宋朝。

为了叛逃有功，他决心向宋朝献上一份厚礼。他表面上不再追求科举，而到长江边的采石矶钓鱼，装出不问世事、逍遥江湖的样子。他坐着小船，反复从长江南岸划到北岸，再从北岸划到南岸，好像是在钓鱼，实际是用绳子度量长江的宽度及水流的速度。经过反复丈量，终于得出了准确尺寸，并画成草图。

开宝七年（974）七月，樊若水渡过长江来到汴京，自言有策可取江南，由此得到赵匡胤的召见，他告诉赵匡胤长江并非天堑，可造浮桥以渡大军，于是详述浮桥的架法及长短尺寸、水流情况等。赵匡胤让人保密此事，不准泄露。

有大臣认为："长江江阔水深，自古以来，未有架浮桥而渡江者。"赵匡胤不为此说所动，把樊若水送到学士院进行考试，赐他进士及第，授官舒州团练推官、右赞善大夫，让他在大军南征时做向导，并答应宋军攻下池州后，让他当池州知州。然后派人到荆、湖、蜀等地，按樊若水之策造大舰及黄黑龙船数千艘，与特制竹絙等物，为渡江造桥之用。

为了在攻击南唐时无任何后顾之忧，赵匡胤又对吴越、辽进行和平外交。开宝七年（974）八月，吴越王钱俶派元帅府判官黄夷简到汴京入贡。赵匡胤对他说："你回去后告诉元帅，当训练兵甲。南唐一直倔强不朝，我将发师讨之。元帅当助我，不要犹豫！"又命有关部门在汴京城内为吴越王建造宏大府第，连绵数条街坊，楼宇宏丽，各种器物，无不悉备。

又召吴越进奉使钱文赟，说："朕数年前令学士陶谷起草诏书，在城南建造离宫，名曰礼贤宅，以待李煜与吴越王，先来者赐之。"之后又因钱俶派其行军司马孙承祐入贡，而密告以出师日期，让吴越准备发兵夹攻。而早在开宝六年（973）三月，赵匡胤就已派人与辽议和，这是为防止辽军偷袭其后方。

在宋精心准备之时，南唐也有所准备。宋攻南汉之时，南唐沿江巡检卢绛建议："吴越是我们的世仇，他日必定配合宋朝，南北夹攻我朝，此时正是灭吴越的机会。"李煜以为吴越必不如此，卢绛说："臣请诈以宣州、歙州叛唐，陛下声言讨伐，且向吴越求救兵。待其发兵，则我朝突然对他攻击，而臣则由宣州、歙州夹攻，如此一来，其国必亡。"李煜仍不敢用。

李煜只知向宋朝表示顺从，不敢有所作为。宋灭南汉后，他自愿请求不用南唐国号，甘为宋的附庸，以为可以委曲求全。他不敢正视中原政权的一贯政策，即一定要统一天下，只是要各个击破而时间有先后而已。所以李煜的委曲求全之计，并不能从根本上消除灭亡之祸。李煜一直对宋俯首帖耳，唯唯诺诺，就是想让赵匡胤找不到出兵的借口。

在这种情况下，赵匡胤知道如果直接出兵进攻南唐，会给人留下擅灭无罪之国的话柄，要出兵南唐，还需要制造出兵的理由。

虽然李煜一直对宋俯首帖耳，但要想找岔子，还不容易，赵匡胤先让留在汴京的李煜之弟李从善转告李煜，要他来汴京朝见赵匡胤。赵匡胤估计李煜不敢前来，果然李煜提出增加每年的入贡，而不来京朝见。赵匡胤又派出特使专程到金陵，劝李煜入朝。

李煜有些害怕，准备前往。但门下侍郎陈乔以为："臣与陛下皆受元宗顾命，今前往宋都，必不得返回，国家无主，如同亡国。"内史舍人张洎也主张不能入朝。由于二人阻止，李煜再次称病，对赵匡胤的特使说："我一向谨事大朝，只想保宗祀。今若此逼，有死而已。"

宋使回答："入朝与否，国主自己决断。不过朝廷甲兵精锐，物力富雄，恐不易当其锋。请国主熟思之，无贻后悔。"

这话说得非常明白，你要不进京，大兵就要来了，你抵挡得住吗？李煜还是不进京朝见。赵匡胤见李煜坚决不来，于是有了出兵的理由。

南唐表面顺从，暗中也做了军事抵抗的准备，所以陈乔、张洎命令全国防守部队坚壁清野，使来犯宋军陷于疲惫状态，不胜而退。又致书吴越说：

"今日无我，明日岂有君！明天子一旦易地酬勋，王亦大梁一布衣耳。"（《续资治通鉴长编》卷十五）希望吴越与南唐同仇敌忾，共同抵抗。他们不知赵匡胤已做好吴越的工作，不但不会与唐共同抗宋，还要与宋南北夹击。南唐的信，马上被吴越转交赵匡胤。

◇扫除外围

李煜不肯来京，赵匡胤以此为名出师讨伐，任命曹彬为总指挥，潘美为总监，开宝七年（974）十月十八日出发。水军从江陵顺流而下，上游步军在黄州、蕲州集中，等水军赶到，一齐攻击池州。淮南的宋军在舒州、和州、滁州、扬州集中待命。赵匡胤又命吴越从苏州出兵，攻击常州。

二十四日，曹彬自蕲阳渡过长江，袭破峡口寨（今湖北阳新东富池口），然后指挥水陆大军东下，直向池州。南唐守将闻讯而逃，宋军不战而克。于是让樊若水用事先造好的黄黑龙船及大舰巨竹长缆，架浮桥于石牌口（今怀宁西南长河口之南石牌河口），然后继续东进，闰十月十三日攻克铜陵，获南唐战舰二百余艘。十八日，宋军到芜湖，南唐当涂守军不战而降，宋军一举拿下芜湖与当涂，进击采石矶。

采石矶的南唐守军虽然抵抗，仍不免大败。赵匡胤下令将石牌口的浮桥移到采石矶，三日而成，尺寸分毫不差，正合樊若水当日所测。大军由桥过江如履平地，于是潘美与曹彬迅速会合。

李煜初闻宋军在采石矶架设浮桥，将此事告诉张洎，张洎说："有史以来无有此事，此必不成。"李煜说："我也说这是儿戏。"等听说浮桥已成，江北大军已由桥上渡江时，李煜才急调兵往攻浮桥。江南久不用兵，老将都已过世，带兵者多是新进之人，不知兵事利害。等战争开始，竟纷纷找李煜献计献策，以为将要大展身手。李煜选择镇海节度使郑彦华率领水军，杜真率步军，往采石矶迎击宋军，临行时告诫他们："所率水陆二军齐心协力，必能获胜。"

郑彦华和杜真从金陵水陆并进，赶至采石矶，准备用战舰冲断浮桥。曹彬派水军击败南唐水军。杜真步军与宋军接战于采石矶之东，由于郑彦华水军已败，不能应援杜真，宋军水军在战胜后从采石矶东岸登岸攻击杜真背后，步军大败。而后曹彬指挥宋军追击郑、杜，在新林寨与白鹭州再次击败他们，又在新林港口击败江南水军，宋军直逼金陵城下。同时，其他宋军开始对南唐各地守军展开攻击或包围，使之无力支援金陵。

曹彬首先进攻金陵南方重镇溧城。溧城与金陵成掎角之势，在宋军的攻击下，李煜无法派出兵力增援，溧城唐将李雄力战而阵亡，宋军攻克溧城，遂形成对金陵的全面包围。南唐张洎、陈乔坚持坚壁不战的方针，令部队依据秦淮河与钟山坚守。李煜被群臣所蔽，还在后宫引僧道诵经，不问国事。所有的告急文书都被近臣徐元楀等人扣留，不让李煜看到。宋军兵临城下一月有余，李煜毫无所知。

宋军来到秦淮河南岸，见唐军在河北岸有水陆堡寨。曹彬命人将淮南的巨舰驶来以备进攻，潘美不等巨舰到来，对部下说："我南征北战，无所不克，岂被一衣带之水阻隔而不得渡？"于是策马涉河，大军随之强行涉河而向北岸攻击，唐军一哄而散。长江上游的唐军也被宋军逐个消灭，金陵陷于孤危状态。

当时南唐老将都已殂谢，皇甫继勋乃南唐元勋皇甫晖之子，年纪尚幼，一向娇贵，并无为国效死之志，只想国主速降，但不敢说出来。他与其他将领论战，总是说："北军强劲，谁能敌之？"将领有人率军出击，兵败而归，皇甫继勋即喜形于色，说："我固知他不能取胜。"他手下有偏将招募敢死之士准备夜袭宋营，他则鞭抽此人，于是引起众人愤怒。五月，李煜自出巡城，见宋军列营城外，旌旗遍野，才知被左右蒙蔽，于是将皇甫继勋诛杀。皇甫继勋虽死，而张洎、陈乔等人仍在掌权，南唐形势仍没有希望。

此时，张洎等人再次向李煜献谋，派人潜出突围，召朱全赟集结长江上游的兵力回援金陵。当时朱全赟驻湖口，有兵十万，号称十五万，将领们要求他火速乘船东下救援金陵，而朱全赟以为："我今前进，敌人必反据我背后，如果能战胜敌军尚可，如果不能战胜，我军就无城可守了。"于是派人召南都（今江西南昌）留守柴克贞来留守湖口，以便自己出动。可柴克贞称病不行，朱全赟于是不敢东进增援。李煜在城内多次派人突围来召朱全赟，可他就是不敢东下。

到七月，赵匡胤让李煜的弟弟返回金陵，并让他带一封信给李煜，劝他早日投降，同时令曹彬暂缓攻击，又命吴越钱俶收兵回国。赵匡胤这样部署，是因为时届秋暑，南方卑湿，士兵多染疾疫，准备退兵，休养士马，以便将来再攻。当时参知政事卢多逊力争继续攻城，赵匡胤不听。正巧此时扬州侯涉因受贿不法，被人告发，押回汴京。侯涉素与卢多逊关系亲密，他托人求卢多逊帮忙救助。卢多逊教他说有紧急情况要向皇上报告，侯涉当时有病，赵匡胤就让人扶他来见，侯涉一见太祖，就大声说："南唐旦夕就要灭亡，陛下为何准备罢兵？请急取之，臣若误陛下，愿夷三族。"赵匡胤让左右退下，仔细问他，改变了收兵的计划，并赦免侯涉的罪，让他返回扬州。卢多逊在紧急关头，用计阻止赵匡胤收兵之念，可谓立下大功。

南唐初以润州京口为金陵上游屏藩重地，李煜派亲信刘澄驻守润州，嘱咐说："你本不应离开我，我也难与你分别，但此行非你不可。"刘澄出发，竟然带着他的全部金玉珍宝，对人说："都是国主所赏，现在我要分给众人，以图勋业。"李煜闻知，为之高兴。然而刘澄欺骗了李煜，他的珍宝并未用来奖赏将士，到九月，他在润州的营垒还未筑成。李煜又派卢绛率兵八千增援刘澄，此时刘澄已无斗志，暗中联络宋军，准备投降，可他还对卢绛说："听说金陵受围日久，若金陵不守，守此城又有何用？"卢绛也知城终将陷落，于是突围而走，刘澄打开城门向宋军投降，金陵外围重要屏障至此全部丧失。

此时李煜收到了赵匡胤派人送来的劝降书，准备投降，可张洎、陈乔等人以为金陵城坚固非常，宋军长久在外，已无法坚持，很快就会退走，于是阻止李煜投降的念头，并再次督促朱全赟东下增援。

◇攻克金陵

赵匡胤见李煜仍不投降，又命各部进攻。李煜见外围日益吃紧，乃派江南著名文人徐铉和道士周惟简到汴京入贡，向赵匡胤请求暂缓进攻。徐铉在江南一向以名臣自负，以为自己博知今古，口才辩给，准备施展三寸不烂之舌说服赵匡胤。他来到汴京，宋朝廷诸臣也以为徐铉博学有口才，应选派一个与之相当的人和他展开舌战。赵匡胤却笑着说："你们只管退下，我自有妙计。"

徐铉见到赵匡胤，仰面大言："李煜无罪，陛下师出无名。李煜事陛下如子事父，未有过失，为何攻伐？"诸如此类，喋喋不休，说了半天。赵匡胤听他讲完，对他说："你说李煜事我如父，我问你，既是父子，可以分为两家吗？"徐铉登时哑口无言，不能回答。周惟简把李煜的信呈上，赵匡胤看后说："你们国主所说的话，我都看不懂，让他自己来对我说。"徐、周二人只好怏怏返回，李煜见求和不成，又派人送上五万两银子，绢五万匹，哀求退兵。

十月，朱全赟终于出动兵力增援金陵，兵号十五万，缚木为筏，长约百多丈，战舰大者可容千人，准备顺流东下，冲断采石矶的宋军浮桥。然而此时已到冬初，江水浅涸，大型战舰与长筏不能并进。宋军也预先在江面上设置了长木桩，排成一列，上挂风帆，迷惑朱全赟。十月二十一，朱全赟乘大舰高十几层，上立大将旗帜，东进到皖口（今安徽怀宁皖口镇），见江上帆樯林立，不知虚实，下令停止前进。宋军小舰趁机群起攻击，朱全赟命以火油纵烧木筏以阻止宋舰前进。岂料突然风向转变，木筏之火反而烧向朱全赟的战舰。在唐军发生混乱之际，宋军战船乘势急击，朱全赟终于溃败。朱全赟在惊骇之中赴火而死。宋军俘获兵仗船只数万，乘胜追击到湖口。

金陵唯一可盼的援兵已化为乌有，南唐的形势更加危急。十一月初三，李煜又派徐铉向赵匡胤请求退兵。此次徐铉见到赵匡胤，仍然大谈李煜无罪，宋军不该攻伐，请求退兵，以保全一邦之命。赵匡胤此时无耐心听他废话，起身按剑，厉声说："不须多言，江南亦有何罪？天下一家，卧榻之侧，岂容他人鼾睡？"这才是赵匡胤的真心话，徐铉、李煜到现在才明白这一点，岂非太晚？

自春至冬，金陵城一直被宋军围困，城内已经非常困苦。曹彬按兵不攻，是想让李煜投降，尽量减少伤亡，但李煜迟迟不愿投降。他多次派人劝说李煜："城破只是时间问题，应早做打算。"在朱全赟大败之后，曹彬又派人告知李煜："事势如此，不马上攻击，只是为了一城的百姓。若能归顺，是上上策，稍迟则来不及了。"李煜答应先派其子入朝，可是事后又食言，不让其子出城。曹彬再次派人督促说："公子不须远行，只要到我帐下，即四面罢攻。"李煜还是不听，曹彬只得下令大举攻城。

金陵已无法抵抗宋军进攻，迅即崩溃，只有将军呙彦、马诚信及其弟马承俊率壮士巷战而死。南唐勤政殿学士钟蒨，身穿朝服端坐家中，兵至，全家就死而不逃跑。陈乔、张洎本来力主不降，到了最后关头，又相约同死以报国。可是张洎实无死国之意，听说城破，携妻子约陈乔同见国主李煜，陈乔说："臣负陛下，愿受戮诛，若国主有所诘责，请把责任全都推到我头上。"李煜说："气数已尽，你死也无益。"陈乔说："纵君不杀臣，臣有何面目见士人？"乃出偏殿，自缢而死。张洎见陈乔出殿，才说："臣与陈乔共掌国务，国亡当俱死，又念陛下到了宋朝，无人为陛下辩明此事，所以不死，就是为了这个原因。"张洎说了那么多，其实就是自找借口，不敢以死报国。

此时曹彬已整军来到李煜的宫外，李煜于是送上降书，然后与其群臣在宫门拜迎宋军。潘美首先进来，李煜拜见他，潘美说元帅还在后边，接着又拜曹彬，曹彬派人对李煜说："戎装介胄在身，不敢拜答。"然后下马上前安慰李煜："归顺朝廷后，皇上的赏赐有限，现在你可多带东西走，否则一旦被封存后，想再要一样东西也不可能了。"于是让李煜回宫，把所有想带走的东西都打点好，又派精兵千人守卫其皇城，命令卫兵："不论是谁，一律不准进入！"此时部将梁迥等人告诉曹彬："宫内已堆好了木柴，再让他们回去，如果自焚而死，怎向皇上交代？"曹彬笑而不答。其他人争谏不已，曹彬说："李煜一向不能决断，所以才守到今天，都是其大臣教他的。现在已经投降，必不会再去自焚。大家不必过虑。"

李煜既已投降，曹彬让他向南唐各州县守军发布命令，停止抵抗，向宋军投降，于是各地守军相继归顺。至此，割据四十年的南唐终告灭亡。

赵匡胤开宝八年（975），南唐灭亡。次年十月，赵匡胤病死，其弟赵匡义继位为宋太宗。在太宗太平兴国二年（977），吴越王钱俶入朝，其境内完全归顺于宋。割据福建的平海节度使陈洪进也随之入朝献地，至此，南方各割据政权全部平定，赵匡胤统一天下之志，实现大半。

◇ 建国大计

赵匡胤作为五代之后平定天下的君主，智勇深沉，气度豁如，诸事算计，城府在胸，为周世宗之后的英明政治家。史家称赞他："太祖得国，比之五代各朝，不可同日而语。他一发号施令，各地名藩大将，无不俯首听命，四方列国，逐一宣告削平。建隆年间以后，释藩镇兵权，惩赃吏以重法，以杜绝祸乱之源。州郡司牧，下至属吏，亲自引荐。务农兴学，慎罚薄敛，与民休息，终于治定功成。制礼作乐，传之子孙，后世长有典则。与前代相比，其考论声名文物之治，道德仁义之风，不让于汉唐。治国之谋，可谓长远。"

此种赞美不免有过誉之辞，但确实说出了他的历史功劳，显现了他的治国平天下的超人谋略，使五代乱世宣告结束，不可谓不是一位贤明的帝王。

赵匡胤称帝之后，为了平定割据，统一天下，确实花费心力，制定了一整套长远的谋略。他鉴于唐末及五代时期以来持续不断的战乱，多次与赵普商议建国大计：一、尽量集权于中央，中央则又集权于皇帝。二、爱护百姓，与民休息。三、严惩贪官污吏，整饬官僚机构与国家财政。

第一项的实行，结果是宰相权轻以及两次杯酒释兵权与削弱藩镇权力之举。对地方吏治则用判官制度，削弱刺史之权，使之互相制衡，形成地方两元化吏治体系。此一措施的好处，在于恢复朝廷的统治机能，逐渐可使国家趋于统一。这是赵匡胤统一之谋的前提与基础。

而第二、三两项大计的实施的目的则是使人心归附，这是平定南方割据政权，迅速恢复统一的心理基础，不可小视。由此看来，宋初建国三项大计的结果，对赵匡胤统一天下的大志，确有重要作用，可知他为统一而做出的谋划，长远而周到，且实效可观。

就其用兵与作战的战略而言，也有可圈可点之处。一、平定各国的顺序合乎现实情况，非常得宜。二、以安民不扰民为平定割据的根本，收天下民心于宋。三、用散兵归农作为后继策略，亦是长治久安之谋。四、对江南用兵，不求速战速决，注重保护人民与财富。五、优待俘虏及各国国主，但要诛其奸臣，是得人心之举。

就第一项而言，平定荆湖完全是乘机而动，顺手牵羊，不费吹灰之力。其后又形成对后蜀的北、东两路钳形攻势，对江南则占据了上游之利。可谓一举而数得，谋划不可谓不远。就第二项而言，自唐末五代以来，人心厌乱，特别反对朝廷的横征暴敛，赵匡胤深知此弊，所以每次派将出征，必定要求他们以安民为本。因此人心所归，南方得以顺利平定。

就第三项而言，赵匡胤对已平定之国，散其兵于农，又助以耕牛农具，使得当地百姓各安生业，这就从根本上消除了再次叛乱的可能。就第四项而言，江南是中原财赋命脉所系，且江南士兵又无战斗力，所以用兵之前就指示曹彬，以收服人心为主，不须急击，都是为了保全国家经济命脉。就第五项而言，用服人以德之法，优待战俘及其已降之国王，至于奸臣则毫不客气予以诛杀。此种措施，实为重要的心理攻势，故平定列国，皆不须惨烈的战斗，即告成功。

赵匡胤善于化用古代的计谋用于当时，如伐荆湖，仿效春秋时晋国假途灭虢的故智，而又巧妙连用之，故能兵不血刃，连定二国。至于伐南汉，则先进攻贺、桂、昭、封等州，忽转而疾下连、韶二州，直趋广州，使南汉君臣不知所措，只好束手出降，此又是声东击西之妙用。

赵匡胤还有一个不可忽视的特点，即每次出征作战，都预先进行非常周密的准备，决不打匆促之战。如在对荆南、后蜀、南唐的作战之前，都充分了解各国地势险易、戍守状况及准备浮桥渡江、预为组建训练水军等，都周密地加以策划与部署，谋定而后动，将作战风险减到最小，故使宋军进攻皆如摧枯拉朽，一气呵成。凡此种种，都是战前准备周密有以致之。

至于抵抗宋朝的各国，其成败本不必等到开战之后才能知道，各国基本都是君昏臣庸，兵备不修，以此来敌君贤兵精之宋，胜负当不待战而后明。其他战术上的得与失，更不必论。所以孙子说："胜兵先胜而后求战，败兵先战而后求胜。"赵匡胤指挥的宋与南方各国之间的战争，正可为此一规律做出证明。

士大夫党争与政治

赵匡胤为宋王朝立下不杀士大夫的规矩，并要子孙世代遵守，所以整个宋朝是历史上士大夫最得意的时代。但士人也有自身的毛病，皇帝对他实行优待政策，可他们自己却喜欢内斗。古人说这是文人相轻，这正切中了他们的痼疾。汉代虽有党锢之祸，但那不是士大夫自身的争斗，而是宦官对于士大夫的政治迫害。唐代出现了牛、李党争，牵涉到的士大夫还不算多，而宋代的士人党争，则范围大，参与人数多，持续时间长，对宋代政治局势的发展变化有较深远的影响。

同年与科举

宋代的同年关系，与科举的不断扩大规模有直接关系。从宋太宗开始，科举开始扩大录取规模，这让越来越多的士人涌进宋代政治圈子内。而且宋代皇帝对士人采取优遇政策，让他们的政治地位不断上升，人格得到前所未有的尊重。在生存条件得到极大改善之后，通过科举获得功名的士人就形成了一个较为稳固的社会阶层，相互之间也因各种情况而构成了不同的人际关系，这就使得科举中的同年成为士人的特定关系群，由此决定了他们的政治态度，而他们个人的祸福也随之改变。

◇宋代的同年

同年，是中国古代独有的一种人际关系，它和座主与门生的关系一样，都是科举制度的产物。从唐代开始，同年登科的进士互称同年兄弟，已十分普遍，但唐代人只把同年视为九州四海偶同科第，或登科然后相识之人。宋代以来则把同年发展为朋党，与现实政治活动密切相关，所以同年在宋代人看来，不仅是亲密相识的兄弟关系，还是荣辱与共的一种政治关系。

宋代继承隋唐以来的科举制度，使越来越多的士人能参与到国家政治事务中。通过科举形成的同年，在宋人看来已与唐代人不同，宋初名臣柳开在致其同年李巨源的信中，明白地道出了这种关系的内容：

> 同年登第者，指呼为同年，其情爱相视如兄弟。以至子孙累代，莫

不为昵比。进相援为显荣，退相累为黜辱。君子者，成众善以利民与国；小人者，成众恶以害国与民。（《柳开集》卷九）

由此可知，宋代的同年完全成了进则俱荣，退则俱辱的利益集团。所以称为朋党，原因就在于此。当然，也并不是宋代所有的同年都形成了党派，而是与唐代相比，他们结成朋党的倾向更加明显，对现实政治的影响更直接。

宋代的科举士人利用同年关系，结成朋党集团，参与现实政治活动，而政治活动的严酷性，又逼得他们不得不运用各种谋略以求自存与发展，于是原本高尚的读书人，因参加科举不期然而然形成了同年关系，最终竟成了中国历史上的谋略活动中不可缺少的一个组成部分。

赵匡胤与赵匡义虽然都是武人出身，但比五代武人们高出一筹。整个五代时期，文人受人轻视，武人只知凭借力量角逐于政治舞台。从后周郭威与柴荣起，他们已逐渐开始改变这种倾向，有意抑制武人，提拔文人参政。但当时还是兵荒马乱的时期，科举尚无法走上正轨。只有到了赵匡胤夺得天下之后，首先夺去了武人手中的军权，且天下逐渐安定，然后才得以恢复正常的科举考试，让读书人参政，这样才使文人们有了联络同年、结为朋党的机会。

赵匡胤虽然恢复了科举，但取士的人数较少，每一科不过十几人，即使对这十几人，赵匡胤也不放心，明令禁止中举的士子与主持考试的试官结成座主和门生的关系。这是为了防止他们拉帮结派，造成政治上的分裂。赵匡胤的这一措施，用心深远。但赵匡胤并不禁止同科的士子结成同年关系，他也许认为，这伙人本来就不多，且分散在各地，在政治上形不成气候，当然也造不成风浪。但他没有想到其继承人太宗大大增加了中举名额，而且在几十年之后，最初在政治上地位较低且影响较小之人，也能渐成大器。赵匡胤当时只注意对武人的防范，未能考虑到几十年后文人在政治上的发展，当然，这是不能苛求的。

◇科举扩招

宋太宗上台，对太祖的做法改弦更张，他继位第二年，就大规模开科取士，应试贡士超过五千人，录取的士人多达三百多人。这相对于太祖取士的规模，已是数十倍增长。可太宗还不满足，觉得遗才太多，于是又举行了一次特试，录取了二百人。光这一年，太宗取士达五百多人，是应试人数的十分之一，比例不可谓不高，远非太祖所可想象。太祖在位十五年，总共只录取了四百五十五人，还不及太宗一年所取。太宗取士的气魄不可谓不大，以至于当时的宰相薛居正都有了意见，说是取人太多，用人太骤，不合常规。可太宗自有他的打算，不以宰相的意见为然。

宋太宗的大规模取士，显示出他治国平天下的雄心。不仅录取得多，提拔得也快，如第一次录取的吕蒙正，只用了十一年时间，就走上了宰相的高位。总而言之，太宗的用人政策，给天下读书人提供了前所未有的机会，那些骤登高位的进士们，相率引用他们的同年好友及乡里故旧，进入政坛，共同角逐权位。这就为同年向朋党的转化提供了适宜的土壤，使宋代的朋党在政治中扮演了其他时代不可比拟的重要角色。

新进的士人，在政途上最初可谓春风得意，但随着时间的推移，相互之间显示出越来越大的差异。有的人一直顺利，步步高升，有的人坎坷不顺，屡有起伏。不管个人的境遇如何，人们都被卷进了政治的漩涡，身不由己，有时为了生存与发展，也不得不与上下左右的人较量。在这些较量中，谋略成了必不可少的武器。

中国古代的读书人，最想通过读书来改变自己的政治地位与经济地位，这时，科举考试的成功与否，就是第一道关口。十年甚至数十年的寒窗之后，有幸一举成名天下知的佼佼者们，在庆幸成功的时候，就面临着新的考验，这就是今后仕途上的挣扎与奋斗。为了不被别人压下去、踩下去，他们不得不把圣贤们的道德文章搁在一边，而把脑袋中的智慧用在与人钩心斗角上。宋代士人的同年朋党，就是这种角斗的反映。现代人回顾历史，必须了解当时人们这种迫不得已的心情。中国人常说，人在江湖，身不由己，对此是绝妙的剖白。

与老臣的对抗

在北宋初年，科举成功的进士们最初所面对的对手，主要是与太祖、太宗同时创业的一些有功老臣。他们资格老，政治经验丰富，不愿意看到年轻气盛的新锐超过自己，这是造成双方对立的根本原因。

◇ 宋初的老臣

宋初的老臣，代表人物有赵普、卢多逊。

赵普与赵匡胤和赵匡义有很深的关系，在赵氏兄弟称帝之前，赵普是他们的贴心谋臣，在称帝之初，赵普是他们平定天下、巩固政权的得力干将。但在位子坐稳之后，太祖与太宗都对赵普有所猜忌，所以赵普这个功臣，在北宋初年的日子并不好过，数次遭到贬抑，又数次受到重用。赵氏兄弟让赵普几起几落，实际也是向其他臣子表示，任何人都不可能永远平安无虞。

卢多逊是北宋初年善于迎合君主的投机家，无论从哪一方面来看，都比不上赵普与太祖、太宗的关系，但他能运用种种谋略扳倒赵普，成为朝廷中举足轻重的人物，表明他不是一个容易对付的政治活动家。

北宋初年科举得意的进士，与赵普、卢多逊这样的老臣产生对抗者，主要是进士中的代表人物，最典型的是胡旦、田锡、赵昌言。此三人都是太宗太平兴国三年（978）的进士，是所谓的同年。在这一年的科举中，胡旦是状元，田锡是榜眼，赵昌言是省元，即第三名。

胡旦恃才傲物，早在高中状元之前，就扬言说："应举不作状元，仕宦不作宰相，乃虚生也。"他中举那年才 24 岁，宋太宗亲自赏赐御诗，并朱笔钦点胡旦为"天子门生"，能得此殊荣，真可谓少年得志。

胡旦、田锡、赵昌言在其同年中，科名最高，升迁最快，因而成为同年中的领袖。当时按照惯例，新中举的进士先要在外地当几年地方官，然后才调回朝廷担任向皇帝进言的清华之职，如左右拾遗、直史馆等。

胡旦、田锡、赵昌言三人到了这个职位上，都想借机会表现才能，以博取君主的赏识，所以都勇于上书，批评朝政。这样一来，当然引起当政大臣如宰相卢多逊、赵普等人的不满。于是卢多逊等人用各种手段压抑胡旦等人，把他们又贬到外地，使之不能在朝廷立足。不过，这却使他们因祸得福，从而避开了太宗初年策划的一场政治风波。

◇政治风波带来的好处

这场政治风波实际上是一场政治清算，发生于太宗的太平兴国七年（982）。其内容就是太宗借打击卢多逊，把极有希望继位的皇弟秦王赵廷美除掉，以便让自己的儿子继承皇位。

赵匡胤夺得天下，其弟赵光义出了大力，所以他们的母亲杜太后临死时立下遗嘱，要求赵匡胤死后传位赵光义，赵光义之后也要先传兄弟，再传儿子，这就是北宋著名的"金匮之盟"。赵匡胤是按老母亲的吩咐做了，但赵光义继位以后，就不想传位给皇弟赵廷美，而想传位给自己的儿子。当时朝中掌权的卢多逊，以为宋太宗不会破坏这个世人皆知的"金匮之盟"，极力与皇弟赵廷美搞好关系，希望宋太宗逝世之后，仍能够把持朝中大权。

卢多逊这样做，令年老的宋太宗非常不满，所以他又把几年前贬到外地的赵普请回来担任宰相，罢免了卢多逊。然后设计废黜了秦王赵廷美，为自己的长子楚王元佐的上台铺平道路。

卢多逊倒了之后，先前受他排挤打击的胡旦、田锡、赵昌言等人，又从外地回到朝廷。此时，宋太宗又担心赵普不支持楚王元佐继位，让赵普回朝不到一年，又把赵普贬了下去。

重新返回朝廷的胡旦，为了表示对宋太宗的忠心，利用朝廷平定黄河水患的机会，写了一篇《河平颂》，对宋太宗歌功颂德。其中他不但极力恭维宋太宗的圣明，又连带对先后遭贬的卢多逊和赵普大加鞭挞，颂文中有这样两句："逆逊投荒，奸普屏外。"意思是说逆臣卢多逊被流放到荒凉地方，奸臣赵普被屏除到朝廷之外。

胡旦所以要在文章中鞭挞卢、赵二人，当然有自己的算盘。他以为卢、赵二人已经无望回朝，骂他们愈甚，痛恨此二人的楚王元佐就愈高兴，自己一旦得到元佐的欢心，将来的晋升便大有希望。另一方面，还可给自己以及曾受卢、赵二人排抑的其他同年出口气，更可博得正直敢言的美名，并想以此来赞美宋太宗的英明。总之，胡旦写文章时，一定为此妙句得意不止，却不料他的如意算盘打不响，触到了宋太宗的隐痛。

太平兴国七年（982）发生的政治风波，是宋太宗一手策划的，其目的是绕过"金匮之盟"的限制，传位给儿子，而不传位皇弟。所以他先利用赵普除掉皇弟赵廷美，又让赵普趁机除掉其宿敌卢多逊及其一党。事情发展起来往往超出发起人的预想，出现意想不到的变化，到后来就弄得人心惶惶，株连了不少无辜。这并不是宋太宗的本意，宋太宗心里明白：自己所干的事，本是出于私心，不可公开宣扬，更怕引起人们的物议。这种敏感的事，还是少提为佳。

但胡旦政治经验太浅，他体会不到宋太宗的这种心情，所以弄巧成拙。宋太宗看到胡旦的文章后，大为恼怒，斥胡旦词意悖戾，敢恣胸臆，狂躁如此，下令要将他贬逐。这时赵普虽不在朝内，也指使其亲信落井下石，说胡旦是指斥大臣，谤诟圣代，下流讪上。在无人为之辩解的情况下，胡旦这一次投机之谋遭到失败，自己再次被逐出京师。

又过了一年，皇弟赵廷美被贬到房州之后，忧悸成疾而卒。宋太宗对此当然高兴，不用他亲自动手，就除了心头隐患。在传位问题上没有障碍之后，宋太宗就要整军经武了，他要对契丹用兵，以报当年高梁河一役的失败之耻。

◇ 最初的同年党

胡旦倒霉了一年后，也许经过了冷静思考，终于明白了上次失败的原因，在于没有摸清宋太宗的真正意图。现在他身处外地，可谓旁观者清，看准了宋太宗目前的意向，于是洋洋洒洒又写了一篇《平燕议》，力主攻辽，收复幽燕失地。这一回可说到宋太宗心里去了，而且宋太宗还是爱才的皇帝，想起这位才华横溢的天子门生，一纸诏书，又把胡旦调回京师，任命为左补阙、直史馆。胡旦的同年田锡等人，也从外地调回京师，受到宋太宗的重用。当年科举得意的进士们，仿佛又一次中举一样，准备大干一番了。

可惜，宋太宗这次出兵伐辽遭到惨败，这就为赵普重新出山创造了机会。赵普也看准时机，给宋太宗写了一封有名的奏章《雍熙三年请班师表》。他在表中痛陈北伐之弊，力主严惩怂恿宋太宗伐辽的人。这清楚地表明，倘若赵普重新掌权，胡旦等人不会再有好日子过。赵普的一片忠心，不仅改善了宋太宗对他的看法，而且还让太宗的另一个儿子陈王元僖产生了深刻印象，元僖就为赵普的复相暗中帮忙。

胡旦、赵昌言及其一些同年，此时已在京内担任要职，他们就从这时开始，公然不避人议，结成同年朋党。这个同年党的核心是胡旦、赵昌言、董俨、陈象舆及赵昌言的门生梁颢（此人是宋太宗雍熙二年状元）。赵、胡等五人常常在赵昌言家里作长夜之饮，席中就对朝政及大臣评头论足，说三道四，丝毫不避人耳目。故京师的人称他们为"陈三更，董半夜"。他们以清议自命，抨击朝政，希望以此抬高身价，积聚政治资本。

◇老臣终得胜

然而就在他们意气风发公然结党之时，他们的最大敌手赵普竟然得到了宋太宗的谅解，进京觐见。当太宗见到这个与他恩怨纠缠不清的老臣时，竟大为动容，感慨万分。这时，已经出任开封尹（只有皇储才被任命这个职务）而权倾朝野的陈王元僖，也为赵普说话了。他上书太宗，要求让赵普复相。元僖的最大理由，是赵普不主持朝政，才造成如今一伙人公然结党的局面，若赵普复相，"当使结朋党以驰骛声势者气索，纵巧佞以援引侪类者道消"，矛头直指以胡、赵为首的同年党。

宋太宗听从了元僖的建议，让赵普从外地返回朝廷，恢复了宰相之职。

赵普上台后，不久就找到了胡旦、赵昌言等人结党及种种不法的罪证，上报给太宗。太宗为此大怒，将胡旦、赵昌言等五人全部革职贬黜。赵普起草的诏书中公布他们的罪名，就是"结党乃通于非类"。赵普特别痛恨赵昌言，因为赵昌言在这帮同年党里升迁得最快，已经担任枢密副使，相当于副宰相的级别，而且宋太宗也特别喜欢此人，有提拔为宰相的意思，所以赵普视之为头号敌人。赵普本来要定赵昌言死罪，准备尽早除掉赵昌言。然而宋太宗爱才，未同意赵普的处理意见，只把赵昌言贬官外放，未让赵昌言身首异处。

在赵普未回朝之前，胡旦、赵昌言等人得势之时，已对曹彬、李昉等元老功臣进行了打击，如太宗伐辽失败，赵昌言就上书说是统军主帅曹彬违反太宗的战略部署而致败北，提出请斩曹彬等败将以振军心。胡旦曾指使人讼告李昉在辽兵入寇之时，不忧边务，只顾饮酒作乐。所以当赵普对胡旦、赵昌言等人痛下杀手之时，曹彬、李昉等一拨老臣都站在赵普一边，从而促成了宋太宗惩治胡旦等人的决心。

此次政治斗争，又是以新进的同年进士们的失败、赵普等老臣的胜利而告终，其中一个重要原因，是赵普在宫中取得了陈王元僖的支持，而胡旦等人只知高谈义理，不知寻找有力的外援，行事多有疏漏，便有不少把柄以利敌手攻击，总而言之，同年党的失败还是因为谋略不高明，政治经验太少。

政局难测

　　胡旦一伙同年进士党，在与赵普等元老功臣的较量中，再次尝到失败的苦果，充分暴露了新人与老人的差别所在。新人靠才华声望进入政坛的一角，老人则靠资历与经验在政坛中占据有利地形。从太宗的角度看，他既需要老人的经验，又需要新人的才华，二者缺一不可。较量的最后裁决，都要由太宗做出，所以谁能让太宗听从自己的意见，谁就在斗争中占了主动地位。

◇寻找政治靠山

　　胡旦等人以为凭着自己的才华，就能拥有政治发言权，所以他们公然结党，抨击时政，对当道权贵进行毫不客气的指责与批评，这是典型的书生气造成的政治幼稚的表现，他们没有想到自己的抨击与批评虽然都出于公心，也是为了国家的利益，但令专制皇帝最为反感的结党之迹太过显露，就给对手留下了攻击的口实，而让素有猜忌之心的太宗果断地下了惩治的决心。

　　赵普等元老之臣，在学问与才华上，也许比不过这批新进的同年党人，但在政治经验上则比他们丰富得多。他们的所作所为，并非出于振兴国家，或改革政治，他们所考虑的中心问题，只是如何巩固自己的政治地位和既得利益。没有了政治上的地位，其他一切都是空谈。要保住现有的权势与地位，最要紧的是取得太宗的信任，而要取得太宗的信任，就必须在宫内有人，以便在关键时候有人为自己说话。赵普所以与陈王元僖联盟，目的就在于此。当然，陈王元僖要与赵普结盟也有自己的目的，即取得太子的地位，以便继位称帝。

胡旦当初对此认识不足，导致他们没有强有力的内助，所以在较量中必然处于下风。不过，经一事，长一智，他们通过失败总结了教训，懂得了寻找政治后台的重要性。在下一回合的较量中，他们知道与深受太宗和皇后宠信的宦官王继恩结成联盟。不过，这样一来，他们就在政治漩涡中卷得更深了。由于当时宋王朝最大的政治问题是争夺皇位继承权，所以同年进士党实际上已经被卷到政治漩涡的中心，再想脱身已是不可能的了。以后的事，不是鱼死，就是网破。

科举年年举行，所以同年进士也不止胡旦、赵昌言、田锡一伙，这本来就是一股前赴后继的政治力量。但既按同年划分了派别，所以不同年份的进士，便结成不同的同年党，彼此之间也就有了利益之争。只不过有的同年党活动得较为隐秘，不如胡旦这一伙人过于抢眼罢了。

胡旦是太宗上台后的第二榜进士，在其之前有吕蒙正、张齐贤、王沔、张宏、王化基、温仲舒、李至、陈恕等第一榜进士，其后有苏易简、李沆、寇准为代表的第三榜进士。这三榜的人才都是北宋初期的优秀人物，所以史学家常称他们这几榜为龙虎榜，以示杰出人物济济一堂。

不管是哪一榜的进士，都在科举成功之时，自然而然结成同年党，在其后的政治生涯中，互相提携声援，照应扶助。当胡旦这一伙同年在与赵普等老臣较量之时，吕蒙正及其同年则没有那么锋芒毕露，因而受到赵普等人的倚重，政治地位如日中天。除吕蒙正在赵普病退之后升任宰相外，其他几人也都占据了要津，可谓独领风骚的一榜进士同年。吕蒙正这一榜的同年，比胡旦等人谨慎聪明，他们虽有结党之实，但不露结党之迹，所以能取得赵普等人的信任，故与胡旦等人相比，仕途顺利而少风险波折。

✧形成三党

在胡旦等人之后的苏易简一榜的同年进士，到胡旦等人再次失败之时，也已慢慢崛起，成为朝中颇具实力的同年党派，其中最典型的是寇准。不过他们没有成为胡旦等人的盟友，而成了政治上的对手，又与吕蒙正一榜的同年党发生了利益冲突。在相互争斗中，寇准一党占了上风，吕蒙正等地位下降。

这时，不论哪一榜的同年党，要在政治上进一步发展，都不能不与太宗之后的继位问题发生联系。本来太宗除掉皇弟廷美之后，已经确立了长子元佐为皇位继承人，谁知元佐极重感情，他对继承皇位并无多大兴趣，不满意父亲对叔父廷美的处置方式，当廷美忧悸而卒后，元佐难过之极，时间一长，变得有些精神恍惚，不愿与太宗见面，在礼节上也颇为疏远。有一次，太宗宴请近臣，因元佐精神恍惚，怕他在席上有意想不到的言辞举动，就没有请他到场。元佐闻知此事后，以为自己被君父所弃，当天夜里，便关上宫门，纵火焚烧。太宗因此也与他断绝父子关系，元佐被废为庶人。当时太宗年事已高，于是皇位继承人的问题又成了太宗最大的心病。

在太宗的儿子中，最想取元佐而代之的，是陈王元僖。但太宗的李皇后和宦官王继恩仍然属心元佐。再加上宋太祖赵匡胤的宋皇后还有一定的权威，太宗也不敢公然置"金匮之盟"于不顾，而立己子为皇位继承人。

在这种情况下，大家都想投拥立之机，但形势又扑朔迷离，以致人们往往押错了宝。先有吕蒙正的妻舅宋沇上书，请立元僖为太子。此议一出，即刻受到人们的攻击。于是吕蒙正一党的地位迅速下落，寇准一党的势力直线上升。

宋沇上书，显然是元僖及其党羽的教唆。其实太宗已视元僖为当然的继承人，可元僖觉得不放心，急于正式得到太子的名分，怕李皇后与王继恩对太宗吹风，让元佐重返太子之位。当时赵普已病退，元僖便与当权的吕蒙正一党联络，希望由他们出面，向太宗提出立元僖为太子。当然吕蒙正一党也很希望与元僖结成联盟，为将来的政治前途打下牢固基础，于是就有了宋沇的上书。

不过，吕蒙正一党也像胡旦等人一样，不能透彻了解宋太宗在立储问题上的难言之隐。太宗既想立自己的儿子为太子，又担心太祖的宋皇后等老人的非议，所以立太子的事，一直是太宗晚年最大的心病，不是什么人都可以随便出来乱发言的。

吕蒙正一党因宋沆上书而遭受打击，寇准一党则因此而逐渐把持朝政，胡旦一党在经过二三年的沉寂之后，也被爱才的太宗纷纷召回。太宗一朝势力最大的三个同年党，逐渐地成为政治舞台上的主角。

◇形势复杂

然而就在此时，情况又发生了出人意料的变化。野心勃勃的元僖突然得急病死去，太宗对此极为伤心，追赠太子称号。可是不久就有人揭发说，元僖在世时曾有种种不法之事，太宗就命王继恩追查。王继恩此时已升为皇城使，即皇宫的总太监，凡是宫内的事，都由他来处理。他本来就不是元僖的人，当然很快就向太宗报告，所有的揭发都属实。太宗大怒，立刻宣布削去元僖的太子称号，还对元僖的宠妾和亲吏实施严惩。

能够而且敢于告发元僖的人，只有太宗的李皇后。李皇后一直喜欢元佐，她认为元佐失宠，完全是因为赵元僖的暗中捣鬼。李皇后就与王继恩配合，给元僖加上了许多罪名，而为元佐的纵火尽量作了开脱，并把这一切都推到元僖的头上，说是元僖暗中使用巫蛊之术的结果。

元僖死后，宫中势力最大的就是李皇后与王继恩，此二人是元佐的死党，一心要立元佐为太子。他们也知道，只凭自己的力量难以达到这一目的，于是就在朝臣中寻找盟友。找来找去，他们看中了胡旦一党。因为吕蒙正和寇准等人都不是元佐的拥立者，赵普等老臣也不会背叛太祖立下的"金匮之盟"，而胡旦一党是这伙人的对头，正好加以利用。胡旦一党在经过几次的挫折之后，也已懂得找个政治靠山的用处，所以双方一拍即合。

胡旦一党返京之后，仍然受到太宗的青睐，如太宗仍让赵昌言担任参知政事，相当于副宰相之职，只是告诫说："半夜之会，不复有之。"希望他们不要再做此类招人非议的蠢事。胡旦一党也学乖了，已懂得暗通宫闱，在政治靠山的帮助下，稳扎稳打。

太宗在元僖事件后，仍然要为立太子的事操心，虽然李皇后和王继恩极力为元佐活动，但太宗已无法接受元佐，他现在属意于第三子元侃。元侃就是后来的宋真宗，而元侃的拥立者，就是寇准一党及元老大臣吕端。

◇老臣吕端

吕端是北宋初年的一位元老大臣，他的哥哥吕余庆，跟随赵匡胤多年，是赵匡胤称帝前后的重要幕僚之一，与赵普等人关系极深，政治态度也与赵普相似，看不惯胡旦等人的轻躁急进。他曾先后当过廷美和元僖的僚属，虽然也因为廷美和元僖受过连累而贬官多次，但太宗对他的评价是"吕端大事不糊涂"。太宗晚年也算知人善任，把这位老臣任命为参知政事，进入政权核心。于是吕端便与元侃、寇准等人联手，成为李皇后、王继恩及胡旦一党的政治对手。王继恩及胡旦等人，怎么也不会想到，太宗突然会重用这位老臣，他们更料想不到，吕端才是他们真正的对手，而不是那个锋芒毕露的寇准。

现在形势明朗，一方是以寇准、吕端为首的元侃派，他们的政治后台是皇子元侃，另一方是以王继恩、胡旦为首的元佐派，他们的政治后台是太宗的李皇后。吕蒙正一党，基本上被排挤出局。

两派围绕拥立之事，拉开阵势，互斗心机，明争暗斗。由于太宗晚年最大的心事就是皇位继承人的选择，所以靠科举成功而进入政治舞台的进士党人，在互相找到政治靠山之后，已深深卷入了政治漩涡中心，谁也脱身不得了。

太宗看来也是一个控制政治局势的老手，他一方面重用胡旦一党的人，另一方面重任吕端和寇准一党的人。两派谁也不能专权，相互只有明争暗斗，太宗就好调节控制。

寇准由于资历较浅，当时在担任青州知州，太宗想早日确立太子，就把寇准召回，与他商议太子人选。太宗问寇准："诸子之中，谁可托付神器？"他想征求寇准的意见，实际是观察寇准的立场与态度，是站在谁的一边，由此判定此人是否可靠。

寇准很会说话，他既要回答得让太宗满意，又不能让李皇后及胡旦一党的意图得逞，于是说："陛下为天下择君，谋及妇人中官，不可也；谋及近臣，不可也。惟陛下择所以副天下之望者。"（《续资治通鉴长编》卷三十八）

寇准是在告诉太宗，立太子的事，绝不可听李皇后及王继恩的唠叨，也不可听胡旦这伙人的话，只能由太宗自己选定天下都能接受的一个人。太宗沉默了半天，屏退左右，对寇准说："元侃可乎？"寇准对此毫不含糊地支持，他说："知子莫如父，圣虑既以为可，愿即决定。"这就促使太宗下了决心，立元侃为太子。作为必要的步骤，先命元侃为开封尹，即京城开封的市长，改封为寿王，同时命寇准为参知政事，把他提到副宰相的位置上。

◇ 寇准得势

从寇准的角度看，他算是找到了最硬的政治靠山，因为只要太宗确立元侃为太子，元侃就有绝对把握继位，而元侃继位后，也必然会对自己感激不尽，若非寇准促使太宗下定决心，元侃就不会有继位的希望。所以寇准这一宝押得准，其后的事实也确实如此，元侃继位就是宋真宗，而寇准就成了宋真宗最为信任的宰相。

不久，太祖遗孀宋皇后逝世，太宗终于摆脱"金匮之盟"的沉重负担，使自己儿子继承皇位的最大障碍终于自然消失，同时太宗自感时间无多，便很快正式册立元侃为太子。李皇后一伙对此甚感失望，但他们仍不放弃，想方设法破坏元侃的储位。

就在元侃以太子身份接受京师百姓祝贺时，太宗突然召见寇准，说出令寇准胆战心惊的话来："四海属心太子，欲置我于何地？"居然对太子的大受欢迎表示出莫大的忧虑。

太宗的这种心情是怎样产生的？谁能让太宗在实现册立自己的儿子为太子的愿望之时，突然产生这种怪异心情？除了可以与他说枕边话的李皇后，还能有谁呢？

然而寇准又用中听的话，打消了太宗的疑虑，他说："百姓欢迎太子，这是社稷之福，怎会对皇帝产生危害呢？"太宗这才从疑惑中走出来，放心大胆地为确定继承人的事情画上了句号。

但在太宗认为事情大功告成时，李皇后等人还不甘心，他们认为元侃一下子扳不倒，但极力替元侃说话的寇准是一个容易除掉的家伙。于是，他们指使胡旦、赵昌言等人，联络了一批士大夫，密谋中伤寇准，以推倒元侃的储位。

胡旦等人这次学聪明了，不再像以前那样公开在赵昌言家中结党聚会，而改在一座僧舍中暗通消息。他们让能够接近太宗的人，风言风语地说元侃和寇准的坏话，影响太宗对此二人的印象。还找到一个平民到检院上书，说王继恩认为自己平定四川李顺反叛立有大功，而皇帝对他的赏赐太薄，企图让太宗提高王继恩的地位，以与寇准和元侃抗衡。

太宗这次还算明智，没有上当，把这些乱说乱讲的人统统贬逐。宋真宗后来回忆这段日子，心有余悸，他极为担心这些中伤会影响来之不易的太子地位。元侃能安然度过这段危险的日子，实在是靠了身居相位的寇准的保护。寇准保护元侃，实际上就是保护自己，因为元侃储位不保，自己的政治生涯就将宣告结束。正是由于宰相寇准的极力保护，就连最善于制造冤假错案的王继恩，这次也不敢贸然栽赃元侃。

◇寇准的死对头

寇准一党，在宋初的政治舞台上，给人以后来居上的感觉，尤其是在太宗最看重的立储问题上，可谓最大胜利者。不论是李皇后、王继恩这伙长期掌握宫内大权、洞悉太宗行踪的权贵，还是吕蒙正、胡旦、赵昌言这伙先期金榜题名、为太宗所喜爱的名人，都敌不过资历既浅、人望亦薄的寇准一党。也许太宗讨厌前两批人在立储问题上太长久的纠缠，而宁愿信任并无任何背景与野心的寇准。总而言之，太宗在立储问题上，最后是向寇准征求意见，而不再与李皇后及胡旦等人商议，这是太宗晚年最大的一次信任转移。

太宗可谓雄猜之人，因为自从兄弟二人策划陈桥兵变黄袍加身的时候起，以后又经过"烛影斧声"事件造成太祖的神秘之死，以及多次想方设法废弃"金匮之盟"的努力，仿佛就是专靠谋略安排一切。而这些谋略，他又认为见不得人，不便公开，所以事成之后，总在怀疑别人在当面赞颂或背后议论中隐藏着对自己的批评或讽刺。他似乎觉得，老天越来越不帮忙了，几次选定皇储人选，都有一个不愉快的结局，不再像当初设计兵变等事，一举成功而受人欢呼。尤其到了晚年，太宗疑心更重，所以对李皇后、王继恩及跟随较久的吕蒙正、胡旦、赵昌言等人，也有防备之心，而把初涉政坛、尚显单纯的寇准视为知己。

寇准万万想不到，太宗会在他最为头痛而长期不得解决的立储问题上，向自己征求意见。虽然吕端是仅存的元老大臣，且非皇后等人的同党，但太宗都没有为此而与之密谈。寇准能得到这个殊荣，只能说是太宗晚年心态微妙变化的一个意外之举。

寇准在立储问题上，出人意料地胜利了，这一胜利的最大受害者，是一心要扶立元佐的李皇后和王继恩。套句老话说，他们人还在，心不死，不会让寇准这样一个素无来头的政治雏儿永打得胜鼓的。当然，李皇后、王继恩等人的最大敌人还是元侃，而非寇准，不过他们不敢直接向元侃挑战，只能收拾元侃身边的人，尤其是寇准。只要让寇准失势，元侃的储位，还是可以推翻的，根据以往的经验，他们对这一点深信不疑。

要说做别的事，李皇后、王继恩等人并不在行，但要干些整人的事，他们都是行家里手。别看你今天如此得意，明天就让你灰溜溜地靠边站。在寇准受到太宗宠信不到一年的时间里，王继恩就为他安排了一个不光彩的陷阱，而在这场政治陷害中，胡旦一党又充当了王继恩等人的帮凶和枪手。

进士也要厚黑

科举不断举行，新的进士一批批登上政治舞台，为了夺得这个舞台上的中心位置，他们相继表演，同年党的内容也在不断更换。总的来说，进士们从清白的读书人都逐渐变成了厚黑之徒。

◇寇准失势

在胡旦同年进士当中，有一个比胡旦等人还要倒霉的人，叫冯拯，他是当年中举的乙科探花，也曾得到太宗的御赐诗，这在整个宋代都是绝无仅有的。但此人的品格要比胡旦、赵昌言、田锡等人低劣，喜投机钻营，但这并不能帮助他平步青云，反而令人不齿。

当胡旦等人在京师公然结党聚会时，此人并非积极分子，但太宗和赵普惩治这伙同年党人时却未放过他，那时唯一的标准就是看他是否与胡旦等人为同年进上。

当这伙不知政治河水深水浅的进士们遭到打击而被贬到外地之后，他们都寻找各种关系进行活动，谋求尽快返京。当然太宗爱惜人才，这伙人的大多数都达到了目的，但有人不能如愿以偿，始终无缘回到政治中心，冯拯就是其中之一。

冯拯当时被贬到岭南，当时的岭南还是未经开发的瘴疠之地，是最恶劣的流放地。冯拯遭贬后，全部心事就是尽快返回京师，不能在瘴疠之地浪费青春与才华。为此他不放过任何机会，一有机会就向皇帝上书言事，希望引起皇帝的注意，被召回京城。但此时当权的是寇准，他瞧不起冯拯的为人。

寇准此人有一定的书生意气，他对胡旦一榜的进士，并非一概视为敌，而是因人而异。对于恃才傲物而又善于迎合帝后、结交宦官的胡旦，他是厌恶有余而心存顾忌，对耿直狷介的田锡，他则敬重而不深交，对才兼文武，性情刚烈，且与寇准的同年进士李沆关系较为密切的赵昌言，他是器重有加，至于对他恭顺而有才的李昌龄，他不吝提拔。只有冯拯一人，寇准认定他是投机钻营的小人，不仅瞧不起，还要尽可能地压抑。所以胡旦同年党人遭贬之后，寇准基本上都能按照太宗的意思一一调回使用，只对冯拯一直压住不用，只把他从此地调到彼地，就是不让他回京。

时间又过了一年，按照当时的惯例，官员任满一期之后都要循例调升。此时冯拯本以为忍耐了这么久，此次没有理由再被压住不放，谁知还是只能被调到广州当一个通判。冯拯当然明白这是谁的主意，他似乎失去了耐心，不再对寇准逆来顺受，而是发起反击。于是他向太宗上了一书，揭发寇准不法之事。冯拯还争取到上司广南转运使康戬的支持，在冯拯上书的同时，康戬也写了一份奏章，二人同时告发寇准专权，不把皇上及其他大臣放在眼里，就连与他同级的吕端等人，也全都听命于他，把寇准说成了一个欺上压下的野心家。

太宗虽然信任寇准，但他绝对不准任何人搞专权。所以，太宗看到奏章之后大为光火，立刻召见吕端等人查问情况。也该寇准倒霉，在太宗找人查证此事时，寇准却因事去了太庙而不在宫中。吕端等人见了太宗，见他那么大的怒气，谁都不敢为寇准辩解。吕端此时为自保，对太宗说："寇准性子刚烈，什么事都按自己的意思办，我们不想为每一件事与他争辩，担心有伤国体，不利朝政。"其他几人见吕端如此说，也都顺着他的口径，把责任全都推给寇准。

第二天，太宗召见寇准，专问此事。寇准还不知道昨天的事，可知无人敢为之通风报信，都怕惹火烧身。寇准被蒙在鼓里，不明白太宗心里已经有了极大的成见，还以为太宗与平时一样对自己言听计从，于是要辩解一番。太宗对他说："你不要分辩了，不然就太失宰相的体面了。"可寇准认为这是小人的陷害，非要说个清楚不可，仍然不肯停嘴。太宗见他如此，叹口气说："雀鼠尚知人意，何况一个人呢？"太宗的意思很明白，他是想给寇准一个台阶下，只要寇准不可强辩，太宗也不会深究。可寇准不理解太宗的心，非要为自己辩个清白不可。次日，他甚至抱来一大堆案卷文书，证明重大之事都是由他与吕端等人联名签署的。太宗本来也不想为此事过深地纠缠，不料寇准没完没了，反而让他更生讨厌之心。就在这时，另一个大臣张洎为了保全自己的地位，不惜向太宗密告，说寇准多次当着大家的面发泄对太宗的不满。此时寇准有口难辩，而太宗则是龙颜大怒了。结果只有一个，寇准失去宰相之位，被贬为知州。

◇冯拯及其支持者

寇准的政坛失利，虽然出于另一同年党冯拯的攻击，实际上也与他自己的所作所为有直接关系。首先，他在当权时，没有尽最大努力帮助和援引自己的同年进士，以形成强有力的同年党，相反，当自己的同年与别人发生冲突时，他这个当权的同年，却站到别人一边。这些做法，都为看重同年情谊的进士们所怨诟，于是人们就认为寇准是那种得志便猖狂的中山狼。所以，他的同年康戬在冯拯上书的同时，也站在冯拯一边，攻击这个不重情谊的同年，以便为不被寇准帮助的同年出气。再者，寇准过于自信，因而不拘小节，平时言谈举止，多有不够检点之处。这些事情在平时，人们都暂时忍受下来，然而一旦有什么风吹草动，大家就会把它们集中起来，作为检举材料上报太宗，而表示自己与寇准划清界限。最后，寇准仿佛还未能真正透彻地了解太宗其人，只知太宗对自己的信任，不知道这种信任的来龙去脉。所以，诸种因素加在一起，就让太宗对寇准的态度，从欣赏逐步变为厌恶了。

寇准的倒台，从表面上看，似乎是冯拯一人之力，但这场倒寇运动的真正幕后指挥者与受益者，是皇宫内的李皇后和王继恩。一个案件发生后，最大的受益者，往往是这个案件的幕后操纵者。元侃储位的确立，由寇准一手助成。最愿打倒元侃与寇准的人，就是李皇后和王继恩。可知寇准倒台的最大受益者，就是李、王二人。

冯拯上书时，远在千里之外的岭南，他对朝中情况，如寇准与吕端的执政情况，如果没有朝中人士提供资料，怎会了解得一清二楚。若是摸不清太宗对寇准态度已有微妙的变化，就算他对寇准有刻骨的仇恨，也不敢贸然上书攻击当朝的宰相。冯拯难道不知道一旦攻击失败，自己将永世不得翻身？

而冯拯敢于这样做，且一举成功了，这就证明其身后必有有力的外援。当时，冯拯在京内的同年有胡旦、赵昌言、李昌龄等人，他们虽然也有一定的职位，也对寇准心怀不满，但都无力公然与之作对。就算他们愿意帮助冯拯，也缺乏足够的"弹药"。由此可知，为他们提供"军火"的必是更大的人物，这除了李皇后与王继恩之外，不会是其他人。

◇ 胡旦东山再起

胡旦一伙同年党，经过多年的政治磨炼，已经变得老谋深算，他们在太宗立储的前前后后，已经看清了谁是可以托身的靠山，谁是应该打倒的敌人。

胡旦一伙同年党，最初的政治失利，是因为朝中无人，后来总结经验，知道必须找到政治上的靠山。在寻找政治靠山时，他们不得不卷入政治漩涡中。在身不由己的挣扎中，他们认为太宗的长子完全失去了竞争力，因为此人太善，竟然为叔父的不公平遭遇而过度伤心，甚至不惜为此冒犯父亲——当今的皇上。长子靠不住，太宗就属意于第二子元僖，这也是人之常情。于是胡旦一伙就在元僖身上投机。应该说，押这个宝，并不算错。只可惜人算不如天算，谁能想到元僖会死得那么早？让一大批想在他身上捞一把的人失了足，吃了亏。

等到太宗不得不让第三个儿子元侃出任皇储时，早先投机的人们，他们都是元僖党，此时再来改变政治颜色，已无法让太宗信任了。所以，寇准这个晚到者反而可以捷足先登，这就是中国人说的，来得早不如来得巧。寇准若早几年进入北宋初期政坛，相信也会与众人一样，成为元僖党。但等他出场时，元僖已成了历史人物，寇准所能托身的只有元侃，所以他自然就成了元侃党的代表。这也就是寇准会在太宗最后一次选择接班人时成为唯一知己的原因。

形势既已如此，胡旦这伙同年党也会在既存的政治环境中继续奋斗下去，他们只有与李皇后、王继恩等人结成同盟，与之联手，来向共同的敌人挑战。于是，李皇后、王继恩在宫中想方设法窥探太宗的心境与情绪的变化，并注意搜集寇准及元侃等人的不利材料，胡旦等人则在宫外积极寻找可当枪手的人。

最后，他们找到了久受寇准排斥打击而心怀不满且翻身欲望最为强烈的冯拯，在李皇后、王继恩等人为之准备了足够的材料之后，就由冯拯这个并不缺乏文才的进士，精心写就了一篇奏章，再鼓动对寇准这个同年久有不满之意的康戬，一先一后，射出了两支利箭。相信利箭到达的时机，以及太宗召见吕端等人的时间，都由王继恩等人精密计算已定，决不能在第一箭发射之时，让寇准有所准备，因为此人口才太好，又是那么博学，也许他的一番巧辩就让这两支精心策划的利箭折戟沉沙。所以，太宗召见吕端等人时，寇准却不得不身在太庙忙着一项并不重要的公务。事情若无预先的安排，绝不可能有这样的巧合。于是寇准这个颇为自信且甚得太宗信任的宰相，一下子就被躲在暗处的王继恩、胡旦等人整得狼狈不堪，满腹愤懑地离开了相位，到一个小小的州镇与卑琐庸俗的刀笔吏们为伍去了。

◇幕后之人

寇准垮台之后，继任的参政议政，是吕蒙正一榜的温仲舒和王化基。此二人比寇准滑头，他们只求自保，并不坚持维护元侃的皇储地位。吕端还在台上，但他素来行事低调，年迈力衰，颇似糊涂怕事。对王继恩、胡旦等人来说，吕端三人已不足畏，他们大可继续进行推倒元侃的计划。在王继恩的主使下，他们明里暗里攻击元侃，谋立元佐。在这些阴谋诡计的冲击下，甚至太宗也对元侃信心不足了，元侃的地位岌岌可危。幸而元佐本人没有与胞弟争位的打算，而太宗也在未改变主意之前，结束了自己的一生。

然而，就在太宗死后到真宗登基之间，王继恩还想通过宫廷政变，搞倒元侃，扶立元佐。幸亏大事不糊涂的吕端，临机处置，打破了王继恩的计划，确保元侃继位为宋真宗。而在王继恩实施计划时，胡旦一伙仍是他的帮手。

史书记载太宗去世，真宗继位，只有短短的一行文字："帝崩于万岁殿，参知政事温仲舒宣遗制，令皇太子继位于柩前。"

其实这短短一行文字所包含的内容，真是丰富极了。从太宗多次改变太子人选，到最后确定太子，从太宗死后，选定的太子差一点被人踢出局，到太子继位，企图算计太子的人们因失败而被问罪，这本身就是一场活生生的政治斗争。如果没有专家学者进行研究，历史的真相将湮没无闻，人们也就以为当年真是平静极了，历史真是平淡极了。

在太宗病重之时，王继恩就开始活动。此人确实是宫廷的谋略老手，当年太祖去世之夜，就是他拿定主意，抢先一步，把太宗请进宫里登基继位，而把太祖的遗孀孤子害得叫天天不应，叫地地不灵，只有哭哭啼啼央求人家照顾。现在这位老宦官又想重温旧梦，由自己主宰皇位的分配，由自己决定谁是下一个皇帝。

王继恩一生侍候太祖和太宗，可谓忠心耿耿的奴仆。他帮助太宗上台后，就与太宗的李皇后紧密勾结，为皇位继承人的问题长期奋斗。因为只有帮助自己满意的人继位，自己将来才能继续过着荣华富贵的日子。

太宗最先确定由长子元佐为太子，李皇后和王继恩也都有立长不立贤的思想，以为长子是理所当然的太子人选。但是元佐不争气，自己把太子的宝座踢翻了。从此以后，李皇后和王继恩就不得不为恢复元佐的太子地位用尽心机。太宗后来想立元僖，于是元僖就成了李皇后和王继恩的对头。元僖死了之后，元侃成为他们新的敌人。

太宗生前，李、王二人未能改变太宗的主意，却与元侃结下了不解之仇。太宗一死，如果王继恩还无所作为，元侃必然继位为帝。他一上台，王继恩肯定不会有好日子过。所以王继恩想要最后一搏，希望改变这种局面。此时，胡旦同年之中，李昌龄已担任参知政事，胡旦也担任了知制诰，都已是朝廷中枢的高官。王继恩与他们早就成为一党，在扶立元佐的问题上达成共识。在太宗病重垂死之际，王继恩就与李昌龄、胡旦共同策划，对太子元侃封锁消息，许多机密事务都不让太子闻知，准备由李皇后出面，改变太宗的遗嘱，不让太子元侃继位，而把早已贬到外地的元佐迎回来继位称帝。

◇吕端大事不糊涂

然而吕端毕竟还是参知政事之一，不能不让他进宫商议有关太宗病情的问题。吕端是元侃的拥护者，也是太宗遗嘱的忠实执行人，虽然寇准已经被王继恩整下去了，且未把表面糊涂的吕端放在眼里，但吕端心里对形势看得非常明白。若让王继恩、胡旦等人的阴谋得逞，自己必然成为人家任意宰割的鱼肉，所以他在此时再次表现出大事不糊涂的政治家特色。

吕端一进宫，就发现太子不在场，他已经来不及等退朝后再找太子元侃商议，马上在笏板上写下"大渐"二字，让亲随送到太子元侃手上，让他马上进宫侍奉病危的父皇，不可离开。

大渐，就是病重之意，吕端写此二字给太子，意在告诉太子元侃，太宗性命垂危，快进宫来，不要让人家算计了还不知道。但吕端对王继恩却不这样说，只说应该让太子入宫侍奉皇帝，以尽最后的父子与君臣情义。这也确是一个最无可辩驳的理由，王继恩无法拒绝，只得让太子元侃进宫。

等到太宗驾崩，王继恩请示李皇后，请四位参知政事进宫，商议立谁继位的问题。四位参知政事，即吕端、温仲舒、王化基、李昌龄。王继恩认为，李昌龄完全是自己人，肯定会支持李皇后和他的意见。温、王二人，也都是不想惹是生非的老好人，不会拼命与李皇后对抗来拥立元侃。吕端，在王继恩看来，只不过是一个糊涂的老人而已，虽然他提出过让太子入侍父皇的建议，但那不过是读书人的一点迂腐，不会在改变皇位继承人的问题上有什么高见。

王继恩在这里犯下的致命错误，就是低估了吕端。不过这也是吕端平时在小事上太过糊涂给王继恩造成的误导。总之，王继恩与李皇后打好如意算盘后，才召四位参知政事入宫。他们想按自己的心愿，把太宗所立的太子废掉，而让自己中意的元佐登基。

然而吕端此时却有出色表演，这个平时看起来事事糊涂的人也搞起谋略来了，这是王继恩绝对想不到的。吕端早就知道王继恩等人的意图，他知道这件事从头至尾都是王继恩的主谋，只要把王继恩与李皇后分开，一切就好办。

这时他欺骗王继恩说："你是太宗最信得过的内侍，太宗临终前的遗嘱不是由你保管着吗？最好把这份遗嘱拿来，大家才好商议善后与继位的事。"王继恩及李皇后不知是计，真的让王继恩亲自到后面书房去取太宗的遗嘱。而吕端早已吩咐手下，等王继恩一进屋，马上锁上门，派人看守，不许他出来，实际上就是把王继恩软禁起来了。

等王继恩入了笼子，吕端对李皇后说："请皇后发话，该立谁为帝？"李皇后毕竟是女流之辈，不见了王继恩，根本不知道如何回答。而温仲舒、王化基两位参知政事则默不作声，不愿表明看法，李昌龄想等王继恩回来，自己只准备当一个附和者而已。这样一来，实际上就让吕端成了整个场面的导演。

李皇后说出了她和王继恩的意图："现在宫车晏驾，应该按照'立嗣以长'的原则，让长子继位。你们认为如何？"

其他几人尚未开口，吕端就厉声说："先帝立元侃为太子，正为今日，岂容再有异议！"李皇后一听此言，竟然半天说不出话来，她想不到吕端会如此义正词严，而自己确实找不出有力的理由把太宗所立的太子元侃废掉。温仲舒、王化基二人本来就不是李皇后、王继恩一伙，李昌龄没有了王继恩的支持，也不敢与吕端对抗，于是事情就这样决定了。

吕端事先早有准备，这时已让百官齐集宫内大殿之下，让太子在太宗的灵柩前，由温仲舒宣布正式即皇帝位。接着，吕端下殿，率群臣上殿，对着刚刚即位的元侃，即历史上的宋真宗齐呼万岁。早在太宗确立元侃为太子时，元侃已为人们所接受，当时已有"少年天子"的美誉，所以太宗会有"四海属心太子，欲置我于何地"的恐惧心理。这时，人们看到众望所归的"少年天子"安安稳稳地坐在皇帝宝座上，而素来专横于宫内的王继恩不见了踪影，自然都欢呼万岁，庆贺不已。

新皇帝登基之后，对王继恩等人都做了处理。他还算宽大，没有处死这些人，胡旦在这场较量中，被宋真宗和吕端视为王继恩的谋主，受到最严厉的制裁，他被削除官籍，且永远不得再入官场做官，还被流放到浔州。李昌龄作为胁从，处罚较轻，被降为一个小官。王继恩当然再也不会有太宗在世时的那些威权，但暂时也没有治罪。不过，王继恩还不甘心，他竟然敢在真宗即位成功而对百官加恩赏赐之际，密托胡旦为他写了一封褒扬信，希望能从真宗手里得到一些赏赐，这真是不知天高地厚。真宗忍无可忍，把王继恩、胡旦与李昌龄三人一并放逐，并抄了王继恩的家，从中搜出不少贪赃枉法得来的金银珠宝。此人一生投机，最终落个可怜的下场。两年后，他死于贬逐之地。

◇清高士人为什么会变得厚黑？

在钩心斗角的纠纷之中，胡旦这批自命清高的进士们，为何会从早年的书生才子，一变而为厚黑的政坛老手？这也许是人类的功名心或争胜心使然。

功名心，促使他们读书以应科举，中举之后，自然受到帝王的奖赏，这更刺激了功名之心，促使他们渴望在政治舞台上有所作为，成为垂名青史的人物。所以他们要结成同年党，相互援引，形成集团，希望在朝廷中成为举足轻重的政治势力。

然而现实政治中的黑暗与丑恶，使他们不可能凭借正常的才能顺利上升以实现理想，他们又不甘心失败，居于人下，这样一股争胜之心，诱使他们逐步变化，最终成为暗通宫闱，策划废立的政客。到了这时，孔、孟儒家教育士子的圣贤道德，已不知被抛到什么地方去了，只有厚而黑的政坛灰尘裹缠着他们的身心。

事实上，胡旦一榜的进士们，在这次最大的政治赌博之后，不仅再也结不成政治上有影响力的朋党，实际也向世人宣告了政治生命的完结。不过，在宋代，同年党与朋党这一现象，并没有因胡旦等人的失败而消失，其后反而愈演愈烈，成为宋代政治史上独特的景观。

第
六
章

CHAPTER6

宋与辽、金的缠斗

北宋最后灭亡于金，这是一个漫长过程。宋与金的和与战情况到底如何，双方如何用谋，最终为何宋成为失败者？对于以二帝被俘的靖康之耻结束的北宋历史，这些确实是值得关注的问题。

宋人一败再败

周世宗与赵匡胤都想收复被五代时的儿皇帝石敬瑭出卖给契丹人的燕云十六州，但一直没有成功，围绕着这块具有重要军事意义的土地，宋人先与辽、后与金展开了多年的争夺。

◇燕云十六州

幽州是中国古代九州之一，西汉武帝时开始设置幽州刺史部，治所在蓟县（今属天津），辖境相当于今北京、河北北部、辽宁南部及朝鲜西北部。北魏时领有燕、范阳、渔阳三郡，隋炀帝改为涿郡，唐代称幽州或范阳郡。

隋、唐时，幽州具有重要军事地位。隋炀帝三次用兵高句丽，都以涿郡为基地。唐太宗出兵高句丽，也以幽州为大本营。唐玄宗时，曾设置了幽州节度使，负责防御奚、契丹，治所在幽州（后称范阳，在今北京），统辖幽州、蓟州、妫州、檀州、易州、定州、恒州、莫州、沧州共九州。幽州节度使，后又改称范阳节度使。唐玄宗天宝末年，安禄山身兼范阳、平卢（治柳城，今辽宁朝阳）、河东（治太原，今山西太原）三地节度使以及河北道采访处置使，有了强大的权力才有实力发兵反唐，导致后来的安史之乱。其后史思明自立为燕帝，以范阳为燕京。安史之乱后，范阳节度使又改称幽州节度使，因领卢龙军，又称卢龙节度使。

五代时期石敬瑭为了称帝，于后晋天福三年（938）将卢龙节度的全境和河东节度北部的蔚州、应州、寰州、朔州、云州五州割让给契丹国，即燕云十六州。

石敬瑭本来就是北方少数民族的沙陀人，石敬瑭起初是李嗣源部下，能征善战，颇受重用，并且娶了李嗣源的女儿永宁公主为妻。唐末帝清泰三年（936）举兵反叛，在契丹的支援下灭了后唐，建立后晋。称帝后，石敬瑭对契丹自称"儿皇帝"，割让了燕云十六州送给契丹。

燕云十六州，又称幽云十六州、幽蓟十六州，包括：幽州（今北京）、顺州（今北京顺义）、儒州（今北京延庆）、檀州（今北京密云）、蓟州（今天津蓟县）、涿州（今河北涿州）、瀛州（今河北河间）、莫州（今河北任丘北）、新州（今河北涿鹿）、妫州（今河北怀来）、武州（今河北宣化）、蔚州（今河北蔚县）、应州（今山西应县）、寰州（今山西朔州东）、朔州（今山西朔州）、云州（今山西大同）。

燕云十六州的地域涉及今北京、天津及山西、河北北部，多为军事险要之地，易守难攻，被割让给契丹后，使契丹的疆域向南扩张到长城沿线，契丹也把幽州作为他们的南京，以便随时可以南下进攻中原。

◇ 收复之战的失败

宋太宗自太平兴国四年（979），就遵循周世宗与赵匡胤以来的一贯国策，谋求恢复在五代时期被契丹人占领的燕云十六州，于是发动了"北驱胡虏"之战。然而，经过高梁河、岐沟关、瓦桥关等几次作战的惨败，宋太宗没有达到收复失地的目的，反而只能让宋处于守势。

太平兴国四年，在平定北汉后，宋军未经休整和准备，就从太原分路东进，翻越太行山，抵达镇州（今河北正定）。之后宋太宗调发京东、河北诸州的装备和粮秣运往前线。企图乘辽军不备，一举夺取幽州。

当时宋太宗亲自率军出征，从镇州出发，至东易州后渡过拒马河进入辽境，辽方易州、涿州守将投降宋军，不久宋军到达至幽州城南，并将辽驻南京（宋称幽州）的军队打败，接着宋军围攻幽州城。

在此情况下，辽景宗耶律贤派出耶律休哥统帅精兵驰援幽州。当时宋军连续攻城近二十日，士卒疲殆。而休哥所率精兵及时赶到，对宋军发动突袭，宋军不敢接战，欲据高梁河进行抵御。耶律休哥指挥辽军分路向宋军反攻，休哥身先士卒，身被三创犹力战不止。守城的辽军也开门列阵，四面鸣鼓，城中大呼。宋军发觉已被辽军反包围，只能后退。在辽军的追击下，宋军大败，连夜南退，争道奔走，溃不成军。宋太宗也与诸将走散，慌忙之中只找到一辆驴车，坐着南逃。此时，耶律休哥也已受了重伤，昏死过去，不能骑马，辽军就用车载着他，用他的名义发号施令，一直追到涿州城下。

这是宋与辽第一次直接开战，这场战争的失败，结束了宋朝统一天下的步伐，并且标志着宋在军事上开始处于劣势。此战，辽军发挥骑兵优势，远道增援，变被动为主动，给宋军以沉重打击。宋军则是轻敌冒进，首战失利，对以后的与辽作战产生了长远的不利影响。

次年，宋辽又发生了瓦桥关之战。瓦桥关在今河北雄县，地处冀中平原中部，在白洋淀之北，拒马河之南。唐代末年在此设关，以防备北方的契丹南下。瓦桥关东北，又设置了益津关、淤口关，合称"三关"。石敬瑭割让燕云十六州时，瓦桥三关便为契丹所占据。

太平兴国五年（980）十月，辽军南下攻宋，宋太宗命宋军在关南（今河北高阳东）、定州（今河北定县）、镇州（今河北正定）设防，并亲率大军反击。辽将耶律休哥将瓦桥关包围后，宋援军在南易水与辽军夹河对峙，等待太宗所率主力赶到后再行决战。耶律休哥看准战机，率军迅速渡河，击败不想作战的宋军，次日宋军反击，又被辽军歼灭殆尽。辽军班师之后，太宗的部队还未赶到。

之后的岐沟关之战，对宋太宗的收复失地的雄心是更沉重的打击。岐沟关在北京涿州西南三十里，即《水经注》里所说的"奇沟"，也称"祁沟"。唐末在此设下关塞，称岐沟关。

太平兴国七年（982）五月，辽景宗又率大军南侵，不料辽军战败，多亏耶律斜轸左突右驰，避免了辽军的更大损失。辽景宗随后也得了急病不治而亡，长子耶律隆绪继位为辽圣宗，但他才十二岁，因此凡事由萧太后做主。

此时宋太宗为了取得伐辽的胜利，先遣使与渤海和高丽相约，希望对辽形成夹击的态势，但二国根本无力与辽开战。尽管这样，宋太宗还在雍熙三年（986）春，再次发动北伐。这次他命曹彬向雄州、霸州推进，命米信、田重进从飞狐（今河北涞源）出兵。以潘美、杨业为正副统帅，率云、英、朔诸州宋军出兵雁门。

辽朝让耶律休哥率军迎战曹彬，让耶律斜轸迎击潘美、杨业，萧太后也带着儿子辽圣宗至驼罗口（今北京南口）督战。

开始时宋军诸路皆捷，攻克固安南城、寰州、涿州、朔州、应州、云州、新城。

辽萧太后虽是女流，却不乏战略决战能力，她决定利用辽方骑兵特长在平坦广阔的有利地形上集中主力先破宋东路军，再逐个击破，于是部署耶律休哥趋涿州阻击，以耶律抹只驰援幽州，自己与圣宗率精骑在后应援。又命耶律斜轸阻击宋军中、西两路的东进。命勤德守平州海岸，防备宋军从海上袭击侧后。

在宋军诸路取胜的时候，宋太宗深恐辽军阻断宋军补给线。如曹彬十万大军在涿州仅仅十几天时间就吃尽了军粮，只好撤退到雄州等粮草。宋太宗只得让曹彬沿白沟河与米信会合。宋太宗是想等潘美、田重进等东下与曹彬、米信会合，再与辽军决战。

但是，曹彬部下的诸将听说潘美、田重进等连战连捷，深耻自己无功，纷纷向曹彬提出作战的要求，老将曹彬竟然顺从了诸将之意，只带了五日粮草，往攻涿州。

当时，萧太后在涿州东五十里扎营，命耶律休哥轻兵疾行，阻击宋军。宋军走了四天，才进至涿州。时方炎暑，军士疾乏，粮草不继，虽然得到了涿州也不能坚守，又弃之而去。当时曹彬部队人多兵疲，缺粮少水，战斗力大为下降。耶律休哥率骑兵一路追杀，一直追到岐沟关，辽军此时发动了总攻，宋军大败。幸亏宋将李继宣死战，使小股宋军逃出，而大多数宋军，或被杀，或掉入河中，或被俘，死者数万人，沙河为之不流，弃戈甲若丘陵。

东路主力大败，宋太宗合围幽州的意图难以实现。辽军开始反扑，攻陷蔚州、寰州等地。宋太宗只好命令潘美，让他与杨业一起护送云、朔、寰、应四州百姓内迁。

时辽军已占据寰州，杨业力主分兵应州，诱辽军向东，另以强弩手千人扼守石竭谷口（今山西朔州南），阻击辽军，以保证民众南撤。监军王倪及潘美却不同意，逼杨业出雁门直趋朔州出战。结果杨业作战失利，回师到陈家谷口（今山西宁武北），潘美、王倪本来应该来此与杨业会合，再一起撤退。但潘美等人害怕辽军，已先行撤走，使得杨业孤军奋战，负伤被俘，绝食而死。这次北伐，又以宋三路大军皆败而告终。

到宋真宗景德元年（1004），辽兵直逼汴京北郊的澶州，真宗被逼亲征，结果还是与辽军讲和，签订了澶渊之盟。这是一场持续了 26 年的战争，宋王朝不但不能收复失地，反而更加屈辱。当宋真宗与辽缔结盟约时，只能说："数十年后，必有起而抗之者。"可见，对辽作战的失败，是宋人没齿难忘的耻辱。

◇金人变强

到宋徽宗政和初年，即辽天祚帝延禧天庆元年（1111），辽朝天祚帝荒淫失道，治国无方，致使辽朝势力大衰，而在东北的女真人却逐渐兴起。

宋以为辽朝衰微，收复失地与洗雪国耻的时机已到，尤以蔡京和童贯等人为主，力持此议，于是谋划派遣使节联金攻辽。同年九月，宋派童贯等人出使辽国，以侦觇辽人国情。童贯行至卢沟之地，有燕人马植求见。此人本是辽国贵族，在辽朝曾官至光禄卿，但因行为不轨，而受到辽人的唾弃，因此愿助宋破辽。他与童贯相见，竟让童贯万分赏识，于是在完成了出使辽国的任务之后，童贯将马植带回宋朝。

童贯替马植改名为李良嗣，然后把他引荐给宋徽宗。徽宗向他询问破辽之策，马植提出："女真人对辽恨之入骨，而辽天祚帝荒淫无道，国力已衰，宋朝若通过海道与女真人联系，双方相约攻辽，辽国必破。再则北方百姓切望王师北上，如果派军伐辽，必然受到北方民众的欢迎。宋金南北夹击，辽国必亡。如若错失时机，被金人占得先机，先发制人，则宋无法恢复北方失地。"徽宗也很欣赏马植的建议，便赐姓为赵，封官秘书丞。澶渊之盟后，宋人准备攻辽，正是始于此时。

但到政和七年（1117），宋人还没有实质性的行动，反倒是女真人抢在前面，已经屡破辽军，而女真首领阿骨打也已称帝，国号金。

在金人攻陷辽之东京之后，宋人才从北方的难民口中，得知金人势力已强，而辽已不能敌。宋徽宗忙召见蔡京、童贯等人，商议伐辽之事。蔡、童等人经过商议，向徽宗提出派人前往东北联络金人，准备共同伐辽。几经周折，宋朝使者终于到达金人地界，向金人传达了宋朝的意向。金人也派使者回访，双方逐渐互通消息。

宋徽宗宣和元年（1119），宋朝中书侍郎王黼听说"辽主有亡国之相"，便建议派遣画师出使辽国，绘辽主之像，以观其国运。等到画师返回，王黼据其画像向宋徽宗分析说："看辽主的画像，望之不像一个国君，若以相法言之，亡在旦夕，请速进兵，兼弱攻昧，此其时也。"同时还把出使辽国时所绘当地山川地形图献上，宋徽宗大喜，攻击辽国，收复燕云十六州的计划，由此才算真正确定。

次年二月，宋又派赵良嗣（即马植）等人出使金国，当时金主阿骨打已经集结部队在青牛山，准备进攻辽之上京。阿骨打让宋人使者随军前往，并对他们说："你们可以观看我如何用兵，再决定去留。"结果金兵一举攻克辽的上京。此时赵良嗣拿出宋徽宗写给金主阿骨打的亲笔信，与之商议如何收复燕云十六州的方案。宋朝方面的意思，因为燕京一带，本是汉人的旧地，希望与金人南北夹击辽朝胜利之后，由金人分得辽人的中京（今内蒙古宁河县）地区，而由宋人分得辽人的燕京（今北京）地区，即以燕山为界，各取一方。

可这时金主因为自己的力量渐渐增强，而不再愿意让宋人占得更多的好处，他对赵良嗣说："契丹人无道，他们的领土都应归我们金人所有，你们还说什么？不过你们宋朝正与我们和好，而且燕京一带也本是汉人的土地，应当归还宋朝。"赵良嗣说："今天既然约定了，以后就不可再与契丹单独约和。"金主说："他要求和的话，还要他把燕京还给你们才行。"但金人要求，既然我们同意把燕京还给宋朝，你宋朝就应向金朝交纳金钱等物，作为这个和约的代价。赵良嗣最初只同意每年交纳三十万钱，最后商定与宋朝交纳辽朝的数目相等，每年五十万。

金主又对赵良嗣说："现在我的部队已经出发，九月份就可到达辽人的西京（今山西大同），你们回去就让宋朝发兵接应。"并说："我们的部队从古北口出兵，而宋朝的部队要从雄州到北沟（永定河），形成夹攻之势，如不能如约赶到，燕京就不会归还你们了。"然而金兵走到半路上，却发生了瘟疫，不得不退回国。此次夹击宣告破产。

灭辽已经无用

历史发展的变化，真是让人捉摸不透，对辽作战打不赢，指望金人帮忙，结果金人变得更强，因此宋王朝不得不又面对一个更强的对手。

◇宋徽宗又想灭辽

此后，由于宋朝南方发生了方腊起义，不得不用兵镇压，而无力北上，与金兵夹击辽朝。就在此期间，金人力量进一步增强，竟然在宣和四年（1122）攻克了辽人的中京，其先头部队已经到达北安州（今承德一带），即将越过燕山山脉而南下燕京。面对这种形势，宋徽宗竟然感到后悔当初与金人夹击辽朝的决策，现在辽的威胁没有了，而金的大军却要来临了。对宋徽宗的忧虑，王黼以为："中国与辽，虽为兄弟之邦，但在一百多年来，辽却不断侵犯我朝。现在辽势已弱，我们就应该趁机消灭它。现在不夺回燕云十六州，女真必会全部吞并辽地，形成更为强大的国家，到那时，它就不会把燕云十六州还给我们。所以现在辽的衰弱，应是夺回燕云十六州的最好机会。"

听王黼这样一说，宋徽宗又决定对辽用兵。可中书舍人宇文虚中却有不同看法，他认为宋朝的军队已经好长时间没打仗了，结果使得宋军兵将骄惰，恐怕对辽用兵也不会有什么好结果。而且童贯、王黼、蔡攸（蔡京之子）等人主张对辽用兵，是贪功而擅开边事，而要让他们指挥这场战役，恐怕只会引来金兵进入中原，最终宋朝不仅不会收回燕云十六州，反而会有纳悔自焚之祸。

于是宇文虚中上书提出自己的方案，说："用兵之法，必须先考虑双方的强弱，了解力量的虚实，做到知彼知己，才能立于万全之地。现在边境没有应敌的武器，国库没有数月的储备，国家的安危存亡，系于一次毫无把握的战役，怎能随便决策！况且中国与契丹讲和，已有百年，自辽受到女真的攻逼以来，对于宋朝，一直表现十分恭顺的态度。现在我们抛弃已经恭顺了的契丹人，不利用他们作为我国对付北方强敌的缓冲带，反而越过大海去招引强悍的女真人。女真人借着对辽百战百胜的势头，对我们宋朝已越来越不恭敬，而我们对于金人实已不能控制。现在又要与他们合兵攻辽，这是以百年怠惰之兵，去迎接新锐能抗之师，以寡谋安逸之将，角逐于血肉之林。这样一来，我怕中原所要遭受的祸难，不再会有宁息之日了。"

王黼见他如此说，不禁大怒，马上降了宇文虚中的官，不让他再对皇帝说三道四。宇文虚中心有不甘，降职之后，仍又提出十一条策略和二十条建议，可全都被王黼等人扣压下来，不让宋徽宗知道。而在此时，辽朝的使者已来到宋都，提出不让宋朝再向辽交纳岁币，以示友好，愿与宋重结旧好，共同对抗金兵。而宋徽宗与王黼、童贯等人商议，却更认为这是千载难逢的良机，一定要出兵，与金南北夹攻，一举灭辽。宋徽宗就任命童贯为大军的主帅，蔡攸为副帅，率军十万北上接应金兵。同时告诉童贯三个方案："如果燕云一带的人民配合宋军，则全部收复此地，这是上策。如果辽人表示顺服，就让他们作为宋的属国，这是次策。如果燕云一带未能顺服，就让部队巡逻边境，这是下策。"可童贯、蔡攸二人接旨之时，十分狂妄，自以为此一去功业可垂手而致，根本没有考虑别的后果。

◇宋人的错误决策

宣和四年（1122）四月，金兵已攻下辽之西京，童贯所率宋军才到达河北的高阳关，他让种师道和辛兴宗分率东西两路兵马，进攻辽之燕京。种师道劝他谨慎行事，童贯不听。宋军行至白沟（今河北雄县以北），遭到辽军伏击，宋军一触即溃，伤亡甚众。幸亏种师道事先让士兵每人带一根大棒防身，才不至于大败。宋军退到雄州，辽兵追击不放，宋军再战又败。

于是辽人派使送信说："女真背叛我朝，这也是宋朝的威胁。现在你们为了一时之利，抛弃百年之好，与女真联手来攻我朝，实在是为将来种下灾祸的根子。这可算善计吗？救灾恤邻，这是古今通义，希望宋朝好好考虑。"

童贯面对辽人的责难，无话可对。而种师道建议不如与辽人重结和约，双方罢兵。童贯不许，反而向朝廷密报种师道通敌，王黼在朝接到此报，大怒，命种师道交出兵权，回家养老。到了六月，宋徽宗听说宋军战斗失败，十分恐惧，竟然下令班师回朝，真是典型的虎头蛇尾。

到了七月，辽朝皇帝因病而死，宋徽宗以为机会又来了，命童贯、蔡攸等人再次起兵北上。此时金兵与辽朝的大战刚结束，正在休整部队，听说宋人举兵趋燕，且号称大兵二百万，十分担心，怕宋人抢先攻下燕京，自己再也得不到宋朝每年缴纳的五十万岁币，便想出一个缓兵之计。他们赶快派出一个使者来到宋朝汴京，要求与宋朝商议双方夹攻的具体日期与战后的地盘划分。

宋徽宗让赵良嗣回答使者，还是按原来说好的方案办。可这个金朝使者十分滑头，一再要求觐见宋朝皇帝，以亲自传达金主的意思。宋人以为使者与大臣还未商议完毕，不宜见皇帝。此人一再要求，最后宋人还是答应了他的要求，让他进宫朝见。这样一直拖到九月，才算商议完结，宋人竟然同意把出兵与会师的日期都写进了送交金主的国书，再派赵良嗣为宋朝使者回访，并亲自递交国书。

赵良嗣将行之时，拿国书的副本给其副手马扩看，马扩一看就发现了问题，他对赵良嗣说："金人所以派来这个使者，商议出兵与会师日期，是怕我军抢先攻占燕京，而得不到原来说好的五十万岁币。其目的在于延缓我军出发的日期，同时也是观察我们的虚实，他们还不知道我军六月在河北的战败，因而对我军的再次出动非常担心。

"在这种情况下，我们本来应该表示只按原来说好的约定就行，不必再行商议新的方案，同时也对金人说，正是因为你们不向我朝报告出兵日期，而我们因海道不便，不宜等候，所以准备尽快出兵与你们南北呼应，共击契丹。现在已经拖延了时间，贻误了最好的战机，在这种情况下再出兵，已经失去了意义。为什么还要和金人约定共同出兵，将收复燕云十六州的大事完全寄托在金兵手上？照这样看来，恐怕大事去矣。"

而赵良嗣说："只靠我们，不能收复燕云十六州，所以一定要联合金兵。若不用岁币来借金人的力量，我们怎能收复燕云十六州？"

马扩说："既知只靠我朝军队不能收复燕云十六州，何不明说全给金人？而以我们现有的力量，退守现有的边境，保住现有的领土方是上策，怎能贪得眼前的小利，而不顾及将来的后患？这不是爱掌而失指吗？"

赵良嗣说："朝廷之意已决，不可改了。"仍然前去金国，宋朝如此糊涂的决策，怎么不会亡于金人之手？

此时辽之易州、涿州因辽势已衰，先后投降宋朝。宋不费吹灰之力得了两个州，以为燕云收复在即，更加大意轻敌。而辽朝萧太后也怕宋金两面夹击，派使者向宋求和，愿以臣属身份，服从宋朝，并说女真势强，若辽朝灭亡，则宋将面临金人的侵犯，唇亡齿寒，不可不虑。然而童贯等人根本不答应，将辽使赶走。

◇留下后患

十月，童贯派刘延庆率宋军十万从雄州出发，渡过白沟。可刘延庆统军不力，士兵漫无纪律，有人建议："大军拔队而行，却不设警备，如果敌人设下伏兵，必将首尾不顾，望尘奔溃。"刘延庆不听，继续前进，果然遭到萧干所率辽兵伏击，军队溃败。幸亏辽兵不多，宋军尚能稳住阵脚。

这时有人向刘延庆建议："辽兵不过万人，全力阻击我军向燕京前进，此时燕京兵力必定空虚，如果让我带五千精兵，兼程前进，偷袭燕京，可一举获胜。"

这次刘延庆听从了，派高世宣、杨可世和郭药师三位大将率兵六千偷袭燕京，又派自己的儿子刘光世作偷袭部队的后援。经过一夜的急行军，宋兵六千人果然一举攻入燕京，并派人劝辽朝萧后投降。萧后一边拖延，一边派人急报前线的萧干，速派精兵三千返回燕京，与已经入城的宋军进行巷战。而这时刘光世所率后援部队逾约不至，入城的宋军伤亡过半，一将阵亡，二将逃回。偷袭失败。

此时刘延庆的部队已经抵达永定河之南，也不大举进攻，采取观望态度。而辽将萧干派兵截断宋军后方粮道，活捉护粮之将王渊。萧干将两个宋兵带回辽营，用布带蒙住他们的眼睛，捆住关押在帐中。到半夜时，让帐外的辽兵装作聊天的样子，说："辽兵三倍于宋军，当分左右两翼，以精兵冲其中路，左右翼接应，举火为期，歼之无遗。"然后又故意让一个宋兵逃出营帐，回来报告这个"情报"。

刘延庆竟然信以为真，明天看到火起，以为大批辽军将其发动攻击，即烧营而遁，士卒为了逃命自相践踏，一百多里的路上，宋军乱作一团。萧干趁机追击，直到涿水才返回。而宋朝自神宗以来在雄州储备的大批军需物资，全部丢弃。

辽人知宋军如此无能，竟作歌谣讽刺。宋朝自赵匡胤上台以后实行兵权集中，将兵分离的政策以来，所造成的朝无能臣，军无良将，卒不堪战的恶果，至此暴露无遗。

在宋兵不堪一战之际，金兵则分兵从得胜口、居庸关南下，辽兵面对金兵，则是一触即溃，金人遂占领燕京。

此时赵良嗣去见金主，金主对他说："我听说宋朝大将，独有刘延庆。而他率十五万大军，遇上辽兵就不战自溃，宋朝何足道哉？现在我们攻进燕京，应为我们所有，宋朝怎能有之？"赵良嗣无话回答。

宋为得到燕京，在此情况下，一味忍让，答应在原来的岁币之上，再加一百万缗，及其他一些代价，终于从金人手中要回来燕京及周围六个州，而燕山以北及西北一带的山川，都被金人占去。

尽管人们都明知金人将来必定背约，但都不敢公开地说出来。宋徽宗及童贯等人似乎对此已经十分满意，真是自欺欺人，以为自己为大宋王朝立下历史功绩，可事实上就连赵良嗣也在私下里对人说："只可保三年罢了。"

宣和五年（1123）四月，童贯等人进入燕京，此时的燕京，其职官富民金帛民户，已全被金人掠走，宋朝所得到的只是七座空城而已。

宋金开战

金人灭辽，也就更了解了宋人的无能，他们的野心由此进一步增大，宋人的危险则比对付辽人的时候更大了。

◇金人开战之前的准备

燕京等七座空城，金人也非真心愿给宋朝，只是有约在先，且还有辽的残部没有消灭干净，所以暂时让给宋人七个空城，稳住宋人，自己好集中精力彻底解决辽的问题，之后再来与宋人算账。

果然，仅仅过了一年多时间，到宣和七年（1125）二月，金人俘虏了辽朝的最后一个皇帝，到八月份，金主命令挑选精壮善射之士，以备南下攻宋。

当时金朝大臣宗望认为："听说宋人正在燕山训练部队，如果我们不先动手，恐怕会有后患。"

但金主由于不了解宋人的虚实，有些犹豫不决。然而很快地就有一些宋军将领投降金朝，他们都说驻扎在燕山的宋军，本来就是投降辽朝的部队，在宋军攻辽之时又投降宋朝，除了一两个主将是真心降宋之外，其他的将领都盼望金人打回去。再加上一些降金的辽将，都力劝金主，说宋朝部队毫无战斗力，不必用大量军队，就可长驱直入，打他个落花流水。于是金主才下定决心，南下攻宋。

同年九月，金人已经准备进攻了，可仍然运用计谋麻痹宋人。

他们先是派出使者到汴京，向宋人报告已经活捉辽帝之事，同时也有窥探宋人动向的目的。而宋人也已得到边境的报告，说金的大将宗翰在云中（今山西大同）一带，集中部队，准备南下侵犯。

所以宋朝廷一面让大臣款待金的使者，一边命童贯速往河东，作防备金兵南下的部署。可是童贯接到命令后并没有马上出发前往边境地区，这时太原府向朝廷报告，说金人已派人到太原，要见童贯，与宋朝商议交还云中的事。

这当然都是金人的烟幕弹，因为他们南下之谋已定，怕宋朝做好防备，又估计到宋人肯定想要回云中之地，因为所谓燕云十六州，宋人才得到了燕，还没有得到云。金人把宋人的心理完全摸透了，所以可以大施烟幕之计，一来可以掩盖他们将从云中南下的动向，二来可以让童贯之流以为不用急忙部署防务。

宋徽宗又一次轻信了金人的谎言，督促童贯速往太原与金人商议接交云中之事，继续做着收复燕云十六州的美梦，而对金人的真实动向竟一无所知。

其实这时已有金人即将大举入侵的情报送到宋朝廷，如燕山府清化县就已报告朝廷，说金人最近派大军前来抢掠居民，焚毁房舍。而燕山府的宣抚使蔡靖、转运使吕颐浩等人，也在修葺城防，训练民兵，积极进行守御准备，并派人进京奏报，请求支援。

可当时的朝廷大臣，却因为就要举行一年一度的郊祀祭天之礼，怕将边境之事报告皇帝，会影响到祭天时例行的推恩之赏，竟然把这些重要的边境情况压下不报，荒谬地认为等待祭天之后，再办此事不晚。所以当金兵开始入侵之时，汴京竟然举朝不知，还在忙忙碌碌地筹办祭天之礼。

◇指挥逃跑，将领降敌

十月初七，金主下诏，命金军分为六路，全面进攻宋朝，他们的目标是一举占领宋朝的河东河北地区，以黄河为界，与宋朝形成对峙之势，以便继续南下。

　　而此时童贯正在太原与金国宗翰交涉归还云中的事，金人派使节对他们说："我们的部队已经南下，我国丞相的部队自河东路进军，太子的部队自燕京路进军，都不杀一人，只传布檄书，就全部平定了。"

　　童贯的副手马扩说："兵为凶事，上天尚且厌之。贵朝灭了契丹，实际上是借了我朝的力量。现在却背弃当初协约，举兵入侵。难道不知道我朝是中原大国，如果动员宣战，岂是你们所能对抗的？"

　　而金人的使者说："我国若以贵朝为可怕，就不会像这样长驱直入了。你还是赶快回去报告童贯，速将河东河北割让给我，以黄河为界，则我们还可以让宋朝存在下去，这才是你对国家的尽忠之道呢！"

　　童贯在太原城听说金兵已经大举进攻，竟然不知如何是好，准备逃回汴京。而太原守将张孝纯制止他说："现在金人背信弃义，入侵我朝，大王（当时童贯已因所谓恢复燕京而封王）当会集诸路将士，尽力抵抗。如果大王离开前线，人心必定动摇，这就等于放弃河东给金人。河东若失，河北岂能保得住？愿大王留在太原，共图报国之计。何况太原地险城坚，人亦习战，金人未必就能攻克。"

　　然而童贯走意已定，根本不想与前线将士抵抗金兵进攻，但他还用冠冕堂皇的理由为自己的临阵脱逃辩解，他说："我来此地，只是受命商议接受云中的事务，而不是守卫太原。如果你一定要留下我，朝廷还任命你们这些军人戍边干什么？"

　　堂堂宋朝功勋大臣竟然说得出这样的话！宋朝衰亡也不足为怪了。第二天他就飞驰还汴京。张孝纯叹道："平生童太师多少威望，及临事却蓄缩畏慑，抱头鼠窜，有何面目去见天子？"

　　在河北方面，宋军将领郭药师等人，不仅不做抵抗，反而通敌叛国，率军出城迎接金军，并把准备作战的其他宋军将领逮捕，交给金兵。于是金军不费一兵一卒，尽收燕京，宋军此地的全部军实马匹装备及士兵，全都成了金军的战利品。

　　北宋王朝不惜屈辱而收复的燕京，不到两年，就在金人的奸诈与欺侮下得而复失。而郭药师之流，竟被金朝任命为燕京留守，摇身一变，又成了金人的将领。

◇ 任用将领的重大失误

郭药师其人，本是辽朝得胜军的首领，在辽朝势力衰微之时，投降宋朝。但他一直观望事变，根本没有一点忠心。而宋朝竟然让他负责燕京的防务，当作抵抗金兵的主将，试想这种叛变之臣怎能担此大任。当时朝廷里的王黼对郭药师百般依顺，无论他要什么，都照给不误，因此郭药师就趁机把北宋王朝用于燕京边防的精良装备，全都收归自己的常胜军所有。

然而郭药师并不是想把边防搞好，而是把这些精良的装备拿来做军火交易，私下里卖到其他地方，然后再用所得的金钱购买奇巧之物，贿赂朝中的权贵，如王黼、童贯之流。由此不但没有受到惩处，反而官职越升越高，成为燕京方面最高的军事长官。

就是在这种情况下，他竟然还不改变自己的契丹服装。有不少的宋朝官员对此颇有疑虑，以为此人靠不住。于是朝廷准备封他为太尉，而趁机召他进京，以便加以控制。但郭药师十分滑头，竟然在接受任命之后，仍不进京朝见皇帝。

宋徽宗对此也感到不快，就命童贯前往北方边境巡视，趁机观察郭药师的动向与虚实。童贯便向马扩询问计策，如何才能制服郭药师及他的常胜军。马扩说："我早就知道他们不会真心降宋。但是，金人所以暂且不敢入侵，也正是担心这支部队。如果朝廷直接对他们采取强硬措施，恐怕他们明天就会叛乱，而倒向金人一边。因此，还是暂时采用安抚政策较妥。"

童贯又问："具体怎样办才好？"马扩说："现在郭药师的部队不过三万多人，且多是马军，太师若能在陕西河东河北挑选精锐马步兵十万人，分为三部，再挑选智勇都与郭药师相当的人为三部的统帅，一部驻在燕山，监视住郭药师，一部驻在广信军（今河北保定徐水区）或中山一带，一部驻在雄州或河间府一带，使三支部队相互牵制，就能使郭药师不敢为所欲为，则金人虽然放肆，也不敢贸然进犯。"童贯以为是条好计，但又说十万精锐不易一时选出，就把事情拖下来了。在宣和七年（1125）三月时，童贯巡视北部边境，于是奏请皇帝，在河北新设四个总管，让他们挑选精兵成立四支精锐部队。宋徽宗批准了这个方案，童贯就前往燕京准备实施。

郭药师闻知此讯，就到易州迎接童贯，以跪拜之礼与童贯相见。童贯避之，说："你现在已是太尉，地位与宰相相当，与我平起平坐，怎能受你的拜？"郭药师说："太师就是我的父亲，药师只拜我父，焉知其他？"童贯听了这个奉承话，竟然觉得非常得意。岂知已经中了郭药师之计，童贯受到郭药师的蛊惑，因此实施马扩之计，执行宋徽宗的命令，就不那么坚决了。

接着郭药师又邀请童贯视察常胜军，来到旷野之中，看不到一人一马。只见郭药师下马，站在童贯马头之前，将手中的令旗一挥，登时四面山上出现无数铁骑，装备精良，气势雄壮，全是郭药师的常胜军。童贯大惊失色，根本不敢再提什么成立新军的事。

他回来向宋徽宗汇报，说靠郭药师及其常胜军，完全可以抵抗金兵，不必担忧。而蔡攸也从旁极力帮腔，说郭药师靠得住。结果竟使马扩的挟制郭药师之计无疾而终。不仅如此，在童贯等人的提议下，朝廷又让郭药师统领河北燕京一带的全部军队，包括以常胜军为主的原辽朝蕃兵，及朝廷派来的中原汉兵，而对郭药师不再有所防备。

有的将领认为，郭药师只可管他的常胜军，不宜朝廷派来的汉人部队也全部交由他统率，要对郭药师有所挟制才是，可童贯根本听不进。后来虽然有不少情报说金兵与郭药师暗中常有联系，可是都被王黼全部扣押，不让皇帝知道。

就在朝廷对郭药师欲防未防之时，金兵已经入侵，而郭药师真的成了金兵的内应，燕京河北的防务，一夜之间，化为乌有。此固说明宋朝廷的腐败与无能，也表明金人与郭药师之流对宋朝君臣的愚昧与御将失宜了如指掌，皆在其算计之中，而能玩于股掌之上。

◇胜负早已分出

金兵既得郭药师为内应，当然就对宋朝虚实知道得一清二楚，于是他们的计划根据情况的变化而做了新的变更。本来，金兵只准备进军到黄河北岸就告一段落。可现在在得知宋朝廷如此无能，而宋军队如此不堪一击之时，就命部队长驱直入，越过黄河而向汴京进击了。虽然在从燕京到汴京的路线上，还有部分宋军进行抵抗，但已不能构成真正的全面防御。金兵绕过这些零星的抵抗，锐意直扑汴京。

当时的宋朝廷，对于金人的来犯，毫无心理准备，根本没有想到金兵一下子就打到了自己的面前。宋徽宗听说金兵已经逼近汴京之后，对当初不主张与金人夹击辽朝的宇文虚中说："王黼不采纳你的意见，现在金人两路并进，形势危急，该怎么办？"虚中建议宋徽宗下罪己诏，于是宋徽宗有意禅位于太子，而向天下宣布了自我批评的罪己诏，同时也采取了一些应急的改革措施，但又准备逃往江南以躲避金兵。

同时又派人向金人求和，而金人回派两个小使者到汴京，宋徽宗屈体令大臣在尚书省会见二位金使。金使大声说："皇帝已命宰相与太子吊民伐罪，各率一路大军南下。"而宋朝的宰相白时中、李邦彦与蔡攸皆相顾失色，不敢作任何回答。过了半天才慢慢开口，问两个小金使，如何才答应暂缓进军？使者又大声说："只有割地称臣才行。"大臣又吓得变了脸色，不敢再说什么。于是商议以厚礼送使者回去。

蔡攸的弟弟蔡絛听说朝廷如此无能，便对蔡攸说："他们这是来试探我们的态度，应该以使者说话失礼为由而斩杀二人，这样可使金人摸不清我们的虚实。如不敢杀，也该把此二人关起来，不能让他们知道我朝的虚实。"蔡攸听了，回头又与宰相等人商议，结果还是怕金兵因此而加速进军，竟未能用蔡絛之谋。

宋徽宗在金兵大举南下之际，根本不能部署全国的抵抗，只是准备南逃建康（今江苏南京）。大臣吴敏问他："金人背信弃义，入侵我朝，陛下何以待之？"宋徽宗只会皱着眉头说："奈何？"吴敏说："陛下若南巡建康，就是抛弃京师，这样的决策何其荒唐！此命果行，臣虽死不奉诏！"

但宋徽宗南逃之意并不因此而改变，吴敏又问："听说陛下巡幸之计已决，真有此事吗？"宋徽宗不敢回答。吴敏便为他分析形势："依臣看来，现在京师听说金兵大举入侵，人情震动，有打算逃跑的，有打算守城的，有打算投降金人的，以这样的三种人共守一国，必被攻破。"

宋徽宗说："是的，可又该怎么办？"吴敏说："陛下定计南巡建康，万一汴京守不住，南行的也不能到达建康。"宋徽宗说："我正担心此事。"

吴敏于是说："陛下不可离开汴京，而要任命一个素有威望的大臣，让他负责守城，坚决抵抗金兵。这才是上策。"又说："陛下如能决定这样办，只需不过三天，就可稳住人心。如过了三天还拿不定主意，不能任命能胜任守城之责的主帅，则金兵就将兵临城下，而城内的人必然是一盘散沙，怎能守得住汴京？"

当时金兵已到达河北的中山，离汴京只有十天的路程，所以吴敏说只有三天的时间，以选择守城之将。宋徽宗听吴敏如此分析，才同意了他的建议。吴敏于是推荐太常少卿李纲，说："李纲明隽刚正，忠义许国，自言有奇计长策，愿得陛下的召见。"

因李纲曾对吴敏说过，以为目前敌势猖獗，宋徽宗应该退位，让位太子，才可以招徕天下豪杰，此说正合吴敏之意，所以推荐此人。这样宋徽宗才下决心退位，于是太子即位，就是宋钦宗。

宋钦宗一上台，就任命宇文虚中为保和殿大学士、河北东路宣谕使，同时召驻在西北的姚古、种师道，命各率本部兵马前来汴京勤王。这才算正式部署了武装抵抗。

宋人靖康之败

宋与辽还能对峙几十年，不被打垮，而宋对金，则完全不堪一击。这说明宋初期还有一定的战斗力，到了宋徽宗的时候，宋王朝已经外强中干了。

◇ 宋朝君臣的无能

就在宋朝廷开始部署抵抗之时，金兵分两路大军，从河东、河北两路南下。其河北一路，由宗望指挥，一路上并未遇到抵抗，宋军纷纷投降。而宗望也采取了不杀一人的政策。

在行至河北真定时，宋军投降的将领武汉英向宗望建议："大国用兵不乱杀人，但宋军将士并不了解大国的政策，何况内地的人民？所以他们还不敢投降。现在我看到了大国对俘获的宋人一个不杀，但更多的宋人还不知道，不如让我们先行一步，向各州各府的宋朝军民宣传大国的政策，则沿途之城，可不战而下。"

宗望大喜，于是让武汉英带上大量的布告，先行一步，向各处守军宣传金人不杀投降者的政策。其实武汉英是骗宗望，他离了金兵大营，却一直跑回汴京，向朝廷报告："金人之谋深矣，他们认为中国只有西部的军队可以作战，所以才派宗翰一军攻击太原，然后再夺取洛阳，目的就是断绝西北部队救援汴京之路，并防止天子逃到四川。再派宗望一军下燕山、真定，直扑汴京，二军相会，而后就准备灭亡中国，未知朝廷准备如何抵抗。"

而当时的朝廷里的大臣正在准备宋徽宗退位宋钦宗即位的事，武汉英突然从前线回来，是战还是避的大政方针还未决定，竟不能对此提出一个明确的意见。而在这同时，宗望已率金兵抵达邯郸。

宋朝此时因金兵渐逼汴京，急忙派遣何灌率兵二万增援濬州，与梁方平共守黄河大桥以拒金兵。但这二万兵马竟然召集不齐，临时拉人充数，以至这些滥竽充数的人连马都不会骑，坐在马上，两只手紧紧抓住马鞍，不敢放手，真是荒唐之极。

在宣和七年（1125）十二月下旬，金兵已经抵达邯郸，之后就派郭药师为先锋，只率二千骑兵，直扑汴京。郭药师此时十分卖力，率兵疾驰三百里，在靖康元年（1126）正月初二清晨，到达黄河北岸地区，并向宗望报告，说宋朝各地州县并无任何防备。此时宋朝廷所派守卫黄河的梁方平的部队也在黄河北岸，看到二千金兵突然冲到面前，根本不敢反击，而是仓促奔溃。黄河南岸的守桥部队，也看见了北岸的金兵旗帜，马上烧断了黄河大桥，使数千溃兵淹死在黄河中，金兵也未能一举冲过黄河。

负责守河的梁方平，是宋徽宗从其内侍中选派出来的，不相信武将，只相信宦官，就是这样的结局。而刚刚从汴京增援而来的何灌部，在看到北岸宋兵奔溃之后，也一哄而散，逃之夭夭。黄河两岸竟然再无一个宋兵抵抗金兵，于是汴京唯一可以据守的黄河天险，就成了任人漫步的通道。

初三，金兵在黄河北岸，也只找到仅能装下几个人的小船，然后开始渡河。在无人防守的情况下，金兵用这样的小船，费时五天，才渡过一半的骑兵，步兵还一个未过。这些渡过黄河的骑兵，竟然敢于随渡随进，不再有什么队伍，直向汴京追击宋之溃军。初三夜里，退位之后自称教主道君的宋徽宗听说金兵已经渡过黄河，慌忙驾车南逃，于是整个汴京一片混乱。

◇任用李纲

宋钦宗在道君逃走之后，召集宰相等人商议对策，大家竟然主张钦宗南逃襄阳、邓州以避金兵。吴敏举荐的李纲，这时已是兵部尚书，闻讯后急求上朝拜见皇帝。而皇宫守门之官，不许他入宫，因为按照规定，宰相等官没有退朝之前，其他官员不得入宫奏事。李纲以军事紧急时期，不能沿用惯例，而直入大殿。此时钦宗允许李纲可站在宰相等人之后奏事。李纲力主不可弃汴京南走，太宰白敏中却说京城已不可守，而李纲以为必可守。此时，内侍陈良弼自内殿出来向皇帝报告，说京城里的守卫装备百无一二，而城东的护城壕沟浅狭，决难守城。钦宗即命李纲与陈良弼等人亲去察看。李纲回奏城墙坚固，城东可用精兵强弩防守。钦宗于是问大臣："策将安出？"都不吭气。李纲于是提出："今日之计，莫如整顿兵马，声言出战，固结民心，全力坚守，以等待各地的勤王之师。"

钦宗便问："谁可为主将？"李纲说："朝廷平日以高官厚禄养大臣，就是为了用之于有事之日。现在白时中、李彦邦等宰相虽为书生未必懂得军事，但借用他们的官号，抚驭将士，以抗敌锋，这正是他们应负的职责。"白时中一听他这样说，就急了，厉声叫道："李纲不能出战吗？"李纲说："陛下不以臣为懦弱，如果让我治军，愿以死报国。但我人微官卑，恐怕不足以镇抚士卒。"钦宗当即决定提拔李纲为尚书右丞，赐袍带及笏板。

可是其他大臣还在那里议论纷纷，是留下守城，还是南走躲避，不能统一意见。此时，龙图阁学士范祖禹说："如果皇帝的车驾早上离开京城，整个京城到晚上就会乱作一团。虽然我们都留下来守城，于事何补？到那个时候，宗庙朝廷，将变成一片废墟，请皇帝留下来，等待勤王之师。"钦宗还在迟疑，内侍王守竭从旁奏道："宫内的人都已走了，陛下岂可留下？"钦宗听此一说，脸色顿时变了，马上站起身来，说："大臣们不要争论了，朕将亲自前往陕西起兵，以收复都城，决不可留此！"李纲俯伏地下，以死请留。正好这时燕王、越王也赶到了，也都主张固守京城。钦宗才稍微安定了一些，并命追回宫内的人。回头对李纲说："朕今天是为你留下来的，治兵御敌，全由你来操办。"

但是到了夜里，钦宗又派人告诉宰臣，他还是要走，等天一亮就出发。清晨，李纲入朝，看到皇宫禁卫军都集合起来，皇帝的车驾等物，都已备好，后宫诸人，也都上车待发。李纲厉声呵斥禁卫士兵："尔等愿以死守社稷，还是愿意跟从皇上离京巡幸？"都高呼道："愿以死守！"李纲于是叫着禁卫主将王宗楚等人入见钦宗说："六军父母妻子，都在京城，岂肯舍弃他们而去？万一走到半路上他们一哄而散，去救自己的父母妻子，陛下靠谁来护卫？且敌人骑兵已经逼近，如果他们听说皇上的车马距此不远，以快马追赶，又如何防御？"钦宗这才不敢逃离京城。

到了初五，钦宗命李纲、吴敏宣谕六军，说明金人背盟入侵，欲灭中国，现在朝廷决定固守，希望大家齐心协力，完成守城任务。六军将士皆感泣流泪，表示愿意死守。钦宗也再次任命李纲为亲征行营使、侍卫亲军马军都指挥使，全权负责京城守卫之事。

金兵自初二开始渡河，至初七已经到达汴京西北的牟驼冈，这里有马二万匹，粮食堆积如山，被金兵轻易占据。宗望因笑道："南朝可谓无人，若以一二千人守河，我们怎能来到这里！"

由此亦可看出李纲等人虽然决心守城，但具体部署却太慢，这也正是封建王朝官僚制度的弊病所在，都把时间耗费在无谓争论上，而白白错过了采取实际行动的宝贵时间。所以宋钦宗虽然最后下了决心留在京城，李纲虽然掌握了守城大权，但仍不能击败兵力并不占优势且过度深入中原的金兵，最后仍然是战败而亡国。

◇靖康之耻，无可挽救

然而宋人之所以失败，不在于兵力不强，或军事上的其他原因，而在于以皇帝为首的朝廷大臣们，根本就没有彻底打败金兵的想法，而总是想求和的办法结束战争，再过花天酒地的享乐生活。就在宗望所率部队已经包围了汴京，并将准备围攻之时，就在钦宗好不容易决定留下来并任命李纲率军守城之时，宋朝廷就在夜里派人偷偷出城，到金人营中议和去了。

朝廷派出的使节是郑望之和高世则，而金人负责与之谈判的是吴孝民。金人说，要想和，也好办，宋朝必须以黄河为界，割地给金，并交纳犒军的金帛。郑望之不敢答应，就引吴孝民进城向皇上奏请。宋朝廷提出，愿派亲王宰相到金营议和，同意每年增加岁币三五百万两，另外答应犒劳金军，但请免割地。当时就派人押送去一万两金子及酒果等物，送给宗望。

然而宗望收下东西之后，却提出犒师金银绢帛各以千万计，马驼骡驴之类各以万计，尊金国为伯父，以河为界，割让太原、中山、河间三镇之地，再让宋朝的亲王宰相到金国作人质。宋朝不答应，于是第一次议和破裂，金兵开始攻城，在宋军的抵抗下，金兵未能攻克。

从正月初七金兵抵达汴京城下，到正月二十一日，各地勤王之师陆续到达，已有十余万人，于是金兵稍作撤退，集中兵力，准备迎战宋军。

宋钦宗听说镇守西北的将军种师道也已到来，十分高兴，命李纲迎接，然后接见。于是向种师道询问当前形势。种师道说："金人根本不懂兵法，岂有孤军深入而能善归之理！"而钦宗却说："我已与他们讲和了。"种师道说："我以军旅之事为国家效忠，其他的事我不敢知道。"

种师道的意思，不但抵抗，而且要全歼入侵的金兵，而钦宗只知讲和，根本没有这种气魄。李纲听了种师道的话，也趁机说道："各地勤王之师已集中京城地区，兵家忌分散，不对大军统一指挥，就不能取得战争的胜利，希望皇上下命，让种师道、姚平仲二将，听臣节制。"

李纲想当京城全部军队的总统帅，钦宗却不想让他大权独揽，便对李纲说："师道年老而懂得用兵，且职位已高，与卿同官，不宜由你指挥他。"

于是钦宗另外成立宣抚司，让种师道任宣抚使，而与李纲这个行营司处于同等地位，部队则由二司分管，对城内外的宋军不能形成统一指挥。

至正月二十七日，钦宗召集李纲、种师道、姚平仲、李邦彦、吴敏等人，一起商议用兵之策。

李纲与种师道以为，金兵目前只有六万人左右，而我方已有二十多万人，而且金兵是孤军深入，不能久留坚城之下，若不能迅速攻下汴京，必然要撤退。而宋军就可趁其回撤渡河之际，加以攻击，然后联络河北各地，从背后袭击拦截金兵，这样就可以全歼金军。可姚平仲却因其父姚古所率部队尚未赶到，怕功名都被种、李占去，就主张马上攻击，夜袭金营，生擒宗望，一举打败金兵。

钦宗就此一方案征求李纲的意见，李纲却不再坚持自己原来的建议，而赞同姚平仲的方案，这是他在争当统帅不成之后，对种师道的嫉妒之心所致。钦宗于是同意了姚平仲的计策，同时命种师道一起攻击，而种师道则想等其弟种师中的部队来后，再作攻击，他请钦宗再等七八天。

但钦宗等不及了，即命姚平仲率步骑万人于二月初一夜袭金营，到了半夜才派人通知李纲，说姚部已经出动，让李纲火速支援。然而姚平仲进兵之时，已被金人的斥候发觉，迅速报告大营，因此金兵将计就计，摆下空营，埋伏在外，反而将姚平仲部队打个大败，幸亏李纲部接应上来，才不致全军覆没。

此时种师道建议："劫营已误，但兵家也有出其不意之计，今晚可乘金兵得胜之后的松懈，再派兵分路攻击，也是用奇之法。如还不胜，就在每天晚上，以数千人袭扰金营，不至十天，金兵必退。"

然而李邦彦等人不用此计策，这伙朝廷老臣反在钦宗面前，喋喋不休地说什么此次劫营使勤王之师及京城部队尽被金兵歼灭，钦宗一听又吓得屁滚尿流，下诏不准再战，罢免了李纲的尚书右丞、亲征行营使等职，实际已经不再信任李纲，准备以李纲为替罪羊，来向金人谢罪了。

不料太学生陈东等人听说钦宗罢免了李纲，数百人一起上书，来到皇宫门口，而京城内的军民数万人，也闻讯赶来，一起替李纲喊冤，人们打破了登闻鼓，呼声动天。钦宗只好又恢复李纲尚书右丞之职，并任京城四壁守御使。众人又要求宣种师道入城，待种师道进城之后，众人才散去。

此时宗望派人责问钦宗为何派兵袭营，钦宗说这不是朝廷的命令，并且一定治罪偷袭之人。然后让宇文虚中带着同意割让太原、中山、河间三镇的诏书前往金营，并让皇弟赵枢到金营作人质。宗望拿到割地的诏书，押着赵枢为人质，不等宋朝答应的金帛送齐，就于二月初三匆忙撤军。

种师道请求趁金兵半渡黄河之际，出兵攻击，钦宗不许。而李邦彦等人，已宣布军法，谁敢擅自出动攻击，格杀勿论。种师道等人只能眼睁睁看着金兵渡河而去。

宋朝廷自金兵退去，上下恬然自安，置边境防备于不顾，竟然好像天下太平了一样。只有李纲忧心忡忡，多次上书请示加强战备，防备金兵的再次入侵，都不被钦宗采纳。以后只要是李纲上书，都被门下侍郎耿仲南等人扣压下来，所以仅仅过了半年，在靖康元年的八月份，金兵卷土重来，到此年闰十一月二十七，汴京城陷，三十日宋钦宗投降。赵匡胤费尽心机建立的北宋王朝也就一命呜呼了。

宋人的失误

以偌大的宋朝，被小小的契丹、女真欺侮得为所欲为，这不能怪别人多么强大，只能怪自己的无能。就以金灭北宋而言，从双方的谋略与行动看，其中确有不少经验值得总结。在宋朝方面，最令人痛心疾首的，就是宋朝君臣的愚昧无能。

◇权臣无能

关于此事，已往的史家已有精彩的评论：北宋所以灭于金人之手，首恶应属章惇与蔡京，而赵良嗣则是使亡国之祸逐步走近的人。在哲宗驾崩的时候，徽宗尚未即位，章惇就说他轻佻而不可以君临天下。在辽朝天祚帝死后，辽的张觉来降，赵良嗣以为受其降就会失信于金，必定招惹外侮。如果按此二人的意见办了，宋不立徽宗继位，也不受张觉之降，金人虽强，又有什么借口向宋朝挑衅呢？

但考察宋徽宗所以失国，并非像晋惠帝那样愚蠢，也不像三国吴的孙皓那样残暴，只是他依仗着自己的一点小聪明，用心偏颇，排斥正直之士，狎近奸谀之人。于是蔡京之流可以靠着轻薄巧佞，而成其骄奢淫逸之欲，溺信虚无的道教，崇饰华丽无益的道观，使得民力困竭，君臣逸豫，相互诞谩，怠弃国政。

等到了童贯掌握了朝廷大权，又轻易地对辽用兵，贪图所谓收复燕云之功，招惹外侮。最后国破身辱，也是势所必然，岂能说是天数使然。自古君主玩物而丧失治国之志，纵欲而败坏朝廷的纲纪，没有不因此而亡国的，而宋徽宗可算一个典型。

燕云之地，在中国与北方游牧民族的关系上，可谓是有关生死存亡的重要之地，作为中原的政权，必须收复之，这是整个北宋一直企盼的。但是要从强敌手中收复此地，必须先谋自强，然后才能成功。而宋自开国以来，其对内是采取苟安的政策，因此国力始终衰弱，对外则常希望收复失地，以及使西夏归顺。无疑其内外政策上已有根本的矛盾，因而其先天上已无收复之望。

等到了徽宗时期，其君臣不自量力，而欲乘辽之危，通过投机取巧的途径，达到收复燕云的目的，但在与辽金交涉的过程中，又措置失误，所以招致灭亡之祸。

最初，宋徽宗被赵良嗣的花言巧语所迷惑，又委任昏庸的王黼和童贯之流主持其事，在与金人往来交涉当中，多有失误。在镇压了方腊起义之后，宋徽宗又后悔与金人定下的夹攻辽朝之约，而王黼又以"兼弱攻昧"收复失地说动了宋徽宗，于是宋徽宗就专使王、童二人主管对辽用兵之事，可见他对国家决策之事，是多么轻佻随意。

因此宇文虚中批评他是"庙谟失策，主帅非人，边境无应敌之具，府库无数月之粮，金人借百胜之势，虚喝矜骄，不可以一礼义服，不可以言说诱，以百年怠惰之兵，当新锐难抗之敌"。

对于宇文虚中的极具价值的建议，王黼不但不予采纳，反而大发脾气，贬虚中的官，以逞其淫威。而其后所有的措施，又多乖谬，所以他们所谓的收复燕云，不过收复七座空城而已。

假设当时宋朝与金人不能海道相通，不派出使节与之联络，而是等金人自己来找宋朝联络，或者静观辽金相争，而乘其弊，从中操纵控制，则宋不但无通金之患，还将兼收助辽之实。即便金人能得逞于辽，也不敢轻视宋朝。然而宋人谋略不善，一听马植之说，就轻率地派出使节，名义上是与金人联络，实际是另有所求，金人看破宋的目的，当然也就不把宋人放在眼里。

接着童贯出兵，竟然被金人视为不堪一击的辽军打得大败，结果就使金人更加瞧宋人不起。从此以后，金人就有南下灭宋的企图。这不能不说是宋人开启了金人敢于南侵的大门。其后辽之张觉叛降，宋人当作宝贝接受，这就使得金人在轻视宋朝之后，又找到了谴责宋人的借口。所以，金人用来南侵的理由就有三个，一是纳叛，二是割地，三是加币。由此看来，宋朝之祸岂非咎由自取！

当初，宋人昧于一时之利，既失信于金，又接纳了叛将张觉。等到金人施加威胁，宋人又怕得赶快斩张觉之首而送给金人。这种做法，就使得辽的其他降军将士，如郭药师的常胜军，人人自危，这就埋下了他们后来对宋朝不忠，而反为金人所用的祸根。

又当宋军再次被辽军击败之时，宋人不思依靠中原将领加强边境防备，却对郭药师抱有幻想，欲以此人为指挥北部边境部队的主将。而郭药师在了解到宋朝内部的黑暗与愚昧之后，就靠倒卖宋朝的精良武器，来向朝廷的权贵进行贿赂。而王黼之流，在收受了贿赂之后，对郭药师的请求，无不应允，并且在宋徽宗面前，大肆吹捧郭药师，最终使他成了主宰燕山边防部队的主帅。

在宋朝的纵容下，郭药师大肆扩充自己的部队，一时号称三十万之众，且朝廷的精甲良械尽归他所有。在朝臣议论郭药师一直不改契丹服装之后，宋徽宗对他产生怀疑于是召他进京，竟然不来，可见他根本不把宋朝廷放在眼里。

此后童贯用马扩之谋，准备集中军队于燕山、中山、雄州等地，以对郭药师形成牵制之势时，童贯却因郭药师的一声称父，而惊喜不已，以为此人可靠。而何灌建议削弱郭药师军势，童贯也就听不进去了，竟然让郭药师将全部番汉部队控制在手。

尤其荒唐的，是朝廷竟然从此以后不对郭药师采取防范措施。可知童贯在轻信了郭药师之后，已经在朝廷里将他美化成难得的统兵良将了。就是如此昏庸的大臣，掌管着宋朝的国家大计，对于怀有狼子野心之人，不仅不能看破他的阴谋诡计，反而被他牵着鼻子走，成为敌人的帮手，终于使宋朝本来就很虚弱的北部边防，成为徒有其名、自欺欺人的一张纸墙。

最后在金人突然袭击面前，朝廷所信任的郭药师部毫不犹豫地倒向金兵的怀抱，使宋朝的整个北部，成为不设防区域，所以郭药师能够率二千骑兵，为金兵长驱直入，如入无人之境，直逼汴京城下。

军国如此大事，国家存亡所系，决策权竟掌握在童贯、王黼这样的昏臣手中，兵权掌握在郭药师这样的阴谋家手中，宋朝想不亡国，岂非妄想。宇文虚中所谓"庙谟失策，主帅非人"，实为明敏的预见。宋朝并非无人，只可惜昏君庸臣不能识别，更不会重用他们。

当童贯指挥的宋军一再为辽兵所击败之后，已自知力不敌金，于是遇事即欲投机取巧，从无根本之谋。既急谋与金夹攻辽，转眼又罢，既纳张觉，转眼又斩其首而献给金人，既向金人提出要收回滦、平、营三州，未得同意之后，又使燕山也不保，且将燕山的税租也都让给金人，对金既谋委曲求全，转眼又想联络辽人势力以攻金。总之，都是反复无常，表现了其决策的投机性。

当金兵已大举南下，京城被围之时，童贯仍然是这种态度，一会要迁都以避金兵，一会则要坚守待援，一会主守，一会又求和。如金将到汴京，始谋避敌，因李纲献言，又取坚守之计。既谋坚守待援，却又因李邦彦之言，而向金人卑辞求和。

等种师道之军赶到，以因师道之言，而不与金人谋和。师道正请求坚守以困敌，却以因姚平仲一言，而派兵偷袭金营。既用李纲、种师道之言准备守备边境，朝廷之议略定，不久又因吴敏、耿南仲之说，以为三镇可割让给金人，又找金人议和。

朝廷策划大计，如此颠三倒四，始终议论纷纷，莫衷一是，决策乍战乍和，用人乍贤乍否。一般而言，情况稍有紧急，就恐慌而无谋，形势稍有缓和，就用苟且偷安之谋。就连金人也对此感到厌烦，对宋朝的使者说："等你家商议有了结果，我已渡过黄河了。"

尤其狂妄者，在汴京垂危之时，竟乞怜于妄人胡诌乱云的六甲术数，由此足见宋朝君臣昏庸到了何种地步，以此谋事，怎能不败？

◇党争之害

宋朝君臣所以到了如此昏庸无能的地步，不能不追溯到其前的党争。

　　宋代的党争，起于政治上的变革，而变革的起源又是迫于外患的日益严重。当初赵匡胤削夺藩镇兵权之时，以文臣代武将，太宗赵匡义上台，沿用此种政策，但比太祖更甚。于是宋代士大夫的地位得到极大的提高，他们这批人，在政治上形成士大夫政治，在社会上则成为社会的中坚。当初重文轻武的政策，导致文人之间论政的争论，此种论政之争，积久而成派系，朋党对峙。开始还是政治改革与保守之争，后来则变成相互拉帮结派，倾轧排挤，打击迫害，循环报复。士大夫都不以国家利益为重，而只关心个人或小集团的利益，一事当头，国家与民族的利益被置脑后，而只担心自己的荣华地位，以此种心态决策，怎能制定良谋妙策，所以在先不断败于辽人之兵，在后则彻底亡于金人之手。

　　宋代的党争，起于王安石变法之前，到王安石变法时，达到空前激烈程度。

　　王安石做宰相仅五年，因司马光所领导的保守党人（史称元祐党人）的激烈攻击而宣告被罢相。所以王安石费尽心力排除万难所建立的新政，前后仅能维持十几年时间，终被保守党人所推翻。而元祐党人执政亦仅九年，又被革新党（史称熙丰党人）打倒。熙丰党人之政，行之八年，徽宗即位，欲行两党政治，而其政务实际控制在新党之手，由蔡京执政。

　　蔡京当国，承平数年，国库稍丰，就使得徽宗骄奢淫逸，崇道教，铸九鼎，立道观，遍布天下，大兴工役，使得民众苦不聊生。徽宗喜好花石珍异之物，就在苏州设立应奉局，由朱勔主持其事，于是江淮载运花石珍异，舳舻相继，号称"花石纲"。东南士民之家，一木一石稍可玩赏，应奉局就率领士兵直入其家，用黄布覆蒙其上，当作皇帝御用物，稍有违抗或损坏，就被逮捕入罪。

　　为了运输花石纲，竟动用大船巨舰，用千人牵挽，凡有阻挡，不论民家房屋，桥梁道路，一律拆毁凿断，数月才能到达京师。一花之费数千贯，一石之费数万缗。因此国库空虚，民生疾苦，于是引发宋江、方腊起义。

　　可见由党争引起的政治混乱和皇帝骄奢淫逸，而致使民不聊生，再以如此千疮百孔的弱国，启衅于辽金，真是自找苦吃。当金兵围困都城之时，还爆发了太学生的事变，这其实也是党争的最后形式。

◇私心过重

宋朝君臣谋划国策时，最大一个问题在于莫不私心自用。太祖赵匡胤篡周，因为私心自用，太宗赵光义杀弟诛侄，更是私心自用的极致。国君的作为都是如此，所以后来党争发展的结果，就流于暴力斗争，党与党争，党内也争，此种风气，可以说都由太祖太宗导其先路。不仅文人士大夫以党争著称于世，影响所及，连武将也都有此种习气。

如李纲以忠义见称，但当钦宗命他荐举人才时，他却因为嫉妒白时中、李邦彦，欲其出事而自快，竟然出于这种目的举荐此二人。

其后耿南仲也因为嫉妒李纲，而在国家危难之时，也不忘排挤他。姚平仲在钦宗问及如何与金兵作战时，不是考虑国家利益，而是想到如按种师道的意见办，头功就被他抢去，由此而另说一套，只想如何让种师道不得成功而后快。

而李纲向钦宗要求当全军的统帅不成之后，本来作战的方案与种师道相同，却在姚平仲提出新的方案后，在钦宗面前又赞同之，而使种师道之计不得实施，这也反映了他在得不到统帅之职后，对种师道的私心嫉恨。

在国家面临千钧一发即将灭亡之际，文臣武将还在暗斗心机，争权夺利，国家又怎能不亡？

相对而言，武将种师道在如何用兵打仗方面，要高出诸人一筹，如果钦宗让他主持当时的军事部署，北宋还不至于如此快就灭亡。

种师道曾向钦宗建议，在汴京无险可守的情况下，最好西迁首都到陕西的长安，据山河之险与金兵对抗。这在当时确是上策，可朝廷大臣们却认为这是懦怯之策，而罢免了他的两河宣抚使之职，使之不能带兵打仗，报效国家。导致种师道忧愤而卒。

假使当时钦宗与大臣能听从种师道之计，迁都长安，依靠山河之险作抗金的总基地，而留下李纲、宗泽等等人才固守汴京，并让他们全权指挥河北中山等处军队以抗金，然后徐图收复太原之举，则中国形势可以转危为安，弱而复强。

可惜钦宗根本不懂得种师道之谋的高明，朝廷大臣更不能虚心研究其中的奥妙，只知排除异己，谋求私利，所以在汴京破亡，钦宗被俘之时，后悔莫及地哀叹："不用师道之言，以至于此。"

◇ 金人的强项

与宋朝相对，金人所以能迅速灭辽灭宋，最大的优势在于它的兵强将勇，尤其是其骑兵的锐不可当，以此骑兵冲击弱不堪战的宋军，所以能攻无不克，战无不胜，长驱直入，势如破竹。再加上宋人谋略的如此糟糕，金人的胜利就是轻而易举的了。尽管如此，也不是说他们在战略指导上就绝对正确或高明。

金之大军，以燕山、云中两地为其作战基地，兵分两路自河北山西南下，以汴京为作战的总目标。就其战略构想而言，无可非议。但就其指挥运用上言，则有很大的错误。如其两路大军的总指挥官斜也，不是随军前进，而是远在金的京城，这样的指挥，怎能灵活机动？所以其两路大军两次南下，都是以独立作战的方式，各自为战，并无统一的指挥。如第一次南下时，西路的宗翰之军，被宋将张孝纯阻挡在太原地区，不能与宗望指挥的大军会师于汴京城下，而东路的宗望之军，则用郭药师之计，越过雄州、中山、真定，不顾后方的安全，直扑汴京。

这是非常冒险的行动，种师道已知之，并曾向钦宗建议制敌之策，可惜钦宗不用，所以宗望之军能得利而还。但仍不免孤军深入之嫌，不敢等宋朝答应的金币全部缴纳，就仓促北还，这是因为他已遇到宋军坚壁清野后没有粮草供应的困难，且河北的雄州等地的宋军，也将与汴京的宋军对他形成南北夹击之势。所以在第二次南下时，东路军先取井陉，西路军先取平定，两军取得联络之后，才约期同下汴京，始得会师而灭北宋。

金兵初期的作战目标，仅是想取得燕山前后的地域而已，等到他们分兵两路大举南下之时，也只想夺取宋朝北部边境的三个国防重镇而已。

但在实际作战过程中看到了宋朝软弱无能之后，他们才进而要求以黄河为界，尽取宋朝河北河东之地。可知金人最初并无灭亡宋朝的计划，只是在情况发生变化之后，才因势而进，获得了意想不到的战果。

等到他们攻破汴京，才下决心灭宋，而谋扶持傀儡政权，统治中国，作为他们的附庸之国。

总而言之，金人的战略之中，本有严重错误，没有被宋人利用，而是宋人一而再，再而三地因自己的昏庸无能，才给金人提供了良机，使之逐步扩大入侵的计划，并轻而易举得到了成功。

所以宋人的失败，不能怪敌人的强大，只能怪自己在谋略方面的无能与短见。这一历史教训，确实值得后人认真吸取。

宋人的总结

靖康之败，是宋人的奇耻大辱，事后不久，就有人对靖康守城之战做了仔细的总结。由此我们也可了解到当时宋金双方在作战上的得失。

◇可贵的总结

这份总结保存在陈规著的《守城录》中。陈规，字元则，密州安丘（今山东安丘）人。陈规北宋时中进士。靖康末年，金兵入侵，陈规当时是安陆（今湖北安陆）县令，属德安府。当时德安府太守弃城逃跑，老百姓拥戴陈规担任太守，他就率民众守城，多次击退乱兵的攻掠。后被南宋朝廷任命为德安府知府，很会用兵，保住德安城不失。于是朝廷将他升职为德安府、复州、汉阳军镇抚使，又升为池州知府、沿江安抚使、庐州知府等。

南宋绍兴十年（1140），陈规任顺昌（今安徽阜阳）知府，与南宋大将刘锜合力守住顺昌，击退金朝大将完颜宗弼（兀术）数十万大军的猛烈攻城，守城不失。此即南宋时期著名的顺昌之战。

战后，陈规把德安守城的经过与经验写成《德安守城录》，宋孝宗乾道八年（1172）发布诏令刻印《德安守城录》，颁行天下，作为其他将领守城作战的借鉴。

陈规的《守城录》中，有一篇《靖康朝野佥言》，详载靖康年金人攻打汴京的始末，陈规后来在顺昌城看到这篇《佥言》，根据其中的记述，逐条加以批注，写成一篇《后序》，痛恨当时大臣将帅的捍御失策，根据自己守城的经验，详细列出对付金人攻城的应变之术。以下根据这篇《后序》，来看陈规在守城方面的总结。

靖康元年（1126），陈规任德安府安陆县令。次年春，听说京城已为金人攻破。陈规想到：都城之大，壕堑深阔，城壁高厚，实为龙渊虎垒，况有禁旅卫士百万，虽然金人乘我厄运，一时强盛，又怎能马上攻破？当时还不知汴京城是怎样被攻破的。又恨自己当时不得在汴京城中，与守御之士，共效绵薄之力。

到南宋高宗绍兴九年（1139）任顺昌知府，汝阴县令告诉他："曾经收到一部《东斋杂录》，其中有一篇《靖康朝野佥言》，详载金人攻城始末。"陈规马上仔细阅读这部书，对宋人守不住汴京城，感到痛心疾首，不觉涕零。他感叹说：

国家的治乱强弱，虽然说有一定的天数，但最终还是由人的努力不够所造成的。靖康京城之难，如果不是宋人办事不当，老天爷也不会造成这场灾难。

陈规认为，通过总结金人攻陷京城的过程，找出宋朝大臣与将吏官帅在应敌捍御上的失误，可以作为前车之覆，后车之鉴，让后人遇到类似情况时，从中吸取教训。

陈规在后序中详细分析了北宋边防重镇太原失守的恶劣影响，以及汴京守城的不当，以此为例，说明了如何进行城市守卫战，从基本原则到具体的城防作战的战术策略，守城时的各种战具的配置、使用方法，以及作战前的备战措施等，都一一加以分析。因而是一篇非常重要的宋金作战总结，值得我们今天重视。

◇太原失守的影响

金兵在进攻中原之前，先行攻击北方边塞重镇太原。当时朝廷中本来准备增援太原，但大臣们认为中原势弱，敌势方强，用兵无益，不如割让太原、中山、河间三镇送给金人，作为贿赂，让他们停止进兵。

这样的方案，绝对是错误的。陈规认为：这些人根本不懂双方力量的强弱在于人为，我方战胜敌方则强，不能胜敌则弱。若不用兵，靠什么办法能让中国的力量强壮起来而遏制住敌人的强大呢？努力作战之后也许会有强有弱的不同结果，但不派兵作战则永远都会衰弱。强者会变成弱者，弱者又会变成强者，强弱之势，自古无定，只在用兵之人采取了什么样的态度和什么样的谋略。

最后朝廷还是增兵救援太原，兵力在数量上也不算少。让河东宣抚使种师道统兵十七万增援太原，又招河东义勇、禁兵五万人，兵力多达二十二万，可是仍然战败，致使太原落到金人手中。这不是兵力不多，而是用兵上的失误。

所谓的失误是什么呢？二十二万大军直行而前，有没有得力的先锋部队与敌人作战呢？一次作战不胜就后退，接着就是整个大军都后退，这样作战怎能不败，又怎能救援太原？

让有识者从旁观察，会看得非常清楚，知道宋军必然会失败，不能救援太原。从用兵上说，金人的攻城部队，必然要分成多种，有攻城兵，有备战兵，有运粮兵，有阻援兵。如果兵力数量不够，攻城不久必定会自己撤退，也等不到救援。

如果当时援军的将领有出色的才能，有适当的用兵之谋，就是没有二十二万兵力，只要十万甚至五万都能起到增援的作用。就以五万计算，如果分为五十支部队，留下十支护卫大将，兼顾策应内外，派三两支部队将攻击敌人的阻援部队，再广张兵势，牵制住敌人其他兵力。再用二十支部队分地深入敌境，绵亘分布三五十里，由此分散敌人的兵力。再派二十支部队通过偏僻小路，寻求乡导，多派探子，向前设伏，打击敌人外出找粮的兵力，只要断绝敌方的粮道，不必直抵太原城下，攻城的金兵也会自行撤退。这样分兵使用，一支数支部队失利，也不会影响到整个大军崩溃。所以，最后造成汴京失守的灾难，其根源就在于增援太原作战的失利。

从另一个方面看，当时金人的另一将领完颜宗翰进攻寿阳（今山西寿阳），寿阳城很小，但城内的百姓拼死守城。完颜宗翰一共攻了三次，却被杀伤万余人，结果却不能攻下这座小小的寿阳城。这说明城内一定有善于守城的人，设计了最佳的守城策略，这并不是仅仅靠人们的死守就能成功的。

攻城的人有生有死，善于守城的人有生无死。可知寿阳城中的人，是善于守城的人，不能说是靠死守才获得这个战果的。

或许有人会说：城池小而坚固，所以金兵攻不下。陈规认为这一说法也不对。因为如果城池太小，攻城的箭与炮石都可打到城里，这让守城的人难以施展计谋和设置守城器具。陈规认为城越大就越易守，守大城的基本办法就是分段来守，各负其责。如果事先就做好对付敌人登城的准备及备好相关的器具，即使敌人登上城墙，也只能登城即死。敌人进入城内，如果做好准备和器具，就可以引它入城，其入即死。如果守着一座大城，被敌人攻占了几步，守城的人就丧失了信心与作战的斗志，一下子垮掉，那当然是守不住的。只要做好充分的准备，保持着高昂的斗志，就不会被敌人攻克。所以一般说来，城守不住，不是攻城方面多么高明，实际上只不过是守城方面的无能与胆怯。

◇汴京攻守的分析

陈规自己亲自守过城，了解当时宋金双方人员与作战能力的情况，所以他这样说并不是空谈高调，而是有着实际经验的。正是基于这一点，他对宋金围绕着汴京攻守的探讨就非常有实战价值。

太原失守之后不久，到九月，金兵就来到汴京城下了。据说宋人先前在汴京城北的封丘门外安放了数百座大炮。当时的大炮并不是火药武器，只是抛石机。抛石机是古代战争中攻城的重型武器，通过抛射架抛石为弹，用来杀伤敌人或摧毁敌方城寨等。

宋人的炮有数百座，全部放在城外，也不收进城内，结果全部被金人得到。但这也不是金人攻城得胜的原因。如果有善于守城的人，即使再给金人几百门炮也没关系。关键是在宋人有没有好的御炮之术。

另外，宋人的统制官辛康宗看到金兵离城较远，就不准士兵射箭。这当然也有他的道理，但百姓却随意出城攻击金兵，造成自己的混乱，这是平常对百姓的管理不善所造成的恶果。

等到金兵开始攻城，他们首先是用潮湿的木头构成洞屋，再用生牛皮覆盖在上面。所谓的洞屋，其实是一种车子，车上搭有篷子，里面有人，也可运物。这种车子的用途是防备城上的射箭或抛石，然后用单车或多车串联的办法，派人用洞屋车来运土木，填平护城河，也可进到城墙脚下，在城墙上挖洞。这是他们准备攻城的第一步。

对这种车子，守城的人应该用抛石机用石头击碎，再用箭或射程较远的单梢炮击杀敌人的指挥官。

宋代的兵书《武经总要》记载，宋代的抛石机共有十八种，分轻、中、重三类，中型与重型的称为小炮、大炮，如果一炮只有一根抛掷杆，就叫单梢炮，能抛较远的距离，所以又称远炮，抛射距离最远可达二百五十至二百七十步。陈规认为应该用这种炮攻杀距离较远的敌方指挥官。他不知道宋人守汴京城时用没用这种单梢炮。

抛石机中的小炮可以攻击距离较近的敌兵，一门炮用十至十五人，抛射距离有数十步。小炮不能摧毁敌车，但可杀伤敌兵和马匹。而且小炮抛射速度较大炮快，也不一定非要抛石头，抛射泥块也有杀伤力。同时抛出的泥块也不会被敌人重复利用，若是抛出石块，就没有这个优点。

若要摧毁敌人攻城的器械，就要用大炮来抛石。金人攻城用大炮，是想摧坏汴京的城楼。守城的人要摧毁敌人攻城的器械，就应大炮与小炮齐用。即使敌人在城外伐大树制为对楼（一种高度与城墙相仿的攻城楼车）、云梯（有轮的高梯）、火车（用来烧城门和城楼的燃烧车）等来攻城，守城一方也可以用大小抛石抛泥块的武器摧毁敌人这类器械。

但是实际的情况是，金人利用了宋人放弃的炮车，在城外找了许多碑石、磨盘石和各种形状的怪石，密集地向城上抛射，而宋人守城的人却不能利用大小抛石机摧毁敌人的各种器械，结果使守城一方伤亡过多，很快就让形势变得对攻城的金兵有利，而让守城的宋人士气大受影响。

陈规认为，这不是金人在攻城的能力上有多强，而是宋人守城的将领根本没有做好准备，缺少有效的防范措施。如果宋人充分准备，就应让守城的士兵躲在城上女墙之后，敌人抛来的石头，高则飞过女墙，低则落在女墙之外，不会杀伤守城的士兵。如果把女墙加厚，则更加安全。如何加固女墙？陈规也有办法。

他的办法是用大木造成高一丈、长一丈、宽一丈左右的洞子，这种洞子外直里斜，外密里稀。外密之处，用大麻绳横编，与荆竹笆相似，以防备敌人的炮石来摧毁女墙。如果在战斗中这种洞子受到损坏，也可把备用的洞子替换上去，使城上女墙保持完整，使守城士兵得到保护。这就是防御敌人用炮的办法。

金兵曾用云梯、对楼攻东水门，宋人在这里使用了重楼。重楼就是多层的木车，里面配置士兵，用来对付敌人的云梯、对楼。对楼是攻城用的多层木车。这固然是好方法，但重楼上要配上士兵，则又易被敌人弓箭射伤。所以还不能仅靠重楼来守城。东门的宋军指挥官，在金兵使用对楼、云梯冲来之际，则经常用大木将敌人的对楼、云梯冲倒，使之倒塌，从而造成敌人的伤亡。这也是守城的好办法。但用大木冲击敌方攻城器械时，宋军士兵也不免会有伤亡，所以这也不是十全十美的。

类似这样的内容，在陈规的后序中还有不少，都是当时守城作战的具体经验。按陈规的看法，宋人如果做好了准备，不应该被金兵攻下汴京。只要敢于作战，善于作战，靖康之耻是可以避免的。所以陈规总结说：如果宋人事先做好充分准备，建好重城重壕，然后让敌人派使者进城谈判，敌人看到宋人准备充分，必然会不攻而自退。这就是俗话说的："求人不如求己。"古人也说过"上策莫如自治""事贵制人，不贵制于人"，都把这一道理讲得非常明白了。

陈规还为守城的人提供了一个重要的思路，即必须事先设想好敌人会用哪些手段攻城，对敌人的每一种攻城手段，都应准备好几种对策。不然，就是守城的准备工作没有做到家。所以他引用《孙子兵法》的话说："兵者，国之大事，死生之地，存亡之道，不可不察也。"又有"兵者，诡也"的说法，所谓的诡，不是阴谋诡计，而是变化多端，变化无形，让敌人无从知悉我方的情况。所谓的诡，就是欺骗敌人，让敌人做出错误的判断，如"能而示之不能，用而示之不用，近而示之远，远而示之近""攻其不备，出其不意"等，这都是"兵家之胜，不可先传也"。但是兵家的许多经验，不能不总结，总结得好，就能做到先传。不能事到临头，仓促应战，那样必败无疑。

　　总之，陈规总结宋人守汴京的失策就在于：面对金人的攻城，宋人的守御者一时失计，结果使得汴京失陷。到陈规总结汴京守城战时，时间已经过去了三十多年，可是金人犹不思当时仅是侥幸取胜，还用一种骄气面对南宋王朝。而宋人也没有好好总结其失利的原因，总以一种孱弱的心态面对金人。最可恨的是，当时的宋人只是说："金人攻城，大炮对楼，势岂可当？"朝廷的高官对此论调，则快然而不敢辩，一般人又不敢痛加批驳。所以他要详细分析，为今后宋人防守作战提供有益的经验教训。千言万语一句话，陈规无非是想告诉宋人：敌人并不可怕，可怕的是自己不敢战，不用心作战。所以希望宋人今后要懂得一个道理："守城之人，于敌未至之前，精加思索应变之术，预为之备。"

第七章

CHAPTER7

宋人作战的胜利

宋人靖康之耻，也激起了不少有血性的中国人奋起作战抗金，取得了不少可歌可泣的胜利。在这些作战的胜利之中，也有不少谋略与经验，值得后人总结与传承。

岳飞、韩世忠的胜利及其遗憾

对金作战最有名的是岳飞，位列南宋中兴四将之首。

中兴四将有不同说法。一说指岳飞、韩世忠、吴玠、刘光世。一说指岳飞、张俊、刘光世、韩世忠，又一说以刘锜取代刘光世。无论哪种说法，岳飞都居中兴四将之首，韩世忠也是战功赫赫。吴玠兄弟在四川作战也相当成功，刘锜有胜有败，但从作战的实际效果来看，还要把孟珙和虞允文列为南宋名将，他们都曾取得胜利，而且影响也不小。这里只把刘锜的情况简单说明一下。刘锜在顺昌大捷中一战成名，他率三万宋军，先后两次大败金兀术的十万军队，大破金人的"铁浮图"和"拐子马"，他的胜利使百姓免遭金兵浩劫，功劳不小。

◇岳家军的威名

岳飞在北宋末年就开始投军，之后在十多年的时间里，从高宗建炎二年（1128）到高宗绍兴十一年（1141），率岳家军与金军作战数百次，所向披靡。在岳家军的打击下，金兵统帅完颜兀术已丧失信心，准备撤军后退。传说此时一个书生拉住他的马，告诉他岳飞不可能这样一直作战下去，让兀术不要退兵。岳飞后来果然被宋朝廷严令召回，未能完成收复失地的壮志，后更被诬陷以莫须有的罪名而被杀害。

岳飞作战最成功的是绍兴十年（1140）的挺进中原之战。

此年五月，完颜兀术废除对宋和议，亲率大军作为中路，又以山东聂儿孛堇和河南李成为左右两路，取道汴京向两淮进军，另派右副元帅完颜撒离喝率西路军，从同州（今陕西大荔）攻陕西。五月下旬，金军兵临顺昌（今安徽阜阳），顺昌告急。宋高宗命岳飞救援。

此时岳家军在鄂州已经整训三年，岳飞派张宪、姚政率军东援顺昌。还没有赶到，刘锜已大败金军。六月下旬，西线金军受阻，东线顺昌解围，高宗命岳飞"不可轻动，宜且班师"。此时岳飞已至德安（今湖北安陆），他向高宗派来的大臣李若虚提出恢复中原的战略，李若虚不顾矫诏之罪，支持岳飞向中原进军。

六月、闰六月间，岳家军在蔡州、鲁山、淮宁、颖昌、陈州、郑州、河南府（今洛阳）等地接连取胜。在此期间，韩世忠、张俊等部也收复了一些失地，但朝廷却将张俊、刘锜等部撤离战区，岳飞要求各部增援，朝廷也未答应。

此时岳家军驻扎在郾城，金兀术出动骑兵一万五千人进行突袭，企图消灭岳家军的主力。七月初八，金兵在郾城北与岳家军对阵，兀术用"铁浮图"为主力，从正面进攻，左右两翼则为"拐子马"。

"铁浮图"又称铁浮屠，浮屠是佛教的语言，指铁塔，形象地描绘了重装骑兵，即人马都披着重型铁甲，对敌阵发起冲击。因为重甲在当时十分昂贵，不可能大规模装备军队，而披着重铁甲的士兵与马匹，则要求体力超强，因此这种重装骑兵的冲击力特别强，是金人的最精锐部队。"拐子马"是指金军主力的两翼骑兵，属于轻型骑兵，布置在两翼，具有高度的机动性，用来对敌军进行迂回包抄式的突击。

郾城之战时，金兵以两翼拐子马反复进攻，岳飞则用背嵬军和游奕马军迎战。背嵬军是岳飞训练的精锐骑兵，当时南方不产良马，后来利用从敌人手中俘获的战马一万五千匹组成了这支骑兵部队。游奕军和踏白军都是骑兵，与背嵬军同为岳飞手中最善战的骑兵。

岳飞的背嵬军分为步兵与骑兵，步兵由岳云率领，骑兵由王刚率领。骑兵背嵬装备有长刀、短刀，约十支短弩、二十支硬弓，人马披铁片革甲。其作战战术也多有变化，常分成多个独立战斗小组，相互紧密配合。作战时，往往在距敌一百余步时由七八人放箭，七八人用短弩射马，然后长刀对劈，迅速冲锋，集结，再冲锋，形成震破敌胆的冲击力。

此次作战，岳家军的步兵用麻扎刀、大斧等，上砍敌军，下砍马腿，使拐子马失去威力，再以极少的精锐骑兵猛冲敌阵，鏖战数十回合，方决胜负。

七月初十，金兵再犯郾城，岳飞在城北五里店再次大败金军。兀术不甘心失败，七月十四日，又集结了三万骑兵及十万步兵攻击颍昌，岳飞派其子岳云率背嵬军八百人挺前决战，再破兀术的精骑，之后岳飞的五百背嵬铁骑又在开封附近的朱仙镇，击败金兵。

这次作战的胜利，是岳家军用骑兵战胜骑兵，这是处于南方的宋军少有的骑兵取胜战例，使金兀术最精锐的铁浮图与拐子马基本丧失战斗力，所以兀术战后叹道："以前作战，都是靠这铁浮图和拐子马取胜，现在都完了！"兀术只好撤军，准备渡黄河回到北方。

◇意想不到的转折

正在此时，突然有一个北宋时的太学生要求进见，对兀术说："太子毋走！京城可守也！岳少保且退矣！"

兀术问："岳少保以五百骑破吾精兵十万，京师中外日夜望其来，何谓可守？"

太学生说："不然，自古未有权臣在内，而大将能立功于外者！以愚观之，岳少保祸且不免，况欲成功乎？"

看来这个太学生深知南宋王朝的弊端所在，权臣如秦桧这等人在朝中，岳飞这种能征善战的军人，是进是退，是战是和，最终还是要听从朝廷内的权臣们的指挥。兀术闻言才决定暂不渡河北回。

岳家军孤军奋战之时，秦桧等人以朝廷的名义下令，命张俊从亳州退到寿春，命韩世忠守在淮东，不得继续前进，又将驻屯顺昌的刘锜调到江南。岳飞的部队一时间处于孤军无援的境地。然后秦桧串通张俊等人，唆使谏官向高宗上疏："兵微将少，民困国乏，岳某若深入，岂不危也？愿陛下降诏，且令班师。"

七月十八日，朝廷班师的诏书传来，岳飞上书要求继续作战，并进军到朱仙镇。结果岳飞在一天之内接连收到十二道用金字牌递发的班师诏，命大军即刻班师，岳飞本人去临安朝见皇帝。

岳飞撤军之后，金兵回来，又占领了宋军收复的地区。

在战役层面，宋军虽然取得了胜利，但在战略上却遭到了失败。但就岳飞而言，他的作战是成功的。可惜的是，他的成功不能扭转大局，只能极其遗憾地结束这次作战。

◈ 韩世忠黄天荡之战

韩世忠屡立战功，其中最典型的战例是高宗建炎三年（1129）的长江黄天荡之战。

当年金兵南下，突破长江天险，陆续攻陷了南宋的首都建康（今南京）等要地。当时从建康逃跑到杭州的宋高宗已计划逃到海上，韩世忠请战，高宗只好任命他为浙西制置使，防守镇江。此时的镇江已在金兵的身后，韩世忠率八千人急赴镇江，利用金兵从江南撤退的机会，在松江、江湾、海口一带布兵埋伏，准备随时出击。

这时，兀术竟向韩世忠下了战书，约期会战。韩世忠利用水军的特长，约定日期，在长江中会战。金兵不习水战，韩世忠封锁长江，几次交战均大败金兵。兀术不敢再战，率军退入黄天荡，企图由此过江北逃。

黄天荡是江中的一条断港，早已废置不用，进得去，出不来，兀术不熟悉地形，误入此处。韩世忠封锁住出口，兀术被困，只好派人与韩世忠讲和。但不管兀术提出什么条件，韩世忠全不答应。兀术于是重金悬赏求计，终于靠一个当地人找到了黄天荡内的老鹳河，这条河原可直通建康的秦淮河，只是因年久不用而淤塞。兀术于是派人挖通此路，准备逃出。但在出逃途中，又被驻守建康的岳飞部队击退，兀术只好退回黄天荡。

此时又有汉奸向金兵献策，让他们用火箭射向船帆，烧毁宋军战船。兀术依计而行，宋军大败，金兵乘机冲出黄天荡，逃过长江，撤到黄河以北。

这一战，韩世忠八千军队，围困兀术十万人马，作战四十八天，取得大胜。

后来元人编纂《宋史》，对宋代历史发表了评论：

> 古人有言："天下安，注意相。天下危，注意将。"宋人在徽宗靖康和高宗建炎之际，正是天下安危转折的重要关头。勇略忠义的韩世忠作为宋朝的大将，正是上天帮助了宋王朝。在金兀术渡江时，宋王朝只有韩世忠与之对阵。后来金人扶立伪齐刘豫被废，中原人心向宋，韩世忠请及时进兵。高宗却只听奸臣秦桧的意见，使韩世忠不能充分展示他的军事才能，宋王朝在这种情况下竟还与金人达成和议。这样一来，宋王朝就再也没有机会收复失地，振兴大宋的威风了。韩世忠晚年退居行都，口不言兵，连自己的手下旧将，也是一概不见，这是岳飞被迫害致死的后遗症。

可见，宋王朝不是没有军事人才，只是朝廷不能充分相信他们，给他们施展军事才能的机会而已。这与赵匡胤那种放开天空让鸟飞，敞开深渊任鱼跃的气概差了何止十万八千里！

虞允文的采石矶之胜

宋人与金人的作战，在岳飞、韩世忠这批战将去世之后，宋朝方面仍然出现了不少善于作战的人才。如文官虞允文指挥采石矶之战，就显示了其超乎常人的军事谋略能力与指挥作战的水平。

◆战前态势

在宋高宗绍兴三十一年（1161），金人的新皇帝完颜亮上台后再次发兵南下攻打宋朝。

完颜亮是金太祖完颜阿骨打的庶长孙，金代第四位皇帝。完颜亮是靠杀掉金熙宗而登上帝位的，是一个极为残暴的君主。在他之前，金熙宗在位，熙宗是阿骨打的嫡孙，完颜亮认为自己是金太祖的长子完颜宗干的儿子，也是太祖的孙子，所以也想当皇帝。

金熙宗喜欢乱发脾气而杀人，最后把自己的亲兄弟都杀光了，完颜亮利用大臣对熙宗的畏惧与仇恨心理，发动了宫廷政变，杀死熙宗，自己称帝。他登基后，为了防止其他宗室子孙夺取帝位，同样大开杀戒，先后杀死数百人，甚至把自己的嫡母也杀死了。这让他在金朝上层很不得人心。之后他又迁都燕京，得罪了金朝的贵族。这都让他的政治基础大为不稳。此外，他又极度荒淫。

在权力根基非常不稳固的情况下，他又出兵攻宋。宋高宗绍兴三十一年（1161）十月，金兵分成四路南下。一路从海上向临安进军，一路从蔡州

（今河南汝南）进攻荆州（今湖北江陵），一路从凤翔进攻大散关（今陕西宝鸡西南），最主要的一路，由完颜亮亲率，进军寿春（今安徽凤台）。

面对金兵的全面进攻，宋人抵抗不住，退守江南。此时，完颜亮的从弟完颜雍，在东京（今辽宁辽阳）称帝，金军人心动摇，加上水军又被宋军击败，金人已无斗志。

但完颜亮不肯无功而返，决定先取南宋，再北上平定内乱。于是自和州渡江攻宋，宋将虞允文大败金朝水师于采石矶，战船全被宋军烧毁。完颜亮被迫移驻瓜州渡，仍无退意，对军中下令："渡江不得，将随军大臣尽行处斩。"结果激起了兵变，完颜亮被杀，金军北撤。

这次战役，宋胜金败，主要原因是金人发生内乱，但宋臣虞允文的表现也可圈可点。

虞允文并不是武将，他在绍兴二十三年（1153）中进士，先任通判彭州、权知黎州、渠州，当完颜亮率金军进逼长江时，他为中书舍人，督视江淮军马府参谋军事，既不是统军的将帅，又不是主管政事的大臣。当时，两淮前线的宋军全部溃败，金军如入无人之境，完颜亮计划从采石渡过长江。

这时，虞允文受朝廷之命，到前线慰问守军。在他到达采石时，此地守军的新任主帅李显忠还没有赶到，王权的部队不战而退，宋兵全无士气，根本不敢应战。

虞允文当机立断，首先稳定了军心，激发起将士们敢于作战的信心，再把沿江各处乱军迅速集合加以部署，凭借长江天险，利用宋军在水军方面的优势，在采石矶阻止了金军，取得了著名的采石矶大捷。

◇战役的详细记载

虞允文在这次战役中的表现，被他的属下蹇驹记载下来，写成了著名的《采石瓜洲毙亮记》。此书完整保存了下来，使今天的我们可以了解到虞允文在这场战役中是如何面对危急形势，以文臣的身份指挥宋军打了胜仗的。

宋高宗绍兴三十一年（1161）的九月、十月时，金兵开始向宋攻击，当时宋军将领刘锜、王权在江北淮河一带率军负责抵抗。但刘锜、王权都无斗志，刘锜有病回到江南，王权则根本不作战，只顾逃跑，渡过长江，逃到江南。金兵追到长江北岸的瓜洲（在今江苏扬州），直逼建康。当时朝廷派大臣叶义问到前线督视，虞允文作为参赞同行，他去看望刘锜，有如下一段对话：

虞允文问："今日事势如此，相公何以为教？"

刘锜谩言曰："兵是凶器，战是危事，圣人不得已才用兵作战。"

虞允文曰："今金人席卷两淮，俯瞰长江，大宋有腹心之忧。今日用兵作战，难道就是一个'不得已'吗？"

刘锜曰："锜直是不爱作他官职，等我向朝廷报告，将制置使、招讨使的两个官印交上去就是了。"

虞允文笑曰："相公不爱作他官职，大是高节。但今国事如此，自从王权不战而退，朝廷恟惧，皇上与京城将有蒙尘之忧，相公欲携此印何处交纳？"

刘锜无话可说。

由此可知，刘锜在大兵压境的情况下完全没有作战的斗志，皇上都要被金兵俘虏了，你向谁交还官印啊？当时宋军将领就是这样的状态，怎能抵抗金兵？虞允文也清楚地知道，靠这些军官似乎希望不大，或许这种情况就激发了他的舍我其谁的壮志。

十一月初一，金兵已到达长江北岸的采石矶。初六，朝廷命虞允文招李显忠部到采石，让他统率王权的部队。初七，虞允文前往采石，王权部队的败兵络绎于道。虞允文听他们说："昨天王权只让敲撤退的锣，不敲进攻的鼓，可知他只是想逃跑！现在王权把大事都搞坏了，弃了马只管逃跑，我们只能走回来，虽想作战也无处所施。"他们都在路旁哭泣。王权作为宋军将领也只知道逃跑，哪里敢与金兵作战？士兵们也都为这样的将军们感到悲伤。

初八，虞允文连夜赶路，走到离采石还有十五里的地方，就已能听到江北的金兵鼓声震天。路上的人都说："金人今日就要过江了。"

跟随虞允文的人相视震恐，都说："事已至此，舍人欲何之？"舍人是虞允文的官职，随从们于是问："在这种情况下，你还要赶到哪里去？"表示他们都不想再向前走了。

虞允文对他们说："吾此行系朝廷安危，不管事情成不成功，都当以死报答君父！"于是鞭马疾行。午后赶到采石矶，马上到江边观察，看到长江北岸的金兵营寨连绵数十里，金兵又在江边筑起高台，上面有黄色及绣花旗各两面，中间张开一个黄盖，金主完颜亮就坐在盖下的胡床上，身穿盔甲，手执红旗指挥部队，又用金盏与将领们饮酒。

经过了解，原来在前一天，完颜亮就已举行了祭天仪式，与将领们歃血为盟，决意这一日渡江，金军准备周全意志坚定，而宋军却是四处奔逃，一片慌乱。

虞允文急忙派人招来几个军官加以慰问，接着就询问王权为什么战败，军官们都说："王权傲慢，不体恤士卒，不是金人善胜，而是王权望敌就逃，根本没有布阵作战。"

虞允文问他们："你们现在可一战乎？"

众人都觉得好笑，指着北岸，说："那边如此强势，怎么抵挡？"

虞允文于是开导他们："敌人万一过江，席卷江南，就不再有措足之地，你们就算要逃，又能逃到哪里？现在我们控制大江，地利在我，不如拼死一战，还能死中求活。且朝廷养了你们三十年，最后竟然不能拼死一战来报答国家吗？"

众人都说："不是不想作战，可是没有人带领我们，又该怎么办？"

虞允文看出他们可以打动，就告诉他们："你们只是因为王权不能积极指挥作战才走到这一步，现在朝廷已经另外派出将领来统率这里的部队了。"

众人惊愕，问："派了什么人？"

虞允文告诉他们："我也是朝廷派来的官员，朝廷派我来招池州的李显忠，把这里的军队交给他统率。李显忠怎么样？"

众人都说："如果用李显忠，就算找对人了。"

虞允文说："我本来是要督视李显忠统率这里的军队，王权既已逃走，李显忠未到，正好敌人今天就要准备渡江，当与诸公戮力一战。朝廷发来的金银全都在此，并且发下了任命官职的诰书，节度使、承宣使以下的官职任命书，我都带来了，看谁作战有功，立即就填写任命书，对战功的奖赏不会逾时。"

众人都说："如此安排，当为国家效命。"

诸位军官于是出去向士兵们宣告旨意，很快就集合了军队，大家都说："有官员指挥安排，就好作战厮杀。"

不久，其他将领如张振、王琪、戴皋、时俊、盛新等人也都来到，虞允文立即指挥部署马步军列阵，把战船分为五支，两支沿长江两岸巡行，一支在长江中流，载着精甲以待战，另两支隐藏在小港中以备不测。部署刚刚完毕，北岸的金兵麾众渡江，呼声动地。一会儿，金兵有七条船停在长江南岸，登陆后进行步战，宋军稍微后退。

虞允文当时跨马在阵间往来督战，看到统制官时俊，抚其背说："你一向以作战勇猛闻名，平生那样果决，今天反而胆怯了吗？"

时俊回头说："舍人在此看着。"当即挟着两把刀冲入敌阵荡击，宋军与敌麾战，金兵抵挡不住。虞允文马上又指挥战船齐头并进，截断敌人的退路，登岸的金兵只有扔下武器向宋军投降。

金兵本来的意图是仗着人多，想直接渡江，所以用的多是小船，士卒满载于船中，船上的空间就非常狭窄，虽然带着武器，也无法施展。而宋军都是大船，船上都有樯壁楼橹，非常雄壮，再加上士卒用命，遇到敌船就冲撞劈砍，所向之处，金兵的舟船全都沉没。战到黄昏，敌犹未退。

正好这时，从光州溃散而来的宋军三百余人及时赶到，虞允文让他们带上旗鼓，从山后转出，金人以为宋人的援兵来了，于是撤退。有人提议此时再让战船追击，让金兵退不回去。虞允文认为归师不要遏止，何况敌人是悬师入寇，人数远远超过宋军，如果宋军今天过于厮杀，明天就怕再无兵力作战了。于是让宋军停止追击，只用强弩从后面追射金兵，对敌造成许多杀伤。

✿促成战机转换的部署

此次作战成功，虞允文抚劳将士，又向朝廷报捷。军中诸将看到虞允文身旁的枢府官吏趋走甚恭，于是就问这些官吏："舍人是什么官职？"枢府官吏回答："这是虞中书，皇帝的侍从。"诸将于是都来到虞允文面前下拜说："以前以为舍人只不过是传达朝廷旨意的官员，哪里有文臣骑马在战阵中来往指挥的呢？"

虞允文拉住他们的手说："诸公这是什么话？我们是共安危，死生同之，只是希望打败敌人，以报国家。"

虞允文又趁机对他们说："敌今虽败，但他们的兵力还有很多，明日一定会再来进攻。我们应当先发制人。"于是命令士卒连夜渡过长江，逼近北岸的金兵营寨，又命水军将战船连为阵，又遣统制官盛新率军在杨林河口（今安徽和县东）防备敌人。在此之前，金兵占领和州，就在巢湖中造船，而从杨林河进入长江。虞允文估计金兵必会从杨林河口出奇兵偷袭宋军，所以派遣盛新率军在此防备。

初九，北岸的金兵齐集，虞允文命宋军用强弩发射箭矢，金兵阵脚大乱。接着又派火船烧毁金兵的战船，烟火涨天。完颜亮只得率军从陆地逃走。虞允文又派了五十个探骑过江，方知道金兵果然退到扬州，与瓜州的金兵会合。

对此形势，虞允文请李显忠负责长江江防的几个要点，其他地方的兵力可适当集中，用在瓜州对面的京口一地的防御。李显忠同意这个意见，虞允文于是集中了一万六千人马以及百艘战船赶到京口加强防御。

然后他回到建康，向叶义问汇报情况。其他大臣也都来向虞允文表示祝贺，大家都说："采石之胜，敌已破胆，看来长江防御之事还是要让虞公来负责。"

虞允文笑着回答说："允文本来应当前去，不过我想起了一个民间故事，说的是一个主人从长江里得到一只鳖，想用计杀死它，然后吃掉它。就烧开一锅水，在锅上放一根竹子，与鳖发誓说：'你能顺着竹竿爬过去，就让你活。'鳖知主人想用这办法杀死自己，于是小心翼翼地爬过竹竿。这时主人扣住鳖，说：'你能做到这一点，很不得了，再为我爬一次，我想再看看。'我这次再去长江，难道不是与鳖很像吗？"众人听了大笑。

虞允文又向皇帝上书，提出作战的方案，认为采石一战后，金兵从采石赶到瓜州，其他地方已无金兵，所以宋军应该在瓜州对岸的京口集中兵力，防备敌军由此渡江。而且根据探子的报告，知道金兵在兵力上也不比宋军多，所以在京口完全可以再取一胜，这样金兵就只能退兵了。而此前宋军在江淮地区之所以败退，主要原因是刘锜与王权不敢作战，只知退避，有时甚至一天就后撤数百里，这才让金兵气势大增，而让我方胆战心惊。因此现在只要在京口集中兵力，必能取胜，逼使金兵撤退。

之后，虞允文赶到镇江，看望刘锜，此时刘锜已经病重，虞允文问："疾势如何？"刘锜执虞允文手曰："休问疾如何，朝廷养兵三十年，我辈一技无所施。今日成大功，乃出于一中书舍人，我辈愧尔，当死矣。"刘锜是与岳飞、韩世忠同代的将领，此时已被后辈虞允文取而代之。

虞允文赶到京口，与将领们商议："敌人已俯瞰大江，当每天严加守御，现在舟船还系在岸边，万一开战就不堪驾用，会误事，应命令战士登舟备战。且金兵在采石战败之后，士气已尽，想趁我不备，所以来到这里，今我要反出其不意，向他们显示我军已有充分战备。"

于是让战士登上战船，绕着金山（今江苏镇江西北）上下洄溯如飞，北岸的金兵都从壁垒观看，说："南军的战备，已到这种地步了。"当时完颜亮已到达扬州，听说宋军已有防备，马上来到江边观察，然后召集将领们商议。其中一将认为："南军已经有备，未可轻举。他们的战船迅驶如飞，我们不熟悉水战，恐怕不是对手。而且采石矶的江面比这里狭，这里江面更宽，也不方便我们渡江作战。不如慢慢想办法，不宜急战。"

完颜亮一听大怒，拔剑斥责此人："你好几次都是罪当处死，我没有杀你，你现在还想阻止我用兵吗？怎能饶你？"这个将领哀求了很久，完颜亮说："今天饶了你，你与其他将领明天早上各率一百条战船，约定五天内一定渡过长江，不能渡江再杀你。"各将领退下商议："南军有备，岂宜轻举？轻举就是送死。现在皇上狠心拒绝我们的劝谏，我们有言他也不听从，一定会杀了我们，不如先下手为强。"于是他们决心杀完颜亮。

二十七日夜，金兵将领假冒宋军前来劫寨，直至完颜亮的寝帐，前后都是完颜亮的亲兵，他们质问："你们要到哪里去？"将领们说："我们想进帐做干事。"亲兵就放将领进去，他们于是引弓射帐中，完颜亮被射中后跃起，还想挽弓射箭，然后就问："你们是江南人？"将领回答："是自家人。"完颜亮于是卑辞恳求："你们杀我，今日我的命悬在你们手里，必会杀我，马上得死为幸。我自去年十月至今日，做了不少没道理的事，你们是应该杀我。"将领们一连射了多箭，完颜亮死于非命。第二天，将领们率金兵后退三十里。

十二月初一，虞允文向朝廷报告完颜亮已被杀。这时，金兵虽然后退，仍未退走。

以上是虞允文以文官指挥宋军击退完颜亮渡江的过程，以完颜亮被杀、迫使金兵撤退而使这场危机得以消除。记录此书的作者蹇驹最后说虞允文平时雍容文雅，但面临国家大安危时，乃能愤然以忠义报国，建立了历史上难得一见的大功。蹇驹是虞允文的门下士，又据虞允文幕府中的诸多官员追述的事情经过，于是详细记录成书。可以说，这是最直接的战役经过记录，保存至今，仍可让后人清楚知道当时宋人与金兵作战的各种情况，详细而具体，实为难得的资料。

对于虞允文的这一战功，后来元代人编写《宋史》，也对此做了高度评价，其中说："金人完颜亮南侵，其锋甚锐，宋人朝廷内外都把刘锜当作捍卫国家安全的长城，而刘锜因病不能进军。虞允文作为一名儒臣，奋勇督战，一举挫败金兵，使完颜亮自毙。古时赤壁一战得胜而三国成鼎立之势，东晋淝水一战取胜而南北朝的形势也就确定下来。虞允文指挥的采石一战的胜利，使南宋转危为安，其意义不低于赤壁之战与淝水之战。"到了 20 世纪，毛泽东在读了《资治通鉴》之后又读《续通鉴纪事本末》，对此一役，写下批语："伟哉虞公，千古一人。"可见虞允文的气魄与能力，确实非同一般。

孟珙的战略防御

　　南宋与金形成南北对峙之后，战争基本停止，这个时期，北方的蒙古随之兴起。南宋与蒙古联合灭掉了金，之后蒙古又进一步南下，又向南宋发动进攻。在南宋与蒙古灭金的作战中，出现南宋大将孟珙先与蒙古军联合作战，后来在蒙古南来攻宋的战争中，又成为抵抗的主将。由于宋军兵力有限，而要防御的战线太长，沿着长江，从上游的四川到中游的江汉地区，再到下游的建康一带，都要设下防备以对抗蒙古军。在这样的作战形势下，孟珙前后百战几乎没有败绩，因此受到后来史学家的高度称赞。俄罗斯历史学家沃尔科戈诺夫就将孟珙与二战时期的德军元帅曼施泰因相提并论，称之为13世纪中国最伟大的"机动防御大师"。

◇ 孟珙备战谋略

　　孟珙是抗金军人世家，其祖父最初从家乡山西绛州投奔岳家军，此后随岳家军定居在今湖北随州、枣阳一带。宋与金订下绍兴和议后，南宋的防御体系自西向东，形成了四川、京湖、两淮三大防御区域，孟珙家族就长年戍守在京湖地区。孟珙随其父孟宗政一起根据金兵作战是骑兵连续冲锋的特点，仿效四川宋军的战法，总结出一套新的战法，即每战以长枪居前，保持坐姿，之后依次为最强弓、强弓，采取跪姿，再后面是神臂弓。用长枪与三层弓箭形成对付金人骑兵连续冲锋的阵形。在第一阵之后，又设第二阵，一来可防第一阵败退，二来可起预备队的作用。在第一阵抵挡不住时，可以第二阵顶上去，以挫败敌骑的连续冲击。这种阵形与战法，使金兵以及后来的蒙古军都畏之如虎。

南宋理宗绍定六年（1233）九月，蒙古军进攻金国的蔡州，作战失败，邀请宋军参战，共同进攻蔡州。十月，孟珙领兵增援。十一月，到达蔡州城南。至端平元年（1234）正月，宋军与蒙古军合力攻克蔡州，金哀宗上吊自杀，金国灭亡。

灭金后，宋理宗问孟珙与蒙古签订的和议会有怎样的效果，孟珙回答说："臣是介胄之士，当言战，不当言和。"他知道蒙古军一定会回来进攻南宋，因此他在京湖地区加强防御。

不久，南宋趁蒙古主力北返，草率北伐，想收复东京开封、西京洛阳和南京商丘等地。蒙古军为阻止宋军，掘开了黄河大堤，然后南下攻宋，北伐的宋军覆没。端平二年（1235），蒙古大汗窝阔台分兵二路进攻南宋，东路攻襄阳，西路攻四川。不久，降宋的金人哗变，南宋经营百年的西陲名镇襄阳被蒙军攻占，这使南宋京湖防线从汉水到伏牛山一线后退到长江一线。

蒙古军相继攻下随州、荆门、枣阳、郢州等城，又攻复州，同时在江陵、枝江、监利等地编造筏子，准备渡过长江。宋理宗让驻在黄州的孟珙挽救残局，孟珙集中力量封锁江面，让宋军改变旌旗服色，循环往来，夜则列炬照江，数十里相接，以此迷惑敌人，又派敢死队用火箭焚毁蒙军船筏两千余只，迫使蒙军退走。

嘉熙元年（1237）十月，蒙军再度南侵，主力进攻黄州。黄州江面最窄，若黄州有失，蒙军可进入江汉平原，斩断长江上下游的联系。

孟珙以两耳山、章家山、毋家山拱卫黄州城，又布置军民在城内构筑月城，挖出"万人坑"陷阱，宽达八十多丈，这样构成多道防线。到次年春，蒙军派出一支叫作"八都鲁"的色目人敢死队突入城内，结果跌入"万人坑"，被宋军的檑木滚石全部击毙。蒙军作战不成功，只好撤退，孟珙则顺势收复襄阳、樊城、信阳等地。

不久，孟珙得知蒙军在邓州顺阳（今河南淅川南）建了船厂，企图顺着淅水向南进入汉水，直达襄樊。孟珙派出奇兵捣毁了顺阳的船厂，又派刘整奇袭蔡州，烧毁了蒙军的粮草，使蒙军无法在河南久留。

◇ 准确选择防守区域

这时，朝廷又派孟珙驰援上游的四川战场。嘉熙三年（1239）秋，蒙军攻占成都、广汉、邛崃、简阳、眉山等处。此外，蒙军还沿嘉陵江南下，进攻重庆、夔州、瞿塘、施州（今湖北恩施）等地，蒙古人多年来就想从三峡进入京湖地区，再顺江东进，直抵南宋首都临安。

当时孟珙坐镇江陵，他准确判断出蒙军主力必取道施、黔（今四川彭水）渡江，于是派兵两千人驻屯峡州（今湖北宜昌），一千人屯驻归州（今湖北秭归），另派兵增援归州的重要隘口万户谷（今湖北秭归县西），其弟孟瑛则率五千兵力驻松滋，作为后备队，又一弟孟璋率兵两千驻守澧州，防守施、黔两州的蒙军。

孟珙的防御体系部署得当，环环相扣，遥相呼应，使来犯的蒙军在大垭寨被孟珙的水师打败，之后蒙军粮草不继，只得退出四川。此战后，宋理宗任孟珙为四川宣抚使兼京湖安抚制置使，把三分之二的南宋防御线让孟珙指挥。

孟珙总是在战前就做好各处的防御准备，而不是仓促上阵。孟珙从战略角度进行防御部署，把兵与民视为一个整体，兵以卫民为天职，民以养兵为义务，兵与民相依为命。使兵的作战准备与民的安心耕种结合起来，由此构成整体性的防御体系，使蒙军南下进攻没有机会取胜。

孟珙在世时建立了南宋防御蒙军的战线，非常有效。后人认为他是机动防御的大师。机动防御，一般认为发源于一战后的德国，当时的德国，其军队人数被限定在十万，不得不采用与阵地防御不同的机动防御，即运动中在局部形成优势兵力，击败敌人。

孟珙负责漫长的战线，兵力有限，也只能采取机动防御的方法。机动防御的关键在于准确选择防御地点，不能在整个战线上平均使用兵力。如嘉熙三年（1239），蒙军从四川向三峡进军，企图由此进入京湖地区。此时孟珙手中的兵力只有蒙军的十分之一，不能处处设防。因此他对形势进行判断，认为蒙军的主力将在施州和黔州渡江，他就在峡州、归州、万户谷、松滋、澧州等地驻兵进行防守，最后在大垭寨击败蒙军主力，取得了防御作战的决定性胜利。

◇藩篱三层的军事大谋

孟珙的防御体系另一个特点是藩篱三层，即为整个防御体系设立三层防线，第一层设在川东的涪州、万州，第二层设在湘西北的鼎州、澧州，第三层设在湘西南的辰州、靖州及广西桂州一带。

藩篱三层的体系具有远见卓识，尤其是当时不被重视的第三道防线有非常重要的作用。孟珙当时就已看出蒙军有从云南、广西迂回进攻湖南的可能性，但他不赞成朝廷随意向广西边境派兵，认为那里遍布少数民族部落，只需要择人分布数地，使之分头治理少数民族，再根据险要形势，随宜措置，创关屯兵，积粮聚刍即可。他认为就算蒙军入侵，如果得不到当地土著的支持，必会进退两难。而一味增兵，不但空费粮饷，还会激化军队与当地人的矛盾。果然，在孟珙去世六年后，忽必烈等人率蒙军就是过吐蕃、灭大理、入湖南，验证了孟珙的预见非常正确。

在这个防御体系中，最重要的是京湖战区，此处是整体防御的中心。他认为，长江从上游的秭归到中游的寿昌（今湖北鄂州），防线漫长，既有渡口，又有关隘，如果处处防守，则兵力根本不够。中游重镇江陵城，四周都是良田，孟珙认为平原不能阻挡骑兵，于是他组织军民在江陵附近以沮、漳、汉三条河流为依托，建起堡垒和隘口。后来襄樊失守直接导致南宋灭亡，证明京湖地区对于南宋的重要性。

由于孟珙建立了机动防御体系，在广大地区形成了厚实的作战能力，使得蒙军数十年不能南下灭宋。

钓鱼台防守

在南宋与蒙军的作战中，还有一处特别著名的地方，是宋人作战的成功之处。这就是位于今重庆合川的钓鱼城。

◇钓鱼城名震世界

钓鱼城最初由四川安抚制置史兼重庆知府余玠在南宋理宗淳祐二年（1242）开始筑建。最有名的一战是在理宗宝祐六年（1258），蒙古的蒙哥大汗乘着蒙古军西征欧、亚、非四十余国的威势，分兵三路进攻南宋。蒙哥亲率一支军队在四川方向作战，次年二月到达钓鱼城。蒙哥作战多年，东征西讨，所向披靡，却在钓鱼城前，不能取胜，最终蒙哥被火炮击伤后死在前线。

从钓鱼城修建之日起，宋、蒙一直在此作战，直到南宋灭亡之年（1279），前后共三十六年，在守城将领王坚、张珏等人的率领下，南宋军民凭借钓鱼城天险，面对蒙哥大汗、总帅汪德臣、东川统军合剌、四川总帅汪惟正等八十多个蒙、元将领的长期围攻，殊死搏斗，大小战斗二百余次，创造了古今中外战争史上的奇迹。在世界史上，也以"蒙哥大汗战死钓鱼城下，蒙古不得不从欧亚战场撤军"而闻名世界。钓鱼城保卫战是中外战争史上罕见的以弱胜强战例，钓鱼城因此被欧洲人誉为"东方麦加城""上帝折鞭处"。在中国人民革命军事博物馆古代战争馆，曾有钓鱼城古战场的沙盘模型，这表明钓鱼城之战是中国古代历史上最成功的战例之一。

是什么成就了钓鱼城"东方麦加城""上帝折鞭处"的威名？当那些西方人来到钓鱼城，看到那低矮的城墙的时候，他们明白了！钓鱼城之所以能坚守三十多年，不是因为它城墙坚固，而是因为汉民族坚强不屈的民族意志！钓鱼城是我们汉民族的骄傲，更是四川同胞的骄傲！

南宋时，今重庆合川称合州，城东十里处钓鱼山上的城垒，即钓鱼城。此山突兀耸立，高约三百米。山下是嘉陵江、渠江、涪江三江汇流处，山的南、北、西三面环水，地势险要。这里有山水之险，也有交通之便，经水路及陆路，可达四川各地。在余玠之前，四川制置副使彭大雅已命甘闰开始筑建钓鱼城。

理宗淳祐二年，余玠入蜀主政，播州安抚使杨文献上保蜀三策，认为守住阳平、七盘、剑门三关是上策，在险要处建城壕是中策，下策是沿江自守，任蒙军在各处来去自由。当时阳平、七盘已失，守蜀重点在哪里，一时无法确定。余玠于是设招贤馆，访求良策。播州（今贵州遵义）贤士冉琎、冉璞兄弟献策，提出以钓鱼山为中心建立山城防御体系，这样可以胜过十万雄兵，固守四川。

余玠即命冉氏兄弟筑城，钓鱼城分内城、外城，外城筑在悬崖峭壁之上，城墙由条石垒成，有八道城门，城门上建楼，八门分别名为护国、始关、小东、新东、菁华、出奇、奇胜、镇西。城内有数千亩良田和四季不绝的丰富水源。理宗宝祐二年（1254），合州守将王坚进一步完善钓鱼城的防守建筑，当时四川各地民众也纷纷到此躲避兵乱。这就使钓鱼城具备了长期坚守的必备的地理与人力条件，形成了依恃天险、易守难攻的坚固堡垒。城垒建成之后，合州州治迁入钓鱼城，军民结合、耕战结合、可攻可守，构成了具有持久战斗力的军事重镇。余玠以此为样板，采取了"守点不守线，连点而成线"的策略，在四川各险要处修筑了二十余座山城，形成了一个完备的山城防御体系，而钓鱼城就是这一体系的核心和最坚固的堡垒。

◇ 蒙哥钓鱼城之战

蒙哥是成吉思汗的孙子，他也是元宪宗，其四弟即元世祖忽必烈。他曾参加拔都统帅的西征，活捉钦察首领八赤蛮，进攻古罗斯等地，是一位能征善战的人物。他即位后一心攻灭南宋、大理，又派遣旭烈兀西征西亚诸国。宝祐六年（1258），蒙哥分兵三路伐宋：中路忽必烈进攻鄂州（今湖北武昌），兀良合台从交（今越南）、广（今广西）北上，与忽必烈会师，东路塔察儿进攻荆山（今安徽怀远）牵制南宋兵力，西路蒙哥率主力进攻四川。计划攻占四川后，三路会师，再向东攻取南宋都城临安。这确实是一个宏大的战略规划，战争规模也堪称巨大。可以说，宋王朝从来没有面对过如此强大的敌人和沉重的军事压力。

时任合州知州的王坚，调动了石照、汉初、巴川、赤水、铜梁五个县的十七万人，增筑城防，加修了一条藏兵运兵的地下秘密坑道，可以直达钓鱼城西、南、北三面。王坚又把西门内的天池向外扩大一百多步，新开小池十几处，凿井九十二眼，保证钓鱼城有充足的水源。

蒙哥未把钓鱼城放在眼里，命令元帅纽璘在涪州蔺市的长江上造起浮桥，隔断从长江下游赶来的南宋援兵。又在重庆下游铜锣峡夹江建造要塞，牵制重庆的宋军。

宋理宗开庆元年（1259）二月初三，蒙哥从鸡爪滩渡过渠江，在石子山扎营，亲自指挥蒙军攻打钓鱼城。蒙哥的部署是：令水军的战船两百艘掠夺粮船，并在江上造浮桥以便通行，令史天泽在城南封锁嘉陵江面，令汪德臣在钓鱼城西北面夺取城外山寨，派郑温在钓鱼山周围巡逻。

当日，蒙军开始攻打一字城墙。一字城墙又叫横城墙，钓鱼城南北各有一道伸入嘉陵江中的一字城墙，作用在于阻碍城外敌军运动，同时城内守军又可通过外城墙运动至一字城墙拒敌，与外城墙形成夹角，以构成交叉攻击。

从二月初七到三月底，蒙军猛攻镇西门、东新门、菁华门等，都被击退。四月初三到二十二日，接连二十天大雷雨，蒙军停止进攻。雷雨一停，蒙哥督军攻打失去南外城屏障的护国门。

护国门是钓鱼城最大的城门，两面都是悬崖峭壁，宋军在峭壁上修建了栈道，以便出入。护国门东一百多米的城墙下，还有一个隐秘的飞檐洞，天然巨石夹峙，形成一线天孔道，洞的周围古木参天，藤萝牵绕，便于隐蔽，是宋军偷袭蒙军的秘密出口。面对蒙军对护国门的攻击，王坚组织敢死队从暗道攀岩而下，内外夹击，击败蒙军。

蒙军又采取在奇胜门北挖地道的办法，使蒙军的地道纵横交错，隐藏伏兵。在地面佯攻的掩护下，天黑后蒙军进入地道蛰伏，夜深人静时，突然攻入奇胜门。王坚率敢死队同蒙军激烈搏杀，击退攻入城门的蒙军，然后用礌石将地道填实，不让蒙军再有由地道偷袭的机会。

此时天气变得酷热，蒙古人不适应南方湿热气候，军中痢疾流行，士气低落，战斗力大降。而钓鱼城内宋军斗志昂扬，双方形势发生微妙变化。

钓鱼城久攻不下，大将术速忽里提出不宜长期屯兵坚城之下，不如留少量军队牵制钓鱼城，主力则放弃钓鱼城不顾，沿长江东下，与忽必烈等部会师，直接进攻南宋核心地区。但蒙哥等人在失败面前显得不甘心，最后未能采纳术速忽里的建议，继续攻城。

到六月，蒙军将领汪德臣乘夜攻上钓鱼城外的马军寨，王坚率兵防御，相持到天明，天又降大雨，蒙军云梯折断，只好撤退。汪德臣单骑至钓鱼城下，向城中守军喊话，要他们投降。城中人不听，炮石密集打来，汪德臣中石负伤，不久死于缙云山庙中。蒙哥失去一个得力干将。

打死汪德臣的大炮，便是投石机，据宋朝兵书《武经总要》记载，投石机以大木为架，结合部用金属件连接。炮架上横置可以转动的炮轴，固定在轴上的长杆称为梢，炮梢的一端为皮窝，放置石弹，另一端系在炮索上，索长数丈。投掷石弹时，一人瞄准定放，其他人同时猛拽炮索，将另一端甩起，使皮窝中的石弹抛出，能抛到数百步之外。当时大多将炮架置于地上或插埋于地下，固定不能移动。也有在炮架下安装四轮的，便于机动，称为车炮。也有的炮柱可以左右旋转，向各个方向投掷石弹，称为旋风炮。《武经总要》记载最大的炮需要拽手二百五十人，发射的石弹重九十斤，抛远达五百米。

守城的宋军正是用投石机击伤了蒙哥，最终使他死在钓鱼城下。当时王坚实行坚壁清野的策略，使围城的蒙军找不到粮食补给。蒙哥为了解城内的情况，命士兵在钓鱼城东门外二百米的高地脑顶坪上筑起一座高台，在台上又架起一座高楼，楼顶上又接了一根长杆，这样才高过钓鱼城的城墙。在长杆上设有飞车，人在飞车内窥视城内兵力部署情况。

钓鱼城守军发现蒙军筑台建楼来观察城内情况，就准备用炮摧毁它。七月二十一日，蒙哥来到城下，飞车刚刚升起，准备观察城内情况，此时城内守军用多台投石机集中发射，飞石如同雨下，打断了蒙军所立的长杆，飞车内的士兵摔在百步之外，当场死亡，蒙哥也被飞石击中。

为了表示城中物资充足，打击蒙军的士气，钓鱼城守军把两条三十多斤重的鲜鱼以及数百个面饼，用投石机抛到蒙军营中，并附信一封，说："请蒙哥把鱼煎了和面饼吃，我们粮食和水都很充足，再守十年，也没有问题。"蒙哥身负重伤后，又受到这样的羞辱，在蒙军撤退到金剑山温汤峡时死去。据《元史》记载，不少随蒙哥出征的将领都战死在钓鱼城下，可见战斗之惨烈。

◇ 继续坚守钓鱼城

蒙哥死亡时，忽必烈已突破长江天险，包围了鄂州，这时为了抢夺帝位，也要撤军北归。南路从广西北上的蒙军也已打到长沙，最终被忽必烈接应过江北返回。南宋总算保住半壁河山。但坚守钓鱼城的王坚，却在权臣贾士道的排挤下，被调到临安，给了一个闲职，最后忧郁而死。

王坚之后坚守钓鱼城的是副将张珏，他有勇有谋，善于用兵，常能出奇制胜。在守卫钓鱼城期间，加修城墙，鼓励农耕，精练士卒，赏罚分明，使守军战斗力得到加强。

理宗景定三年（1262），钓鱼城外围的大良坪被蒙军攻占。大良坪是钓鱼城到渠州的交通要道，又是通往开州、万州、夔州的门户，大良坪失守，让宋军的交通运输变得非常困难。

为了收复大良坪，张珏多次出击都未成功。宋度宗咸淳二年（1266），蒙军又攻占了开州，这样就可避开重庆，沿长江东下进攻临安，也会使重庆、合州及川东南在敌后成为孤岛。经过反复策划，在此年冬天，张珏在蒙军认为最安全的地方凿石上山，趁深夜天黑，对蒙军进行偷袭。当时都统王立伪装成蒙军传令官的样子，孤身冲进敌城，骗开城门，让隐藏在附近的五十名宋军勇士冲进城内，偷袭成功，蒙军溃逃，宋军夺回了军事要地大良坪。

次年四月，蒙古平章赛典赤率数万人又来攻打钓鱼城。张珏在款龙溪聚集大量木船，船中装满巨石，沉入江中，形成一座水城，从而大败蒙古水军。这一仗取胜后，使已被蒙军切断的嘉陵江、涪江、渠江得以互通，三江沿岸各城又能互为声援，这使宋、蒙双方在四川的战场形势发生重要变化，双方进入了对峙状态。

度宗咸淳七年（1271），忽必烈称帝，将国号改为元，又发兵进攻南宋，在中路发动了攻打樊城的战役。为防止四川宋军支援樊城，元军又加紧进攻四川。咸淳八年（1272），元军都统使合剌攻击合州及渠江口，又在渠江北岸的云门山和渠江西岸的虎顶山筑城，企图对钓鱼城形成战略包围。

张珏并不是从正面向元军进攻，而是出其不意地攻击女青坪。此处是元军川东帅汪良臣的屯兵重地，如果受到攻击，合剌必须回军援助，渠江等处的筑城元军也就只能撤退。

张珏又派宋军在云门山和虎头山一带布置疑兵，佯装进攻，暗中让主力渡过平阳滩，偷袭女青坪，将元军储存在此处的军粮、军械全部烧光，然后再将元军在长江沿岸的船场全都焚毁。汪良臣只得命合剌撤兵支援，放弃了在云门山和虎头山的筑城，解除了元军对钓鱼城的威胁。

◇钓鱼城之战的结束与影响

南宋临安被元军攻陷后，四川要地重庆也被攻陷，这让钓鱼城成了四处无援的孤岛。此时城内粮食已经不足，城外仍有大量元军包围着，城内十几万军民面临全城被屠的危险。这时，一个女人对钓鱼城的存亡起到了决定性作用，此人就是熊耳夫人。

熊耳夫人原是元朝安西王的宰相李德辉的异父妹妹，后来嫁给了蒙古千户熊耳。王立率军收复泸州时，击毙了熊耳，熊耳夫人改姓为王，也与丈夫失去联系，被王立俘虏，带到合州。王被熊耳夫人的美貌迷惑，但因古人有同姓不得成婚的规矩，又不能娶她为妻，只能以兄妹相称。

在钓鱼城面临被屠城的危险时，熊耳夫人对王立说出了自己的真实身份，劝王立投降。她说自己可以去劝说李德辉，让他答应保全合州全部军民百姓的性命。为了保住全城军民的生命，王立无奈之下，接受了熊耳夫人的建议，派亲信去找李德辉请降。李德辉此时才得知妹妹还活在人间，并且就在钓鱼城中，于是尽量斡旋，让元军答应了王立的请求。他在南宋最后一个皇帝祥兴帝的祥兴二年（1279）正月，率数百人至钓鱼城受降，至此，钓鱼城长达三十六年的守城抗战，才画上了悲壮凄凉的句号。

一个小小的钓鱼城，不仅在南宋对抗蒙古乃至元军的长期作战中获取了其他任何地方都不能相比的悲壮功业，甚至还对 13 世纪时的世界格局的变化起到了深远影响。早在宋理宗淳祐十二年（1252），蒙哥就派他的弟弟旭烈兀率领强大的蒙军发动了第三次西征，先后攻占了今天伊朗、伊拉克、叙利亚等国的大片土地。正当旭烈兀准备向埃及进军时，他得到了蒙哥死于钓鱼城的消息。蒙哥一死，蒙古的大汗之位就空缺无人了，于是他的兄弟们都从率军作战的前线赶回来争夺汗位。当时在中原作战的忽必烈是这样，远在西亚的旭烈兀也是这样，他在前线只留下少量军队，率领大军东归争夺汗位。

这样一来，蒙军就因寡不敌众而被埃及打败，未能继续西进打到非洲，从此以后，蒙军大规模四处征战的行动就走向了低潮。

蒙哥死后，忽必烈争到大汗宝座，他改变了蒙哥实行的落后统治方式，接受汉人谋士的建议，推行汉化政策，对蒙军以往的滥杀行为有所改变。因此在钓鱼城投降后，忽必烈下令不杀全城军民。蒙古在征服世界的过程中，凡是抵抗的城市都要在攻克之后采取屠城的方式进行报复。只有钓鱼城抵抗了三十六年之后，还能不被屠城，这里既有熊耳夫人的功劳，也是忽必烈接受汉文化之后的必然结果。

宋与蒙古的作战，从南宋理宗的端平二年（1235）开始，到祥兴帝二年（1279）崖山之战，前后延续了近五十年的时间，结果是宋王朝灭亡。这是蒙古崛起以来，费时最长、耗力最大、最为费力的战争，而在这场战争中发生于钓鱼城的攻防之战，又是整个战争中影响极为深远的战役。

蒙哥在钓鱼城下的败亡，让各路蒙军的首领忙着回去争夺汗位，无心继续进攻南宋，这就使蒙古南下攻宋的宏大战略规划全面瓦解，让南宋又延续了二十年。更远的影响是使蒙军第三次西征停滞下来，缓解了蒙古对欧、亚、非各国的威胁。可见钓鱼城之战的影响不限于宋与蒙的作战，而是远远影响了世界史的进程。

而且钓鱼城之战使蒙哥死亡，又为忽必烈夺得汗位提供了契机，并建立了元朝，改变了蒙哥治国的政策，元朝吸收汉人谋士，进行汉化，这对中国历史的发展又产生了重大影响。早在蒙哥当上大汗之后，忽必烈就被任命掌理漠南汉地，他注意延揽汉人谋士，推行汉化政策，这对元朝后来统治中国也产生了深远影响。

蒙哥在攻打钓鱼城时负伤而死，他死前的遗言是以后攻下钓鱼城，必须把城中军民全部杀光。后来钓鱼城提出条件向元军投降，中间虽然也有熊耳夫人及其兄长的斡旋，但最终还是已受汉文化影响的忽必烈才有权下令不杀钓鱼城的已降军民。

总之，钓鱼城凭借独特的地理条件，加上守城将领的智谋，人与地的结合，使之成为易守难攻之城。之后加上全城军民的浴血奋战，才使钓鱼城成为宋与蒙军的作战中取得胜利最大的地方，更通过自己的努力作战，间接影响了蒙军在东西方的作战势头，从而对世界史形成了独有的影响。

宋代兵书中的谋略

宋代整个时期战争不断，因此促成了宋人对兵法的总结与整理，形成了具有特色的宋代兵书，其中也保存了宋人在战争方面的各种智慧。这种总结与整理，一种形式是学者通过古代经典著作，从中总结古人在作战方面的各种智慧与思想，如《虎钤经》是学者总结《左传》中的战争记录而形成的兵法书。《武经备要》是朝廷让大臣全面总结古代作战的历史经验而归纳形成的兵法百科全书。至于《百战奇法》，则是一位无名氏全面总结历代兵法著作以及相关的历史记录，而归纳出来的包含一百种作战方法的简明扼要而又独具一格的兵法书。

　　只要是作战，必定是作战双方将领绞尽脑汁以求胜利的过程，其中如何策划，使用怎样的谋略，都是决定战争胜利的关键因素。所以对战争加以总结而形成的兵法书，其中更是浓缩了古人在战争中的各种智慧。通过宋人的兵法书，当然就可了解到宋代人在战争问题上的各种智谋。

《虎钤经》的兵法智谋

历来人们认为撰写兵法书一定是军人的专利，其实在中国古代，反倒是文人学者爱好总结兵法，撰写兵法书。也许文人学者更喜欢思考，军人更喜欢实行作战的行动，二者相互配合，才能形成具有真正军事价值的兵法书。

◇ 《虎钤经》的来历

宋代由于一直没有解决外族入侵的问题，故战争阴影一直存在。所以朝廷在科举考试中专门设立了韬略运筹决策科，希望由此选拔精通兵法与韬略的人才，让他们在韬略的运用和理论方面，为朝廷贡献智慧，以供朝廷用兵时参考。中国的谋略文明，是广义的谋略，包括政治、军事、人生等方面的谋略在内。所谓的韬略，应该说就是军事方面的谋略。

这种谋略，一方面是人们在战争实践中的具体应用与创造，另一方面就是通过总结实践经验而形成的理论。前者，我们可以从宋人与外族的战争过程中看到很多，而后者则必须借助于宋人在兵法著作中的阐述与记录，才能加以了解。《虎钤经》是宋代最著名的兵法著作，如果想要了解宋代的谋略文明，此书不可不读。

从字面上讲，虎是虎符、兵符之意。中国古代用兵调兵，都用一种特制的符作为信物，因其形状多是做成虎形，故称虎符。由于虎符都是用于调兵打仗的，所以虎符就是兵符。在这里，虎符还不只是指虎符本身，而是指用兵。钤，本义为钥匙。"虎钤"二字连起来讲，就是打开用兵韬略的钥匙之意。而经字是中国古代人对经典著作的尊称，如《十三经》《诗经》《易经》之类都是其例。这里称《虎钤经》，意思是说，本书即为关于用兵谋略的经典著作。

《虎钤经》一书是北宋学者许洞的作品，早在赵匡胤登基的第二年，他就开始写作此书了，一直到宋真宗景德元年，才最终写完，可见花费了不少的时间，前后长达四十多年。当然，不是在这四十多年中只写这本书，而是断断续续地写，或多次地修改，直到最后定稿，这个过程一共绵延了四十多年。

许洞是北宋时的吴郡人，史称他对《左传》极为爱好与精通，因为《左传》记载和描写战争最为精彩。

许洞写成《虎钤经》之后，即向当时在位皇帝宋真宗献上这部书，但宋真宗当时正忙于与契丹议和，也就对这部专讲如何在用兵打仗中使用谋略的书未太重视，皇帝不重视，别人也就不重视。所以许洞在世之时，《虎钤经》还没有成为显学。但此书确有其独到之处，它吸收了《孙子兵法》和《太白阴经》的精华，而又使之更加通俗易懂，其中奇谋诡道，凡是适于兵家需要的，他都广为搜罗，不受正统思想的束缚。上言人谋，中言地利，下言天时，共有二百一十论，值得后人认真研究。

◇军事谋略的要领

许洞在《虎钤经》中非常重视谋略的问题，他认为，用兵打仗要以"粮为本，谋略为器"。谋略的运用，一定要在物资基础上，才有实际意义。而谋略的运用本身，又包括非常广泛的内容，如"谓欲谋用兵，先谋安民，欲谋攻敌，先谋通粮，欲谋疏阵，先谋地利，欲谋胜敌，先谋人和，欲谋守据，先谋储蓄，欲谋强兵，先谋赏罚"等。

又如他说谋略分为多种类别，如果需要维护正统，讨伐叛逆，就要用尧舜之谋；如果要讨伐四夷，征服异族，就要用周宣王的武略；如果要建设国家，治理社会，就要用张良、陈平的良策；如果需要奇谋，运用诡道，就要用韩信、白起的谋略；如果通过听禽鸟之声，观风云之变，就要用师旷、离娄的谋略。

总而言之，所谓的谋略，早已经超出了单纯用兵打仗的范围，而具有更为广泛的意义。我们讲宋代的谋略文明，就不能不对《虎钤经》中关于谋略的理论进行认真的探讨。

将领用兵，首先必须端正礼仪，明确等级规矩，其次要深谋远虑，再次是用人。然后研究天地的利害，人心的向背，赏罚的公正，情绪的控制，进退的路线，做出进攻的决定，明确成败的行动计划，以及主军客军的作战原则。这些都是治理军队的谋略所要包含的内容。

治军用兵，目的在于让人尽心尽力，听从指挥，而要做到这一点，就要有一定的方法。而要恰当地运用这些方法，就是谋略的问题，不能照搬教科书纸上谈兵。

要想使人在战斗中舍生忘死，就要在平时爱惜士兵，在用兵之时爱惜士兵的生命，不能让他们无谓地牺牲。要想官兵作战时能舍身犯难，平时就要与部队亲密无间，如兄弟一般。只有亲近别人，危急时刻，别人才会亲近你。这叫先有胜敌的条件，然后才能在实战中战胜敌人。

作战要求胜利，必须有充足的粮食储备为其根本，再用周密的谋略成其大事，还要有强勇的兵士和锋利的武器为其保障。为了令行禁止，则要会用禄位作为诱饵，以斩杀树立将威。

士兵总有强弱之分，勇怯之别，将领的高明在于，使强弱互助，勇怯搭配。作战阵势，总有前后之分，左右之异，将领有谋者，能使兵士前赴后继，左右齐进，远近策应。不管人多人少，都能保持协调一致，如同一人。

敌人如欲防守，我则出其不意进行突袭。敌人想要进攻，我则估计他的攻击方向，布以强兵，予以有力回击。进攻敌军，需从其弱小之处开始。袭击敌人，需选正在运动之敌。敌人兵力薄弱，我就可正面突破。敌人队形过长，我则可以截其一部。敌人阵形混乱，我可用假象迷惑他。敌人疑惧不进，我则可以进一步威胁他。这些方法知之不难，难在恰到好处地加以运用。能否运用得妙，就反映出将领有无智谋。

治军用兵，不能只凭自己的意愿，而需对情况有切实的了解，并有牢靠的措施。部队过于疲劳，那是使用无度的结果。部下牢骚满腹，那是将领奖赏不均。战斗力不强，那是因为强迫命令。感到无计可施，那是因为先前谋略不当，而陷入困境。部队涣散，在于将领治军无方。兵士恐慌，是由于将领的胆小。部队吃不饱，那是因为补给线太长。部队气氛欢快，那是因为休整充分。赏罚是治军的两大杠杆，谋略是胜利的一大法宝。

在战斗中，谋略的高明与否，要看以下数事是否处理得当。我军能否灵活机动，而击敌之呆板。我军能否以坚实之力，击敌之虚弱。能否以我军之利，击敌之害。能否以我军之逸，击敌之劳。能否使我军保持力量充裕，以击匮乏之敌。在丘陵地作战，不要仰攻。向下俯攻，不可攻到谷底。敌据险隘，不可拼力强攻。敌人溃败，追击不可过远。水上作战，不可迎风，不可逆流。林中作战，应多路分进，不可挤作一团。草原作战，要避开深草。平原作战，部队不可过于分散。这些都是用兵作战的基本常识，高明的将领在于能得运用之妙，使敌人感到深不可测，这就是有谋的表现。

军队若无保密，敌人就会轻易知道我军的动向。治军若不严肃军令，部队行动必然一片混乱。不及时奖赏，士兵就会消极怠工。队列紊乱，是由于士兵训练不良。夜间宿营发生混乱，将领必须保持镇定，并及时发出命令，使兵士心中有数，不再乱作一团。将领治军有方，其部队阵形严整，士兵也就士气高昂，乐于从命。部下对于将领，应又怕又爱，这才是高明的将领，将领所到之处，应受到部下的真诚欢迎。

以上各项，不能只靠将领一人来做，必须要有一批精明贤能之士来做将领的谋士，共同策划，一人之谋，总赶不上众人之谋。将领如欲用谋治军，必先建立贤明的参谋班子。

一切行动之先，都需先定计谋，所以说计谋是军事的根本。如欲用兵，就要先谋如何安定民众。如欲进攻敌人，就要事先谋划粮食的供给。要想排兵布阵，就要事先研究地形。如欲战胜敌人，事先就要谋划如何提高部队的战斗力。如要防守，就要事先谋划物资储备。要想部队强大有力，就要谋划如何管理部队。如想获得远利，就要谋划如何从目前做起。如果事先没有这些谋划，要想取胜，只是梦想。

◇用谋的五异

姜太公说："智慧与一般人无异，不能称为高等谋士。技巧与一般人相同，不能称为高级工匠。行动的神奇，莫过于谁也没想到。方法的巧妙，莫过于谁也看不出。"这是强调用谋必须与众不同，出人意料。用兵作战的计谋，要想取得成功，就必须在异于常人方面下功夫。大体来说，异于常人有五种情况。一是险，一是轻，一是危，一是愚，一是畏。

处于绝路险谷，死绝之地，阵地残破不全，面对敌人的攻击无险可依，应该收兵稳住阵脚，外表上却仍装作阵容不整，以引诱敌人，内部则整顿队伍，外表像是已经畏惧，以使敌人骄傲。敌人不知是计，我则暗中侦察情况，抓住机会，给敌人以突然打击，这是险中取胜的办法。

敌众我寡，力尽粮绝，敌方已经占了胜势，而我方已呈败势。这时我方要动员宣誓，严格军令，实施重赏，无论进退都下定必死的信心，以弱小的兵力，突击强大的敌人。由于我方兵少灵活，只要充分发挥兵少轻便的优点，就能从绝路找到生还的大门，以轻兵与敌人决战。这是运用轻便灵活军队作战的方法。

敌人若以强大的军队急速攻击，我军大为震恐，大家都以为非常危急，这时，我不要因为敌人来势凶猛就自己先乱阵脚。应付危急情况的办法是严肃号令，谨慎防备，用上天保佑来安抚部下。对外则要表现出从容镇定，内部则要加紧谋划，设法以奇兵反击。这是危急情况下的用兵原则。

敌人派间谍来离间我部，我假装看不出，并貌似听信他的话。敌人派间谍来刺探情况，我假装毫无防备而设下伏兵，敌人以为我们愚蠢，其实是以愚蠢掩饰聪明。这是故作愚蠢的用兵方法。

看到敌人前来进攻，我方退缩坚守，敌人派使者来，我就对他卑辞谦恭，乞求和解。部下也会认为我胆怯，其实畏惧自有畏惧的用处。我假装退缩，更便于设伏攻敌和出奇制胜。以为乞求和解，实际是用小利调动敌人，以我的卑微促使敌人骄傲。这就是故作畏惧的用兵方法。

以上都是与众不同的用兵方法，大家以为我冒险，其实我利用了冒险的有利一面；大家以为我轻敌，其实我是以此作拼死的决战；大家以为我危急，其实我是从危急中求平安；大家以为我愚蠢，其实我是用假象欺骗敌人；大家以为我胆怯，其实我是把勇敢放在后面。所以，姜太公说，不能打破常规，就不足以出奇制胜。他说的就是这个道理。

◇对敌人用诈

用兵本身就是一种诡诈的行为，屈伸万变，难以预料，也难以尽述，随便就可以举出两个例子。敌人的使者来，让我方的重臣与他建立私交，用珠宝财物贿赂他，然后再向他表露出对自己国家不满的情绪，使敌人的使者深信不疑，继而发泄私愤，迷惑对方，并在他面前故意泄漏国家的秘密。敌人使者将这些情报秘密搜集起来，毫不怀疑它的可靠性，把它传递给自己的国君，并且与国内约定攻击的时间和地点，有他在敌国内做内应。此时我则以精兵出其不意反攻敌国。这是用伪装里通外国的方法欺诈敌人。

又如，招募一个勇敢的人做侍从，抓住他的一点过失，假装发怒，把他痛打一顿，再让此人伺机逃跑，我又囚禁他的妻子儿女。他知道后，更加恨我，就把他所知道的我方情报（都是事先编造的假情报）告诉敌方，我也采取相应的行动，与他的情报相符合，在敌方已经采取错误行动之后，我再以精兵进行出其不意的攻击。

如果敌人有足智多谋的军师，我也可以用欺诈之术以离间他与国君的关系。如果敌人有大量的储备，我就用奸细把它烧掉。敌国的庄稼，我把它割掉，敌国的民众，我把他们策动过来。暗中贿赂敌人国君的亲信，让他向国君进献美女，迷惑国君，进献良马，消磨国君的意志，以及其他各种办法，诱使国君出现各种失误，等到敌国内外交困，政务荒废，再发兵攻打它，就可以不费吹灰之力而得大功。善于用兵的人，经常要考虑如何迷惑敌人，使敌人陷入困境，我们就安闲了。以安闲击困迫，还能攻之不克吗？

用兵不能不用诡诈手段，所谓诡诈手段，就是制造假象，迷惑敌人。例如，以虚为实，以近为远，以远为近。远近的诈术有六种。

一是在敌人正面制造进攻的假象，却从其侧面或背面实施攻击。或者声称从东面进攻，实际却在西面进攻。敌人如果稳扎不动，就以利引诱敌人，把敌人调动起来，使安逸的敌人不断奔波，疲于奔命，使饱食的敌人饥饿，乘敌无备，突然发起进攻。

二是与当面的敌人有河流阻隔，无法迅速通过时，就驻兵筑垒，砍伐树木，大造船只，表示将要强行渡河。然而却乘夜派遣精兵，偷偷转移到别处，用简易的渡河器材渡过河流，突然袭击敌人，趁敌人发生混乱时，大军才渡河强攻。

三是在进攻敌人之前，先摆出防御的样子，隔断敌人可能进攻的道路，用各种假象麻痹敌人。敌人看到这种情况，防备就会松懈。而我则暗派精兵，从小道险阻的地方，用悬梯或绳索，迅速通过，出其不意发起进攻，大军则从正面积极配合。

四是两军对垒之时，敌人向我挑战，不可马上应战，而要摆出避战的样子，稳步后退，敌人必然加紧进攻。这时，我派出骁勇善战的部队，从正面反击，后军则分成两翼，从两侧包抄回来。

五是两军成胶着状态时，暗派奇兵，分左右两翼，从阵后分头出击，把敌人侧翼击溃，内部必然惊骇而生乱。

六是双方正在大战，我先以精兵隐藏于后，不用旗鼓，潜伏在山林深草之中，伏兵先用强弩射击，掩护前军徐徐撤退，诱敌追击，然后伏兵突然杀出，必然大破敌军。

这六种方法都是先做出姿态，要在近处决战，而实际上却在远处取胜，这就是运用奇正的谋略。《孙子兵法》里说"以正兵当敌，以奇兵取胜"，就是这个意思。

将领的学问

军队的作战取胜与否，关键在于率领军队的将领。俗话说："兵熊熊一个，将熊熊一窝。"说的就是这个道理。要让整个军队具有强大的战斗力，必须把将领的问题解决好。

◇好将领的要求

战争当然要靠国家军队的实力，但军队再强大，如果没有优秀的将领，也将是一盘散沙，不能发挥其应有的作用。因此，将领对于皇帝来说，是战场上的全权代表。为了取得战争的胜利，皇帝必须选择贤良，任命为将领，授之全权，而对已经授以全权的将领，就不能疑神疑鬼，而要信之不疑。作为将领来说，既负朝廷的重任，就要遵循正道，顺从情理，不以权谋私，应一心为国，这是最基本的要求。皇帝用将，就要相信自己的选择，不可自以为是，刚愎自用。既命将而又疑之，将领就会丧失统军御众的权威，如此再让他带兵打仗，怎能避免指挥不灵的噩运？军队作战的胜败，确实反映在将领的身上，难道其责任全都要将领来负吗？皇帝就毫无责任吗？作为将领，其智力即使顶得上一万人，但若万人不听他的指挥，他也就和愚人一样了。将领的勇敢，即使胜过三军，但若三军不听他的调遣，将领也就和懦夫一样了。

所以，高明的将领，既要懂得常规常法，又要能够灵活变通；既要刚毅威严，又要善于体恤部下；既要有仁爱之心，又要处事果断；既要勇敢无畏，又要头脑清醒，善于判断。这样，他指挥部下和士兵，才能建立丰功伟绩，顺利翦灭祸乱。

将领在外作战，君命可以有所不受，因为情况随时变化，君主不可能亲临现场，所以将领可以在一切为了国家利益的前提下，自行处理与决策。将领本身要廉洁，但对部下却要关怀备至。将领如果刚愎自用，听不进别人的意见，手下的杰出人才就会离他而去。正确的计策不能采纳，谋臣就会另就明主。善恶不分，就不能分辨才智之士与愚笨之人，赏罚不明，部队的纪律就会败坏。将不严肃，就没有威严。将好发怒，人心就会背离。多说话，就容易泄露机密。爱好多，则智力难以集中。太宽松，部队就会懈怠。太急躁，部队就会有怨气。将领专权，下属就会推诿责任。将领只相信自己，下属就没有立功的机会。将领听信谗言，正直的人就会受到排挤。将领爱财而接受贿赂，部下就会抢劫行窃。

将领远离声色，是为了自身的清白。避开嫌疑，是为了保护自己的名声。深思熟虑，是为了避免决策失误。顺应时势随机应变，是为了取得成功。原谅别人，诚恳做事，是为了受人爱戴。亲近善良之人，抵制谗言，是为了争取人们的依附。三思而后行，是为了防止意外。言而有信，是为了让部下信服。有功必赏，有过必罚，是为了端正人们的行为。通今鉴古，是为了让部众心明眼亮。谦虚谨慎，尊重别人，是为了保持礼节。克己奉公，是为了国家的长久利益。

做将领的人，还要神态庄重，身形端正，行动疾如风，停止静如山，战斗要像雷电一样迅速，灵活机动，神出鬼没。分析问题要像照影一样清晰准确，执行命令，要像霜雪一样冷酷无情。能做到以上各条，就可为国家担当大任了。

◇考察将领

国家兴师动众，进行战争，发布命令、生杀大权都掌握在将领的手上，他们是国家的心腹，全军的主宰，必须首先精心考察而选拔。

若要任命将领，应该仔细辨别他是否可以担当重任。方法有四种，一是从相貌上考察，一是从言语上考察，一是从举止行动上考察，一是从为人处世上考察。

第一是考察外貌，看起来好像是相面，其实不然，这都是根据实践经验总结出来的，确有实用价值。凡是眉骨横起突出的，说话不干脆，好斜视仰视，坐下之后左顾右盼，走路眼睛圆睁并不时回头看，眼白多、布满血丝而正眼相看的，这六种情况占一种，就说明他是不甘臣位、怀有野心的人，对这种人当然不可任用，尤其不可重用。

面部下端丰满，头部尖，神情安详的人，是重道德且善于安抚民众的人。黑眼珠大，眼白小，眼球略有深陷，神情与这种面相又相符的人，机敏适度，沉稳厚重，这种人不能以欺诈的方法煽动他。目光炯炯，五官端正，额宽颌正的人，反应敏捷，勇敢果断。背驼如龟背，虎眼有神，眼窝较深，但目光明朗，看东西很仔细而眉骨略高的人，雄壮而有智谋。具备其一者，就可任用。

至于那些神志不清，骨相不正，面孔平板，脖粗腹细，双目无神，瞳孔偏上，视相不正的人，都是志向不高，知识浅薄的人，不值得大用。

第二是考察言语。说话放肆，眼神不安，是心怀不轨的人。说话转弯抹角，不直截了当，是心有隐私的人。吹捧上司唯恐不及，是好结党营私的人。语无伦次，不知所云，是性情急躁的人。说话东张西望，精力不集中，是心地不坦诚的人。卑辞自贱，表情拘谨，是内心有愧的人。说话摇头晃脑，是狂妄的人。议论别人的短处而心神不定，是好诬蔑别人的人。口气很大，但又说不出像样的道理，是学问不深的人。笑容可掬，顺情说好话，是献媚之人。凭自己的优点，指责别人的缺点，是倔强的人。说话吞吞吐吐，是不爽快的人。不论谈公论私，总是话不离利，是贪婪的人。态度谦恭，嘴里尽是奉承话，是才智低下的人。做了错事还要说是正确的，没道理硬说有道理，自己浅薄而又好言大事，不了解情况而好逞能，其理屈还夸夸其谈，凡此种种，都是奸诈之人。以上情况占得其一，都不可任用。

讲大道理而又精辟透彻，是有见识的人。话不多，张口就能说到点子上，是有志向而又能自控的人。言必称国家，是忠君爱国的人。言语激奋而又不粗俗，是正直坦率之人。话不多而意思诚恳，是公道正派之人。话多涉及下级军官生活，是善于体察部下的人。一提起作战，就兴奋得眉飞色舞，是喜欢武勇的人。说话细致入微，能剖析问题是非，是有聪明才智的人。言语貌似迂远而不切实际，而最终证明他说得对，这是见识深远的人。言语不多，对事情了解得很仔细，是有心计的人。语气温和，与神色一致，是善于联系人的人。说话不慌不忙，办事周密，是有道德的人。快言快语，又能说到点子上，是性子急但不暴躁而有见识的人。凡此情况具备其一，就是可用之人。

第三是考察举止行动。走路像多疑的狼，左顾右盼；坐立走路，总是慌里慌张；话不合时宜，指手画脚；吃饭漫不经心，以至从手里失落筷子；坐下偏着头，嘴眼歪斜；走路像怕有人追赶；想坐下而又频频四顾，好像怕什么；一张嘴说话就盛气凌人，神色洋洋自得；对属下谦恭但不朴实；本来看见了装没有看见，眼睛转向别处。以上情况有其一者，都是心不诚实，别有用心的人，不可任用。

行走稳如大山，腿动而身不摇，坐下像一座山，形态和神情非常安稳，躺下像翻扣着的船，神志安详，这都是智谋、豁达、深沉、有节操、有道德的人，具备其一，都可任用。

第四是考察为人处世。办事总先想着自己，把别人往后推，这是自私的人。事情繁忙，但抓不到点子上，是缺乏智力的人。总是做那些不急之事，是没什么用处的人。做事有始无终，是虚伪的人。办事先是急躁，后又懈怠，是平庸的人。事情还没弄清楚，就急于动手，是粗心的人。好卖弄技巧，对急于要做的事却毫无益处，是华而不实的人。办事笨而不适用，是愚蠢的人。事情的利弊明显而又不能分析，这是无见识的人。事情忘一记二，是心神不定的人。办事虚张声势，以善为恶，以恶为善，这是奸险的人。胆小怕事，是懦弱的人。事情当前，进退不定，是优柔寡断的人。办事看别人的脸色，投其所好，是不老实的人。以上有其一者，都是不可用之人。

办事简捷得体，恰到好处，遇事不论喜怒，都不露声色，临大事而神态自若，这都是神通广大的人。小事不嫌弃，大事不厌烦，坏事不怕，好事不喜，遇事众人都疑惑不解，而他能独自做出判断，有的事众人都很惶恐，而他能安然处之，遇事众人都一筹莫展，而他能独立解决，遇事众人难以平定，而他能平定下来，这些都是心志超人之人。以上情况有其一，都是可以大用之才。

由以上四个方面可以知道，外貌是人的精神的集中体现，言语是人的精神的表达，举止行动是人的精神的运用，为人处世，是人的精神的归宿。考察一个人的精神状况，就可以知道他为人处世的原则，这可是辨人用人的根本所在。如果要为国家选择将领，对这些问题必须研究掌握，且能实际运用，才可能选到真正的将才，保证战争的胜利。

◇将领的类别

将领也有种种不同的类别，从大的方面看，一种叫天将，一种叫地将，还有人将，神将。从小的方面看，则有威将、强将、猛将、良将四种。

凡是兴师作战，安营布阵，通过观察旌旗的摆动，聆听金鼓的声音，就能辨别天时，判断吉凶。能按五行运转和神位出入而筹划战争，随机应变，使敌人不知我将从何处进攻。运用神妙手段，使自己的部下都不知道下一步将要如何行动。一切行动都有节度，胜负早有预见，能用天地鬼神之力，稳定部众之心，这就是所谓的天将。

所到之处，详细观察地理环境，山水走向，距离远近，战场广狭，地形险易，山林大小，溪谷深浅，都能了如指掌。打起仗来，前后没有障碍，左右不会停滞，步骑往来，戈戟都能发挥作用。指挥军队的进退，都能符合当时的情况，人马不发生拥挤阻塞，进攻和防守都得到充足的粮食和补给。发兵在外而有丰富的水草资源，人马不会因饥渴而疲惫，部队陷入死地而能求得生存，处败亡之境还能保全部队。在不利地形上，而能适应它、利用它，在有利地形上也像处于不利地形一样，谨慎从事，不管险隘还是平坦地形，都能保持内部安定，视情况而后采取行动，一旦行动就能取胜，这就是所谓的地将。

清廉节俭，远离酒色，以礼义约束自己。对国家忠贞不贰，对士兵苦乐与共，缴获敌人财物不据为己有，不劫掠敌人的妇女。虚心听取谋士的计谋，对疑难问题能大胆决断，勇敢而不盛气凌人，仁爱而不失法度，原谅小的过失，大罪则严肃处理，亲密的人犯法也不袒护，有仇的人立功也不埋没。对老人给以关怀，对弱者给以抚恤，恐惧的人能使他镇定安宁，忧苦的人能使之欢乐。对诉讼官司，能秉公明断，对违法乱纪者，能严肃查处。铲除乱贼，抑制豪强。保护懦弱之人，利用勇敢之人，对横行霸道的人，严厉处决，对悔过的人加以原谅。经济遭受损失的，给以补助，逃亡的人抓回来，愿意来报效国家的人，给他爵位。性格暴烈的人，要控制住他，对有才智的人，要亲近他，爱进谗言的人，要疏远他。对不战而可得的城，就不强攻，在攻占的土地上，不胡作非为。敌人处于本土，等待他的士兵逃散，敌人诡计多端，我能将计就计。态势不利，能先仔细观察，寻找有利时机，形势有利，就坚决进攻。能做到这些，就是所谓的人将。

行军作战，不失天时，不失地利，能够识别人才而合理使用，战士不分勇敢怯懦，听到敌情都能马上行动，毫不迟疑。犯法的人，无论罪行大小，必按刑法处罚，所率军队，能使敌人闻风丧胆，触之即溃，这就是所谓的强将。

军队不论多少，面临的敌人不论强弱，全军都能服从命令，指挥起来就像胳膊支配手指一样灵活，战法变化无穷，出其不意，举动如神，敢于匹马单枪，冒锋刃突入敌阵，使敌人惊慌失措，吓得远远逃避，这就可称为猛将。

外有威将的风格，内有猛将的性格，又以强将的特点为其核心，兼备三将的优点，这就是所谓的良将。

国家命将出征，如能得到天将，就可对付违背天时的敌人；得到地将，就能对付违背地利的敌人；得到人将，就可对付不谙人事的敌人；得到神将，就可战胜各种敌人。威将可以由天将指挥，因为他上顺天时，下壮军威。强将可随地将作战，因为他上明地利，下知进退。猛将可随人将出征，因为他上明人心的向背，下能精明勇敢。良将可以配合各种将领，而后四种将领，虽然都各有优点，却不能单独作用，如能明白这些用将的道理，选任将领就可万无一失了。

纪律与奸细

作战打仗，必须使军队具有强大的战斗力，要做到这一点，只能靠平时的管理与训练，这方面也有许多需要讲究的谋略。

◇ 加强纪律

将领的任务就是带军打仗，平时管理好军队，战时才能取得胜利。然而军队总是由许多的人组成，人们的心理与要求，又各不相同，怎样使如此众多的人保持统一的意志和严明的纪律，这是将领必须用心考虑的问题。对于部下的种种违反纪律的行为，作为将领必须一一分辨明白，并且严惩不贷，如此才能使部队保持严明的纪律、统一的行动。

带兵伊始，就要当众宣布令行禁止的纪律，凡是有令不从者，必杀。古代的军队以鼓声表示进军，以锣声表示停止，举旗就要起立，倒旗就要卧倒，凡不顺从这些指挥的，就叫悖军，一律处斩。

点名时不答应，集合时不到来，行动迟缓延期，这就叫作慢军，也要处斩。

夜间巡逻，无精打采，敲击刁斗声音不响，报时不准，号令不明，这叫懈军，违者处斩。

牢骚满腹，埋怨没得到奖赏，主将下达任务，拒不执行，这叫横军，违者处斩。

大声喧哗嬉笑，目无长官，三令五申仍不停止，这叫轻军，违者处斩。

武器保管不善，如弓弩断弦，箭无羽毛或箭头，剑戟锈蚀，旗饰脱落，这叫欺军，违者处斩。

妖言惑众，装神弄鬼，虚托梦幻，以流言邪说蛊惑军心，动摇士气，这叫妖军，违者处斩。

花言巧语挑拨是非，煽动不满，造成军队离心，这叫谤军，违者处斩。

所到之地，欺压百姓，侮辱妇女，这叫奸军，违者处斩。

偷窃别人财物，据为己有，夺取别人斩获的首级，据为己功，这叫盗军，违者处斩。

将军议事，而靠近偷听，这叫探军，违者处斩。

听到军中的计谋或部署，传播到军外，让敌人探到，这叫背军，必须处斩。

接受任务，反讲价钱，无精打采，面有难色，这叫狠军，必须处斩。

擅自离开队伍的行列，争先乱后，言语喧哗，不守禁令，这叫乱军，必须处斩。

假称伤病，以逃避艰苦，照顾伤员，抬运尸体，借机逃跑，这叫诈军，必须处斩。

主掌财物，发放物品时，私送亲友，造成官兵生怨，这叫党军，必须处斩。

观察敌情不用心，报告敌情不详细，谎报军情，随意乱说，这叫误军，必须处斩。

在军营中，无故饮酒，这叫狂军，必须处斩。

军队之中由于人多，各种各样的行为都会出现，做将领的人，关键是能够及时辨别它们的性质，予以及时而适当的处罚。这要相当熟悉军队生活与士兵习惯，才能了然于胸，不被军营中的种种乱象所迷惑。而要临机运用，则需将领高度的智慧与胆魄。

◇人才的识别

要带兵打仗，就要管理好队伍，其关键就是要知道如何用人，这里面有大学问。真正掌握了这门大学问，才能在实际的战争中成为善用谋略的将领。

世人选拔人才时，往往有一个错误的要求，即非要博学不可，而不注意他某一方面的专长。这不是用人的好办法，有时甚至埋没了有专长的人才。兵家的用人，最重要的一条不是博学，而是看准他的长处与短处，然后根据具体情况，用其长，避其短，才能收到最好的效果。

比如，有的人善于体恤别人，这样的人就不要让他频繁地作战，而要顾虑他的疲劳而缺乏勇气；有的人善于防守，这样的人就不要让他进攻，而要顾虑他行动迟缓而不猛烈；有的人考虑问题周到全面，这样的人就不要让他参与决断，而要顾虑到他总会犹豫不决；有的人勇气过人，这样的人就不要让他研究敌情，而要顾虑到他会把敌情看得过于简单。

对于精明强悍的人，就要让他争斗。果断勇敢的人，就要让他去进攻。沉着坚毅而性格执着的人，就要让他据守险隘。见识短浅、贪财好利的人，不能让他看守物资储备。机智而又善于判断情况的人，可以听取他的建议。轻捷矫健的人，可以让他去引诱敌人。刚愎自用的人，可以让他当先锋。伶牙俐齿、能言善辩的人，让他当间谍，游说离间敌人。有鼠窃狗盗本领的人，可以让他刺探信号、口令情报。说话难听、擅长骂架的人，就让他去揭露敌人或骂敌叫阵。见识超群的人，让他预测大事。深明事理、气度豁达的人，让他安抚群众。倔强有力的人，让他当开路先锋。善于根据地形建造的人，让他去建营扎寨。勇气不足而体力充沛的人，让他运输器械。年老体弱的人，让他当伙夫。熟悉山川地理形势的人，让他察看地形。善于妖言惑众、装神弄鬼、推知天命的人，让他扬言惑众，动摇敌人军心。善于观察地形平坦险隘、了解往来大小道路的人，让他押送粮食。善出豪言壮语、假话真说，夸张虚言、鼓舞人心的人，让他宣传群众，鼓动人心，振奋军威。耳目聪明、善察敌情的人，让他担任警戒或刺探敌人的虚实。思路敏捷，文笔流畅的人，让他担任文书。通晓天文善观星象的人，让他主管历法，计算时间。善于观察天云变幻的人，让他观候望气，预测吉凶。通晓阴阳数术的人，让他选择时日。熟悉使用蓍草龟甲的人，让他占卜。这后四种人，虽然都是推验阴阳，但不能让他们互相干扰，贵在独自活动。从事医药的人，每二十个人配备一名，随兵数增加，也按比例增加。而有大将之才，学识全面的人，可以让他参与一切大事的决策。

总之，在人数众多的军队里，人各有才，才各有长短，作为统军带兵的人，最重要的是善于识别每个人的才能，然后因材施用，这样才能充分发挥每个人的才能，使全军的力量达到最高程度。人无弃人，能被将领扬长避短地加以重用，他就会毫无怨气，积极行动，并且立下功劳。这对全军和他个人来说，都是有益无害之事，将领们何乐而不为呢？

◇识别奸细

双方交战，都会互派侦探。敌之侦探，在我就是奸细。所谓知彼，就包括能够发现敌人所派奸细。

敌人派来的使者，眼睛乱转，脸色不定，言语放肆，这是刺客。敌人未至困境而来请和，这是阴谋。敌人来使言辞谦卑，并大肆行贿，这是使我骄傲。敌人虽频派使者，但又不断派兵骚扰，这是侮辱。敌人用金钱收买我方人员，是要刺探我方的机密。敌人使者言语雄辩犀利，力图说服我休兵和解，这是麻痹我方以求突然袭击。敌人使者言辞强硬，不容协商，这是欺负我方。敌人所派使者，都负有侦察之命，所以我方必须对他仔细观察，发现他们的真实用意。将领在与他们接触时，还要有武装警卫，以防刺客。

敌人对我方用谋，我方可以反用于敌，这叫将计就计。比如，敌人想使我方骄傲，我则佯骄，使敌人以为得计而骄。敌人想侮辱我方，我则可用更无礼的手段反施于敌。对来刺探情报的，可以顺势用假情报欺骗他。想偷袭我军的，可佯装不知，诱敌前来，而予以伏击。有意欺负我的，就要杀掉他，以挫其锐气。凡是敌人来使，都不可留他太久，时间一长，就容易暴露我方底细。如果已经如此，那就杀掉来使。

懂得敌人派遣奸细的规律，也是用谋的一个组成部分，甚至直接对其用谋。

敌人对我派遣奸细，我方也可对敌派遣间谍。圣人用兵决胜，不能不用间。用间就是为了正确决策，所以最重要的一条是保密。如果没有超人的智慧，怎能用间如神，神秘莫测。用间要视情况而定，基本手段有八种。

一是以使者为间谍。两国边境对峙，我方可假装疲困畏惧，并把情况泄露出去，重金收买拉拢敌将最受宠爱的人，通过他转达我求和的请求，然后派使者带着玉帛、美女、宝马以及精美的器物前去求和。若发现敌人因此而骄傲松懈，就出兵偷袭，攻其不备。

二是以敌人为间谍。抓住俘虏后，故意把虚假的计划泄露给他，再故意看管不严，让他逃脱，从而让他带回假的情报，误导敌军将领，使之完全落入我方的圈套，然后针对敌人的薄弱环节进行攻击。

三是借假情报为间谍。敌人派间谍来刺探情况，我佯装不知，向他展示假情报，使敌人误以为真，我方再出其不意袭击敌人。

四是以返回的间谍为间谍。敌人派来间谍，被我发现，并不处死，而以重金收买，然后放他回去做我方的间谍，并传回假情报，以欺骗敌人。

五是以明显的间谍为间谍。与敌作战，佯作小败，急忙收兵，坚壁不出，表现出畏惧，然后把一个笨嘴拙舌、头脑不灵的人派到敌方，让他极力宣扬我军的强盛，让敌人一眼就知他是间谍，并认为我方恐惧，而派此间谍宣扬我方的强盛。而在此假间谍派出之后，我方却即派奇兵偷袭敌人。

六是以敌方宠爱的人为间谍。敌将若有宠爱的妻妾，我可找一个心腹，把金银财宝送到他的家里，收买他的妻妾来提供情报，让她成为我方的间谍。

七是以谗言之人为间谍。敌人有谋臣，我就暗中贿赂敌人的亲信，让他在内部散布谗言，我则从外部用行动配合他的谗言，使敌国君臣之间互相猜疑，自相残害，给我造成可乘之机。

八是以敌国官吏为间谍。找一个在敌国中任职且受君主信任的人，私下满足他的各种欲望，让他暗中向我报告敌方的部署计划与行动，助我制定正确的谋略。

使用间谍，是兵家最重要且最奥妙的工作，不是特别聪明的将领就用不好间谍，所以，使用间谍的准则一是高度的保密，二是绝对的忠诚。不能准确选择间谍，也是将领拙劣的表现之一。

《虎钤经》虽然是一部兵书，但它特别注意用兵打仗中的谋略，因而有关谋略的内容非常丰富，这都是宋人在长期战争中进行总结的理论成果。这些谋略的价值，在于在实际中的灵活运用，中国历史上所以充满谋略，也与历代的兵书的流传分不开。是它们教会了人们使用谋略，而人们又在实践中不断丰富了谋略，使得中国的谋略已经不仅仅局限于兵法中，而蔓延到生活的各个方面。中国的兵法书，能够受到各界人士的爱读，不是没有原因的。

《武经总要》与《百战奇法》

宋代战争不断，因此不断有人总结历史上的兵法与作战的经验教训，《武经总要》与《百战奇法》就是宋人对战争问题的最好总结。

◇ 《武经总要》的整体内容

《武经总要》是宋仁宗庆历年间命天章阁待制曾公亮、工部侍郎参知政事丁度等人负责，花费五年时间编成的兵书。在历史上，这也是中国第一部官修的兵书，从宋人作战的角度总结历代的经验与兵法理论。

当时还是北宋立朝的初期，为时刻防备北方契丹的内侵，仁宗害怕武备松懈，而且将帅对于古今战争了解不多，不懂古今战史及相关兵法，所以让大臣组织人力编纂了这部内容广泛的新型兵书，作为宋代将领与军人的教科书。书编好后，仁宗亲自核定，还为该书写了序言。由此可知，《武经总要》是宋代官方极为重视的兵法书。

《武经总要》内容丰富，可以说是古代兵书中的百科全书。此书分上下编，上编是前集二十二卷，卷一的内容包括选将、将职、军制、料兵、选锋、选能，是讲军队核心人员的组成问题。卷二包括讲武、教例、教旗、旗例、习勒进止常法、教平原兵、教步兵、教骑兵、教法、教条十六事、日阅法、教弩法、教弓法等，是如何训练部队的问题。卷三包括叙战、抽队、军争、以寡击众、捉生等，是基本的作战方法。卷四包括用车、用骑、奇兵、料敌将、察敌形等，是作战前的一些准备工作。卷五包括军行、行为方阵、禁喧、度险、出隘、赉粮、斥候听望、探旗、探马、递铺、烽火、行烽、军祭、军誓、定惑等，是关于军队的行军与组织联络的问题。

卷六包括下营法、营法、诸家军营九说、下营择地法、绿营杂制法、警备法、备夜战法、巡探法、防毒法、寻水泉法、养病法、征马法等，是军队出动之后如何驻扎和防备各种危险的问题。卷七是讲阵法的问题，有总说，又有宋朝平戎万全阵法、八阵法、常阵制等内容。卷八继续讲阵法的问题，包括古阵法总叙、八阵法、握奇阵图、金鼓旌旗数、李靖阵法、裴子法、常山蛇阵、八阵图等。

卷九是关于地形的问题，包括九地、六形、战地、土俗等。卷十是关于攻城法的问题。卷十一讲水攻、水战、火攻等。卷十二是关于如何守城的问题。卷十三是各种武器的图形与制作方法。卷十四是关于军队作战中如何进行赏罚的问题。卷十五是关于军队行动中的各种纪律问题，如行军约束、符契、传信牌、守验、间谍、乡导等。

卷十六至卷二十二是关于宋朝北方各处兵防要地的地形与要塞的问题，属于军事地形学的相关资料。

下编是后集二十一卷，收集历代用兵的事例，辑录了古代战例的具体资料，还分析了历史上诸多战役的战例和用兵上的得失成败及其原因。其中卷一包括上兵伐谋、不战屈人之兵、用间、用谋、觇国、用敌人以为谋主、纵生口等，是关于作战用谋的问题。卷二包括明赏罚、军政不一必败、军无政令必败、将帅和必有功、将帅不和必败、法贵必行、兵道尚严、临敌不顾亲、士卒同甘苦、亲受矢石、得士死力、知己知彼、料敌主将、料敌制胜、料敌形势等，既有如何治军的内容，又有如何用谋的问题。

卷三专门讲作战用谋的问题，包括方略、权奇、奇计、诡道、临事制宜等，仍是用谋方面的问题。卷四是对将领的具体要求，如将贵轻财、将贪必败、临敌易将、将骄必败、矜伐致败、不矜伐、将帅自表异以夺敌心、均服、隐语、先锋后殿、击其后、退师等，其中有些内容今天看来仍有现实意义，如将贵轻财、将贪必败等。

卷五和卷六也是用谋设计方面的内容，如出奇、伏兵、多方以误之、避锐、声言欲退诱敌破之、声言怠敌取之、称降及和因懈败之、卑辞怠敌取之、甘言怠敌以击之、捣虚、击东南备西北、声言击东其实击西、示形在彼而攻于此、张大声势、先声后实、疑兵、察虚声、避实击虚、以寡击众、攻其必救、夜击、潜兵袭营、横击、掩袭、伪退掩袭等。

卷七、卷八是讲如何团结和激发士气以及如何用兵的问题，如持众、轻敌必败、戒轻举、坚避挫锐、以逸待劳、矫情安众、军中虚惊、克敌安众心、辨诈伪、御士推诚、与敌推诚、以恩信结敌人、知人、善用人、解仇用人、使过、示信、示义、以义感人、激怒士心、威棱伏众等。

卷九是一些临机应变的作战方法，如绝艺、挑战、势宜决战、临危决战、戮力必战、骁勇敢前、陷阵摧坚、表里夹攻、乘胜破敌、乘机破敌、乘风雨破敌、散众等。

卷十至卷十五，都是一些用兵作战的技巧与方法，如新集可击、半济可击、饥渴可击、心怖可击、奔走可击、气衰可击、粮尽可击、不得地利可击、天时不顺可击、不暇可击、不戒可击、将离部伍可击、挠乱可击、阵久力疲必败、攻不整、敌无固志可击、击不备、出不意、大阵动可败、击未成列、饵兵勿食、防毒、围敌勿周、穷寇勿逼、军胜重掠伏袭必败、军师伐国若中路遇大城须下而过、舍小图大、地有所不争、察敌降、谕以祸福、至诚获助、推人事破灾异、下营择地、先据要地、据仓廪、断敌粮道、伏归路败之、引水灌城、水战、火攻、用车、用骑、游骑、修城栅、攻城、守城、屯田、让功、辞赏等，内容十分丰富。

卷十六至卷二十一是古代战争中使用占卜的方法，有天占、地占、五行占、太阳占、太阴占、陵犯杂占、日辰占、五星占、二十八宿次舍占、诸星占、星变占、风角占、云气占、气象杂占、行军灾民杂占、太乙占、太乙定主客胜负阳局阴局立成、六壬占、遁甲占等。虽然其中不少是迷信的说法，但古人作战时往往会利用这些自然条件，有些则是属于天候气象中的问题，有些说法又会对士气产生影响，这在古代作战中确实都曾起过一定的作用，今天考察古代战争中的用谋对此也是不可忽视的。

总之，《武经总要》把军队与战争的各项要素加以分类，根据历史上的战例进行分析归纳，这样就成为宋人在兵法学上的重要成果，里面充满了宋人关于军队与战争的理解与智慧。

◇对将领与军队的要求

《武经总要》内容很多，就谋略而言，这里仅选其中部分内容加以阐述。

卷一的选能部分，是说军队需要选择有能力的人来做将领，还要选择各种不同能力的人来为战争的取胜服务。不能简单地理解为只是作战的才能。这就是所谓的"搜拔众材，以助观听，以资筹略"。

在这种思想的指导下，会发现人们经常忽视的特种才能，如春秋战国之际，鸡鸣狗盗之士，也被用来为国家的利益服务，这说明人才是各种各样的。为了战争取胜的总目的，需要慧眼识人才，这是作战之前的重要准备工作之一。

从过程上讲，大将一旦受任，就要与副手们讲求人才。对于具有特殊才能的人，不要问他的出身是否高贵，都要予以重视。

还有些人，是自己上门来献策的，对这种人，则要通过询问来观察他的脸色表情，查验他的来历，由此判断这个人是否是真正的人才。

对于人才，要加以区分，如果是有沉谋秘略且所献谋略超出众人的，就可让他帮助策划谋略。如果是巧辞善说能移人意的人，就可使他游说，历聘四方。此外还有知道风俗人情之隐的人，熟悉敌人门庐请谒情况的人，了解山川险易、形势利害、井泉刍牧、道途迂直的人，具有巧思，能烁金刻木制造器械的人，还有材力矫健，能猿腾鹘击、逾沟越垒、来往无迹的人，有能占测风候、视月观星、揲筹转式、达于休咎的人。可知人才的种类是非常多样的，能经悉数。只要具有其中一种能力，都可加以适当的使用。而这都要由具有智慧的将帅加以裁量。

卷三讲到以寡击众，这种情况下的作战，要想取胜只能通过出奇。所谓奇，有三种情况，一是设法让敌人来到我方设伏的险要之地，二是用做好准备且士气高昂的我军迅速攻击尚处于混乱状态的敌军，三是利用特定的气候，让敌人处于不知所措的状态之中，我军由暗击明，让敌人无法正常发挥战斗力。能做到这三点，就可以一击十，以千击万。敌人虽然兵力多于我方，但整个形势也能加以颠倒，使我军从不利变化为有利。

卷四又讲到奇兵的问题，对所谓的奇兵做了详细的分类。总体上说，奇兵就是正兵的变化。能变化成什么样子呢？这是无法悉数的。如伏兵，又是奇兵一种变化。但作战不能只用奇兵，仍然需要正兵在正面与敌对峙，再辅以奇兵，才能收到可观的效果。作战也不能只用正兵，而不用奇兵，因为正兵是敌人能观察到的，一切皆在他的预料之中，这样作战也很难取胜。

奇兵的性质是指不虞以击，这是说在敌人意料不到的地方、时间等向敌攻击。伏兵的性质则是匿形而发，也就是让敌人不能发现我方的兵力与攻击对象和方向。从让敌人料想不到这一点来说，伏兵就是奇兵的一种。从历史上看，两方作战，如果不知道用奇，就不能取胜，所以说兵不奇则不胜。

如前秦的苻坚在淝水之战，被东晋以少击多，一败涂地，就在于他只知道用正而不知道用奇。东晋所以取胜，就在于他们兵少，只能用奇。项羽是善用兵的人，即使到了乌江东渡的时候，只剩下二十八骑，他还知道分成奇正两队来作战，可想而知，他在兵力众多的时候，也是善于用奇的。

古代兵法说，凡是作战，要用总兵力的十分之三来当奇兵或伏兵。善于出奇的人，变化无穷，一奇接着一奇，让敌人无法猜测和防备。所以奇正是相辅相成的，二者紧密结合，就像圆形的循环无穷，让人找不到头和尾，分不出奇与正。达到这种程度，可以说奇亦为正，正亦为奇。

用奇的关键是欺骗敌人，让他看不到我方的真实情况。所以兵法中说："能而示之不能，用而示之不用，近而示之远，远而示之近。"又说："利而诱之，乱而取之，实而备之，强而避之，怒而挠之，卑而骄之，佚而劳之，亲而离之，饱而饥之，安而动之，攻其所不备，出其所不意。"奇能达到这一步，就可以说是用兵已如神了。

◇对敌方观察与预料

在战争中的用谋上，还有料敌将和察敌形两大事项。

料敌将，是对敌方将领的能力、人品、性格等各方面情况的分析与掌握。这是知己知彼不可缺少的内容之一。

对于敌人的将领，可以分成多种类型，如果其将是愚蠢而容易轻信的人，就可用诈谋来引诱他。如果是贪婪而不重视名声的人，就可以用钱财来贿赂他。如果是随意改变作战计划的人，可用种种方式引诱他不断使用部队，而让全军变得疲惫。如果敌军的军官和将领是富而骄的人，而下属是贫而怨的人，就可对他们实行离间，而使敌军内部产生分裂。

如何观察和掌握敌军将领的特性，也有许多方法。如两军对阵，不知道敌人将领是怎样的人，就可派出敢于作战的下级军官，率领我方的轻锐之卒，进犯挑逗敌军，观察敌方如何应对。如果敌军在我方的挑战下，整个军营保持安静不乱，我方败退，而敌人似乎追得不急，我方抛弃武器，而敌人似乎没有看到，这就说明敌方的将领是一个智将。如果种种做法与上相反，那敌方将领就是一个愚将。

又如两军相持，尚未作战，也未挑战，又有什么办法知道敌方将领的谋划呢？

如果敌军士马骁雄，反而向我方显示羸弱；如果敌军队伍齐整，反而向我方显示不想作战；如果敌军看到小利而装成不敢争，必定设有奇兵以引诱我方。如果敌军内部实际上非常严备，却在外表上显示为弛慢，同时又频频让出间谍；如果敌军扣下我方的使者以激怒我方，或向我方将领送出钱财贿赂；如果敌方部队转移一次则减少灶数，敌方部队合营之后却不树起旗帜；如果敌军所处的地势并非有利地形却又不放弃转移，如果我方军队没有全部集中，而敌方却又不发动攻击；如果敌方兵多，我方兵少，其发动攻击一定要等到早上，或者敌方兵少而我方兵多，其发动攻击却一定要等到黄昏。如此情况出现，就说明敌方将领采用了谋略，设下了很多圈套，将有大的攻击行动，我方此时就要做好充足的准备。

在侦察敌形方面，也有许多经验和方法。如果敌军近而静，敌人就是恃其险。如果敌军远而挑战，就是想引我军前进。如果敌方所在地方众草而多障，就是敌方设下了疑兵，让我方看不清楚他们的部署。如果敌方来使的言辞谦卑而加倍进行准备，就是敌军想要进攻。如果来使言辞强硬而军队向前出动，就是想让我军害怕而退却。如果敌军先出动了轻骑，并在大部队的侧方，这就是敌军设下的障碍，防止我军偷袭他的侧面。如果敌军半进半退，就是在引诱我军。看到有利也不进军，这是军队已经疲劳。如果敌军夜中呼喊，这是敌军人心恐慌。如果敌军发生扰乱，这是敌人将领没有威望。如果敌军杀马食肉，这是敌军已无粮草。挂起饭锅而不返回军营，这是穷寇，表示不再准备返回了。如果敌军频繁进行奖赏或惩罚，这是敌军将领已不能有效统率军队。如果敌军愤怒而相迎，却久不发动攻击，又不撤退，这表示敌人一定在设下奇谋。敌人的来使如果眼睛不停转动而言语放肆，这是想让我军害怕。如果敌人来使带来钱财而且言语甘甜，这是在引诱我军。

根据敌军形态的不同情况，有十五种是可以攻击的：接受贿赂，见钱眼开的，可以攻击它。敌军刚刚赶到的，可以攻击它。敌军来不及吃饭的，可以攻击它。敌军阵形混乱的，可以攻击它。敌军戒备不足的，可以攻击它。敌军逆风向水向山，可以攻击它。敌军过度行动，没能充分休息而过度疲惫的，可以攻击它。敌军大将离开只有小将在军的，可以攻击它。敌人走了很远的路，可以攻击它。敌军发生混乱，阵形不整的，可以攻击它。敌军贪利求食，无暇整顿阵形的，可以攻击它。敌军等候渡河或者渡河尚在河中者，可以攻击它。敌军走在险路处，或者沼泽泥泞，车马不便行动时，可以攻击它。敌军处于险路，又全无准备，可以鼓噪攻击，使敌恐惧。敌军阵形不定，人马处于等候观望的时候，可以攻击它。这些情况都是乘敌不备，出其不意，使敌军不能形成作战计划，我军攻击它，就能取得胜利。

其他敌军还有很多情况，我方可有针对性地采取措施，取得战果。如敌军进退多疑，其众无依，可以让敌军受到震惊而撤走。如果敌军士兵轻视他们将领，而有归家之心，把军队部署在易于攻击的地方，而放弃了险要关隘，就可攻击它。如果敌军的进道易走，而退道难行，就可引诱敌人前来。如果敌军的进道险要，而退道易走，就可逼近它而攻击。如果敌军处于低下潮湿地区，又不通水道，或者霖雨不停，就可放水灌淹它。如果敌军处于荒泽之中，草木多而且干燥，就可用火攻。如果敌军在一处停止很长时间也不转移，就会将士懈怠，可以偷袭它。如果天已黑，而敌军走了很远的路，士兵疲惫，饥而未食，就解甲休息，可乘势攻击。

总之，作战时一定要重视对敌军的观察，由此了解敌军的虚实动静，按照释实而攻虚、释坚而攻脆、释难而攻易的原则，就能做到百战百胜。对敌军的观察与预料，目的都是做到知彼知己。如果不知彼而知己，结果可能是一胜一负。如果既不知彼又不知己，那就肯定是每战必败。

对敌军的观察，还包括敌军的将领情况。在后集卷四中，有"将贵轻财"和"将贪必败"二条。将贵轻财，是说将领不把钱财当回事，这样的将领才可贵。将贪必败，是说将领贪财，他率军打仗必定失败。书中从历史上选择了许多事例，证明了这是判断将领能力的两条定律。

如汉代的李广，历任七郡的太守，前后四十余年，朝廷给他的赏赐，他全都分给部下，饮食与士卒一样，家无余财，终生不关心家族是不是发财的事。领兵作战，如果来到粮少水少的地方，士卒不全部喝够，他不饮水，士卒不全部吃饱，他不吃饭。正因为这样，他带的兵都愿意为他作战，从而战则必胜。

唐代的李勣为行军总管，前后作战取胜所得朝廷赏赐的金帛，也是全部分给手下的将士。历史上这样不爱财的将领不少，都能得到士卒的拥护，使部队的战斗力大为增强。

反之，则是将贪必败。如著名的故事"纸上谈兵"，战国时的赵括，其父赵奢是赵国著名的战将，而赵括从小也学兵法，以为天下谁都比不上他。后来秦国围赵，用离间计，撤掉大将廉颇，让赵括统率赵军。他母亲向赵王上书说，赵括不能承担这样的重任。赵王问为什么，他母亲说："他父亲当将领的时候，亲自献上饭食的人有数十个，他的朋友有上百人，国家赏赐的财物，他全都分给部下。接受命令出征的时候，不再过问家事。而现在赵括接受您的任命，去部队见将士，部下都不敢抬头看他。您赏赐的财物，他全部拿回家，而且天天寻找哪里的土地宅院便宜，要买下来。您以为他像其父一样有军事才能，在我看来，父子两人完全不一样，赵括无法担此大任。所以希望大王不要让赵括带军打仗。"但赵王不听，结果赵军大败，数十万士兵被秦人坑杀在长平。

这就是将贪必败的例子。

◇如何使用间谍和误导敌军

两军作战，必须好好使用间谍。使用得当，增加取胜的机会。反之，优势也会变成劣势。此书卷十五有"间谍"一节，专门论述战争中的间谍问题。

根据历史的经验，君与将之所以能作战成功，根本原因是事先充分了解敌人的情况。而要做到这一点，并不容易，第一不要被鬼神怪相迷惑，第二不可被事情的表面情况迷惑，第三不能迷信过去的经验，只能利用人的智慧才能充分掌握敌人的情况。

间谍有五种类型：因间、内间、反间、死间、生间。

因间，利用敌国之人，对他厚加安抚，使之成为自己的间谍。这种间谍，直到现代仍是各国最常使用的主要类型。

内间，也是利用敌国之人，但这是敌国的重要官员，他们因种种原因而失去官职，或者无罪却受刑，或者属于贪财之人而又受到国君的宠幸，或者怀才不遇，甚至还有怀着野心，想在两国间自愿做间谍而为自己谋利的人。这些人物，都可发展成自己的间谍，方法是根据每个人的不同情况，投其所好，让他决心为我所用，再利用他的职权或关系，了解和掌握敌国的情况，或者离间敌人内部的关系。

反间，是敌人派来的间谍，我已知道他是间谍，但用种种手段使他成为我方的间谍，为我所用。也可佯为不知，让他得到一些假的情况传到敌方，可达到迷惑敌人的效果。

死间，是对外制造假象，让我方的间谍利用假象向敌人投诚，得到敌人的信任。但是如果我方的行动与这个间谍向敌方投诚时献上的情况不一样，则他会被敌人识破而杀掉，这就是所谓的死间。

生间，是指一种人，他能做到内心聪明而外表愚蠢，甚至能装疯卖傻，能忍饥寒诟耻，伪装成不为人们注意的普通人物，以此掩护自己，获取情况，或来回传递情报。

五种间谍，最重要的是观察判断准确，使之成为不同的间谍。不然只会坏事，甚至起到反作用。

在战争中，间谍是最秘密的事，只有具备圣人一样智慧的将领才能用好间谍。这中间，最重要的是事先准确掌握间谍之人的本性，如果是诚实多智的人，才能用为间谍。否则，有些人虽愿意当间谍，但为了自己的钱财好处，会欺骗我方，提供假情报。所以，使用间谍的人，一定要用心微妙，才能掌握间谍之人的真伪，真者为我所用，伪者则不能受欺骗。

对于己方，则又要重视"索间"，即在己方阵营中随时搜索和及时发现敌人的间谍。只有掌握了敌人派在我军内部的间谍，才能使用反间。

五种间谍使用得当，综合发挥作用，就可迷惑误导敌人，敌人虽有明智，也无法不被我方迷惑。使用间谍的目的之一，是误导敌人，但同时也要注意不要被敌人所误导。水能济舟，亦能覆舟。我用间谍，敌人也会用间谍，所以在用间谍的同时，注意防范敌人的间谍，这样才可万无一失。

除了用间谍来误导敌人之外，还可使用其他方法误导敌人。此书卷五有"多方以误之"一条，搜集了许多历史事例，说明如何多方以误之。

如春秋时，吴王阖庐问伍员："楚国情况如何？"伍员回答说："楚国朝廷掌权的人太多，而且互不买账。我们如果分成三支部队来骚扰它，可以让楚军疲惫不堪。先派一支部队攻击它，楚军必定全部出动。等他们出动了，我们就撤军，他们撤军了，我们又出动。这样楚军就会在路上连续奔波而疲惫不堪了。最后使他们弄不清楚我军的行动意图，就达到了多方以误之的目的。到这时，我们才集中大军全力进攻，一定能大胜楚国。"吴王阖庐采纳了这一计谋，楚国于是乎开始被吴国玩弄于股掌之上，最后吴军攻入了楚国都城郢。

又如，东汉末年，曹操征讨关中诸将，进军渡过渭水。关中的马超和韩遂凭借兵力多于曹操，多次向曹军挑战，都不应战。马、韩于是请求割地，请求派儿子进京为人质，总之是想停止战争。曹操用贾诩的计谋，假装同意他们的请求。韩遂请求与曹操相见，曹操见他之后，与他交谈了很长时间，根本不谈军事上的事，只是讲当年在京城的旧事，说到高兴处还拍手欢笑。之后，韩遂返回，马超等人问韩遂，曹操都说了什么，韩遂说："没说什么。"马超等人就开始怀疑韩遂。不几天，曹操又送给韩遂一封信，信纸上多处用笔涂改，就像韩遂自己涂抹改掉的一样。马超等人也看了这封信，于是更加怀疑韩遂。这时曹操才向韩遂、马超等人下战书，等到开战的时候，先以轻兵挑衅，双方战了很长时间，曹操就出动骁骑对韩遂等人夹击，取得大胜，韩遂、马超等人只好退到凉州。

作战中，韩、马等人之所以不能击败曹操，就在于事先曹操已让他们相互猜疑，因此作战中都不尽全力，这才让曹操有机可乘，战胜他们。

在误导敌人的同时，又要防止被敌误导。此书卷七有"辨诈伪"一条，就是用历史事例，说明如何分辨出敌人的诈伪，而不受敌人的误导。而这正是多方以误之的反面，可以从如何误敌的角度来思考敌人如何来误导我方。

◇ 《百战奇法》的内容与谋略

《百战奇法》是中国古代十大兵书之一，与《武经七书》《孙子兵法》关系密切，从二十一种各类史书中收集了从先秦到五代近一千七百年间的作战实例，将各种战法分成一百种，因此称《百战奇法》。此书各条战法都简明扼要，可谓一部兵法奇书。

此书作者不详，但大体知道是宋人，作于北宋末年。清代雍正年后，此书又改名为《百战奇略》，且把明代刘基的名字署上去，这都是假冒有名人的做法，不可相信。全书所分一百种战法的名目如下：

计战	谋战	间战	选战	步战	骑战	舟战	车战	信战	教战
众战	寡战	爱战	威战	赏战	罚战	主战	客战	强战	弱战
骄战	交战	形战	势战	昼战	夜战	备战	粮战	导战	知战
斥战	泽战	争战	地战	山战	谷战	攻战	守战	先战	后战
奇战	正战	虚战	实战	轻战	重战	利战	害战	安战	危战
死战	生战	饥战	饱战	劳战	佚战	胜战	败战	进战	退战
挑战	致战	远战	近战	水战	火战	缓战	速战	整战	乱战
分战	合战	怒战	气战	逐战	归战	不战	必战	避战	围战
声战	和战	受战	降战	天战	人战	难战	易战	离战	饵战
疑战	穷战	风战	雪战	养战	畏战	书战	变战	好战	忘战

以下选取几种，稍作说明，以见此书在谋略方面有什么内容。

计战：凡用兵之道，以计为首。未战之时，先料将之贤愚，敌之强弱，兵之众寡，地之险易，粮之虚实。计料已审，然后出兵，无有不胜。法曰：料敌制胜，计险厄远近，上将之道也。

　　这里说的计战，是战前的综合考虑，所以与作战有关的事情，都要事先充分加以考虑，掌握必要的信息情报，然后再出兵作战，才能保证作战的胜利，因此称为上将之道，可知计战在百战中的地位何等重要。

　　书中就此战法，提供了刘备三顾茅庐向诸葛亮请教如何战胜曹操的事例。诸葛亮为刘备充分分析了当时的形势，提出了可行的方案，而刘备也能听取诸葛亮的高见，最终与孙吴联合，以赤壁一战的胜利，形成了三国鼎立的局面。

　　谋战：凡敌始有谋，我从而攻之，使彼计衰而屈服。法曰：上兵伐谋。

　　计战的计，和谋战的谋，看来还有差别。仔细思考，计是战前的全面规划，谋是战中的策略与谋略。计的目的是做好一切准备，谋的目的是保证我胜而敌败。上兵伐谋，是说谋在作战中的作用为最高。

　　间战：凡欲征伐，先用间谍，觇敌之众寡、虚实、动静，然后兴师，则大功可立，战无不胜。法曰：无所不用间也。

　　间战就是使用间谍的战争，通过间谍，多方面了解敌人的各种情况，做到知己知彼，然后用兵，才有可能取胜。任何时候、地点，都能用间战。

　　奇战：凡战之所谓奇者，攻其无备，出其不意也。交战之际，惊前掩后，冲东击西，使敌莫知所备。如此则胜。法曰：敌虚，则我必为奇。

　　奇战，就是出其不意之战，要做到这一点，并不容易，要使用多种手段。古今中外的战争，都力争做到出其不意，各种战例可谓精彩纷呈。

　　虚战：凡与敌战，若我势虚，当伪示以实形，使敌莫能测其虚实所在，必不敢轻与我战，则我可以全师保军。法曰：敌不得与我战者，乖其所之也。

　　虚战，就是向敌显示虚假之形，来迷惑敌人。如果我方力量不足，不能开战，就以这一方法保全自己。诸葛亮的空城计，就是虚战的范例。

　　声战：凡战，所谓声者，张虚声也。声东而击西，声彼而击此，使敌人不知其所备，则我所攻者，乃敌人所不守也。法曰：善攻者，敌不知其所守。

　　声战，就是虚张声势、声东击西之战，目的是让敌人摸不清我方的虚实，导致备战上的错误，我方就有机可乘，从而取胜。

饵战：凡战之所谓饵者，非谓兵者置毒于饮食，但以利诱之，皆为饵兵也。如交锋之际，或乘牛马，或委财物，或舍辎重，切不可取之，取之必败。法曰：饵兵勿食。

饵战，就是以诱饵促使敌人产生错觉，分散敌人的兵力，或者引诱敌人进入我方设定的歼敌之处。这是帮助我方在局部取得优势的方法。

变战：凡兵家之法，要在应变。好古知兵，举动必先料敌。敌无变动，则待之；乘其有变，随而应之，乃利。法曰：能因敌变化而取胜者，谓之神。

知变而能随机应变，这是作战的高手。看不到变化，茫然于应变，必定战败。随时观察敌人的变化，及时拿出有效的应变措施，是取胜的保证。

忘战：凡安不忘危，治不忘乱，圣人之深诫也。天下无事，不可废武，虑有弗庭，无以捍御。必须内修文德，外严武备，怀柔远人，戒不虞也。四时讲武之礼，所以示国不忘战。不忘战者，教民不离乎习兵也。法曰：天下虽安，忘战必危。

忘战，实际上是不忘战。没有战争时，心里总是保持这种警觉，这是战争的最大之谋。能不忘战，才能使战争不至于突然爆发而手足无措，在平时尽量做好一切准备，战争来了，也会胸有成竹，应付自如。

第
九
章

CHAPTER9

"天之骄子"的成功之路

世界历史上，蒙古的崛起，是影响巨大的事件，而导致这一巨大变局的人物，是成吉思汗，原名铁木真的这个人。他虽然被称为"天之骄子"，却并不是天上下来的神，而是一个普通的人，他的成长之路极为复杂，其中充满了他面对各种困难时的大智大勇。

　　铁木真，拥有卓越的军事指挥力和组织力，对蒙古军队的建设、训练、管教、运用、后勤补给等极富创意。治军严格，订大法令，执法如山，不徇私，作战重谋略、机动，常迂回敌后，出奇制胜。紧要关头，善于团结军心，激励士气，故能每战必胜。

　　铁木真一生身经百战，统一蒙古，横扫中亚细亚，武功之盛，在历史上鲜有其匹。其妻孛儿帖，史称光献翼圣皇后，生有四子：术赤、察合台、窝阔台、拖雷，均能征善战，助成吉思汗开拓疆土。

　　成吉思汗在位二十二年，在征西夏之役时殁于六盘山。临终，召窝阔台及拖雷嘱咐说："我为汝等创业，无论东西南北，皆有一年的路程。我遗命无他，汝等欲御敌，广土众民，必合众心为一，方能永享国祚。"

　　史家对成吉思汗的评价甚高："太祖龙兴朔漠，践夏灭金，荡平西域，师行万里，犹出入户闼之内，三代而后未尝有也。天将大九洲而一中外，使太祖抉其藩，躏其途，以穷其兵力之所及，虽谓华夷之大同，肇于博尔济锦氏，可也。"点出了他对中华民族成长壮大所起到的巨大作用。

铁木真其人

铁木真，一个普通的蒙古人，如何崛起于蒙古大草原，这是讲到成吉思汗时不能不知的事情。

◇铁木真早年的奋斗

赵匡胤建立宋朝，虽然在赵匡胤兄弟称帝时，还显得很有智谋，为赵家王朝的长治久安，设计了一整套远谋大略，但他不能替子孙做好所有的事，所以在赵匡胤、赵匡义之后，宋朝渐渐没落。整体上说，宋是软弱的王朝，它对外作战，基本上都是失败的，最后亡于蒙古人之手。

元朝，继宋朝而建立，这是由蒙古人建立的王朝。但蒙古人的真正强大，只是到了成吉思汗铁木真时期才真正实现。成吉思汗用武力打败许多敌人，使蒙古各个部落都聚集在他的麾下。对众多的蒙古人，成吉思汗加以整编训练，然后率领他们继续征服其他的部族。在很短的时间内，成吉思汗统一了蒙古各部。然后向南消灭了突厥克烈部，向西打败了突厥乃蛮部。之后率领归顺的突厥人，向南进攻南宋，向西攻克西域。他的子孙更是远征波斯、欧洲中部各地。在蒙古人的征服下，建立了世界上最广大的蒙古帝国。成吉思汗临终前，嘱咐儿子们，一定要继续完成他生前未能完成的事业，也就是迂回讨伐南宋。

成吉思汗，元史称为元太祖，姓奇渥温，名铁木真，出生于蒙古尼伦部孛儿只斤族。父亲叫也速该，是蒙古孛儿只斤部落的首领，势力强盛时，曾统率四万之众，被其他部落推举为盟长。其母月伦，又称诃额伦，史称宣懿皇后，性格坚毅，相夫教子，对奇渥温氏家族贡献甚大。

也速该盛年时被仇人毒死，当时铁木真只有十三岁，未能统驭部众，因此部落的人投奔更强盛的部落。仇敌欺凌，环境险恶，孤寡无助。幸亏其母鼓舞教诲，于艰危中养成刚毅不屈之斗志，奠定尔后成功立业之基础。铁木真长大成人，体格健壮，仪表端正，勇敢机敏，心胸豪迈，待人宽厚。涉世未久既深得人望，众人都认为铁木真以己衣衣人，以己马乘人，真吾主也。不论远近，相率归附。

铁木真十三岁时，随父亲往舅舅家求婚。半路遇见宏吉剌部的特薛禅，特薛禅看到铁木真的相貌，认为他眼明而有光，于是邀请父子到家中，将女儿孛儿帖许配给铁木真。铁木真的父亲因为特薛禅见多识广，可以为师，便把儿子铁木真留在特薛禅家，让他随师学习，自己单独回家。不幸途中遇见仇人。仇人暗置毒药于食物中，毒死铁木真的父亲。也速该临死时，托友人蒙力克照顾铁木真。蒙力克成为铁木真的后父，他忠心辅佐幼主，直至铁木真的事业成功。

铁木真另有两个同父异母兄弟，别克帖儿和别勒古台。别克帖儿年纪与铁木真相当，常凭力气大欺负铁木真，铁木真设计除掉了他，别勒古台则一生效忠铁木真。铁木真在父亲死后，任部落首领，由于年龄小，面临复杂形势，必须依靠超人的智慧和谋略才能克服一系列的困难，逐步成长和取得成功。在这当中，他特别感谢四位老人，四位老人是铁木真的良师，在他们的辅助和教导下，铁木真从一个普通少年成长为具有雄才大略的英雄。

据《元史》记载，这四位老人是：晃豁坛部蒙力克之父察剌合，兀良合特部者勒蔑之父札儿赤兀歹，巴邻部部长后人兀孙，札剌儿部木华黎之父古温豁阿。

据说，铁木真出生时，手中握着一块髀石般的血块。者勒蔑之父札儿赤兀歹听说此事，便从肯特山出发，背负打铁鼓炉的风匣，来到铁木真出生地黑山，要求见见这个奇怪的婴儿。见过之后，送了一件貂皮袄，作为见面礼。并声言，他也新生一儿，名叫者勒蔑，将来长大，一定送来当铁木真的贴身随从。

铁木真幼年时最喜欢听老人讲故事，他最喜欢会讲故事的老人，如蒙力克之父察刺合，者勒蔑之父札儿赤兀歹，巴邻部的兀孙，木华黎之父古温豁阿，都成了铁木真的良师益友。蒙古语中的"特薛禅"就是"聪明智慧"，所以宏吉刺部的特薛禅，用他聪明智慧的眼光，在邂逅言谈之间，一眼看出铁木真人品非凡，招他为女婿，留在家中，仔细教导，使之成为大器。

察刺合喜欢铁木真，便让他的儿子蒙力克常来照顾铁木真。蒙力克认识一位卜者豁儿赤，便找他来为铁木真算命。豁儿赤是蒙古部落中最有名的相术专家，他一见铁木真，就说他有帝王之命，因此经常来找铁木真做伴。这样一来就使也速该的盟友突厥克烈部长王罕非常器重铁木真。另外，蒙古札只刺部的王子札木合也特意远来与铁木真相见，与他结盟。铁木真和这些人的交往，使他懂得了东胡语、蒙古语、突厥语，还听到了许多有关东胡、突厥、回讫等各个部落钩心斗角的事情，以及各国兴灭继绝的历史。他认为人类居住的大地上，不仅有牧场，还有战场；人们不仅屠杀野兽，也常大批杀人。不自我努力，也会被人屠杀，这就是铁木真年幼时的想法。

铁木真在岳父家住了不到一个月，蒙力克去找他，说："你父亲病重，非常想念您。"就带铁木真回到家中，才知道父亲已被人毒死。更严重的是，部落的人已被其他部落引诱而去，甚至还要把铁木真母亲和他一起掠走。这时，察刺合老人来了劝阻众人，可众人不听，反而用枪刺伤老人。铁木真母亲诃额伦这时亲自上马，追赶叛逃的部落人民。但母亲只追回一小部分，这时铁木真家里已经空无所有。

铁木真母亲在极端困难的情况下，以野果野菜为食物，养活儿女。铁木真和他的兄弟们到河边钓鱼，用牛角制成弓箭到山林射鸟，以奉养母亲。幸亏察刺合老人和他儿子蒙力克经常送些牛羊周济他们，才使他们免除风雪冻馁之忧。

一天，铁木真和弟弟别克帖儿、别勒古台一起钓鱼。铁木真钓了一条金鱼，却被别克帖儿、别勒古台抢去。又一天，铁木真射下一只鸟，也被别克帖儿抢去。铁木真把这些事情报告母亲，母亲就告诉他，应当"兄弟和睦，重振家门"。铁木真年幼时，心中以复仇解恨为重，不知道重振家门是什么意思。他趁别克帖儿不备，用计射死了他。别克帖儿临死时，却不怨恨铁木真，反而拜托铁木真好好照顾弟弟别勒古台。别克帖儿死后，母亲严厉斥责铁木真，铁木真自知罪孽深重，从此以后，兄弟同心合力，立志为部族报仇。

铁木真父亲死后，铁木真家族不断遭到外族侵略，遭受了极大的困难和挫折，但他不惧困难，发挥大智大勇，克服困难，找到了得力助手，为以后的宏大事业打下了良好基础。

泰亦赤兀部部长塔儿忽台听说铁木真长大成人，担心将来成为后患，于是率领部下数百人来铁木真部落观察情况。铁木真知道他来意不善，急忙躲藏。铁木真弟弟别勒古台和抽赤合撒儿带着他们的幼弟合赤温、帖木格干儿、幼妹贴木仑三人藏在山崖缝中，然后他们两人爬上山崖，准备与来犯的敌人决一死战。塔儿忽台看不起他们，高声喊道："我只要你的哥哥铁木真，其他的人我都不要。"铁木真在藏身处听到喊声，偷偷上马逃奔到西边山林里。塔儿忽台等人发现，跟踪追赶到山林中。他们到处搜查，没有找到铁木真。于是把山林包围起来，派兵监守，围困了九天九夜，终于将铁木真捉到。

塔儿忽台抓到铁木真，把他带回泰亦赤兀，用大木枷把铁木真锁起来，准备在四月十六日大会各部首领，当众处决铁木真。四月十五日晚，塔儿忽台让一位老妇人为铁木真理发，老妇人暗中把头发塞在铁木真手里。到夜半人静时，铁木真用这团头发，滑动着把手抽出木枷，用木枷打死两个看守，逃出牢房，躲到河边树林中。

塔儿忽台派人搜索，铁木真听到四处呐喊寻找的声音，心想，在月光明亮的夜里，森林不易躲藏，便跳入水中，只把鼻孔露出水面，以便呼吸。

士兵搜遍了整个树林，来到河边搜查。速勒都思部的锁儿罕失剌经过铁木真藏身的水中，发现了铁木真。可他不作声，等到其他人都走远后，他单独回来，称赞铁木真有急智，劝他赶快逃走。

铁木真认为锁儿罕失剌心怀善意，就向他求援。锁儿罕失剌和他的两个儿子、一个女儿一起把铁木真身上的枷锁烧毁，让铁木真藏在羊毛车里。不久，塔儿忽台又派兵搜索部民的各个帐篷，士兵们来到锁儿罕失剌的帐篷，眼看就要搜到羊毛车，锁儿罕失剌找个借口，骗走了士兵。士兵走后，锁儿罕失剌让他女儿合答安为铁木真包扎伤口，又煮了一只小羊给铁木真，帮他回家寻找母亲和弟弟。锁儿罕失剌又派两个儿子赤老温和沈伯亲自送铁木真回去。赤老温和沈伯后来都成了铁木真最得力的助手，赤老温是四杰之一，沈伯则是英勇善战的猛将。

铁木真逃回家乡，可是母亲和弟弟都不在了。他四处寻找，终于找到了家人。经过这次艰难危险，全家团聚，大家非常欢喜。又怕敌人追踪而来，不敢停留，便四处流浪，最后来到青海子（又名阔阔海子，今名巴彦乌兰海）水边居住。在那里，他们寻捕土拨鼠，以土拨鼠为食，几年后，他们拿积留的土拨鼠皮与别人交换，换来九匹良马，兄弟们轮流在山里放牧，其事业的基础由此开始建立。

一天，泰亦赤兀的人又追来了，铁木真躲进山林，泰亦赤兀的人把铁木真的九匹良马抢去了八匹。铁木真的弟弟们都想追赶，铁木真说："现在只有一匹马，我们不能一起去。"他独自上马追踪敌人。走了三天三夜，没有看到敌人的踪影。在第四天早上，铁木真向一位青年问路，这位青年看到铁木真身体疲惫，却志向坚决，便请铁木真吃了一顿饭。饭后，青年为铁木真挑选一匹良马，又看到他单人独马难与敌人搏斗，便不告诉家里，自愿追随铁木真，与他为伴，一同追赶。在路上，铁木真问青年的名字，知道他叫孛斡儿出，此人后来也成为铁木真手下的四杰之一。在孛斡儿出的帮助下，铁木真又追了两天两夜，终于追上泰亦赤兀的人马。经过一番战斗，铁木真和孛斡儿出夺回了自己的马匹。铁木真为感谢孛斡儿出，要将追回的马匹分一半给他。孛斡儿出说："我父亲只有我这一个儿子，家里的财产足够我用了。如果我要您的马，就显得我太不义气了。"他便善待铁木真，送他回家。

铁木真回家后，遵母命沿克鲁伦河向东走，去找岳父特薛禅，迎娶早已许聘的妻子。在赤忽儿忽山，找到了特薛禅。特薛禅见铁木真来到，大喜过望，便让女儿孛儿帖与铁木真成婚。自己率领部众一直送他很远，又让妻子率人护送女儿和女婿回到铁木真家乡。孛儿帖带来了一件宝贵的黑貂皮袄，要献给铁木真的母亲作见面礼。

这时，铁木真想起了父亲的盟友克烈部长王罕，便与二弟一起去见王罕，献上了这件黑貂皮袄。王罕大喜，率领部队向北护送铁木真，并替他招聚早已失散的部落百姓，使铁木真重新建立了孛儿只斤部落。这时，铁木真想起了孛斡儿出的义气，就让弟弟别勒古台去招孛斡儿出，孛斡儿出也欣然来归，成为铁木真手下第一个忠实将领，从此再也没有离开铁木真。

◇艰难创业之谋

父亲死后，铁木真面对接踵而来的艰难困苦，凭借大智大勇，从容不迫地迎接挑战，又在奋斗之中，找到了一个又一个可以依赖的朋友与帮手，逐步改善了生存环境。铁木真恢复了父亲的部落，完全可以靠部落首长的权力统治一个部落，过上安稳日子。这对志向平庸的人来说，足以让他心满意足，不再图谋进取。然而铁木真绝不是目光短浅胸无大志的人，目前的财产与权力，对他来说，只不过是实现宏图壮志的起点而已，他要在历史舞台上为世人上演更加波澜壮阔的历史大剧。

夜深人静，整个部落进入梦乡，铁木真还在沉思。人们经过数年奔波，对目前生活似乎已经满足。但人们并不了解铁木真的雄心壮志，铁木真环顾眼前的一切，稀少的人口，羸弱的马匹。他深知仅靠目前的力量，远远不能实现心中的理想。他登上肯特山峰，放眼四望，辽阔的草原似乎没有尽头，他要做草原的主人，不，还要走出草原，做天下的主人。虽然属于自己的人马还少得可怜，但他相信，天下之大，可资利用的力量超乎想象地充足。世界就是由一个一个看似无力的人组成的，但世界上的伟大事业也正是由这些单个的人聚合的力量干出来的。人只怕没有雄心壮志，而不怕有什么难事可以阻挡前进的脚步。只要自己具备足够的智慧，借助天下人们的力量，一步一步地往前走，就一定能够到达理想的目的地。

天下的民众何其多，不可能一下子就把他们全部聚集到自己身边，饭要一口一口地吃，事要一步一步地做，要想实现远大的抱负，必须从眼前做起，从脚下迈步。铁木真经过数年磨难历练，已经懂得了如何区别朋友与敌人，懂得了如何团结朋友，打击敌人。

铁木真为了实现宏图大略，开始了最为重要的一步。为铁木真召集百姓恢复孛儿只斤部落的人，是突厥克烈部长王罕。此人是当时的杰出人物，他曾杀死两个弟弟及几个侄子，夺取部长的地位，又派人向金朝进贡，使金朝封他为克烈王，故称王罕。铁木真父亲也速该在世时，曾帮助王罕攻破前来侵略的突厥乃蛮部，因此王罕与也速该结为盟友。现在铁木真把王罕作为第一个可以团结的力量，甚至对王罕执以父礼。王罕感念故友旧恩，出兵替铁木真夺回了部落首长的地位。

铁木真恢复孛儿只斤部落首领地位后，兀良合特部的铁匠孔儿赤兀多老人亲自送他的儿子者勒蔑前来，跟随铁木真。于是铁木真除了孛斡儿出外，又得到者勒蔑作为有力助手，者勒蔑后来也成为铁木真手下的四杰之一。

可是在这时，铁木真及其部落又遭受严重打击。位于贝加尔湖西南的突厥蔑儿乞部曾在也速该在世时，与孛儿只斤部落结仇，因为也速该抢夺蔑儿乞部部长脱黑脱阿的弟弟也客赤列都的妻子诃额伦为妻，脱黑脱阿一直没有机会向也速该报仇。此时他听说也速该的儿子铁木真已经成家立业，就想报复旧仇，于是率领三百多人，兼程南下，突袭孛儿只斤部落。铁木真等人猝不及防，跨上没有马鞍的马匹，匆忙逃进肯特山中。铁木真妻子孛儿帖和他的母亲，因为没有马匹可乘，被蔑儿乞人抢走。蔑儿乞人为了寻找铁木真，三绕肯特山，却未能找到铁木真。他们认为，既然捉到了铁木真的妻子和母亲，也算报仇雪恨了，便解围而去。

铁木真侦察到蔑儿乞人已经离去，从肯特山中出来。回到部落，看到不少老人孩子被杀，剩下的人四处逃散，妻子和母亲也被敌人捉走了，就和孛斡儿出、者勒蔑商议报仇之策。

他们环顾附近部落，发现没有一个部落可以帮助自己。东南的塔塔儿部，西边的乃蛮部，虽然人众力强，但自己与他们关系不好，向他们求援未必能够答允。想来想去，可以帮助他们的人，只有东方的札亦剌部，幼年曾与自己约为盟友的札木合部长，与他们有过患难与共的盟约。札木合自从继承叔父当上部落首长之后，年轻有为，深为蒙古诸部所信服，一声令下，万兵可集。可是札木合好胜逞强，太看重现实的好处。现在他们如此穷困，前去求援，一定会受到他的轻视。要想得到他的帮助，必须借助外力，采用激将法，才能达到目的。

思考出激励札木合出兵的方法后，铁木真率领拙赤合撒儿与别勒古台两个弟弟，西往秃拉河黑林，求见克烈部长王罕，商请出兵两万，以便前往邀请札木合出兵。王罕久欲北伐蔑儿乞，当即允许，并提出出兵两万作为北征蔑儿乞的左路军的承诺。请铁木真派人约札木合也出兵两万为右路军，并告知会兵地点及日期。

铁木真派拙赤合撒儿和别勒古台东往札亦剌部求见札木合，传达王罕的意思。札木合怕王罕独得大功，便对使者说："铁木真之妻被掳，是我族人的奇耻大辱，我必为之雪耻。现在蔑儿乞人分为三部，脱黑脱阿的部落在不兀剌客额儿（今蒙古鄂尔浑河之西），歹亦儿兀孙的部落在斡儿寒河（今鄂尔浑河）和薛灵哥河（今色楞格河）之间，合阿台答儿马剌部在合剌亦客额儿（在今色楞格河之西）。如果我率兵从肯特山南下，经勒豁河（今哈拉河），这相当于从蔑儿乞人的天窗上攻进他们的房间，有泰山压顶之势。此外，铁木真部落的百姓逃来此处者甚多，我可为他集结这些逃亡百姓，可得万人左右。铁木真再起兵万人，与这里的人会合就有两万人之众。这支部队，可以沿着克鲁伦河前往肯特山西南，等待王罕人马的到来。以月圆为期，然后共同出兵北征蔑儿乞部。"

使者把札木合的计划向王罕报告，王罕知道札木合想做这次北征的主人，他当然不会让札木合抢得头功，令其弟札合敢不领军一万为左翼掩护，自己率兵一万，到肯特山西南会合札木合。双方会合，直捣蔑儿乞部的心脏。

蔑儿乞三部部长，以为突厥克烈部不会为铁木真出兵，蒙古札儿剌部更不会为铁木真报仇。所以，蔑儿乞人各部都不做任何准备。等到来自河边的渔人报告，有大批军队渡过河流，如潮水般前来攻击时，已经来不及应战了。脱黑脱阿、歹亦兀孙等部落首领，只得各带左右亲随上马逃命。大批的蔑儿乞人纷纷乱奔，作鸟兽散。铁木真与王罕、札木合等，追脱黑脱阿等人不放，对蔑儿乞人大肆掠夺，不管人口、牛羊、车马、庐帐，只要是有用的东西，一概照收。铁木真在乱民之中找到妻子，并俘获蔑儿乞一个部落首领合阿台答儿马剌。而别勒古台则遍寻母亲而不得，气愤之下，尽杀前次来抢母亲的蔑儿乞人，以解心头之恨。

经过此次战斗，借助王罕及札木合的帮助，铁木真及孛儿只斤部实力大增，但他们在各部落中仍不是强大部族。铁木真心里十分清楚，要想进一步发展，必须寻找并利用更多的力量。

其实，这次北征，最大的胜利者不是铁木真，而是王罕和札木合。王罕因为感念铁木真之父也速该当年的恩情，愿为铁木真出兵，但他当然不会在战胜之后完全不为自己考虑，所以在打败蔑儿乞人时大捞了一把。札木合之所以同意出兵，完全是为了扩张自己的力量，替铁木真报仇只是借口而已。所以他在这次北征中主要考虑如何为自己掠取更多的人口与财产。其中包括原来属于孛儿只斤部落的百姓，他也把他们当作蔑儿乞的俘虏，据为己有。若他真为铁木真报仇，那么原来属于孛儿只斤部落的百姓，就应该交还铁木真。

札木合没有这样做，铁木真心里很不痛快，但他不能公开提出要求。铁木真明白，为了更远大的目标，还不能与札木合闹翻，甚至还要用更好的态度笼络札木合。铁木真在这次胜利之后，主动提出要做札木合属下的一员，依附札木合，与之一起东归札亦剌部落。

在返回部落的途中，铁木真妻子孛儿帖生下一个孩子，因为在路上没有襁褓包裹婴儿，铁木真就用面饼做成襁褓裹住婴儿，放在袍袖里，载在马上，因此给孩子取名兀赤，蒙古语的意思是"客"。当时铁木真二十三岁，因为与妻子分离一年多，札木合常拿这事嘲笑铁木真，铁木真和孛儿帖听后只是笑笑，并不回答，心里却对札木合恨之入骨，孛儿帖暗中劝说铁木真离开札木合，铁木真说："我们在多灾多难中长大，一定要有齐心合力的人帮助，才能够独立创建事业。当时在蔑儿乞战斗时，我捡到一个五岁的小孩子，他眼明有光，穿着貂皮衣，戴着貂皮帽，穿着鹿皮鞋，将来可以教养成为有用的人才，所以我叫他曲出，送给母亲收养，作为我的弟弟。我们的兀赤生下来就很强壮，哭声大而有力，将来更是有用的人，不要计较别人怎么说。我十一岁时就和札木合约为盟友，他比我大，爱贪便宜。现在我还要依靠他，所以一切由他来做主。"

铁木真把这次战斗获得的一条金带和一匹宝马，以非常诚恳的样子，献给札木合。并说："老人们常说，凡是盟友，就要同一性命，不相抛弃，相亲相爱，同生死，共患难。现在我们能重新聚合，非常难得，更应亲密无间。我留着这些东西没什么用处，愿意全部献给您。"札木合非常高兴，把战斗中夺到的一条金带系在铁木真的腰上，还选了很多好马送给铁木真，摆下宴席和铁木真欢饮，醉后又同被而眠。

铁木真投靠札木合一年多，常在私下和札木合手下英豪亲密来往，和他们讨论形势，研究蒙古人的前途，其间显示出自己有救国救民的远大志向，要建立一个蒙古大帝国，使蒙古各部落能够自由游牧，和平相处。铁木真的诱导与交结工作，在一年半的时间里大有成就，札木合也有所耳闻。一天，铁木真全家随札木合外出打猎，札木合试探地说："放马的人在山涧里得到帐篷住，可不要把放羊的都吃到嘴里去。"铁木真听出他的话别有用意，噤声不言，故意落在后边，将札木合的话告诉母亲诃额伦。母亲尚未回答，妻子孛儿帖便说："人家都说札木合喜新厌旧，他早已对我们厌烦了。刚才的话，莫非是想对我们下手？我们不要再等了，还是趁夜离开他，与他分手为是。"于是，这天夜里铁木真悄悄地率领他的部下，离开了札木合的部落，沿着斡难河（今鄂嫩河）的北岸向西南兼程而行，他想回到肯特山以东，回到他出生的故地自立为业。

铁木真途中经过泰亦赤兀部落，泰亦赤兀等人以为铁木真前来报仇夜袭，不及备战，纷纷投奔。部落里丢下了小孩阔阔出，被铁木真拾到，这个小儿活泼可爱，铁木真也把他交给母亲收养，当作自己的弟弟看待。

◇成为蒙古可汗

铁木真离开札木合的时候，札木合的势力正盛，对此毫不在意，既未派兵追赶，也没有派人责问。札木合没有觉察到已经中了别人釜底抽薪之计，别人已把自己手下的一部分英豪干将带走了，所以未防范他的部属中得力的人才私下逃奔铁木真，和铁木真共图大业，等他发现的时候，为时已晚。

当时，蒙古各个部落之中都有一些豪杰，他们看到铁木真度量宽宏，见多识广，志虑深远，气魄宏大，将来能成功立业，因此他们都想追随铁木真，希望将来荣华富贵。于是，他们先后脱离札木合，率领部属追随铁木真。其他各个部落的人也都闻风而从，纷纷率其部族，投奔铁木真。于是铁木真的势力就从一个弱小部落，迅速发展为六七个蒙古部落，能战之士，也可以万计了。

卜者豁儿赤，看到众人归奔铁木真，便伪托神言："札木合当败，铁木真当兴。"同时联合投顺中的各部人物，如阿勒坛、忽察儿、撒察别乞等，商议着打算拥立铁木真为可汗，以便名正言顺地统率来归的各个部落。商议数次后，形成一个完满方案，此时铁木真冒雪打猎，两夜未归，众人分头寻找。

铁木真已经知道众人商议立己为可汗，但他不便亲自过问，所以才偕密友孛斡儿出、不鲁古赤冒雪出猎。三骑在归途中的茫茫雪地迷失方向。次日又与仇敌泰亦赤兀相遇，铁木真被射伤，被孛斡儿出二人尽力救活，终与营中寻找之人相会，回到营地。

铁木真养伤半年后完全健愈。在养伤期间，又有不少部落前来归附，于是众人再议推选可汗之事，铁木真推让给伯父蒙和秃乞颜、叔父答举台斡赤斤、勒勒巴儿合黑、阿剌坛四人，四人极力推辞，最后铁木真才就可汗之位，是为蒙古本部的可汗，正是南宋孝宗淳熙六年，金世宗大定十九年（1179），蒙古的猪年之时。时铁木真二十五岁，到1206年铁木真五十二岁时，他才建号为成吉思汗。

铁木真称汗后，派人至克烈部王罕和札亦剌部札木合处告知。王罕对使者说："蒙古之铁木真为汗，此举诚是，吾有此心久矣。将来有事，吾必助之。"而札木合还在为铁木真不辞而别而恼火，更为铁木真招诱自己的得力干将而气愤，听说铁木真称汗，更是不满，他对使者说："铁木真与我，好比一车之两轮，合力于一处，才可以成就大功。都是阿勒坛与忽察儿二人（前者是铁木真叔父，后者是铁木真堂兄）挑拨是非，使我们两人分离。你们回去问他们：为什么铁木真和我在一起时，不推选铁木真为可汗呢？如今铁木真单独离开我去做可汗。你们告诉铁木真，叫他好自为之。"因札木合有怨言，铁木真重新决定他的外交政策，极力向克烈部王罕表示友好，以求得到他的帮助。对东方的札木合则小心警戒，准备必要时与之作战。

崛起的条件与治军之谋

铁木真能够崛起，不是凭空做到的，需要各种条件，但条件不是天上掉下来的，也不是别人赐给的，而是由铁木真的努力奋斗争取而来的。在力量达到一定程度之后，为了更大的发展，又需要整合已有的力量，使之成为实现更大目标的强力条件。这在铁木真身上，都圆满地结合起来并得到了实现。

◇ 崛起的条件

铁木真得以兴起，其父母对他的影响，应当说非常重要。铁木真父亲也速该生于蒙古尼伦部孛儿只斤部落，以王子身份抢得蔑儿乞人之妻为妻，又与泰亦赤兀部落首领塔儿忽台争夺全蒙领袖地位，与敌作战常能取胜，可知他本是蒙古中的强力人物。他还出力帮助突厥克烈部王罕复国，又为其子远地求婚于宏吉剌部，这些都证明他是一时之雄杰。

铁木真母亲诃额伦，生于东胡宏吉剌部望族，美貌且富有才能，为蒙古各部落首领都想迎娶的才女，她最初远嫁蔑儿乞部长脱黑脱阿之弟。不久，因姿色与才气而招致蒙古王子也速该劫掠，最终成为也速该的妻子。在养育铁木真到十三岁时，也速该想为铁木真在其妻舅族中寻找一个媳妇，可知诃额伦实为女中豪杰，深得也速该宠爱，由此可知也速该对生养了诃额伦的宏吉剌部有多好的印象。就是因其为女中豪杰，所以在丈夫死后，她能教养诸子为帝为王。

众多英豪人物的帮助与推举，也是铁木真得以兴起的重要条件。铁木真出生时手握血块，这本是平常之事，可是有心人闻听此传说，便有意对此英雄之父、女中豪杰之母所生的神童加以塑造，刻意安排其为帝为王之机缘，为其制造天命之机运。

如者勒蔑之父扎儿赤兀老人，听说铁木真出生奇特后，远道背负风匣而来，此行为极具深意。他背负打铁用的风匣，是向人表示匠人不知政治，但在风匣箱中却藏有貂鼠皮袄，用极其尊敬且贵重的见面礼，为其幼子寻找君主，所谓要求让自己幼子做铁木真的伴当，就是表示世世子孙都拥戴铁木真为主。再看老人能将两个儿子者勒蔑、察孛儿罕都培养成杰出的大将，可知此老人不只眼光远大，而且身手极不平凡。所谓打铁手艺，可能是为隐迹糊口，其主要目的，还是发掘及训练伟大帝王及其将相大臣，以展其平生抱负。

又如晃豁坛部察剌合老人，其部落离孛儿只斤部落甚远，他为何能来到铁木真面前，与铁木真做幼年的陪伴人？其详情史书并没有具体记载，但看也速该临死时将其妻与子托付给这位老人的儿子蒙力克，就可知其父子二人早已与铁木真生活在一起，甚至也速该生前就已指定他们作为铁木真的监护人了。这也说明他们都对铁木真怀有神秘的崇拜之心，坚定不移跟随铁木真，要创造一番大事业，所以才将全部赌注押在铁木真身上。但他们也确实都是蒙古的杰出人才，从小有他们陪伴与追随，铁木真才能成长为心怀大志与众不同的英豪。

卜者豁儿赤的算命未必真的灵验，但他能假托天命，所谓铁木真有帝王之命，使之高抬身价，便于结交、联络和吸引当时的英豪，这也不能不说是铁木真得以成功的一个重要条件。

最重要的一个条件，是铁木真自身的能力。不管别人如何帮他，推举他，引导他，如果他是一个庸才，也不能在艰难环境中奋然崛起。早在铁木真年幼之时，特薛禅一见他，就以女儿相许，一方面表明特薛禅具备识别英雄的慧眼，另一方面也说明铁木真确实具备与众不同的素质，让人不得不垂青于他。在也速该不幸早死之时，铁木真还是一个孩子，也速该部属的百姓，都纷纷离散，抛弃了铁木真母子。这时候，人们都不会相信卜者之言，铁木真再有帝王之命，如果本身没有打天下的真实才能，也不可能奠定帝王的基础。

铁木真少年时，因小事射死自己的兄弟别克帖儿，所犯罪过之重，足以失天下人之心。但他能对弟弟临死时的遗言真心听从，母亲严加痛责后，能深刻悔悟而善待另一兄弟别勒古台，共立大志，与其共勉，终成大器。

再看与铁木真敌对的人物，他们最初势力都比铁木真强大，但最后都成了铁木真手下败将，未能成就铁木真似的伟大事业，也可反衬出铁木真得以兴起的原因所在。

如三番五次欲置铁木真于死地的泰亦赤兀部之塔儿忽台，怀着与也速该争位的仇恨，在也速该死后，诱走也速该部众，不给也速该孤儿寡母以活路，欲斩草除根，断绝也速该的后人，可谓用心狠毒，手段残忍。但他的目标仅此而已，人生的目标定得太低，只是单纯复仇，所以不能凭借现有力量，像铁木真一样在历史舞台上演规模宏大的戏剧。

塔儿忽台率部围困铁木真九昼夜，并捉到铁木真后，可谓大功告成，他还押着铁木真巡行各个部落，目的是向人们宣示，所谓具有帝王之命的铁木真很快就会一命呜呼。塔儿忽台想让人们对铁木真失去信仰，他对这一手十分得意，但也表现了他当断不断、反受其乱的短处。他没有杀死铁木真，反而让铁木真有了一线生机，最后逃走。当那位为铁木真理发的老妇人将一团头发塞在铁木真手里，使之得以逃出牢房时，人们不禁要问，这到底是出于老妇人的善意，还是某些一直追随铁木真的豪杰在暗中的周密安排？当塔儿忽台派人到处搜查铁木真时，那位锁儿罕失剌发现了铁木真藏身之处，却不声张，等众人走远之后，帮助铁木真逃走。他冒着生命危险，挽救了铁木真的性命。观其行为，可知他是善于利用人类情感之人，他的两个儿子后来跟随铁木真成为大将，父子皆为人中之杰。而塔儿忽台已将他们纳入麾下却不知重用，其失败也属当然。铁木真却能在危难之中，随时发现人才，聚集人才，这不仅可以说是铁木真的过人之处，也可说是他兴起的重要原因之一。

铁木真单人匹马追寻被抢的马匹，是匹夫之勇本不足为训，但他能以虔诚矢志，以至感动了素不相识的字斡儿出，因而自动为之调换马匹，准备饮食，又不告知家人而跟随帮助铁木真。上路之后，二人才互通姓名，纯属英雄惜英雄，可见豪杰与凡人之别，就体现在接人处事时一念敬诚与否。

以上各事，都可看作铁木真得以兴起，为将来的成功打下良好基础的条件。在这些事情当中，不难看到铁木真无论处于何种困难境地，都能保持冷静头脑，运用超人智慧，越过困难和障碍，逐步成长为蒙古人的可汗。

铁木真孤苦伶仃时，他的义父王罕虽然是近邻，却毫无抚孤问寡之心，可知王罕对也速该帮助自己复国的恩情早已忘怀。在此情况下，孛儿帖只用一袭貂裘和几声干爸爸，就换来了王罕对铁木真的大力帮助，此乃谋略之功。

借助王罕的力量，铁木真恢复了孛儿只斤部长的地位，尝到甜头，才知道"虽有滋基，不如乘势"的道理。后来妻子被人抢走，他不再单人匹马恃勇追击，而是和将领商议如何运用谋略，借用别人之力，报仇雪恨，以寻回其妻。看他用功利劝说王罕后，再以王罕出兵为助的理由激将札木合，使之心甘情愿为之出兵北征，真如空手玩虎豹，竟能调动虎豹为之驱逐野狼。

蔑儿乞部落也是蒙古北部的强大部落，由于也速该曾从他们手中夺走蒙古才女诃额伦，因此他们对铁木真的孛儿只斤部落实行了报复。但在报复胜利之后，却不知道防备敌人的反报复。由于判断上的错误，他们遭受到两个强大部落的大军袭击，几乎灭种。

札只剌部落首领札木合，年轻有为，已得众心，连蒙古中强大部落如泰亦赤兀部的塔儿忽台，也对他恭顺听命，而且他在北征蔑儿乞部落之后，将铁木真的孛儿只斤部落的百姓收为己有，使铁木真本人也不得不采取低姿态，表示愿意隶属于他。可见札木合的基业之厚，自蒙古有史以来实为罕见。可惜札木合能聚而不能用，好谋而不决，直到临死才发现自己没有像孛儿帖一样的贤妻相助，更未能任用得力的伴当与臣属。

铁木真依附札木合，本来是想靠他恢复孛儿只斤部落，但他经常受到札木合的讪笑，而札木合属下的智能之士各欲寻得贤明君主。铁木真便学习札木合聚集众人的方法，以天下国家为己任，以大愿大志打动英雄豪杰之心。所以他一旦脱离札木合，便使札木合的部属怀念铁木真的才能与志向，自愿脱离札木合，纷纷投靠铁木真。铁木真在得到众人的忠心之后，也能重用每个人的力量与才能，与他们共创大业。

当铁木真追随札木合的时候，他的得力帮手只有孛斡儿出、者勒蔑两个伴当，除了几位弟弟外，又新招得妹婿孛秃，其余都是家属而已，孛儿只斤的百姓，札木合并没有归还给他。铁木真依附札木合一年有半，招其旧部与之共同逃离札木合西行之后，蒙古其他部族的人们，因他善于用众，故心向之，等他独立之后不到一年，即收容众多部众，并有了许多的得力将领。整个部落来投奔者，达十余个，率其部落之一部来奔者，多达二十多个，率其家族或个人亲属来奔者，多达百余。其中不乏有志之士，后来皆成为铁木真的大将，建立许多大功。铁木真对来归者，能一一结交而重用之，因而奠定创业垂统的坚实基础，造就世界历史上最大的蒙古帝国。

◇ 治国治军之谋

蒙古部落的民众，虽然骁勇善战，但由于长期游牧生活，养成散漫习气。铁木真深知，靠散漫的民众不足以成就大事，要让民众与将来的强敌作战，就必须克服散漫习气，养成严明的纪律，才能组成一支强大的军队，才有希望战无不胜，攻无不克。一个伟大的领袖，想在历史上成就一件大事业，必须具备这种严于治民治军的觉悟，同时，为了实现这种严格治国治军的目的，就必须具有相应的谋略和措施，否则，一切理想只能成为空中楼阁。

铁木真在长期的治军治国实践中，总结了不少经验，他把这些经验，概括成简明扼要的训令，用畏吾儿文字写成蒙古语，传示国中，称为"大法令"。凡遇有国家大事，召集诸王集议，就取出大法令，敬谨读之。铁木真因其儿子察合台秉性严肃，特命察合台专门监督法令的施行。铁木真说："后人若不遵守这些高于一切且能巩固政权的教令，若不严格服从之，则其国不久必将动摇，其衰落就指日可待了。"

铁木真用法律禁止蒙古民众流行的不良风俗。他说："先是窃盗奸通之事甚多。子不从父教，弟不从兄教，夫疑其妻，妻忤其夫，富不济贫，下不敬上，而盗贼无罚。但我统一后，首先着手之事，就是使之有秩序和正义。"由于蒙古人是兵民一体，所以对民众风俗的治理，实际上就是对军队的治理。

铁木真希望自己的军队随时做好战斗准备，一声令下就能登骑出发，为此他对将士提出要求：

一个十夫长如果能很好地率领十名士兵，就分配给他十名士兵。若一个十夫长不能很好地指挥他的小队，就连他的妻子一齐处死。然后在这十个士兵中另选一人以代之。

铁木真命将领在每年初都要亲自聆听他的命令与训教。他说："应来聆听训令而留在营地者，其命运将如一块石头沉入深水，一支箭矢射入芦丛，将亡而不存。此种人不能带兵。"

不仅战时要求严格，在平时也不能放松。铁木真说："在平时，士卒处人民中，必须温静如犊，然在战时击敌，应为饿鹘之搏猎物。"

对于将领，铁木真说："凡为将者，必须能感饥渴，推己及所将之士卒。应使行军有节，爱惜士马之力。"要求将领平时爱护士兵，关心士兵的饥渴饱暖，到了战时，士兵们才会听从指挥，奋勇拼杀。

铁木真又利用蒙古人爱好打猎的习惯，从治国治军的高度，把以往零散而无组织的打猎，变为集体的大规模军事训练。以围猎的形式练习作战，华夏上古就有这种习俗，但对蒙古人来说则是新鲜事物。铁木真教导人们，蒙古人不与人作战时，就应与动物作战。于是，每年冬初，就为蒙古人大猎之时。每次出动围猎，就像是一次出兵打仗。首先派人侦察野物是否繁众，得到确切情报后，令周围一天路程内屯驻的各个部落，在每十个人中签发若干人，设围驱兽，向目标地进发。

此种队伍按军队作战的需要，分左翼、右翼和中军，各有将领统率，他们的妻妾也都跟随前往。队伍前进时，各方常派出军校，向其君主报告野物的情况和驱赶到何处。开始时，围猎的范围广，嗣后包围圈逐渐缩小，士卒越来越密集，以至于肩臂相摩而进。到最后，将猎物驱赶到一个非常狭小的区域内，大军则在周围设下拦网，距猎物二三百米，用绳悬毯结围，不让野物随便逃走。在围猎过程中，士卒应当随时注意保持队伍整齐，有懈怠落后者，就用军杖抽打以示惩罚。

待全部包围完毕之后，铁木真首先偕其妻妾及近随入围捕猎，射取大量的禽兽。等他疲倦了，就停在围中一处山丘之上，观看宗王统将等人射猎，其后再由一般将校射猎，最后入围射猎者才是士兵。

这样连续数天，野兽已少，诸老人来到铁木真跟前，为剩余的猎物请命，大意是说要留一些动物，好让它们来年继续繁殖，以供下次围猎之用。至此，围猎告终，由掌膳之臣，收集猎物，烹调成美味佳肴，大家共同宴乐，之后各队伍回自己的部落，一次大规模的围猎暨作战演习便告结束。

铁木真对蒙古民族的训练，体现了他的统率才能与远大谋略。铁木真是蒙古历史上最伟大的领袖，而他能成为这样伟大的历史人物，就在于他的目光远大。更重要的是，配合这个远大志向，他有一套行之有效的谋略与措施，保证志向的逐步实现。经过一番认真而全面的训练之后，就把本来如同一盘散沙的蒙古各部落组织成一个非常团结而驯服的军事机器。然后他就要指挥这支精悍的部队，去征服天下，建立心中憧憬已久的大帝国了。

做事的成功，往往使许多人心满意足，但对于具有雄心壮志的人来说，他一定会在已有的成功基础上，谋求更大的目标和成功。铁木真就是这样的人，所以他能完成别人完不成的伟业。

◇蒙古统一时的亚洲形势

自铁木真二十五岁为汗起，至四十八岁，才统一蒙古各部落，经过数十次战役，为时二十四年，即自南宋孝宗淳熙六年、金世宗大定十九年（1179），到宋宁宗嘉泰二年、金章宗泰和二年（1202）。铁木真在这二十四年中，常常利用突厥克烈部王罕之力，屡次征战蒙古不服的各个部落，终于尽数收降蒙古各部，把他们改编为麾下的一部。等他统一了蒙古各部后，就进击突厥各部，统一了亚洲大草原。

在铁木真开始走上历史舞台的时代，整个亚洲大草原地区的基本形势如下：在中国东北地区及蒙古地区，向西的土耳其斯坦等地，都是游牧部落居住的地区。这些部落的语言，属于阿尔泰语系的三个分支语系：东胡部语、蒙古部语、突厥部语。他们的分布如下：

在黑龙江支流额尔古纳河右岸，有两个部落游牧，一是东胡的塔塔儿

（又称鞑靼），一是时属突厥、时属蒙古的宏吉剌部。在肯特山一带，是蒙古族的孛儿只斤族居住的区域。此族就是产生成吉思汗的蒙古族。

在孛儿只斤族周围，散处的是蒙古其他部落。其中与孛儿只斤部有血统关系者有六部：泰亦赤乌部，札只剌部，巴鲁剌思部，八怜部，朵鲁班部，散只兀部，哈答斤部。与孛儿只斤部关系疏远的有五部，即阿鲁剌惕部，伯岳吾部，火鲁剌思部，亦乞剌思部，弘哲剌部。

在贝加尔湖东岸的是蔑儿乞部，在贝加尔湖西岸，是蒙古的斡赤剌部。在贝加尔湖斡儿寒河与肯特山之南，一直到长城之间，则为突厥克烈部。克烈部在辽金时期是蒙古地区最强盛的部落。另有一个突厥乃蛮部，居住于斡儿寒河与大金山（即阿尔泰山）之间。

乃蛮部西南，是突厥畏兀儿部，此部为隋唐时期的回纥部，曾经统治蒙古全境，但在成吉思汗时，他们势力衰落，散居于哈密、蒲类、别失八里、吐鲁番、哈剌沙尔、库车等地。在其西边的伊犁河一带，是哈剌鲁部。畏兀儿与哈剌鲁部，当时都臣属于西辽。

西辽建都于吹河附近的八剌沙衮，其直接统治的地区为伊犁河与塔里木河流域。此外，它的属国东有畏兀儿与哈剌鲁，西有撒麻耳干和花拉子模国。

西辽统治中亚一直到古尔罕（即耶律大石）、直鲁古（即大石之子）之时，正是 1178 年到 1211 年。后来花拉子模与撒麻耳干叛离，它遂失掉河中地区，此时西辽南境以锡尔河为界。锡尔河以南，是信奉回教的突厥帝国——花拉子模王统治的国家。他于 1220 年夺取了西辽的河中、阿富汗、原波斯色尔柱王朝属下的一些酋长国，实际上已把伊朗完全征服。此时只有古大食帝国的黑衣大食王朝，在其旁只控制着狭小的地区。

这个时代的东亚，南方为南宋，北方为金朝。宋金两国之西，有西夏国。西亚地区，则为突厥人的色尔柱王朝与希腊人争夺小亚细亚。

◇生聚教训，志在千里

据史书记载，铁木真与札木合相处一年有半，就施行了诱结诸部豪杰以从己的谋略。但史书中，对铁木真如何诱致各部豪杰，都不明言，仿佛这只是一种天与人归的自然结果，而不是铁木真私下暗中做了无数的工作。

在宋孝宗淳熙六年，即金世宗大定十九年（1179），也就是蒙古历史上所说的猪儿年，二十五岁的铁木真，脱离札木合的控制，来到不儿罕山（肯特山东部的主峰）东南，就是怯绿连河（今克鲁伦河）的发源地，地名叫作阔阔海子，停留下来。之后蒙古各部归附而来，铁木真在众人拥戴之下，正式称汗。铁木真登上汗位，是他多年的梦想，但不是全部的梦想，他不会满足现状，他要继续实现远大的志向。

铁木真即汗位之后的第一件事，就是争取克烈部王罕的支持。他知道要得到王罕的支持与帮助，就要采取谦下的态度，因此他派出使者，用"子即汗位，往告其父"的姿态，向王罕报告这一事件。铁木真也知道，虽已与札木合分裂，但凭目前实力，还不足以与札木合对抗，所以他派出使者，用"弟即汗位，往告其兄"的口气，前往札木合处向他报告。

王罕得知铁木真即汗位，又见到其对自己是以子侍父的态度，就表示对铁木真全力支持。札木合则极为不满，但也不便多说，只好对着来使发发牢骚。铁木真得知了王罕和札木合的态度后，对下一步的行动就心中有数了。

铁木真知道，如果不用武力征服未曾依附的蒙古各部落，就无法自存，更无法统一全蒙古。然而自己新近恢复部落，刚刚独立，虽有不少部落归附，但实力远远不够，手下的人数总计不足三万，要想一展宏图，还必须进一步扩充实力，他决定采取招诱的办法，吸引更多的部落归附。还要善加利用王罕的力量，作为后援，然后以十年时间，训练属下人民，使之成为一以当十的精兵强将，方能取得更大的成功。

铁木真的首要之务，是组建由他直接指挥的武装。他命忽必来、别勒古台、合儿孩脱忽剌温和他弟弟拙赤合撒儿四人，各率带刀勇士八十名，分班轮值，作为贴身侍卫，称为"宿卫"。又命孛斡儿出的弟弟斡歌来，与合赤温、哲台、多豁勒忽四人，各率持弓勇士七十人，分班轮值，作为外围侍卫队，称之为"护卫"。又命阿儿该合撒儿、塔孩、速客该、察兀儿罕四人，各率持刀带弓的勇士七十人，分班轮值，作为内外巡察队，称为"散班"。命孛斡儿出为内侍卫宿卫总队之长，命者勒蔑为外侍卫护卫总队队长，命速不台为巡察散班总队长。又命汪古儿、雪亦客秃、合答安答勒都儿罕三人各率膳者、工匠、艺人七十名，分别按时均分，供应此三队人员及铁木真全家与来宾的饮食寝处等事。

铁木真的部署，实际是建立了蒙古最高帝王的全套制度，使蒙古民众形成一种至高无上的权威感，这是帝王统治人民必要的形式与工具，也是他进一步施展帝王权力的必要前提。铁木真能提出并建立这样一套制度，表明他对于政治的实际操作能力甚强，也表明他为实现更大的目标，有条不紊地努力着。

铁木真知道蒙古人口太少，对外作战，只凭这些人，力量太弱小。所以他要谋划如何使蒙古的人口繁殖，财富增加，用具改良，技艺精进，并能大量生产、储存与供应。这都是为将来大规模战争做准备。

他命朵歹率领通晓各地语言的人、擅长交际的人、具有特技的人，来总管部落户口，接待并招徕各地的宾客，经营对外贸易等事。铁木真还命其弟别勒古台与合剌勒歹脱忽温二人，集合擅长骑射的勇士，掌管训练人马及组织围猎等事。又命泰亦赤兀歹忽图、抹里赤、木特合勒忽三人，分率骑士，掌管各地马群的繁殖，地区的划分和警备等事。又命迭该率领骑士，以掌管各地放牧牛羊骆驼的繁殖、屠宰，准备贸易等事。

诸事分派已定，铁木真召集其属下众人宣告："你们众人离开札木合，来跟随于我，我要像天地护佑众人一般来护佑你们。你们中的年轻人，我已经都委付了重要的职务，各自去努力吧。去组织训练你们所分得的百姓，各自锻炼成一个能征善战的作战团体，来共同争取最好的前程。你们中的年长者，都是我的吉庆伴当，需各尽心竭力，来为我参谋诸事，随时随地来告诉我去办理，以共谋我们蒙古人的强盛壮大而光荣的事业。"他的部众皆大欢喜，各自分头召聚友朋前来，共谋努力立功。

铁木真通过这样的号召、组织与训练，使自己的部众日益增多，同时使之日益凝聚成一个强有力的军事国家，逐渐产生对外的威慑力量。

克服强敌

社会是众多人群的集合，一个人要在社会环境中达成自己的愿望与目标，其他人也会有同样的要求。这就构成了人与人之间的矛盾、争斗甚至是屠杀。在这样的竞争环境中，最后的成功者一定是智谋最强之人，他能根据所遇到的对手及其特定情况，谋划出最恰当的谋略，从而排除前进路上的障碍，一步一步地走到目的地。

◇ 强敌札木合

蒙古札只剌部，居住在额尔古纳河流域，水草丰盛，部众人数颇多。部长札木合，继承叔父创下的基业，年轻有为，一度将铁木真收归麾下。不料铁木真的野心比札木合还大，组织部众的手段较札木合更为敏捷且有魄力，结果诱致诸部豪强脱离札木合，西去自立为汗。札木合因惧怕铁木真依附的克烈部王罕，故不敢贸然对铁木真下手，转眼过了十年。

十年中，札木合采用孤立铁木真的政策，一方面拉住铁木真的死敌泰亦赤兀部长塔儿忽台，使之西联蔑儿乞各部，牵制铁木真的北方。另一方面，与金人世守长城的塔塔儿部、汪古部联络，使之从南方牵制铁木真。札木合又派人与西方突厥乃蛮部联络，希望乃蛮部牵制克烈部王罕的后方。然后，札木合组织东方各部落的联军，准备西征他认为已孤立无援的铁木真部。

札木合为了推进消灭铁木真的大计，除了从外部对铁木真拉起包围圈外，还从铁木真和王罕的内部入手，派人前去假装投顺，然后暗中挑拨离间，准备时机成熟就颠覆铁木真的政权。札木合派出的间谍在各地散布谣言："铁木真称汗，志在消灭蒙古各部落，实行他的大独裁统治。札木合聚众为盟，是要扶导各部落均富康乐，以求大家平等相处，共同繁荣发达。"

铁木真属下的主儿勤部落，因此而对铁木真携贰，有意投奔札木合，札木合与之暗中联络。此时铁木真实力正在上涨，因对金朝表示恭顺，按时入贡而常受到金朝赏赐，所以札木合生怕铁木真得到金朝的支援，所以也未敢公开对铁木真用兵，主儿勤部落也不敢公开分裂，只是在暗中观望。

宋孝宗淳熙十六年（1189），金世宗卒，世宗太孙继位为金章宗。此时，泰亦赤兀诸部长汪忽哈忽出、忽里勒等，劝札木合乘机出兵攻击铁木真。札木合认为此时金国正为世宗发丧，内部忙乱，无暇顾及属国之间的纠纷。于是就以寻衅姿态，试探铁木真东方的警备力量，派人前去劫夺马匹。

在抢夺马匹的行动之中，札木合弟弟塔合察儿被射死。札木合大怒，集结各部落，西征铁木真。此次西征，有十三个部落的三万人，企图突然袭击，一举击灭铁木真的全部部落。

然而，此次极端诡秘的军事行动，未能如札木合之愿。因为在十三个部落中有一个亦乞剌思部落，该部中有木勒客脱塔黑、索罗勒歹二人，早已心向铁木真，将进袭的秘密星夜驰告铁木真。

此时铁木真已组成了十三翼军队，称十三个"古兰"。古兰，在蒙古语中是"圈子"之意，后来更发展为军团。古兰刚组建时，每个古兰只有一千人，由一个千夫长统领，下辖九个百夫长，百夫长下辖九个十夫长。故十三个古兰共有一万三千人，不及札木合兵力的一半。铁木真为了迎敌于境外，指挥全部兵力向东北行军，沿斡难河南岸，挺进到奎屯河流域，迎击札木合联军。

札木合刚刚越过阿剌兀特岭和土儿合兀岭，就发现铁木真的前哨。再行军到答兰巴勒主特时，看到铁木真军已在白云东山之前严阵以待。札木合知突袭之计泄露，正踌躇间，铁木真派突击小队试探攻击。札木合来不及布阵，就令部下攻击前来探阵的突击小队，击退了铁木真的突击小队。铁木真见敌人势众，不可力敌，准备退往西河狭窄山地中与敌决战。

札木合知道前面不远就是多山与两河之间的狭窄地区，对己不利，也不敢再进逼，下令退军。札木合退军后在十二个部落中搜查泄露机密的人，把这次行动命之为"捕大王"。蒙古人称狼为大王，将通敌嫌疑分子都称为大王。但他不知道真正的内奸，只好滥捕嫌疑。然后把所谓通敌分子用七十二口大锅，当众煮杀，企图以此恐吓人们。如此残忍的行为，暂时使十二个部落中的懦夫恐惧了，而真正的勇士却因此更为离心。札木合在与铁木真的较量中，又输了一筹。

◇借刀杀人

铁木真知道双方力量悬殊，不能以力取胜，便撤退到斡难河与客鲁连河两河狭窄之处的哲列捏，准备与敌人决战。等了三天，不见敌人前来，方知敌人已经退走。此时原属札木合的一些部落因札木合过于残忍而来投诚。因此，这次战斗铁木真虽然没有取得胜利，但增加了不少部众。

此时，主儿勤部散布谣言，说铁木真傲慢，非帝王之相，一些部落的人相信了谣言，想投顺札木合。

铁木真知道这是由于自己的骄傲所招致，就和心腹商议。有人主张打击主儿勤部，以拔除祸根。而别勒古台说："我们正准备干大事，怎能对小事不加忍耐？应该自行修德，感化主儿勤部。"商议的结果，是通过对外作战，来消除内部的矛盾，于是选定塔塔儿部作为打击目标，该部是蒙古的世仇。

塔塔儿部一向为金朝守御长城，此次参加札木合的联军，是叛金的行为。铁木真认为应向金朝告发塔塔儿部，请金出兵讨伐之。若金朝不肯出兵，则遣小队冒充塔塔儿人侵扰金人边境，激怒金人使之出兵。金人若声讨塔塔儿，就必会派其右丞相完颜襄率军，完颜襄又必将征兵于各属国，此时铁木真就可用援天子而令诸侯之计，号召东胡、突厥、蒙古各部出兵助金讨塔塔儿部，有不从号召者，则用金朝之命讨之，如此可造成自己为北方各部族之领袖的事实。而且塔塔儿部曾缚送蒙古乞颜部长俺巴孩于金朝，是蒙古各部的公仇，因此俺巴孩的子孙主儿勤部必将与己合力共同报仇，否则即以忘报祖仇之罪讨之。

塔塔儿又称鞑靼。金人与蒙古人所指的塔塔儿，专指东胡语系中的辽代后裔契丹人留在长城以北地区的游牧人群。在塔塔儿部中，混有契丹人、兀良哈人、索伦人、奚人等，以契丹人为主，金灭辽之后，投降于金，对金恭顺。金让他们在长城以北地区游牧，负责完成对长城之外的各个属国进行招徕、安抚、和亲、分化、离间、监视、追捕逃犯等任务。因此，蒙古各部、突厥各部，都因塔塔儿部依仗金朝的大力支持而畏服于塔塔儿部，把塔塔儿部称为黑鞑靼，而称金为白鞑靼。

塔塔儿的地区相当广大，南与汪古部为邻，西边为沙漠地，隔着沙漠与乃蛮部和克烈部为邻，北方以呼伦池为界，与东胡语系的宏吉剌部相接，再北就是蒙古各部，西北方与铁木真的牧地相邻，两部互有交易和掠夺，常有战争。

塔塔儿境内多大湖、大川、大山、大漠，时称塔塔儿与汪古部、宏吉剌部为金朝守边门的三只猎犬。因为这三部世世代代为金朝守御边疆，使其他部落不敢对金朝的后方有觊觎之心。塔塔儿部又是三部之中的中坚，所以金朝对它特别照顾并多加赏赐。塔塔儿人还保存了许多辽代的遗物，是游牧人群中最为富庶的人群。

塔塔儿和蒙古素有仇怨，早在俺巴孩汗为蒙古领袖的时候，就被塔塔儿人诱捕，献于金朝而杀之。俺巴孩汗的儿子忽图剌汗，率领部队进入塔塔儿部，打败塔塔儿人。俺巴孩还想与塔塔儿人和好相处，准备与塔塔儿人联姻，把自己的女儿嫁到塔塔儿部，并且亲自送去，可被塔塔儿人逮捕送到金朝。俺巴孩在前往塔塔儿的时候，指定自己的接班人，并嘱咐如果自己出了意外，他一定要为蒙古人报仇。所以蒙古人听说塔塔儿人把俺巴孩捉住献给金朝的时候，便自动集合起来，推选忽图剌为汗。忽图剌率领蒙古人前往塔塔儿报仇，一共杀了十三次，不能取胜。在与塔塔儿作战的时候，也速该也派兵助阵。

俺巴孩汗是铁木真的曾祖父，和他一起死于金人手中的，还有可烈部王罕的祖父马儿忽思不亦鲁。可见出塔塔儿人一直为金朝卖力，镇抚蒙古人和突厥人。所以蒙古人和突厥人不断对塔塔儿发动报仇之战，但一直没能消灭塔塔儿部，可见塔塔儿部战斗力非常强大。

直到铁木真此时设下计谋，首先破坏塔塔儿与金朝的关系，使他们由友谊变成仇敌，这才造成金朝必然出兵之势，随后铁木真出兵帮助金朝，一起攻击塔塔儿，这样一来，不但蒙古人与突厥人报得大仇，而且可以撤去金朝北方的藩篱，切断金朝向北的触角，更可以粉碎札木合与塔塔儿人的军事联盟，真是一举数得之计。

◇让金人出力

铁木真自三十五岁与札木合作战以来，直到四十岁，虽然数次取胜，但受主儿勤部恶意破坏，声誉已不足号召蒙古各部落。此时北方有泰亦赤兀部，东方有札只剌部札木合，南方有塔塔儿部，西方有蔑儿乞部。铁木真为打开四面皆敌的危局，加紧与王罕保持良好关系，作为声援。另外则制造金朝与塔塔儿部之间的矛盾，准备利用金朝攻击塔塔儿部。于是，秘密分批派遣小分队冒充塔塔儿人，在金朝边境大肆抢掠。金人对塔塔儿人指责，塔塔儿人坚决不承认，可是边境的侵扰不见停止，金人遂对塔塔儿人兴兵讨伐。

札只剌部长札木合虽把塔塔儿部视为同盟，也曾与之联手攻击铁木真，但总认为塔塔儿人对自己不够忠诚，怀疑他们与铁木真暗中勾结。且此时札木合专心扩大势力，不太注意塔塔儿与金人之间的边界冲突，因此不曾察觉其间还有铁木真的阴谋。克烈部长王罕，虽知塔塔儿部屡次侵犯金朝边境之事，内中定有铁木真派人冒充，但他对塔塔儿部恨之入骨，所以深愿金朝一怒而出兵讨伐塔塔儿部，使自己既可报仇雪恨，又可从中取利。因此，札木合与王罕在无形之中，帮助铁木真完成了其战略计划。

金朝不断闻知边境报告，只知有塔塔儿人侵犯边界进行掠略，但因他们行迹飘忽，未曾捕得其人，不知其中有诈，以为塔塔儿人虽久为北方藩篱，近年却不甚恭顺，今边境地区既然不断发生此类事件，则其反叛是实。于是金章宗命其右丞相完颜襄率军驻扎到北方边境重镇临潢。完颜襄派人责问塔塔儿为何屡屡侵犯边界，塔塔儿矢口否认，声称此类事件全由蒙古人所为，但说不出蒙古人如何越过他们的领地，到达金朝的边界。完颜襄召见他们的官员当面解释，他们惧诛不敢前来。于是，金人就在塔塔儿人有口难辩的情况下，宣布塔塔儿部的罪状，通令各属国出兵，跟随金军讨伐塔塔儿部。完颜襄亲率大军自临潢北上，向斡里札河流域进攻。

铁木真精心谋划的统一蒙古之战略，由此全面形成，从而奠定了其伟大事业的基石。

◇假天子而令诸侯

塔塔儿部的牧地，南临金朝的界壕。所谓界壕，是指只有长壕、长堤与碉堡、营寨，尚未修成长城。塔塔儿与西方的汪古部，东方的宏吉剌部，以及打牲族兴安兀良哈部等，构成金朝北方的活动长城。金朝丞相完颜襄在不知不觉中堕入铁木真的圈套。完颜襄不仅毫不觉察讨伐塔塔儿部有什么不对，反而还想借此次征调北方各部进行军事行动之际，考察和辨别各游牧部落的忠诚与否。他的这一举动，对铁木真下一步的行动造成有利机会。

铁木真接到了完颜襄征兵讨伐塔塔儿的通令，他不像别的部落那样，视此通令为不得不尽的义务，而是视为朝廷的诏命。虽明知各部落都已收到此通令，可铁木真还是像独家接到朝廷诏命一样，郑重其事地派出专使，分赴各部落传达此通令，宛如身任此次行动的总指挥一样。

铁木真的使者到达蒙古各部、东胡各部和突厥各部，说："朝令各部随军征讨叛逆的塔塔儿部，乃吾等报复祖宗大仇之良机，当悉力从征，勿违！"

泰亦赤兀部知是铁木真在弄权作势，但有金朝皇帝的诏命，也不敢杀其使者，只能驱逐其使而不出兵。札木合等接到金人的通令，又见铁木真的使者如此说法，明知铁木真此举是斩断其手足，拆散其联盟，但为防止铁木真继续假借金朝势力来对付自己，也不敢说不出兵，更不敢救助同盟塔塔儿部，陷入进退维谷的困境。但表面上仍然答应出兵助战，实际上则力求自守。

突厥克烈部王罕先接到金朝的通令，又听到铁木真使者之言，认为塔塔儿部一向帮助金朝，且对己有杀祖之仇，即使没有王命，亦当助战，何况铁木真遣使来约集兵，当是成功之良机，乃欣然集结部队，亲率前往。其他各部，有以路远为辞者，有象征性出兵者，有口头允诺而实际并不出兵者。

当时主儿勤部的领地在铁木真领地之北，与铁木真失和之后，不常来往，此次征兵为祖宗报仇，不敢不从命，但怕铁木真在战斗指挥中加之以罪，乃迟迟不肯行动。铁木真为使之必来，乃复派使者告之说："前塔塔儿将我们祖宗杀害的怨仇，未曾得报。金国差丞相前来剿灭塔塔儿部，我们当趁此机会去夹攻他。主儿勤部是蒙古名箭手聚集的部族，为祖宗报仇，当出大力，我一定要等到你们前来助战。"主儿勤部心中疑惑恐惧，不敢前来。铁木真等了六天，主儿勤部不来，他深虑主儿勤部在后方叛变，于是部署一个陷阱，留下少数老弱看守营地，然后率领全部男女，与王罕同去帮助金人夹攻塔塔儿部。

统一大略之谋

铁木真的目标，绝不只是对付一个塔塔儿部，而是要统一整个蒙古大草原，下一步他就要为实现这一目标运用智谋。

◇统一大略

铁木真四十岁的战略目标，是统一蒙古各部，使自己成为全蒙古的皇帝。凡有助于此一目的之事，他都欢迎；凡有益于统一蒙古之事，他都热心。反过来，凡有碍于此一目的之人，都被他视为敌人。塔塔儿部、泰亦赤兀部、札只剌部、主儿勤部乃至突厥克烈部，他都视为可友可敌之间，只不过出于全盘考虑，把塔塔儿部列为头号敌人，第一个予以打击。

铁木真幼年阅历甚丰，少年时代经过甚多坎坷，受过极多磨难，懂得游牧人群的心理反应，故知如何笼络人心，更知采用不同方法去对付不同的敌人。仇恨不是朝夕便可报雪，大事业更不能一蹴而就，必须利用多数人的智慧，设计出乎意料的方法，因人而异，因地制宜，因时求变，因事造势，用时时刻刻的积累，去争取主动地位。使用荣誉可以拴牢勇士之心，使用残忍可以镇压懦夫之心胆，然后才能让勇士为自己出死力，向敌进攻，使懦夫为自己出劳力，助威成势。故其对于智勇之士，推食食之，节衣衣之，而对懦弱之人，也曾伐木燃火，把俘虏的泰亦赤兀部众，投入八十镬大锅中烹煮给众人看。

主儿勤部是铁木真的血亲部族，因关系于事业成败，故必须设法团结。

于是在冬季围猎时，铁木真常有意让自己部落的人驱赶猎物至主儿勤部的围场。但主儿勤部领袖仍不肯讲和，铁木真就想出一套执行金朝命令、助金讨叛并为祖宗报仇的策略。铁木真预料在此策略下，用报仇来号召蒙古各部的团结，来听从自己的指挥。如若不然，就以违抗朝命或忘掉祖仇为罪名征讨之。主儿勤部已表示拒绝合作，知其必然叛乱。但同时断定札木合必不敢行动，而泰亦赤兀部与主儿勤部的合作，却不能不防。因此在战略行动上，选定斡难河南岸的奎屯河一带为夹击塔塔儿部的战场，因其位置正临泰亦赤兀部牧地东南，随时可以攻击泰亦赤兀部的后方，使泰亦赤兀部不敢有所行动。

铁木真明知泰亦赤兀部和札只剌部不会听命前来，还是派使者前往诏告，这是一种政治策略，也是一种心理威胁。其作用不仅使之不敢公开援助塔塔儿部，以免被人视为金朝的同党，更为自己留下随时可以加以罪名的口实。这样一来，使塔塔儿的盟友袖手旁观，则自己出兵作战，必然事半功倍。待自己成功后，自然声誉复振，实力壮大，然后再表现良好风度，以金朝属国之立场，在适当时机说某一部落未曾助金讨逆且忘了祖仇，以此为罪名而加以征讨，以便各个击破，逐一征服。

当铁木真施展借金朝之力打击塔塔儿战略，使金人自毁长城之时，金朝势力已进入中原，统治中国北方已近七十年。金朝受中原文化熏陶已久，故对北边诸民族，已不愿用兵动武，而学习中原王朝对北部游牧民族的政策，即所谓柔远怀来的德化政策。金章宗之前的金世宗，改变了其祖先北守南攻政策，实行南北皆守政策。金章宗以为塔塔儿连年入寇北边，是存心为叛，虽然入寇边界者不完全是塔塔儿人，但塔塔儿部已不能尽守边界的职责，因此不能再姑息，故命右丞相完颜襄率兵做出动武的样子，内心不过是稍加威吓，并不想大规模征讨，所以派出的兵力并不多，而必须向蒙古各部征调兵力。这种心态与政策，正好让铁木真行使挟天子令诸侯的计谋得逞，最后造成金人非得出兵征讨不可的局面。

完颜襄以塔塔儿部长不肯前来听命，怒而兴师，而未深一步考虑讨灭塔塔儿部后会是怎样局面，正是虑事不周。也许他根本就不想再让北方的游牧民族做自己的活动长城，而完全由自己承担防御。这一点可由以下数事得到证明，一是金人不惜重资修筑边堡长城，在修筑长城时采取了"军民并役""募饥民以备"的政策；二是金人把长城的范围拉得很宽，从东北一直绵延到蒙古，几乎整个北部边界都要修长城，完全是全面防御的态势。总之，金人出兵讨灭塔塔儿部，是完全错误的决策，后来金朝灭于元朝，其实起始于进攻塔塔儿部。

蒙古札只剌部札木合，本是善于结聚民众之人，他为报复铁木真射杀其弟之仇，集合了十二个部落，应该有能力与铁木真争衡，可惜他未能保住军事机密，致使敌人有备，奇袭变成了强攻，战而无功。他回军之后，一味寻求内奸，企图以残暴来威慑民众，结果弄得人们离心离德，可见他精于小事，而疏于大略，便有机会让铁木真从容部署，完成各个击破、断其手足的大略，而札木合也只好坐视塔塔儿等同盟任人宰割。后来，他虽发动几次联军组织，打算前后夹击铁木真，可惜其左右之人太不中用，每次行动都让军机泄露而使精心准备的打击付诸东流。

泰亦赤兀部长塔儿忽台，主儿勤部长撒察别乞，也都具有野心，想要统治蒙古诸部。塔儿忽台最先取得优势，但他勇有余而智不足，故在战略上连札木合也赶不上，所以最后只能成为札木合手下的一支盟军。在札木合不是铁木真的对手时，他的命运就只有失败。撒察别乞既率主儿勤部投顺铁木真，但并不真心忠诚，所以在依附中暴露野心，这是他不聪明的地方，尤其是在曾经依附过札木合的铁木真之下，虽在宣传方面颇能得法，但在整个大战略上，比之札木合、塔儿忽台又次一等，故也并未成为铁木真的对手。

突厥克烈部长王罕，部中包括赤儿乞儿六个部落，以克烈部最为强大，而统治其他五部，统称为克烈部。突厥语称统制各部的最高之人为"不亦鲁"，但还不能称汗，相当于金朝封的王，所以蒙古人尊之为王罕。王罕之祖马儿忽思不亦鲁，为塔塔儿部诱捕而献之于金朝，金朝将他杀死。马儿忽思有两个儿子，长子忽儿察儿，继位为克烈部的不亦鲁，次子古儿罕，二人分别统兵，欲向金朝及塔塔儿部报仇，不能成功。不久长子死于非命，他的另一个儿子脱忽黑勒（即王罕）杀其二兄及侄子数人，夺得部长之权，并向金朝入贡，因而被金人册封为王，故称王罕。其叔父古儿罕乃西联乃蛮部，常来袭击，王罕也曾一度失利，铁木真之父也速该替他复国，因此他与也速该成为盟友，视铁木真为义子。王罕在位年久，但其叔父及诸弟侄时时借其西部乃蛮部之力来争王位，故必须联络强邻，作为后援。

王罕因内部不稳，外敌伺隙，自然想借报祖仇之名，以号召其内部团结对外。又因外敌伺隙，都由其叔侄勾引而来，所以他也可借复祖仇之名，使勾引外敌之人暂时停止其谋。更因金国与铁木真皆来求兵，声势甚大，且塔塔儿部又很富庶，作战中有利可图，因此王罕决计出兵相助。至于消灭塔塔儿部之后的局势变化，王罕并未虑及，故王罕比较短视，只顾眼前利益而未能远虑。

王罕与铁木真，以保持义父子之名为满足，铁木真和孛儿帖用一袭貂皮袄和几声干爸爸，便借来王罕的助力，可知王罕一切决策完全是为名利驱使，眼光短浅，因此铁木真心里有数，总是用一些小名小利就把王罕笼络得服服帖帖。

这让王罕深信铁木真不会让他吃亏，且此次围剿塔塔儿部，更是明言有厚利可图，所以王罕立即出师东上，与铁木真会合，准备远出逐利。却未想到有人在后偷袭，前方虽然获利，后面却失掉全部牧地。可知王罕的战略始终为名利误导，故曾一战而胜铁木真，但在一战之后，却掌握不住继续再战的主动权，所以最终也走向失败。王罕之流，接二连三地败在铁木真手下，助成了铁木真自小在心中立下的远大志向。

◇实现统一的第一步

铁木真的战略是通盘考虑的，前前后后，左左右右，他都仔细考虑，然后确定整体战略。战略确定后，他就逐步付诸实施，一步步地实现心中理想。

金朝完颜襄在金章宗明昌四年（1193）正月进攻塔塔儿部南部地区。塔塔儿人沿着斡里札河向北且战且退。等塔塔儿部逃过孛岳济岭后，金军又向北追击，塔塔儿人只好沿着阿儿顺河继续北撤，直到怯绿连河上游的南岸集结，准备与金人决一死战。

是年二月，完颜襄进军到捕鱼儿海子南，得到东胡宏吉剌部的支援，便向位于怯绿连河之南的塔塔儿部发起进攻，经过激烈厮杀，塔塔儿人寡不敌众，溃败北逃，从冰上渡过怯绿连河，准备逃往语勒札河流域。不料铁木真与王罕由奎屯河南岸东来，攻击塔塔儿人正在溃退的中军侧背，使之遭到重创。

塔塔儿的蔑古真薛兀勒图不亦鲁在忽剌秃失图延建立围寨固守，铁木真包围围寨，王罕率军东向，追击塔塔儿逃散的部队。

铁木真围攻蔑古真薛兀勒图时，强调报祖之仇，令其兵士："塔塔儿人为杀祖之仇，毒害我父亲，与我们是不共戴天之仇，这次机会难得，我们必须尽屠其族，勿留一人。"塔塔儿人在围寨中死守，铁木真不惜一切代价，围攻半月有余，才将围寨攻下。寨子攻破，铁木真把塔塔儿人全部俘虏，杀死蔑古真薛兀勒图。

铁木真巡视塔塔儿人辎重，发现一个银制摇篮，其中有一个鼻戴金环的婴儿，盖着金锦棉被，被角镶着珍珠串及大珠一颗。揭开被子一看，此儿明眼巨口，神俊清逸，身戴金丝貂鼠皮兜肚。铁木真为此贵重装饰惊呆，知为富贵人之子，乃把他交其母诃额伦收养，取名失吉忽秃忽，作为第六个弟弟。

蒙古将领之妻多有塔塔儿人，此次战役都跟随军中，听到铁木真在敌营拾得弃儿，乃纷纷到塔塔儿俘虏中争抢塔塔儿人的婴儿和自己的亲友。铁木真的胞弟拙赤合撒儿正统领前军，他妻子也是塔塔儿人，于是劝其夫免杀俘虏。其他诸将士见塔塔儿财货太多，只顾掠夺，忘记了屠杀的命令，或同情塔塔儿无辜民众被杀戮，故有意网开一面，令其强壮者改名换姓，补充到铁木真的部队中当士兵，体弱者则让他们逃走。因此，塔塔儿人之中得免于屠杀者亦不少。铁木真虽对此事愤怒不已，但急欲回军处理主儿勤部的叛乱，也没有深究。

此次战役，完颜襄因铁木真立下大功，册封他为"扎兀忽里"。扎兀忽里是女真语，意为招讨使，并赏赐王罕为王，从此以后，铁木真成为金朝的招讨使，这对他今后借用金朝天子诏命而令蒙古部落，更为有利。

当铁木真围攻塔塔儿部的围寨之时，知此寨虽死守，但终必攻破，不需全部部队在此攻击，而塔塔儿部其他的溃逃部队，有王罕追赶，即使追之不及，将来也不会再成大敌，所以不再派主力协助王罕，他把目光投向了下一个打击目标，即已有叛心的主儿勤部。铁木真早已判断，主儿勤部必将举兵反叛，必须对此早做准备。于是尽量抽调主力，连夜沿奎屯河南岸西行，各军成分进合击之势，以期一举尽俘主儿勤部。

主儿勤部长撒察别乞与他弟弟泰出，还不知铁木真已对他们设下陷阱，所以在听说铁木真率军攻打塔塔儿部围寨时，以为有机可乘。泰出向其兄建议，出动全部兵马，连夜南驰，突袭铁木真老窝，那里只有老弱守卫。撒察别乞一听，正合其意，便指挥兵马前往攻击铁木真老巢。可是，待攻破这座营寨之后，才发现那是一座空寨，所留老弱在营寨中者不过六十人而已，撒察别乞一气之下，杀死其中十个人，把剩下的五十人全部剥光衣服，让他们东去报告铁木真。万不料尚未驱赶五十人出营寨，铁木真的各支部队就已从四面八方攻进寨来。

主儿勤部之人根本没有想到会有这种情况，以为铁木真是从天而降，一时吓得目瞪口呆，哪里还有斗志？结果可想而知，主儿勤部的人马全部被铁木真俘虏，只有部长撒察别乞和他弟弟泰出死命冲出寨外，向北逃去。他们唯一的希望，是说服铁木真的仇敌蔑儿乞部来为自己报仇。铁木真见他二人逃出，也不放过，派精兵快马，随着他们的足迹追赶不停。追到迭烈秃山口，终将此二人活捉，押回营寨。

◇帮助王罕恢复势力

铁木真消灭主儿勤部之后，便把主儿勤人分给各个将领。他又在主儿勤人营地中拾得一个俊秀小儿，名叫孛罗兀勒，铁木真也把他交给母亲收养。铁木真在战地一共拾得并收养到四个小儿作为自己的弟弟，一是在攻打蔑儿乞人时拾到的蔑儿乞人曲出，二是在泰亦赤兀部拾到的别速特人阔阔出，三是在塔塔儿部拾到的塔塔儿人失吉忽秃忽，四即是这个孛罗兀勒。

铁木真把主儿勤部长撒察别乞及其弟泰出，押到自己面前，历数其罪，撒察别乞二人羞愧难容，皆引颈受戮。

此时恰有老熟人札剌亦儿部的老人帖列格秃伯颜率其子孙前来投顺。此老人向铁木真介绍其长子古温兀阿及古温兀阿的长子木华黎（后为元朝第一大将）与次子不合，接着又介绍老人的次子赤剌温孩亦赤及赤剌温孩亦赤的两个儿子统格和合失，老人还有第三个儿子者卜客未能随同前来，但不久就会归顺。老人当着铁木真的面，教导子孙们，要永远服从铁木真的命令，忠贞不贰。

铁木真击破塔塔儿部之后，因有后顾之忧，所以放弃追击，回军击败后方叛乱之敌主儿勤部。王罕贪得塔塔儿人的财富，北追塔塔儿溃逃之众，回军较迟。突厥乃蛮部探知王罕率军远出，后方空虚，便帮助他的异母弟额儿客合剌攻击王罕留守人马。留守人马寡不敌众，向北方退走。乃蛮部与额儿客合剌攻占王罕的牧地后，又为王罕设下陷阱。王罕还不知道家里已经出事，满载着战利品，毫无准备地返回营地。结果陷入乃蛮部和额儿客合剌设下的埋伏，措手不及，大败而逃。

王罕知道敌人不容其投奔铁木真，为了出其不意，率少数人向敌人南方逃去。王罕西逃，绕过乃蛮部，投奔西辽。乃蛮人夺取王罕的全部牧地，让额儿客合剌管理，使之成为新的克烈部长。王罕同母弟札合敢不在留守战败后，也率领少数部众奔到铁木真处。克烈部中的秃别干部、董合亦特部，不服从乃蛮部，奋起抗争，不幸战败，也东投铁木真。突厥克烈部人的风俗习惯与语言信仰都与蒙古人相近，又长期为邻，所以这些部落的民众从此变成蒙古人。

王罕逃到西辽，西辽并不能助其复国，失望之余，只好东归。在回归的半途，财产与粮草全部消耗殆尽，只剩下瞎马一匹和山羊数头，骆驼三匹，穷困潦倒，志气全灰。走到古泄兀儿海子，派人向铁木真求援。

铁木真为了统一全蒙古，还需要借用王罕的力量，所以他答应尽力恢复克烈部。得知王罕的确切地点之后，他派出勇士速客该率领轻骑往迎王罕。然后发兵与额儿客合剌作战，额儿客合剌刚刚成为克烈部长，内部未稳，所以与铁木真的部队交战后，马上溃败，逃回乃蛮部。铁木真与王罕相会于秃拉河上，向其他蒙古部落征集了一些牲畜送给王罕，算是对王罕的一点帮助，希望王罕能够恢复军队，收复克烈部所余部众。

王罕既得铁木真的帮助，又利用自己多年担任克烈部长的号召力，再加上战胜塔塔儿部报得祖仇的功劳，使其原有部众都闻风而来，声势稍振。这时王罕克烈部虽然恢复成功，但人口减少了一半。为感谢铁木真，王罕特意邀请铁木真到秃拉河的黑林，与之重申父子之盟，王罕答应：在他死后，不把克烈的部众传给儿子，而是交由铁木真接管。

此后，王罕实力衰微，对铁木真感恩图报，每有征伐，都积极跟随。铁木真深知克烈部内情，仍尊王罕为父，把他视为元老重臣，借其余力，来实现统一蒙古各部的目的。王罕的部属不愿王罕以铁木真为继承人，只是因克烈部的势力未恢复强盛，内部不稳，加之西有乃蛮部帮助王罕诸昆弟侄儿们伺隙发难，蔑儿乞人也声势复振卷土重来，因此克烈部也愿意与铁木真结为同盟，更希望铁木真能为克烈部西击乃蛮部，北击蔑儿乞人，在这种复杂心态下，克烈部暂时维持与铁木真部的友好关系。

铁木真顺应克烈部人的愿望，不久就与王罕北征蔑儿乞人，与蔑儿乞的四个部落激战于薛灵哥河的木拉彻地区，击败了刚刚恢复元气的蔑儿乞人。铁木真把全部战利品送给王罕，使克烈部逐渐恢复。

◇各个击破

札只剌部长札木合，泰亦赤兀部长塔儿忽台，与北方的蔑儿乞部，西方的突厥乃蛮部，打算结成同盟，构成包围之势，将铁木真包围并击败。但各部意见不一，互存观望之心，缺乏诚意，都希望别人先出兵，自己坐收渔利，所以最终未能结成同盟。等铁木真帮助金朝军队击破塔塔儿部，塔塔儿余众在察兀忽儿等人的率领下，东奔依靠札木合。札木合此时感到唇亡齿寒之忧惧，于是再遣使西连蔑儿乞部与乃蛮部，希望彼此形成军事同盟。

此时铁木真担心东西北三面作战，于是确定下一步战略，与王罕先击蔑儿乞部，之后则装备王罕部队，使之具备继续作战的能力，铁木真则自蔑儿乞处回军，巩固自己的地盘。

泰亦赤兀部与札只剌部准备出兵袭击铁木真后方营地，策应蔑儿乞人，因铁木真及时回军，他们的计划又一次成为泡影。因此，蔑儿乞各部都埋怨札木合自食其言，军事同盟之议便宣告破产。

铁木真知道敌手都想联合对付自己，为了取胜，必须抢在他们结成同盟之前，各个击破。经过衡量，他在这些敌人之间，选择了第一个打击目标，就在蒙古人的羊儿年，即1199年，与王罕联军，西进攻击乃蛮部。

此前，突厥乃蛮部长亦难赤必勒格不幸身死，他有两子，长子拜不花，次子古出古敦，兄弟二人因争夺父亲的妾而结下怨仇，古出古敦未能争胜，率所部退居大黑山，自称古出古敦不亦鲁，即另一皇帝。台不花得到了父亲留下的全部民众财产物业与牧地，仍居住在阿勒台山南方，向金朝进贡，被封为乃蛮大王。突厥人不知汉文的大王何意，以为是女真语，就翻译为"太阳"，遂称他为太阳汗，以别于旧称的不亦鲁。由此，乃蛮部分为南北两部。

兄弟阋墙，必有外侮，乃蛮部分裂，使铁木真产生攻击以灭之的想法。由于乃蛮部领地广大，南北两部之间隔有大山，相互之间不易支援。铁木真仔细询问突厥人，知道古出古敦不亦鲁统辖的地区为科布多和唐努乌梁两个盆地。而古出古敦自认为其地多高山大川及大湖长隘，与铁木真和王罕相隔千里之遥，只有他出兵支援王罕之弟扰乱东方的可能，而王罕等人不可能越过杭海大山、唐努大山前来攻击，所以对王罕及铁木真根本未做任何防备。但是，铁木真认定，敌既可来，我亦可往，乃派人详加探察，决定先袭乃蛮北部。

铁木真与王罕的大军，由向导率领，沿薛灵哥河南岸，溯河西上，一直到达河之源头处，然后越过山岭，进入兀泷古河流域，再顺着此河西行，直达乞湿泐巴失海子，一举袭破古出古敦不亦鲁的大营。古出古敦仓皇中向北逃到突厥谦谦州部。王罕夺取很多物品，他怕铁木真平分，就令其子押运战利品先行返回。不久，铁木真怕大军远山而后方有失，尽驱俘虏，顺原道向东凯旋。

乃蛮部的太阳汗，闻其弟被袭，就派手下骁将卜剌黑率军由南向北，以求邀击铁木真的归路。但先遇上王罕押送战利品的部队，尽数夺回。王罕又增兵救援，并向铁木真求援。铁木真立即派孛斡儿出等四位大将率军急往。待四将赶到，王罕部队几乎被大阳汗的军队消灭殆尽。铁木真的部队趁两败俱伤，大开杀戒，重创太阳汗的精锐，且全部夺回王罕的战利品及乃蛮部的俘虏。孛斡儿出将人与物品悉数归还王罕。

此一役，铁木真本准备只打击乃蛮部南部，不意其北部也送上门来，所以一并击败。之后他把打击目标定为老对头泰亦赤兀。

曾被铁木真击败的蔑儿乞部脱黑脱阿的两个儿子，在战败时为保住性命，向王罕投降。但在太阳汗部队邀击王罕的战斗中，趁乱逃归其父之部。蔑儿乞各部早先离散的百姓，又聚而回归，全力南下。铁木真派遣其弟拙赤合撒儿率兵攻击，再次大败蔑儿乞诸部。脱黑脱阿急派二子忽秃、斡儿章克，向泰亦赤兀部求援。

泰亦赤兀部长塔儿忽台已聚合人马，打算与铁木真再作争衡。每当铁木真外出远征之时，泰亦赤兀各部就出兵骚扰其后方。铁木真对这种腹背受敌的状况深感忧虑，故想对泰亦赤兀部大举进攻，彻底解决问题。但又怕对泰亦赤兀作战之时，札木合从旁干扰，还担心泰亦赤兀部不与自己正面作战，而向北逃走。如果全力追击，又怕不能收到重大战果，故一直未能对泰亦赤兀部下手。

但是，泰亦赤兀部自己却给铁木真提供了机会。在蒙古的猴儿年，即1200年正月，铁木真侦知泰亦赤兀部长塔儿忽台召集属下的各部部长，在斡难河与温连河之间的沙滩召开会议，商讨如何对付铁木真的问题。铁木真通过秘密侦察，弄清了他们的决议，是不等待札木合，就单独向铁木真部进攻。这是一个不切实际的冒进计划，正合铁木真的胃口。铁木真召回刚刚攻击了蔑儿乞部的拙赤合撒儿，让他们守御孛儿只斤老家，铁木真自己则与王罕出兵，等待战机，与泰亦赤兀决一死战。

铁木真进军之时，仔细分析了泰亦赤兀部的情况，他认为，泰亦赤兀诸部之中，以其部长为首的塔儿忽台部实力最强，且是多年仇敌，擒贼擒王，先把塔儿忽台部击败，方能解除北方大患。于是，铁木真令孛斡儿出、木华黎、孛罗忽勒、赤剌温四杰各率其部，埋伏在伊里河以东的多山地带，自己则率大军，向泰亦赤兀部突击，引诱敌人到埋伏区。

双方接战不久，泰亦赤兀部长塔儿忽台攻势甚猛，铁木真率军且战且退。塔儿忽台不知是计，乘胜猛追，不知不觉，进入铁木真设下的埋伏圈内。这时王罕部队也挺进到战场，一个猛冲，将泰亦赤兀之军截为两段，泰亦赤兀前后不及相救，塔儿忽台被赤剌温斩于马下。

铁木真指挥大军乘势反攻，泰亦赤兀各部顿时崩溃。残余之众与来援的蔑儿乞部合为一股，逃往巴尔忽真山隘，还有一部逃到乃蛮部。祸害铁木真多年的泰亦赤兀部，由此失去核心领袖，只能依附于札木合、蔑儿乞部和乃蛮部。

◇ 再战札木合盟军

札只剌部长札木合自以为强于铁木真，尤其是在王罕败走后，更以为铁木真已为囊中之物。可是，铁木真很快帮助王罕恢复了势力，然后联合北击蔑儿乞各部，西征乃蛮北部。泰亦赤兀部竟不与札木合联合，想趁铁木真西征之时，独自进攻铁木真的后背。这时的札木合还以为铁木真的人马财产早晚都将归属自己，不愿与别人共享，所以他千方百计阻止泰亦赤兀独自出兵。不料铁木真用兵如神，一个诱敌深入之计，就将泰亦赤兀打得落花流水，使塔儿忽台死于非命，其残部不能再成一支与铁木真对抗的力量。这时，札木合才如梦初醒，惊惧自己严重失策。于是派人联络东方的塔塔儿、泰亦赤兀残部，要求他们听从指挥，组成联军，共同对付铁木真。

由于铁木真势力迅速壮大，东胡的哈塔斤等部与突厥蔑儿乞部的脱黑脱阿、乃蛮部的古出古敦、拜不花等，也产生唇亡齿寒之感，于是，皆愿摒除成见，共力对付铁木真。他们响应札木合的呼吁，齐集于阿勒压不剌地区，组成同盟。

札木合领导这个同盟，首先扶植塔塔儿部，让察兀忽儿任塔塔儿部长，接着扶持泰亦赤兀部，让哈儿汗太石继任泰亦赤兀部长。札木合又让客连黑儿为主儿勤部长，让阿剌兀都儿为蔑儿乞人只温部长。之后，他们相约合击铁木真，由泰亦赤兀部、蔑儿乞部与塔塔儿部从北方进击铁木真，其余各部由札木合率领，自东向西攻击铁木真东翼。

在蒙古的鸡儿年，即1201年正月，札木合与十几个部落首领，从会盟之地沿儿古涅河向西南行进，到达刊木连河河洲，集结兵力，进行作战演习。各部部长以为札木合既为联军统帅，就应该称汗，于是议立札木合为古儿汗。之后，联军向西挺进。

然而，他们不知在参与盟誓的宏吉剌部中，有那位早年就对铁木真另眼相看的特薛禅，他秘密派人向铁木真报告了一切。铁木真得讯后，与王罕分别集合大军，顺着怯绿连河北岸，迎击札木合联军。

双方相遇于阔亦田之南、金朝长城之北。双方正在布阵，行将接战之际，突然刮起暴风，天黑地暗。札木合诸军以为此乃老天保护铁木真的征兆，顿时斗志消解，竟不约而同向后撤退。铁木真之军亦向后退军，突然发现对方也已后退，便反向对方冲去，一举击溃札木合的联军。

铁木真的聪明，在于取得胜势之时，不被胜利冲昏头脑，他知道泰亦赤兀诸部之军，即将进至自己的侧背，于是停止向正面之敌追击，派人将因暴风而退军的王罕部队召回，让他们东去追击札木合诸军，自己则回军以待自西北而来的泰亦赤兀部队。

泰亦赤兀诸部，自上次被击败后，逃到贝加尔湖东北，经过休养，重新推举哈儿罕太石为领袖。哈儿罕太石命客连黑儿为主儿勤部长，命阿兀出把阿秃儿为新的泰亦赤兀部长。然后联合贝加尔湖西岸的蔑儿乞各部，向东联合塔塔儿余部，以及札木合率领的十余个部落，整备军力，准备找铁木真报仇。

哈儿罕太石在参加札木合的联盟后，便要积极与札木合呼应，前后夹击铁木真与王罕。得知札木合将与铁木真、王罕战于呼伦湖之西、奎屯河之南后，便集结全部军力，从外兴安岭之西，向东越过外兴安岭，直向斡难河以东挺进，将攻击铁木真的侧翼。不料札木合竟因一阵旋风而溃退，使铁木真得到机会布好阵势。这使哈儿罕太石大吃一惊，幸亏泰亦赤兀部中尚多勇将，其部众尚不知战场变化的详情，于是在斡难河南岸，布下阵形，准备迎击渡过阔亦田河的铁木真大军。

铁木真为了不使泰亦赤兀部死灰复燃，就从阔亦田河之南分遣诸将，命他们各自率军远出，对泰亦赤兀之军，实施大迂回包围攻击。由于诸军远出，正面攻击力量极为薄弱，因而铁木真只能从正面牵制敌军。在渡河之后，与哈儿罕太石部连战一日，未分胜负。

◇死里逃生得大胜

黄昏时，泰亦赤兀一将从山上发射一箭，射中铁木真颈项，铁木真顿时昏迷过去。铁木真左右死命向前冲击，者勒蔑将铁木真救起，背入树林中，与大部人马失去联系。到半夜，终将铁木真救醒。铁木真因血流过多，口干舌燥，肚中饥饿。者勒蔑脱下衣服，裸着身体，径往敌营，找到一桶干酪。者勒蔑往来于营中和树林时遇到许多人，人们都不会想到他是铁木真身边的大将者勒蔑，以为他是一个半夜口渴找水喝或解手之人，竟然没有一人阻止他。

铁木真喝了酪汁之后，体力渐渐恢复，此时他的侍从与将领们也逐渐到来。天明，铁木真一边派人与失散部队联络，一边派人侦察情况，方知半夜后大军都已到达指定位置，完成了对泰亦赤兀的合围，而敌军在我军的大力冲击下已经溃散。敌方诸部中的百姓，自以为不能逃出包围，呆坐在车旁，静待铁木真军队的处置。于是，铁木真兴奋起来，裹住伤口，上马巡视，抚慰众人，并命人们追回在战斗中失散的各部将士。

当年泰亦赤兀部捉到铁木真时，其部人锁儿罕失剌曾冒死救了他。此时，他们一家也被铁木真的兵士俘虏。兵士不知锁儿罕失剌是铁木真的救命恩人，要杀死锁儿罕失剌之女合答安的丈夫。合答安情急之下，找到铁木真，为其夫求情。铁木真见到当年的救命恩人，非常激动，急忙派人释放合答安之夫。谁料其夫的人头已经落地。合答安痛不欲生，铁木真为报答她父亲当年的救命之恩，即收合答安为妃作为安慰。在问过合答安之后，才知锁儿罕失剌的消息。

过了一天，锁儿罕失剌带着一员泰亦赤兀的大将来见铁木真，此人名叫只儿豁阿歹。铁木真见此人气宇轩昂，问他："前天对战时，射杀我的坐骑的人是谁？"铁木真虽被射伤，但他并不在别人面前承认这件事，所以只说坐骑被敌人射死。

只儿豁阿歹回答："是我所射。如今让我死，不过弄污巴掌大一块地皮，若教不死，我愿为你出死力，使深水可以横断，坚石可以撞碎。"话语中毫无胆怯之意，反倒充满豪能之气。

铁木真听他如此回答，不但不怪，反而高兴，说："但凡对敌杀人之事，多不敢承认，而你毫不隐瞒，有英雄气概，你可以留下来做我的伴当。"乃为之改名为"者别"，即利箭之意。后来者别也成了铁木真的一员猛将。

铁木真击溃泰亦赤兀部后，将俘虏的人口与财物收归己有，进一步扩大力量。之后，他继续剪除札木合的羽翼，以报祖父与父亲之仇，移兵而东，围攻塔塔儿余部。他从斡难河进军时，先号令诸军两条纪律：第一，不许掠夺，所有敌人财物，都要听从中军的命令进行分配。第二，凡战场上诱敌撤退到预定埋伏之处，必须奋勇转回再战，不得借故逃命或示弱，不听命者，一律处以死罪。

征讨塔塔儿余部的军队，在蒙古的狗儿年秋出发，沿着斡难河向东北顺流前进，来到失鲁格只特地区，终将塔塔儿人全部俘获。作战中，铁木真的叔父答里台、堂叔阿勒坛、堂弟忽察儿三部人马违令掠夺财物，不肯归公，铁木真让者别、忽必来等人没收了他们掠夺的财物，均分给其他将士。三人为此愤恨不满，其后听说王罕西征蔑儿乞脱黑脱阿大胜而归，乃相继投奔王罕，并劝王罕进袭铁木真后方。王罕虽然未听信其言，但不曾拒绝三人的投奔。

札木合得知铁木真尽收塔塔儿余部，并将收降东胡宏吉刺部，大为惧怕，知道大祸临头。但是，宏吉刺部又叛离铁木真重新来归，札木合又以为这是天与人归的征兆，就又让人远去联络蔑儿乞各部和突厥乃蛮部，约定在冬季东西同时起兵，夹击铁木真和王罕。

当时蔑儿乞部长脱黑脱阿，刚为王罕击破，正去投奔乃蛮北部古出古敦。古出古敦又得到札木合的联络，于是集中所有兵力，与蔑儿乞残部、泰亦赤兀残部、塔塔儿西逃残部，欲由肯特山与外兴安岭之间东越大岭，向阔亦田河流域挺进，企图攻击铁木真与王罕的侧翼。但是，此年十一月下旬大雪久下不停，雪封了山谷与道路，兵士们四肢冻僵，前进途中，不少人陷于雪谷之中，或坠落山涧。如此行军十几天，才走出险要地区。队伍还未整顿成列，就落入铁木真预先布下的埋伏圈，铁木真将他们全部俘虏。

此时札木合正以孤注一掷的心情，率其全部军队，在合蔑温赤敦山之南进攻王罕。突然听说西方联军已被铁木真各个击破，不禁斗志顿灭，不顾友军，率领其本部退走。慌忙之中，未及携带辎重，部众在雪地行军得不到食物。札木合不得不令部下掠夺宏吉剌部的牛羊为食。王罕探听到札木合不顾友军而单独退走，起兵从后面追击，札木合全军溃败。札木合只好向王罕投降。追随札木合作战的各部落，怕遭屠杀，也向王罕投降。王罕所得降兵甚多，又怕铁木真夺走，便分批向后方运送。这一举动，埋下了日后与铁木真分裂的种子。

铁木真与王罕在胜利之后，各自指挥大军清扫战场，并约定在阿蔑勒河畔会师，然后越过金朝的边境城墙过冬，待明年春初，再征讨不肯投降的宏吉剌部。但此时王罕心虚，不敢与铁木真相会，推说西方有警，连夜撤兵西去。

至此，铁木真已将蒙古各部落的领地占为己有，只剩下各部落的残余及其首领，投匿到突厥克烈部与乃蛮部中，他将在以后再设法一一解决之。

消除隐患

消灭各个强敌之后，统一大业即将完成。通过统一蒙古大草原，铁木真锻炼了掌控全局的能力，具备了应对各种困难的智慧，之后蒙古人能够取得那样宏大的战绩，与铁木真的统一蒙古密不可分。而他之所以能够成就如此伟业，世界历史上的特定时势，也是不可忽视的因素。

◇瓦解王罕

铁木真击败蒙古各部后，东方只有东胡宏吉剌部，西方只剩突厥乃蛮部和克烈部，其余蒙古各部皆被征服。铁木真统一蒙古之战，至此已告完成，只有蒙古部落的少数头领藏在克烈部或乃蛮部中。这些人当部长多年，各有其号召力，所以随时都有死灰复燃之势。加上王罕公然掩护此辈逃亡之人，使铁木真不敢安睡。尤其是王罕收纳札木合后，不来会合而西去，更使铁木真不悦。

王罕西去后，铁木真派人到王罕处，照常问安，同时告诉王罕："我之依附父王，如沙漠中的白翎雀，冬夏皆居在北地，至于父王其他诸臣，其中有如鸿雁者，冬近则将南飞。"王罕于是怀疑札木合等人，而不再听信札木合。铁木真只用一句话，就利用王罕的疑心将他们的联盟扼杀在无形之中。

虽然铁木真设法预防王罕与札木合结盟，但众多的蒙古部落被王罕收降，使王罕力量增强许多，这对铁木真来说是心中大患。铁木真考虑如何引诱这些战败之后投靠王罕的部落头领们，使他们脱离王罕而归附于己，但同时又不想让克烈部对自己产生疑心。于是他想利用联婚的方法，派人前去克烈部，以联婚为由，为其长子术赤，向王罕之女察兀儿别乞求婚。

王罕认为铁木真是自己的义子，术赤是孙子辈，女儿与术赤在辈分上是姑侄关系，因此拒绝了铁木真。铁木真又一次派人来求婚，并表示愿将自己的女儿豁真别乞嫁给王罕的孙子为妻。这样一来，就算是换婚。王罕与其儿子亦勒格鲜昆商议，以为如此换亲可以扯平，准备同意铁木真的请求。可是，札木合却进谗言，说术赤是蔑儿乞人和铁木真之妻孛儿帖的私生子，根本无资格与王罕之女通婚。而铁木真女儿豁真别乞长得很丑，且性格放纵，难做王罕的孙媳妇。还说铁木真派来的求婚使者，只是以求婚为名，实际上暗中勾引蒙古各部部长，企图引诱他们投奔铁木真。为了证明所说为实，札木合还让这些部长们出来作证。王罕大怒，于是坚决拒婚，赶走了铁木真的使者。

札木合屡劝王罕提防铁木真，一意破坏他们的关系。王罕心中有亏，所以札木合的劝说颇有成效。札木合见王罕不像从前那样积极与铁木真联合，便进一步劝他出兵袭击铁木真。对这个建议，王罕未肯采纳。当时王罕的儿子亦勒格鲜昆驻扎在西方山中，是王罕东征时留他在此守御，以防范乃蛮部侵犯。

札木合见无法说动王罕进攻铁木真，就找借口去见王罕之子亦勒格鲜昆，意欲从中离间。他对亦勒格鲜昆说："铁木真与乃蛮部太阳汗加紧互通使者，暗中密切来往，共同策划袭击克烈部。可铁木真表面上还与克烈部以父子相称，实际上是想在王罕死后，以义子之名，独吞克烈部全部权力与财产，根本未把你放在眼里。要想阻止铁木真，只有除掉钦木真，这才是蒙古人和平安宁的唯一之道。"

亦勒格鲜昆听信此言，对铁木真恨之入骨，派人去见王罕，商议除掉铁木真。王罕以为强敌是西方乃蛮部，而非东方铁木真部，要除掉西方之敌，还要借助铁木真作为后援。只靠克烈部一部兵力还无法抵御乃蛮部，更不用说战而胜之，因此不采纳亦勒格鲜昆的意见。札木合见此计不成，便想用兵谏之计，建议亦勒格鲜昆率兵到王罕处要求合兵进击，王罕如不从，就用兵谏强迫他出兵。再不然，就以其年老不宜过劳为由，请其让出部长之位，由亦勒格鲜昆即位。亦勒格鲜昆同意了札木合的建议，于是掀起了克烈部对铁木真奇袭之战。

在击败札木合等部的战役中，王罕因怕铁木真抢夺战利品，更怕突然遭到袭击，所以在战场上不辞而别。但在连夜撤退时过于匆忙，又想保密，不让铁木真知道，所以不能将已受降的各部百姓全部带走，也不能把全部牛羊都赶回自己的部落。只挑选了一些良马、骆驼及其他珍贵东西，匆匆返回。同时因怕铁木真起兵追赶，只好连夜兼行，故使本部人马因驮载过重，有不少人掉队。

铁木真本不知王罕俘获之多，对此类事情并未在意，还认为王罕真的是担心西部的警备，而留下大量财货、牛羊与百姓送给自己，反而感激王罕，根本未曾怀疑王罕有不良之心。但他派遣使者及援军随之西上，沿途收容更多的掉队之人，以及投降王罕的蒙古各部将领的家小车辆等，才陆续了解到其中可能有诈。后来，铁木真收容了不少各部将领的家小，将领们偷偷从王罕处逃回，与在铁木真处的家小会合。听他们讲述，才详细了解到王罕当初西方有警之事，乃是一派谎言，更了解到札木合对王罕调拨离间，及对亦勒格鲜昆教唆，使得此时的克烈部已不再与铁木真部保持友好关系，甚至将有军事行动发生。

对此局面，铁木真不动声色，派出许多寻乞家小的各部将领，分别带着他们的家小再次投往王罕，让他们刺探王罕一切行动，并尽量吸引更多的将领来归。经过一番活动，又有不少人逃离王罕投奔铁木真，暂未离王罕来归者，多是奉铁木真之命，暂时潜伏于王罕部内，以便将来里应外合。

王罕也不是幼稚之人，一生经历多少变故，可称为老奸巨猾之人。他对铁木真的种种手段，防范极为严密，甚至动用各种办法，故意散布对铁木真友好的言辞，让那些身在己营而心在铁木真的人传到铁木真耳中。于是，多年的义父义子之盟，竟然变成了间谍战场。表面还是义父义子，频繁互致问候，骨子里却钩心斗角，窥探对方的漏洞。

此时二人心中，各有一把算盘。王罕以为铁木真不会很快公开决裂，而自己则做好准备，防止一切可能的祸患。铁木真认定王罕必须依靠自己为后援，否则必为乃蛮部吞灭，所以他也相信王罕不会马上翻脸。铁木真便安心在东方的捕鱼海子与阔速海子之间过冬，准备来春东征宏吉剌部，完全平定东方后，再回大本营。这时铁木真的战备重心放在东方，组织其蒙古帝国的东方基地，以统一其东、北的广阔地区，使之成为蒙古帝国的游牧之地。

◇时势造英雄

历史学家多说成吉思汗铁木真是天才的军事家、战略家，根据他从幼年到壮年的坎坷经历，可以看出他确实具有超人的禀赋。但只有这种内在的禀赋还不足以使之成为历史上伟大的人物，更重要的是，他一生不得不面临非常险恶的环境与时势，正是这种外在的压力，使他内在的禀赋不断发挥出来，这正是所谓的时势造英雄。

铁木真最为成功的一点，在于他不论在何种情况下，都能虚心接纳别人意见，并经过自己的分析，采取其中最佳方案，在实际行动中贯彻执行，从而逐步达到目的。

铁木真开始是利用王罕与其父亲也速该的亲密关系，借为外援，以恢复父业。之后又借助王罕答应出师之名，激将札木合也替自己出兵，然后再借用札木合答应出兵的事实，再来激将王罕发兵，用此两个部落的强大兵力，北征蔑儿乞部。从此之后，铁木真便纵横捭阖，施展各种谋略，逐步展开统一蒙古的大业。

铁木真利用王罕与札木合之力，北征蔑儿乞，夺回己妻孛儿帖后，以非常远大的眼光与气魄，依附于札木合手下。此时铁木真只想恢复他的祖业——孛儿只斤部长地位，重新掌管他的百姓。不料札木合常以他曾失妻获子之事加以讥笑侮辱，铁木真在知耻近乎勇的情形下，展开倾覆札木合而夺其部众，重建独立的谋略。

当时铁木真年仅二十五岁，能在强大的札木合眼皮底下，做出如此成功的举动，当然令札木合愤恨嫉妒。铁木真恰如其分地利用了父亲也速该过去在蒙古各部落中的威望，号召蒙古各个部落，重振独立大业，这是非常得人心的举措。所以，他能在屈居人下之时，逐渐收聚人心。终于在时机成熟之时，与数十个忠诚干将毅然脱离札木合部，逃回故乡，举起独立大旗，吸引蒙古各部纷纷来归，由此奠定创业的基础。

在众人推举之下，铁木真即位大汗，惧怕札木合攻击，乃团结部属，上下一心，戮力图强，并组织起精悍的宿卫部队，制定严格有效的法令纪律，建成坚强有力的战斗核心，使自己立于不败之地。铁木真建立起蒙古历史上最为严格而有效的战斗组织，对他日后的成功，极为重要。正是在这一点上，他表现出超出常人的远谋大略。靠着这些组织与法令，不仅减少了野心家的觊觎，而且形成了能够有效指挥整个部落的中军，这是他创业的基点。由此观之，铁木真之所以能成为成吉思汗，多是逼于时势而发挥出自身才智所成。

铁木真曾被泰亦赤兀部长俘虏，他以死囚身份被押赴蒙古各部示众。因为他身份特殊，各部落高层人物对他并无任何隐讳，因而他在被看守当中，实际上已经看遍了各部内部的施政情况以及首脑人物们的作为，也听到很多关于他们的政治内幕和贵族中的隐私丑闻。等他逃出大难，成家立业，又多次看到王罕的排场。当他追随札木合时，更深入了解到札木合为政的一切得失。因此他在新即汗位之初，便在内政与外交上采取了一系列的革新措施。

铁木真自幼喜欢听老人讲故事，从有关蒙古历史与人物的故事中，获得了辨别善恶是非的能力，以及判断形势成败的悟性。他又生长在艰苦的环境中，能够虚心接近各种人物，进而了解他们的心理反应，所以铁木真的人生经验，远比一般人丰富。

他自己开始为政，便立志吸取别人的长处，革除别人的短处和积弊。于是他能集思广益，听取众人的意见，然后择善而从，彻底执行。看他知人善任，首先建立内宿卫、外宿卫、散班巡察、物品供应四种部队在其左右，就可知他非常明确今后的任务，是要建立庞大的军事帝国，而这就是他指挥一切的行政首脑部门。那几个队长、总队长，都是他的侍卫官，同时也是他的得力参谋，更是随时可以派遣独当一面的大将。这样的组织，不仅可以保证他的命令得以有效执行，而且可以把政治、军事和经济的大权，都集于一人之手。

在其首脑部门之下，还有两种组织，一是组成十三个"古兰"，作为作战部队；一是对生产单位进行分工，如管牧马、管牧牛羊、管对外贸易、管招徕宾客、管训练骑射、管围猎、管户口、管技术等，这是军国体制下的野战军与政治组织。

铁木真为使部属可以作战，将部落百姓分给各个将领。将十个生活在一起的壮丁组成一个十夫队，让其中一人担任十夫长，每十个十夫队组成一个百夫队，任命其中一个十夫长任百夫长，再在百夫队的基础上组成千夫队，而千夫长就是将军，他们就是作战军的骨干。然后由各级为长的人，发展并运用就近可用的资源，来养育、训练、支持和协助他们所指挥的部队，使之保持精力充沛，士气高昂，能以最好的状态参加作战。

这是一种能够调动各级军官与士兵活力的体制，在蒙古史上第一次出现，充分反映了铁木真的战略之谋与组织之谋。

在外交方面，自铁木真二十五岁称汗起，至四十岁助金夹击塔塔儿部为止，此十五年中，他采取见庙烧香主义，对所有的素有地位和势力的部落首领，一律都予以尊重。如对克烈部长王罕，尊称为"父王"，依为靠山，按时入贡，史称这是"依附王罕的时代"。铁木真对王罕的顺从，非常周到，令王罕非常相信他，最终不愿与他为敌。

铁木真也承认金朝的统治，对金朝总是准时进贡，年年进奉良马白驼，这在金朝史书中也有记载。

铁木真对东方的札木合，北方的泰亦赤兀部、西北的蔑儿乞部、西方的乃蛮部、南方的塔塔儿部，都曾想方设法，与之修好，甚至在共同围猎之时，故意驱赶野兽进入他们的围场，以投其好。这是铁木真低首下心的十五年，由此换得与邻国和平共存的时间，使自己建军蓄力，然后才能抵御札木合十三部落的来袭。

铁木真在外交措施上，有两件事值得一提，一是贸易，一是间谍。

在贸易上，他肯下本钱，曾征集物资以周济王罕，甚至掠夺敌方物资以接济邻国。其交易的范围之广，路程之远，常常超乎想象。有时不惜进行吃亏的贸易，目的在于更长远的政治利益。铁木真让经济服从政治，把贸易通商作为全部政治外交的一个筹码。

至于间谍工作，更是铁木真的特长，他一直重视间谍的作用，随时随地派遣各种小分队，深入敌人后方，联络朋友，进行心理战，运用谋略，分化敌人内部，使之倾向于己方。至于刺探情报，粉碎敌人的联盟，扩大各部落之间的利害冲突与矛盾等，都运用得驾轻就熟。他对间谍并不追求一时之利，而是长远着眼，也从不表其功，提其名，免得被敌人发现。

◇也有惨痛的失败

铁木真也有失误之时，曾因骄傲而几乎失败。

铁木真以一万三千人的十三翼军队，抵御札木合三万大军的奇袭，并使敌人内部发生矛盾与分裂，退军而去，随后又有两个部落来投诚。铁木真面对这一重大胜利，也因胜而骄，在斡难河畔树林之中庆贺胜利，大摆宴席，纵酒使性，因小事而与主儿勤部失和，使主儿勤部从忠诚拥护一变而为破坏分子，给铁木真蒸蒸日上的声望造成重大损伤，更招来无穷祸患。幸亏他能悔过，才免得整个部众的四分五裂。

在主儿勤部分离之后，孛斡儿出主张予以重击，方法虽然霸道，却也是帝王事业中常有之事。别勒古台等则主张暂时忍耐，以德感化，这是中国帝王受儒家思想影响而采取的王道政策，虽然说起来好听，但却迂阔而难收近效。在游牧民族中，则需要明快果决的手段，方有事半功倍之效，如果一味容忍，当然缓不济急，难挽颓势。速不台、者勒蔑、忽必来等人，便配合铁木真设计出转移众人耳目之计。第一步，用政治阴谋挑拨邻近部落相互攻击。第二步，利用金主诏命，号令蒙古诸部落，以抬高铁木真的身价。第三步，利用金朝声势，分散邻部盟友，使之不便参加战斗。第四步，在适当时机，出兵参战，用力少而取功多，以收渔人之利。第五步，在得胜之后，回师声讨不用朝命和不报祖仇的部落，将他们逐一消灭。

这个计划，可谓巧妙的连环计。铁木真设计此等策略，并能有效实行，故能在失败的边沿，重新回到坦途，这是他伟大事业走向成功的契机。

铁木真使人冒充塔塔儿人侵扰金朝边境，引金朝对塔塔儿部大张挞伐，这对铁木真来说，是报雪祖仇，在金朝来说，则中了铁木真之计。金朝将塔塔儿人驱逐到呼伦池以北，使铁木真坐收渔人之利，转而既立战功，又受封赠。

但金朝在塔塔儿侵扰之祸消除之后，想不到蒙古人会造成更为严重的侵扰，迫于无奈，只好大修长城以求补救。金对北方，将原先的界壕改为长堑和长墙，又在长墙上加筑用于作战防御的"女墙"射垛以及副堤。长城修筑完成，虽可抵御蒙古人东进，但费时费力费财，此乃金朝自坏其"活动长城"塔塔儿的最大后遗症。假设金人能在进攻塔塔儿人之前，就考虑到铁木真的这一阴谋，铁木真就不会有如此美好的创建大业之机。

札木合一呼而应，聚集了十三个部落的人马，这是铁木真骄傲所促成。可惜札木合不能改变他的老毛病，只会高高在上，盛气凌人，不能体恤其下，团结各部领袖与将士，更未料到铁木真会很快改过自新，弥补骄傲带来的危害，迅速恢复了政治威望与凝聚力。所以札木合手下暗中与铁木真通风报信，泄露了大军进袭的军事机密。更甚的是，守卫在自己的边境捉到这些为铁木真通风报信之人后竟不送回本部，也不杀死，却为他们更换良马，使之更快地跑到铁木真处。札木合的手下如此吃里爬外，只能怪札木合不能像铁木真一样得人心，这样的部队，又怎能指望他们战胜敌人？由于札木合好大喜功，不切实际，使得战胜铁木真的良机尽为丧失。假使札木合能以正义立场，揭穿铁木真的阴谋，为其盟友塔塔儿人仗义执言，则札木合不至于这么快就遭受失败。

铁木真以向塔塔儿人复仇的理由而号召族人，首先提出尽屠其人的口号，这是野蛮复仇时代的一般观念，在当时那个环境下，无可厚非。但是他在敌营见到装饰华美的弃儿，从惊奇而生爱心，交由母亲进行抚养，视为自己的弟弟，有人认为这是妇人之仁，对事业并无什么好处，甚至还可能会产生不可预料的后患。但他的这一举动，却产生了始料不及的重大影响，即其将领们的妻眷们与塔塔儿有关系者，将铁木真收养遗弃孤儿之举，作为救回其亲人的借口，因此在尽屠其族之前，人们纷纷抢救亲戚与儿童，使得不少塔塔儿人免于屠杀。这样一来，就使得后来蒙古军中不但有塔塔儿人为将，更有塔塔儿人组成部队，为蒙古征服其他民族出力不少，这也可谓铁木真收养儿童的长远回报之一。

主儿勤部叛变铁木真，因为事前有备，所以能旋即扑灭。但铁木真对主儿勤部采取诛杀其君而安慰其民的政策，用堂堂正正的理由折服众人之心；

对主儿勤部主张叛变的主要人物，也不公开问罪，却在暗中用计加以消灭，虽手段阴险，却能赢得人心，使不诚实而欲投机取巧者不敢施展阴谋诡计，这不能不说是铁木真用心良苦之谋。

铁木真在未统一蒙古各部之前，以克烈部王罕为自己的后援。等到这个外援已倒，他不惜征集自己部属的资产帮助王罕，使之恢复实力。这样做只是为了借用王罕之力，实现统一蒙古的大志，更希望把战场上的兵戎相见，变为一场只用心智的作战。可惜他的攻心之谋，对于不懂政治作战的王罕，未能发生效用。王罕以为铁木真的叔父与堂弟的归顺以及札木合等部的投降，是天与人归的征兆，殊不知此正是铁木真心理战的焦点所在。王罕对于形势的错误判断，使他不能再与铁木真保持友好关系，从而由铁木真昔日尊敬有加的父王，一变而为铁木真的头号敌人。铁木真并不想立刻与王罕为敌，也许他不愿让王罕成为自己的敌人，因为他还需要王罕的帮助，以消灭妨碍统一之敌。但王罕走得太快，使铁木真不得不提前与他决战。

铁木真分析形势时，对于联合谁、打击谁，一向明明白白、清清楚楚，他一直把王罕视为最可靠的盟友，而把其他的部落势力，视为必须剪除的异己。但铁木真从来不把部落与个人混淆，无论一个人原属哪个部落，只要他肯为己效力，都一视同仁，加以重用，使之成为自己的死党。他在收买人心方面，可谓诚实不欺，往往通过重奖一人，而对众人树立榜样。铁木真知道只有心怀忠义的人为自己效力，才会使自己的军队具有不可战胜的力量。所以他一贯注意招揽忠义之人为其属下将领，也正是由于有了这样一批忠诚之将领，铁木真才能够事功彪炳，举世罕有能出其右者。

第
十
章

CHAPTER10

忽必烈和他的谋士

成吉思汗已经很了不起了，他的孙子忽必烈在中国建立了元朝，能够吸收汉族士大夫为自己的谋士，吸收汉文化中的精华谋略，也在中国历史上创造了许多"之最"，值得我们今天重温这段历史。

忽必烈其人

忽必烈其人如何，仔细阅读相关史书便能知其详。其中，明代人编纂的《元史》是重要的史料，值得参考。

◇ 忽必烈的历史之最

元世祖忽必烈，是继奇渥温铁木真（即成吉思汗）之后蒙古人的又一杰出人物。翻开《元史》，我们惊奇地发现，他的传记竟然长达十四卷。这在中国古代全部正史即著名的二十四史中，实属绝无仅有。就连伟大的成吉思汗，在《元史》中的纪传也只有一卷而已。

虽然《元史》的编撰者解释说，成吉思汗的"奇勋伟绩甚众"，只是"因为当时史官不备，或多失于记载"，所以其纪传才只有可怜的一卷。其实，就算成吉思汗的事迹都被史官记载下来，忽必烈长达十四卷的纪传，也完全可以与之媲美，至少可以说是毫不逊色。只要想想这一点，就能充分感受到忽必烈在元人心目中的极高地位。实际上，在蒙古语中，忽必烈被称为薛禅皇帝，薛禅意为贤者，也正可证实这一点。

忽必烈所以能有如此骄人的地位，从外部来说，是时势造就了这位英雄，让人们不能不对他充满敬仰之心，而从他自身来说，在很大程度上，则应归功于其杰出的帝王韬略。

在成吉思汗之后，蒙古人的皇帝，先后有太宗窝阔台，定宗贵由，宪宗蒙哥。窝阔台在位十三年，定宗在位只有三年，蒙哥在位九年，都是短命的帝王。而世祖忽必烈在位三十一年，死的时候已达八十岁高龄，这在中国古代的封建帝王中，也是罕见的高寿。

封建帝王由于绝对的权力，生活都奢侈而纵欲，这导致了他们普遍短寿。正如老子形容的："五色令人目盲，五音令人耳聋，五味令人口爽，驰畋田猎令人心发狂。"极度享受，实际上是以一去不可复返的生命为沉重代价的。

而忽必烈能够长寿，证明他是一个在绝对的权力中保持了极度清醒的帝王，而这种清醒，正是他在帝王韬略上能有过人之处的重要前提。

◇成吉思汗的子孙

忽必烈能在成吉思汗之后，成为蒙古人最伟大的帝王，其过程并非一帆风顺，而是历经波折，是从毫无希望之处，奋斗成功的。

成吉思汗的雄谋大略，绝非一般的封建帝王可比，他的眼光未被蒙古一地所局限，所以能与其子孙三次西征，建立历史上罕见的庞大帝国。史家称他具有不可思议的感召力，使其子孙及诸将都受其感化与教导，成为非凡的战将，于是子承父谋，孙竟祖志，完成了历史罕见的功业。

成吉思汗有子七人：长子术赤，次子察合台，三子窝阔台，四子拖雷，五子术赤台，六子阔列坚，七子斡儿长。七子之中，以前四子最为著名，在蒙古历史上都有卓著的功绩。

蒙古人在世人的记忆中，留下了三次著名的西征。第一次是成吉思汗亲征花剌子模（唐代称大食，是中亚强大帝国）。第二次是其长孙拔都（术赤之长子）西征俄罗斯及匈牙利。第三次为旭烈兀（拖雷第三子，忽必烈之弟）征服波斯。蒙古三次西征，建立了四大汗国，征战持续四十年之久，祖孙三代锐意经营，灭国数十，拓地万里，雄跨亚欧，丰功伟绩，为人类历史所罕见。

成吉思汗征服花剌子模后，分建察合台汗国和窝阔台汗国，封给第二子察合台与第三子窝阔台，而把长子术赤封在咸海之西的钦察汗国，而对他的第四子拖雷，则以蒙古的发祥地为其封地。术赤得到封地之后不久死去，封地由其儿子拔都继承。拔都第二次西征后，扩大了钦察汗国的势力。而旭烈兀征服波斯后，建立了伊儿汗国。

成吉思汗在西征花剌子模之后的第二年，在与西夏作战时，因伤而病，死于六盘山。按照他的遗嘱，窝阔台继位为大汗，这是历史上的元太宗。窝阔台上台后，仍继承成吉思汗的意志，准备西征，但在大臣的劝阻下，未能亲征，乃命拔都为西征统帅。

当拔都西征军征服了俄罗斯、匈牙利等地时，元太宗窝阔台突然驾崩。此时除西征军外，蒙古军还在东征高丽，南伐南宋，此时成吉思汗的子孙们，都从军在外，朝中由窝阔台的六皇后乃马真氏称制，暂行代理国政，等待诸王子回朝，然后再按照蒙古的制度，召开宗王之会，推举新的大汗。从军征战的成吉思汗的子孙们，闻悉元太宗去世，纷纷赶回故土，但因路途遥远，直到三年后，他们才全部回到都城和林。

当时，在成吉思汗的子孙中，拔都年岁最长，权势也最大，又是嫡长孙，应是最合适的人选。但拔都与窝阔台的六皇后关系不睦，不愿参加宗王大会。拔都不到会，大家无法决定继位人选。

在蒙古西征所建立的四大汗国之中，拔都的钦察汗国疆域最大，包括锡尔河、咸海以北的古尔吉斯草原，里海以北的乌拉尔河流域，以及欧洲的伏尔加河流域，黑海以北的顿河流域，帖尼博尔河流域，其势力范围远至波兰与匈牙利，这些地域的俄罗斯诸公国之王公，都称臣于钦察汗，国内大事皆听命于钦察汗。钦察汗国在西方的统治，比元朝在中国的统治还要久，是四大汗国之中寿命最长的汗国。

统治着这样庞大的领土，拔都当然不愿回来与成吉思汗的其他子孙争夺王位。据史书记载，在成吉思汗的子孙中，拔都是一位非常伟大的领袖人物兼天才军事家，在蒙古军队三次西征中，以拔都的成绩最大。在窝阔台死后，以他的威望与地位，要当蒙古的大汗，无人可与争夺。但他本人始终无任大汗的私意，心底光明。史称此人执法严明，处事敏决，知人善任，遇下有恩，蒙古人都称他为赛因汗。赛因，为蒙古语"好"的意思。

这样一位赛因汗，非常讨厌其他王子王孙争权夺利的行径，所以不愿回来，而在西方自得其乐。不过，正是拔都的这种态度，使得成吉思汗的其他子孙纷纷卷进了争夺大汗之位的漩涡，这种局面也为以后忽必烈的上台创造了绝好机会。

直到六皇后乃马真氏称制的第五年，因君位不可久虚，在乃马真氏的操纵下，不顾拔都的缺席，公推窝阔台之子贵由（乃马真氏所生）为大汗，这就是元定宗。贵由也曾参加拔都西征，但在从征时常常称病，不听拔都的调遣。等到拔都东归为窝阔台奔丧时，贵由却一反常态，率部兼程急行，抢先回到和林。贵由的这些做法，引起拔都极为不满。等贵由继位为帝，拔都更是气愤，不过他也不想回来改变这个状况，竟一直留在西方，不再东归，只管统治他的封地钦察汗国。

◇思大有为于天下

成吉思汗的儿子，都是能征善战的将帅之才，成吉思汗死后的遗嘱，是让窝阔台继位。窝阔台在位时，其弟拖雷虽然才能出众，也只能屈居皇弟之席。而忽必烈又是拖雷的第四子，按照继承权的顺序，他几乎没有登基称帝的希望。

由于窝阔台是成吉思汗指定的继承人，且他本人也是一位强力人物，足以让其他人不敢心怀觊觎，所以窝阔台在位期间，忽必烈还不曾有帝王之心，因此在史书里，找不到反映此一时期忽必烈心怀帝王之志的任何记载。

如果窝阔台能够洁身自好，善始善终的话，忽必烈就算心有帝王之志，也不会有太大的机会。然而元太宗窝阔台犯了其他封建帝王的通病，过度享乐，不知自爱。在一次大规模的围猎之后，接受群臣的祝贺，毫不节制地喝了一夜的烈酒，第二天早上就一命呜呼，死时年仅五十六岁。由于窝阔台死得过于突然，加上拔都不愿意回来参加宗王大会，蒙古王座竟然出现三年的空缺。

窝阔台死后，乃马真氏摄政，忽必烈知道这种局面不会长久，必须有一个强力的人物继承蒙古帝位。虽然在忽必烈之上，还有像蒙哥这样的强者，但他感到千载难逢的机会已经来临，这是一个靠能力竞争帝位的机会，如果不能敏感地认识这一点，就只能证明他不具备帝王的基本素质。

所谓帝王的韬略，并非只在登上帝位后才显示出来，应从其登基前寻觅踪迹。而在称帝之前就有帝王的韬略，则正可以展现这种韬略的深远与高明。

时代决定人们的意识，忽必烈的时代，使他从小就懂得要不顾一切地争夺最高的帝位，只有占据了这个位置的人，才算是英雄。他是成吉思汗的孙子，他了解成吉思汗从弱到强最终成为蒙古大汗的事迹，这一切让他的心中只有一个信念：强者为帝王、为征服者，弱者为奴仆、为被征服者。为了这个信念的实现，忽必烈很早就开始做准备工作，显示出深远的帝王之谋。

在乃马真氏摄政期间，忽必烈因多次与南宋作战，已了解到中原汉文化的高深，他非常尊重这种悠久的文化，因此就使他的帝王之志带上了浓厚的汉文化色彩，这是他与成吉思汗等人的不同之处。

据史书记载，早在窝阔台死后不久，忽必烈就"思大有为于天下"。这是史家的语言，当然不会直说，而用含蓄的说法。所谓"大有为于天下"，就是想当天下之主。忽必烈有了此心此志，当然就会采取行动。于是他在中原访求贤才，虚己咨询。这是寻找可资辅佐的人才，以图日后的大业。

重用汉族的儒士

忽必烈之前的蒙古君王，都不知道吸收汉文化，重用汉人谋士，而忽必烈能做到这一点，正是他超出其他蒙古君王的地方，也是使他成为中国历史上伟大帝王的重要原因。

◇重儒士而用其智

忽必烈所求的贤才，均是中原地区的汉人儒士。赵璧、董文用二人，是他最先纳用的儒士。忽必烈对他们非常尊重，敬呼"秀才"而不直称其名。让二人每日为他讲说中国历史上的人物与故事，从中吸取成功与失败的教训。

只有两位儒士，对于忽必烈的大有为于天下，是远远不够的。忽必烈又让二人四处网罗人才，延聘名士，意图在于组成一个智囊团，用汉人的智慧来统治汉人，这是忽必烈高于其他蒙古帝王的地方。

当时窦默在乡村教书，是一位博学的儒士，忽必烈派董文用前去招聘。窦默不想为蒙古人效劳，听说忽必烈派人召见，就改换姓名，让董文用找不着。董文用不甘心，就先找到窦默的朋友，对此人说："既然窦默不愿见我，这也无妨，请你去见他，转达忽必烈大王的问候。"此人不敢推脱，只好前去，这时董文用换了便服悄悄跟随其后，终于找到了隐姓埋名的窦默，并把他带到忽必烈帐下。

忽必烈听说窦默来了，以非常敬重的礼节见他，在谈话中询问关于治国平天下的道理。窦默说："治国平天下，也没有什么神秘的，只消用那三纲五常就可以了。"

用这些老生常谈的东西回答忽必烈，看得出他不想为蒙古人所用。然而忽必烈并不生气，反而像是得到了治国宝典，郑重其事地说："先生说得极是，人道之端，没有再比这三纲五常更重要的了。如果不知道用这三纲五常治民治国，就将无法立于世上。"

窦默原本想用一些陈词滥调应付一下，不想这位蒙古王还有些诚意，便又说道："帝王之道，在于正心诚意。心既正，则朝廷远近没有不听命的。"

忽必烈又一次表示赞同，表示窦默对他的开导实属闻所未闻，于是用上宾之礼待他，并让窦默每日都到忽必烈帐下，与他一起处理各种事务。

窦默并没有告诉忽必烈什么高深的东西，只是说了些普通的儒家套话，忽必烈就如此对待他，这本身就是忽必烈的一种谋略。

在窦默到来之前，忽必烈已从赵璧和董文用那里学到了不少汉文化的知识，尤其是如何大有为于天下的方法与道理。他所以要这样对待窦默，正是按照汉文化中的老方子，即礼贤下士，以求天下之才。

战国时，魏文侯以卜子夏、田子方为师，每次路过段干木的住处，魏文侯都要从车上立起身来，向段干木的住处表示敬意，据说他的这种做法使得"四方贤士多归之"。战国时的燕昭王让郭隗替他招贤士，准备向齐国复仇，郭隗给他讲了一个故事：

从前有位君主派人带千金去买一匹千里马，等那人找到千里马时，马已死了，此人仍用五百金买了马头回来。君主大怒，此人告诉他："死马都要买，何况活马呢？大王不用着急，千里马很快就会到来。"果然，不到一年的时间，就有三匹千里马送到君主面前。

郭隗于是对燕昭王说："大王如果真想招贤，请先从我开始。像我这样的人，大王都能礼敬的话，还怕比我强百倍千倍的贤士不来吗？"于是燕昭王为郭隗修建了富丽堂皇的宫殿，尊为自己的老师。这样一来，果然各国的贤士都争着来找燕昭王，如乐毅等人，成为燕昭王的干将，终于打败齐国，报了灭国之仇。

像这样的故事，赵璧和董文用早就讲给忽必烈听过，现在他对窦默待以上宾之礼，敬之如师，就正是学的这种方法，向天下的人才显示：这里有一位真心求贤的君主，是贤才的最佳归处！

窦默见忽必烈真心求贤，被他感动，于是向忽必烈推荐另一位贤士姚枢："此人的才能非我可比，大王若得此人，大有为于天下，易如反掌！"忽必烈大喜，急派赵璧前往召见。不久，姚枢来到，忽必烈亲自迎接，待以客礼，不敢以为臣。姚枢深受感动，写出《治道书》，述二帝三王得天下之道，列八条细目：修身、力学、尊贤、亲亲、畏天、爱民、好善、远佞，教忽必烈如何做一个优秀的帝王。然后又列出三十条方案，细说其中的弛张之道。一个有纲有目的帝王纲领，完整地呈现在忽必烈面前，忽必烈简直高兴晕了，把姚枢视为奇才，动必召问。后来的事实证明，姚枢确实为忽必烈最得力的谋士之一。

◇对人才并不急功近利

忽必烈网罗人才，不拘一格，也不急功近利，只要将来用得着，都预先罗致帐下，可见他的大有为于天下的志向之远，考虑问题之深。

金被元灭，其左右司郎中王鹗成为元军的俘虏，即将与其他人一起，押送刑场。这时蒙古军将领张柔看到此人，认为他与众不同，就把他释放带回，然后推荐给忽必烈。忽必烈不因为此人是亡国之臣而轻视之，反而给予隆重的待遇，并向他虚心求教。王鹗为之细说儒家经典及齐家治国之道，古今事物之变。忽必烈说："我虽不能马上施行这些理论，怎知将来不能施行呢？"王鹗请求放他回家，忽必烈也不强留，而是派了五人随王鹗一同返乡，拜他为师，认真学习儒家理论。

只要是可用的人才，不管他是敌国的俘虏，还是寺庙的和尚，为了大有为于天下的志向，忽必烈都要加以利用，他的求贤可谓无所不至。

邢台人刘侃在仕途上一直不顺，不能从低级官吏中被提拔上去，为此郁郁不乐。一天，他投笔而叹："大丈夫不能被人赏识，就当隐居而实现自己的志向，怎能当一辈子刀笔吏！"于是弃官而去，隐居武安山中，不久削发为僧，法名子聪，来到云中南唐寺。这时另一位僧人海云赴忽必烈之召，路过云中，听说子聪博学多才，就邀他同行。两位和尚于是一同来到忽必烈帐下，忽必烈向他们询问种种问题，试探他们的才能。两位和尚果然不负众望，让忽必烈大为满意。子聪于书无所不读，是真正的博学之才，尤其对《易经》非常精通，还懂天文律历及各种奇门异术，谈到天下大势，更是了如指掌。忽必烈大为满意，海云则相对较差，结果忽必烈留下了子聪，海云却未被相中。子聪留下之后，不久就恢复俗姓，并改名秉忠，他就是元世祖最为信任的谋士刘秉忠。

从这件事可以看出，天下之士已经风闻忽必烈的求贤爱士，而自动前来寻求明主，以求一展抱负。而忽必烈这时对所谓贤才，已实行筛选制，经过他的当面询问，测试这些人才的水平，根据情况，选优汰劣，表明忽必烈的网罗人才已经进展到较为深入的地步。

忽必烈留用了真正的人才，这些人才就会为他招徕更多的人才。如刘秉忠在忽必烈处得到重用之后，就推荐了张文谦。张文谦来到后，向忽必烈建议："现在民生困敝，尤其是河北邢州一带，更为严重，何不从手下的人才中选派一位，前去治理，一来可以改善地方民生，二来也可观察这些人才的真实本领。"忽必烈于是派出乌脱、刘肃、李简三人到邢州，此三人同心协力，很快就使邢州人民安居乐业，户口增加十倍。如此显著实效，使忽必烈更加尊重儒士，这都是张文谦的启发所致。

不久，忽必烈听说真定路一位低级官吏张德辉是贤才，就把他召来，问："孔子死了这么久，他提倡的圣人之性，又在何处？"张德辉回答："圣人与天地相始终，无往而不在。殿下如能实行圣人之道，孔子的圣人之性，就在殿下之身。"

忽必烈又问："我听人说，辽的灭亡是因为他们过分信仰佛教，而金的灭亡是因为他们过分重用儒士，是这样吗？"

张德辉说："辽的事我不太清楚，金朝的事是我亲眼所见。他们的宰相中虽然有一两位儒士，但其余全是世袭武将，每当讨论国家大事，又不让这几位儒臣参与。总体上看，金朝官员，靠儒士身份得到晋升的，不过三十分之一。国家存亡，自有应该承当其责任者，怎可责咎这些儒士？"

忽必烈又问："祖宗的法度都在，但不能完全实行，又该怎么办？"张德辉指着案上的银盘，告诉忽必烈："创业之主，好比制造这样一个宝器，精选白金，使良匠精心设计而制成，但要让后人永久传下去，关键是选谨慎厚道的人掌管住它，不然的话，不但很快就会有所缺坏，甚至还将被别人窃去。"

忽必烈沉思良久，说："这正是我日夜担心的事。"又问："农家辛苦耕作，为什么还缺衣少食？"张德辉说："农桑是天下的根本，所有人的衣食都靠它供给。男耕女织，一年到头辛苦无比，还要把最好的上交给国家，剩下的仅够养家糊口，可是地方官吏又用各种借口横征暴敛，从农民手里抢走他们赖以生存的财产，所以农民才有冻馁之苦。"

忽必烈在与张德辉的谈话中，懂得了许多治民治国的道理，都是蒙古人的传统教育中未曾听说的，所以他更加重视汉人儒士，让已经投奔的儒士们向他推荐人才。于是又有魏璠、元裕、李冶等数十个儒士集中到忽必烈手下。

◇ 以抚慰政策收拢人心

对于不能来为忽必烈效劳的中原知识分子，忽必烈也不歧视，而能采取抚慰政策，起到收人心的作用。如对张特立，此人本为金朝御史，因上书言事触怒了当权者，罢官回乡。金亡之后，他并不像姚枢等人那样为蒙古人效劳，而是在家乡教授儒经。忽必烈传旨赐他"中庸先生"之号，表彰他："白首穷经，诲人不倦，无过不及，学者宗之。"推为学者之宗，给予很高的名誉。这样的做法，可以安抚一大批不愿出来为蒙古人做事的知识分子，让他们安心待在家乡，而不对蒙古政权采取敌对态度。这对蒙古人来说，是难得而明智的做法。

忽必烈所用汉族知识分子还有郝经，当时此人在张柔家教书，忽必烈听说此人博通各种学问，便召他入见，询问经国安民之道，郝经于是献上数十条建议，忽必烈读后大喜，便留在身边，任为谋士。

还有廉希宪，此人年少时就跟随忽必烈，因他年轻，暂未加任命。然而此人非常好学，笃好经史，手不释卷，甚得忽必烈的好感。一天，廉希宪正读《孟子》，忽必烈临时召见，匆忙间就怀揣书本来见忽必烈，回答问题时，也全是孟子的一套。因此忽必烈就称他为"廉孟子"。廉希宪其实不是书呆子，一次，他与忽必烈的蒙古大臣比赛射箭，连发三箭，箭箭命中靶心，大家非常吃惊："想不到廉孟子还有这一手，真是文武双全。"

忽必烈对此也心中有数，在征服了云南后，就任命廉希宪为京兆宣抚使。京兆即关中地区，是忽必烈的封地，又是控制陇西与巴蜀的战略要地，而蒙古其他亲王的封地，也分布在京兆四周，人民也是汉、戎、羌杂居，所以是最难治理的地区。忽必烈让廉希宪管理这一地区，可知他极相信廉希宪的能力。而廉希宪也没有让忽必烈失望，一上任就访求民间疾苦，裁抑豪强，打击奸民，改革弊政，不久就把京兆治理得井井有条，民安物阜，让忽必烈对自己的根据地完全放心，得以全力向外发展。

金虽被蒙古亡国，但忽必烈并不歧视金朝旧臣，凡有才能者，都尽量招至麾下。他派董文用去招金朝旧臣李冶，对他说："素闻先生学优才赡，但能潜德韬光不露，久欲一见，请勿推辞。"用谦逊而温和的口气，把此人请来。

忽必烈仔细询问金朝人才的情况，谁优谁劣，各有什么特点。李冶都一一细说，并论及金所以亡，蒙古所以兴。忽必烈请他来的目的在于网罗人才，于是向他请教，当今世上还有哪些人可用，如何召集而用之。李冶告诉他："天下从来都不缺乏人才，关键在于君主们求还是不求。求则得之，舍则失之。失之于此，必得之于此。你不能得到人才而用之，别人就会得到人才而用之。而能不能得到人才并重用之，是成功与失败的分水岭。"

忽必烈听他这样说，有些坐不住了，急切表示愿意访求人才而重用之。于是李冶向他推荐："现在的儒生，如魏璠、王鹗、李献卿、兰光庭、赵复、郝经、王博文等，都是有用之才，又都是贤明的君主曾拜访过的，对这些人举而用之，有何不可？只怕用之不尽。但天下之大，又岂止这几个人才呢？大王若能诚心诚意地向天下广求人才，还怕天下的人才不聚集于此吗？"

忽必烈后来果然按李冶所教，把这些人才全都网罗到手，形成了当时蒙古诸王中独一无二的智囊团。史家记述当时延揽人才的盛况时说忽必烈"招集天下英俊，访问治道。一时贤士大夫，云合辐辏，争进所闻"（《全元文》

卷二八七）。他们把自己的智慧都贡献给了忽必烈，因而日后忽必烈无论在政治斗争还是在军事活动中，这个智囊团都起了决定性作用，使他的帝王之志得以顺利实现，使忽必烈成为蒙古成吉思汗之后又一杰出人物。

忽必烈之所以能做到这一点，表现出与蒙古诸王截然不同的政治风度，在于他从青少年时期，就喜欢了解前代帝王的事迹，尤其佩服唐太宗。唐太宗在即位之前，并未被立为太子，也是普通的皇子之一，但他早有大志，广延四方文学之士讲论治道，其后终于实现自己的抱负，成为中国历史上最为著名的帝王之一。唐太宗为忽必烈树立了榜样，后者通过自己的实践，也成为中国历史上著名的帝王之一。

韬光蓄势，谋取帝位

韬光养晦的谋略，在《资治通鉴》中表现得最为充分。忽必烈在他的汉族士大夫的帮助下，也实行了这一策略。

◇韬光养晦

忽必烈组建了庞大的智囊团，并没有马上争夺皇位，因为当时的形势还不容许他进行这一步。虽然他有帝王之志，但他也非常明白，事情必须一步步进行，时机不到，不可轻举妄动。在等待机会之时，又不能无所作为，必须积聚势力，以便机会到来之际，能够一举成功。

当时的形势是乃马真氏摄政已到第五年，她借口君位不能久虚，授意窝阔台与察合台系的宗王，提出让窝阔台的儿子贵由继位。拔都仍然不来参加宗王大会，于是乃马真氏的阴谋得逞，贵由得以继位为帝。

但此人体弱多病，才能也似不足，在成吉思汗的子孙中属于无能之辈，故而朝中大政仍掌握在乃马真氏手里。贵由继位的第二年，乃马真氏病殁，贵由在位也仅三年，一病而亡，朝政落在贵由的皇后斡兀立氏手里。

总之，从窝阔台死后，在位之人或摄政之人，均属不得人心之辈，加之最有资格与能力称帝的拔都根本无意继位，因而促成其他王子王孙的争位。像忽必烈这样的英才，当然不会对此无动于衷。贵由死后，此时的摄政皇后还想指使一些人推举贵由的儿子继位，企图把皇权永远掌握在窝阔台一系的手中。当时成吉思汗的子孙为争夺王位，已分为两派。窝阔台系与察合台系为一派，术赤系（拔都为首）与拖雷系为一派。拖雷虽死，但其部属甚多，他不像其三位兄长都远封在外，而是一直留在蒙古本土，所以他的部属与亲信在朝中的势力最大。

拖雷之妻唆鲁禾帖尼是个非常精明能干的人物，为拖雷部属所归心。她曾参加几次宗王大会，参与讨论王位继承人的问题。已经了解到拔都与皇后与贵由等人的不和，见拔都又有威望，便与拔都联合，抵制窝阔台系与察合台系。

贵由死后不久，拔都就与拖雷之妻等人在阿勒台忽剌兀（今新疆精河南）召开了宗王大会，拔都不愿自己来继位，就提出让拖雷的长子蒙哥（唆鲁禾帖尼所生）继位。但窝阔台、察合台派，欲立贵由长子忽察或失烈门（贵由之侄）为大汗，对拔都的提议群起抗议，认为拔都等人召开的宗王大会所选地点不当，属于不合法的宗王会议。拔都不得已，宣布明年再到蒙古本土召开宗王大会。次年拔都派遣大军，保护蒙哥赴会。开大会时，窝阔台与察合台一派的王子们不到会，企图使大会再次成为不合法之会。拔都此时显示了处事果决、知人善任的特点，毅然宣布蒙哥为大汗，亲率群王诸将，举行了共立蒙哥为大汗的仪式，于是蒙哥成为元朝第四位皇帝元宪宗。

蒙哥上台后，首先毒死了贵由的皇后斡兀立氏与失烈门的母亲，又将贵由的长子忽察及其侄失烈门幽禁起来，并尽迁窝阔台的后裔诸王于边境，由此以巩固自己的帝位。对蒙哥的上台，忽必烈可以说是满意的，因为蒙哥是他的亲哥哥，且蒙哥十分赏识忽必烈的才能，对忽必烈委以重任，让他全权负责对付南宋的军政之事。

蒙哥称帝，说明蒙古的帝位已由窝阔台一系转移到拖雷一系，他们兄弟几人早就看不惯六皇后、贵由等人的无能与专横，此时掌握了大权，当然会紧密地团结在一起，继承成吉思汗未完的大业，把蒙古帝国的势力推向四方。不过，此时忽必烈心中的帝王梦想，已让位于对蒙哥的忠诚，至少表面上是这样。

忽必烈在蒙哥在位期间，不肯显露帝王之志，因为他认为此时仍非公开争夺王位之时。在表面的平和之下，忽必烈没有放松积聚势力的步骤。

蒙哥任命忽必烈全权负责进攻南宋的军政事务，忽必烈也想趁此机会在汉族文化区建立新的王朝，这也与蒙古诸王在其他方面的发展不矛盾，也是自己可以积聚政治势力的一个突破口。而要在汉人地区形成至高无上的影响，必须赢得汉族知识分子的心。他网罗一大批汉族知识分子组成智囊团，既是为了日后的政治军事斗争，也有这方面的用心。但是，汉族知识分子人数太多，不可能全部召集到智囊团中，要安抚广大汉族知识分子，他还有其他办法。

忽必烈此时做了一件令蒙古人大惑不解的事，他亲自主持了祭祀孔子的典礼。当然，这并非忽必烈自己想到的，而是他的汉人谋士劝说的结果。忽必烈本来不知这种活动有何意义，问谋士张德辉："为什么要祭祀孔子？"

张德辉告诉他："孔子是万世帝王之师，统治了天下的帝王，都要祭祀孔子，把孔子庙修得极其庄严辉煌，并且按时进行祭祀。帝王尊崇孔子与否，对圣人本身无所损益，但可看出帝王的政治水平是高是低。"

忽必烈于是宣布："从今之后，祭孔之礼不得废弛。"忽必烈此时虽未称帝，但他是蒙古的一位亲王，所以他能主持祭孔之礼。按照中国的传统，只有正式统治天下的皇帝，才能这样做。忽必烈在未称帝之前就祭孔，表示了他的帝王之志，也反映出他要安抚广大汉族知识分子的用心。

蒙哥称帝之后，让忽必烈总管汉人地区的军政事务，这表明蒙哥对忽必烈非常信任，忽必烈对此非常满意，召集属下，举行宴会，进行庆祝，准备利用这个职权大干一番。

此时，忽必烈的智囊团为他出谋划策，告诉他目前最重要的是暗中积聚实力，而非过早暴露实力，以免引起蒙哥的怀疑。

忽必烈的幕府设在金莲川，他设宴庆祝，宴会结束，单独留下姚枢，问："刚才大家都表示祝贺，独有你一言不发，是何原因？"

姚枢回答说："当今天下土地之广，人民之多，财赋之富，有能比得上汉人地区的吗？大王如果把它全部据为己有，则皇帝还干什么？以后皇帝必然后悔而来削夺，不如现在就向皇帝表示只掌管汉人地区的兵权，而不干涉政务，让皇帝放心，这样才可长保无虞，否则，必有意料不到的灾祸。"

这番话提醒了忽必烈，他连说："不是你的提醒，我根本没有想到这一层。"于是，忽必烈向蒙哥提出，蒙哥当然同意，也使蒙哥更加放心。

忽必烈在南方的势力逐渐增强，就算蒙哥对他完全放心，也难免会有人在蒙哥面前进谗言诋毁忽必烈，这种事对于饱读中国史书的汉族谋士来说，是非常熟悉的。因此，他们劝告忽必烈一定要注意这一点，而且要防患于未然，采取各种措施，增强蒙哥对忽必烈的信任程度。

正巧这时蒙哥因为刚登基不久，为了巩固自己的地位，准备更新庶政，对蒙古的制度进行改革。姚枢、张文谦、刘秉忠等人，认为这是可以利用的大好机会，就积极筹划，提出了各个方面的改革措施，提供给忽必烈，让他利用各种机会向蒙哥报告，以示自己对蒙哥的忠心及对国家大政的关心。

这一招受到蒙哥的欢迎，因为蒙哥身边缺乏汉族的知识分子出谋划策，虽有更新庶政的愿望，却拿不出一套成熟的方案，为此十分苦恼。忽必烈把姚枢等人精心构思的改制方案奉献给蒙哥时，蒙哥如同久旱逢甘霖，感到十分"解渴"。这就大大增强了蒙哥对于忽必烈的好感，同时也为忽必烈以后全面实行汉族制度打下了良好基础。

◇ 时机来临之前

蒙哥的帝位越来越稳了，这使素有帝王之志的忽必烈，会在某种程度上动摇信心。刘秉忠了解忽必烈，他怕蒙哥的在位影响忽必烈的帝王之志，便上书告诫说："从前，周武王是哥哥，周公是弟弟，周公为天下思考问题，夜以继日，坐以待旦，周王朝能够延续八百多年，这是周公之力。现在皇帝是哥哥，大王是弟弟，正好比周武王与周公，希望大王学习周公的事迹，为我朝的长治久安出力。千载难遇的良机，就在今天了。"

刘秉忠的这番话，表面上看是让忽必烈尽心尽力辅佐蒙哥，但把忽必烈比作周公，也是有其深意的。在中国文化中，历来把周公视为圣王之一，所谓尧、舜、禹之后，就是周文王、武王、周公、孔子，向来相提并论，是同等地位的圣贤。刘秉忠这样比拟，是让忽必烈明白自己也是圣贤之王，虽然目前不能在位，也要以在位之帝的角度思考治理天下的问题，其真正的用意是让忽必烈不要因蒙哥的在位，而忘了实现自己的帝王之志。

忽必烈经这批深受中原文化熏陶的汉族谋士的随时点拨，对于如何应付当前的环境与完成将来的目标，越来越心中有数，有条不紊地朝着既定目标前进。

忽必烈了解中原文化的深奥与作用，所以大量网罗汉族知识分子作为自己的智囊团，相比之下，蒙哥对中原文化知之甚少，非常隔膜。

一次，西夏人高智耀晋见蒙哥，告诉蒙哥："儒者所学，无非尧、舜、禹、汤、文、武之道，自古以来，治理天下者，用之则治，不用则乱。对于儒士，国家应该养活他们，让他们研究学问，培养人才，以备国家之用。请皇帝下令免除他们的徭役与赋税。"

蒙哥听了却说："儒家和巫医相比怎么样？"高智耀回答："儒以三纲五常治天下，巫医方技之流哪里比得上！"蒙哥似有所悟，感叹说："从来没有人向我说过这些事。"尽管如此，他仍不能像忽必烈一样，诚心召集和任用汉族知识分子作为自己的谋士，而是笃信佛教，尊奉来自西域的僧人纳摩、鄂多齐为国师，并赋予二人大权，常让此二人佩戴金符，巡视各地。对这些情况，忽必烈身边的谋士们不可能不知道，所以刘秉忠把他兄弟二人比作周武王与周公，其真正用意就不言自明了。

北方的少数民族都是长于骑射的民族，他们进攻中原的王朝，历来都是潮起潮落式的，忽地一下来了，忽地一下又退走了。每次进攻都以烧杀抢掠为主，对内地的社会与经济造成很大破坏，而他们的所得也仅能供一时之需，不能解决根本的问题。所以，他们要一次又一次南下攻击。这种状况，从契丹的辽，到女真的金，再至蒙古人，都是如此。然而，忽必烈的谋士们，为忽必烈出了一个主意，从而改变了骑射民族的惯有思维与历来的做法，结果就使蒙古人得以在中原建立起元王朝。这个主意其实也不是什么新鲜东西，乃是中国历史上常见的屯田制。

屯田始于西汉，最初在边境地区实行，由士兵、犯人和招募的农民垦荒耕种，由官府发给耕牛与种子，收获的粮食充作军粮。其后东汉、曹魏、隋、唐、宋在战争时期都实行这种制度，以解决军队调动与补给问题。此时忽必烈听从了姚枢的建议，也开始实行屯田制。地点是在与南宋对峙的长江以北地区，垦荒耕种者，则主要是当地的农民。由蒙古人发给兵器与耕牛，平时进行农业生产，一有战事，就编成军队作战。这样一来，历来像潮水般流动的蒙古人，就能在中原地区扎下根来，以便与南宋进行长期的拉锯式战争，也避免了以往北方骑射民族每次进攻中原后的烧杀抢掠，使他们懂得了保护占领地区的经济与生产，对于他们实现战略目标更为有利。

屯田制的实施，对于农业民族，是顺理成章的事，但对于骑射民族来说，就是革命性的。忽必烈能接受并认真实施这一制度，表现出他对汉文化的彻底认同，蒙古人所以能最终战胜南宋王朝，从而在汉族地区建立起元王朝，与忽必烈实行这个制度有着直接的关系。

忽必烈网罗人才，势力日见发展，引起其他亲王的忌恨，于是有人向蒙哥进谗言，企图打击忽必烈。蒙哥听信了谗言，派阿勒达尔到京兆设立行省，成立了所谓的"钩考局"，专门收集忽必烈手下的官员在钱谷方面的所谓不轨之迹。阿勒达尔派出亲信向各级官吏甚至商贩人等进行调查，网织了一百多条罪名，无所不至，并放出话来："等调查完毕，向皇帝报告，恐怕牵涉于此案的人全都要杀头。"虽然他们还不是直接向忽必烈开刀，但调查的都是忽必烈重用的人才。对此状况，忽必烈感到忧心忡忡。

此时姚枢为他献计："蒙哥是君，又是兄长，大王是皇弟，是臣，处于这种关系，就算他们栽赃诬告，大王也难以在蒙哥面前一一为他们分辩清楚。若过分辩护，恐怕还会招致更大的祸难。目前的关键是采取低姿态，让蒙哥放心，消除他对大王的疑心。只要做到了这一点，其他的问题都好办。"

忽必烈问："怎样才能让皇帝消除疑心，不再怀疑我呢？"姚枢说："目前最好的办法，是把大王的全部家眷送回都城和林，并做出久居不走的样子。蒙哥看到大王的家眷全部掌握在他的手中，自然会消除疑心。为了确保蒙哥对大王不再怀疑，还需大王亲自去见蒙哥，与他叙兄弟之情，巩固蒙哥对大王的信任，这样的话，其他人的挑拨，也就不起作用。至于这次受到诬告的官员，在蒙哥与大王冰释前嫌之后，也就可为他们开脱，大王的这些人才也就会重新发挥作用。"

忽必烈认为为了长远的目标，目前暂时忍让，完全有必要，而且估计蒙哥也不会马上屠杀自己的家人，于是采纳了姚枢的计策，把家眷们全部送回和林，让蒙哥吃下定心丸。不久他又亲自返回和林，晋见蒙哥，在见面时，忽必烈畅叙从幼自长的兄弟情谊，不禁动了感情，兄弟二人都流下了热泪。

此时，蒙哥念兄弟之情，不让忽必烈再提钩考的事情，随即废除此局，召回阿勒达尔。于是一场关系到忽必烈政治生命的轩然大波，消失在无声无形之中。

1258 年，即蒙哥上台后的第八年，他认为再次南下攻宋的时机已经成熟，就集中蒙古的全部兵力，分三路向南宋进攻。蒙哥亲率西路军，从甘肃、陕西一带向四川进攻，命兀良合台率南路军，从云南向湖南一带进军，命塔察儿率东路军，向湖北一带进军。西、南两路进展顺利，东路军则出师不利，蒙哥于是更换主将，让忽必烈代替塔察儿，率领东路军。

忽必烈在这次南征中，最初未被委以重任，表明蒙哥对他还有疑心。后来不得不用他，则是因为除了忽必烈，无人可以担当指挥东路军的重任。忽必烈受命之后，迅即部署，南下攻宋。此时，他仍不忘沿途招徕中原的汉族知识分子。如他进军到濮州时，就召见了当地的名士宋子贞，向他询问南征的方略。宋子贞为他分析形势："蒙古的兵力强大，威武有余，但在仁德方面不足。这样造成的后果是，南宋军民害怕落到蒙古人手中而只有死路一条，所以不得不拼命抵抗，这就大大增加了南征的难度。如果能实行投降者不杀，胁从者不问的政策，相信南宋各地的守将与士兵，就不会拼死抵抗，宋之郡县就可传檄可定。这就是所谓的'招降纳叛'之计。"

忽必烈听了宋子贞的话，联想到手下的谋士在蒙古军队每次发动军事行动前都要告诫自己"不要滥杀无辜""统一天下，以德不以力""王者之师，是仁义之师"之类的话，才明白那不只是儒士们的老生常谈，其中确实含有深意，并能即时收到显著的效果。

忽必烈走到相州，又召见当地隐士杜瑛，同样询问南征之策。杜瑛回答说："自汉、唐以来，君主统治国家，主要靠三件事：法、兵、食。一个国家没有法，就不能存在。天下人若没有食，就无法生存。天下大乱，没有兵就无法守卫。而现在的宋，对这三件事都不重视，恐怕将要亡了，继之而起的，就是大王的圣朝。现在的形势，只要大军控制了襄樊，然后顺流东下，直捣其背，大业可定。"忽必烈大喜，说："儒士之中竟有如此人物！"希望杜瑛随军而行，杜瑛借口有病，推辞不去。忽必烈并不勉强，只要得到他的见解，就已足够了。

就在这时，蒙哥统率西路军进攻宋军坚守的合州（今重庆合川）钓鱼城，受到顽强抵抗，蒙哥亲临前线督战，被宋军炮石击中，死于军中。蒙哥在位仅仅九年，死时年仅五十二岁，此时忽必烈四十五岁，正是年富力强之际。如果蒙哥不是死得这样早，忽必烈多年深藏内心的帝王之志，也许还不知等待多少年才有机会实施，然而上天好像在帮助这位善于网罗人才、虚心学习汉文化的有志之人，在他下了决心要长期等待下去的时刻，突然有了意想不到的大好机会，帝王之志很快就有可能美梦成真了。

◇ 兄弟相争之势

蒙哥突然阵亡，他的西路军只好停止攻击，班师回朝。同时派人通知忽必烈，请他同时撤军。然而忽必烈却不想马上撤军，他对使者说："我奉命南下，岂可无功而返。"随即指挥大军渡过长江与前来会合的南路军包围了鄂州。当时的鄂州是南宋在长江中游的防守中枢，鄂州一失，蒙古大军就可顺流而下，直逼南宋都城临安。忽必烈所以不班师，是想毕其功于一役，一举消灭南宋，完成统一大业。

尽管蒙哥已死，朝中无君，但忽必烈似乎并不急着回师，这是因为按照蒙古的惯例，选择君主，要召开宗王大会，自己作为一个势力强大的亲王，又是蒙哥的亲弟弟，宗王大会不能没有自己的参加。自己不回去，宗王大会开不成，继位之君就定不下来，如果自己完成了消灭南宋的大业，无论政治的声望还是军事的势力，都无人可比，到时候自己往宗王大会上一坐，没有人敢不推举自己为继位之君。

另外，为了万全，忽必烈也派得力干将廉希宪先行北上，返回和林，观察形势，拉拢亲忽必烈的势力，防备有人趁忽必烈未返回之际，另行篡逆。这就是忽必烈在听说蒙哥战死之后，不急着回师的原因所在。

然而时势的发展，出乎忽必烈的估计。蒙哥死后，蒙古大汗继位之争又一次展开。这次争夺的主角已非旧人，而是蒙哥的兄弟们，即拖雷的儿子们。蒙哥是拖雷的长子，忽必烈是拖雷的第四子，阿里不哥是第七子，旭烈兀是第六子。蒙哥征南宋时，分遣忽必烈率东路军，而派旭烈兀远征波斯，阿里不哥则留守和林故都。

就在忽必烈按照自己的想象，继续指挥大军向鄂州猛攻之时，回到蒙古都城和林的其他一些亲王们，已为排除忽必烈的继位而展开了紧锣密鼓的活动。他们以蒙哥、忽必烈的幼弟阿里不哥为首，得到了窝阔台系与察合台系人士的支持，以及一些素来与忽必烈关系不好的宗室皇戚，如阿勒达尔、珲塔哈、托果斯、托里齐等人的支持。

阿里不哥与阿勒达尔等人，一向忌恨忽必烈，此时蒙哥突然死去，而忽必烈又南征不回，他们认为这是千载难逢的良机，于是积极活动，图谋在忽必烈班师之前，就由阿里不哥继位。

在这伙人中，阿勒达尔是主谋，他先派托里齐到漠南诸州，亦即蒙哥委任忽必烈管理的地区，召集民众，编成军队。同时又派人到漠北各部落发布命令，调集军队。他们把军队集中起来，部署到忽必烈的王府所在地燕都（即中都，在今北京）附近，防备忽必烈的人突然杀回和林，这样他们就准备在和林召开忽必烈缺席的宗王大会，正式推举阿里不哥继位。这就是阿勒达尔的如意算盘。

正当阿勒达尔等人四处活动之时，忽必烈的王妃鸿吉里氏迅速做出了反应，她派人对阿勒达尔说："发生这样的大事，太祖的曾孙珍戳（忽必烈之子）在此，何故不让他知道？"阿勒达尔无言以对。鸿吉里氏听说托里齐到漠南调动军队，她感到事情非常严重，就派人火速赶到忽必烈处密报，请他速回。

登基及其谋略

在实现登基称帝计划的最后阶段，忽必烈又是怎样做的呢？他同样是在汉族谋士的帮助下，按照中国古代经典中的名言来执行既定计划的。

◇讲究时机的《班师议》

忽必烈得知这些紧急情报后，当即召集手下的谋士商议对策。此时郝经提出著名的《班师议》，建议忽必烈马上与南宋议和，班师回朝，防止阿里不哥抢先占据帝位。

郝经认为，按照《周易》的说法，知进退存亡而不失其正者，才可称为圣人。所谓不失其正，即不失时机，而且时机得当。他回顾：

忽必烈殿下聪明睿智，足以君临天下。很早之前，就对我说"现在的时势还不允许，不可冒进"，又说"时"之一字，最当用心。对于时势的分析与判断以及时机的把握与利用，都有高明的研究。还说"可行之时，尔自知之"。这是让我们不必担心，只要到了该动手之时，自会做出决断。据此可知殿下对于《周易》所说的"时乘六龙①"之道，早已洞然知悉。

不过话锋一转，就批评忽必烈说：虽然殿下深得"时"之大义，而从实际上看还有不到之处。自出师以来，大王都表示进而不退，作为谋士，一直

---

① 时乘六龙，时指适当的时机，乘六龙，比喻登基称帝。这里说的"时"，都是指"时乘六龙"之"时"。中国古代知识分子说这些问题时，总是借用非常典雅的语言，避免赤裸裸地说出来。

弄不明白其中的奥妙，所以一路上谋士们多次提出这个问题，殿下都不解释。目前形势已很紧张，我们必须提出看法，供殿下参考。

我朝灭金之后，对于南宋，只知进取，不知休养生息，使军队疲惫，国库空虚，三十年过去，还是不能消灭南宋。在蒙哥大汗继位之后，仍应暂时休养生息，却还大举发兵，进攻南宋。这从《周易》的原理说，就是不当进而进，就是不知进退存亡。如果以为是天命所在，按照上天的意志，我朝必须取宋朝而代之，因而不停进攻，则这种知进不知退的行动，还可以理解。

可是现在蒙哥汗已死，大军失去统帅，在此种情况下，殿下作为一个方面军的统帅，就应该派出使节遍告所属诸军将帅，逐步撤军，暂时与宋讲和，返回蒙古，把继位之事办好。有了这个条件，才可进行统一天下的大业。可殿下还是进而不退，这也是不当进而进。

从这次南征看，如果当初不宜渡过淮河，则其后更不应该渡过长江，既然不宜冒进，就更不应该渡江之后又来围攻鄂州。如果以为目前是灭宋的大好时机，因而机不可失，敌不可纵，且已渡过长江，就不能停下来而不进不退。而应攻占鄂州，分兵四出，直逼临安，以迅雷不及掩耳之势，一举消灭南宋王朝。如果做不到这一点，知难而退，保存实力，班师回朝，仍是可取之策。

然而这些都没做到，而是师不当进而进，江不当渡而渡，城不当攻而攻，当速退而不退，当速进而不进，迁延盘桓，情见势屈，举天下兵力不能取一城，则我竭彼盛，又想等什么结果呢？况且我军目前已有十分之五的人员染上疾病，如果再拖延下去，到了冬春之际，传染病要大肆流行，那时恐怕欲退而不能了。

现在从全局形势看，西路军已经撤退，使得南宋在上游地区已无任何军事压力。而在中下游，由于我们不进不退，贻误了战机，使南宋得以集中兵力重新部署。而且他们听说我方蒙哥大汗死于阵前，内部已经产生矛盾，因而士气大振，在中下游地区已构成严密防御，甚至还有反攻能力。此时，我军再想攻下鄂州，难度已大大增加。如果不顾一切代价非攻下此城不可，由于宋军已在其他地区重新设防，也无多大意义。由此看来，我军倾尽全力的南征，所得不过区区一城，而且胜之不武，如若猛攻之后，仍不能得手，更会使我朝与我军大损威望，于我方更加不利。

从各种情况看，殿下的本意不想渡江，既然渡过了长江，也不想攻城，既已攻城，也不想花费巨大的代价，这可从已经宣布的军纪看出：殿下命令不许焚烧房屋，不许抢掠财物，不许毁坏坟墓，三百里之内禁止一切掠夺。有人建议抛下鄂州不管，集中兵力直取临安，殿下则以为临安人口稠密，大军一到，就算全军能执行纪律，不乱杀乱烧乱抢，也会践踏这块富庶之地，实所不忍。殿下以为，如果上天让我朝得到天下，就不必用大军征伐而杀人，如果上天不让我朝得天下，则杀人众多又有何用处？因此，殿下未能直取临安。

这还造成了武将与谋士之间的矛盾，武将认为殿下这种思想是谋士们灌输儒家学说的结果，因而提出文人不可信用，他们认为不杀人就不能得城。对于武将的看法，殿下表示了明确的态度：宋朝守城者只不过一个文人贾似道而已，而蒙古十万大军竟不能胜，杀人数月而不能拔下鄂州城，这是武将之罪，岂是文士之罪？因此更加严禁杀人。殿下的这种仁心，已经感动了上天，所以才赐给殿下实现凤愿的良机。

殿下久有回归蒙古之志，实在是由于目前的种种问题，而不能马上行动而已。但是现在事情已经非常紧急，不得不马上做出决断。

现在的形势，宋朝非常惧怕大敌压境，虽然目前集中了不少部队，但只能处于防守状态，无力大举北上反攻。而我朝方面则是国内空虚，塔察儿等王拥有相当的兵力，处于我们的背后，西域各国窥视关陇地区，隔断了我们与旭烈兀的联系。国内的人们都是各持两端，观望形势，凡有一点实力的人，都对大汗之位垂涎欲滴。一有机会，就会使这些人的野心大大膨胀，如果他们之中有人在蒙古抢先举事，则殿下腹背受敌，大事去矣。

事实也正是如此，目前阿里不哥已经发布命令，让托里奇到燕都担任断事官，设立行尚书省，接收了图籍档案，向属下各道发号施令，这就是执行皇帝的权力！虽然殿下素有人望，且握有重兵，但也不能说是万无一失，大汗之位非我莫属。这种事在历史上屡见不鲜，殿下难道不知道吗？如果阿里不哥明天声称受有蒙哥遗诏，正式继位为大汗，一纸诏书颁布全国，与宋媾和，则殿下恐怕连蒙古也回不去了。

　　事情已经到了万分紧急的关头，不可再拖延下去。目前殿下唯一的可行之计，是立即与南宋媾和而回师蒙古，尽快商定继位大计，把灾祸消除于未然。具体说，应派劲兵截断大江上下的交通，以军事上的有利地位，与宋议和，让宋朝割让淮南江北地区，与之议定疆界及每年供奉的岁币数目。然后派出轻骑精锐部队，置辎重于不顾，渡过淮河，星夜奔驰，直抵燕都，制服托里奇，给阿里不哥一个突然袭击，使他的僭位奸谋冰释瓦解。

　　同时另派一支部队，迎接蒙哥的灵车，也就把皇帝玉玺接收到手。然后派出使节召见旭烈兀、阿里不哥、末哥及诸王驸马，在和林为蒙哥发丧。还要派官员到汴京、京兆、成都、西凉、东平、西京、北京等地，安抚各地军民，让他们不要轻举妄动，听从殿下的统一号令。目的是使全蒙古统治下的官员军民知所归属，不生变乱之心，也使心怀不轨之人不敢轻举妄动，这样才能使帝位自然而然归到殿下手中，而国家社稷才能太平稳固。

　　郝经的这篇《班师议》真是考虑得极为周到，得到众谋士一致的赞同，忽必烈也恍然大悟，明确了目前的重心不是消灭南宋，而是防止阿里不哥抢先夺得帝位。为保证大军安然北撤，必须首先与南宋媾和，忽必烈于是部署军队，做出放弃鄂州而要直取临安的样子，使南宋宰相贾似道大惧，派人前来议和。

　　忽必烈派赵璧与之谈判，临行嘱咐道："你去宋营谈判，先要与之周旋，不可马上答应他们的条件。只等看到我方大旗摇动，你就找个借口马上归来。"

　　赵璧来到宋营，贾似道的使节宋京提出："北军如果肯返还，我朝愿以长江为界，并且每年供奉银、绢各二十万。"赵璧心想，这个条件完全可以接受，但不可马上答应，于是回答说："如果在我军刚行到濮州时，你方有这个请求，那还可以考虑。时到今日，我军已渡过长江，这些条件又有何用？现在我只要见你们的贾丞相，与他面谈。"宋京不敢做主，只好回去请示。此时，赵璧见己方大旗摇动，便说："等贾丞相来了再谈。"于是返回。

　　忽必烈让赵璧前去谈判，完全是为了争取时间，以便部署大军撤退。赵璧为他圆满完成任务，于是蒙古大军顺利撤退，只留下部分军队与宋军对峙。而贾似道则向南宋理宗隐瞒了议和纳币之事，反而声称已经击退蒙军对鄂州的包围，各路都获大捷，国家危而复安，骗取重赏。

忽必烈在稳住宋军之后，率精兵轻骑突然回到燕都，托里齐猝不及防，不知如何是好。当时托里齐正在燕都地区征编民兵，准备配合漠北蒙古军，对忽必烈的燕都地区实行军事控制。当地百姓被强迫编为民兵，对托里齐怨恨不已。忽必烈一到，察知托里齐的阴谋，就以先帝临终遗嘱为命，宣布解散这些非法编组的民兵，于是人心全都归向忽必烈。

忽必烈在北返途中，特派张文谦找商挺问计。商挺时在东平，忽必烈早就知他是中原贤士，此次班师退兵，虽有众多谋士参议，忽必烈仍不太放心，所以专门派人找他问计。商挺得知忽必烈已经北还，非常赞同，又告诉张文谦：此时人心浮动，大王尚未正式登基，虽然掌握着大军，但怕其他人假借意想不到的名义在军中煽动骚乱，所以一定要在军中宣布严格的纪律，除了忽必烈大王的命令，任何人的命令都不得盲从，不然的话，很难控制军心。

张文谦马上返回军中，向忽必烈汇报商挺的意见。忽必烈一听，不禁大骂道："这么多谋士，怎么就没有一个人为我想到此事？若非商孟卿，几败大事。"于是火速派人到军中宣布纪律，统一号令。果然，不久就有阿里不哥的人潜入军中，企图煽动叛乱，由于军中已得忽必烈的指示，故把阿里不哥的使者当即逮捕处死，防止了军队的混乱。忽必烈得知此事后，对商挺更是另眼相看，当即召他来到上都开平，让他与廉希宪秘密协助继位大计。

◇登基成功

早在忽必烈班师北上之前，他为防止事变，就已派出得力谋士廉希宪和赵良弼先行北上，一方面侦察阿里不哥等人的动向，一方面在其他亲王中间进行说服活动，争取他们站到忽必烈一边。等忽必烈回到上都开平，廉、赵的争取工作已取得重大突破，他们说服了忽必烈的异母弟末哥、东道诸王塔察儿等人，拥护忽必烈继位。同时，忽必烈派出密使到远征波斯的旭烈兀处，争取他的支持。这样一来，在蒙古诸王中，只有阿里不哥不支持忽必烈继位，处于绝对的孤立地位。

在得到绝大多数王族的支持之后，廉希宪、商挺、赵良弼等人极力主张：中国的古训是先发者制人，后发者制于人，目前局势已经十分明朗，众人推举大王继位，只有阿里不哥企图进行抵抗，虽然大王在势力上大大超过阿里不哥，但不能按部就班循规蹈矩地顺着蒙古推举大汗的程序办事，而应先发制人，以免形势发生变化，造成被动。

忽必烈按照谋士们的指点，采取了令阿里不哥一伙意想不到的措施，完全抛开了蒙古人推立新王必须召开宗王大会的惯例，在旭烈兀等人的支持下，自行举行登基大礼，向天下宣布自己成为蒙古大汗，这就是蒙古史所称的薛禅皇帝，在中国正史中则称为元世祖。

阿里不哥听说忽必烈宣布即位，他在和林也匆匆宣布自己为蒙古大汗，同时分派心腹，任命一批将领，准备武力相争，打败忽必烈。

此时虽然双方都已自行称帝，但要取得最后胜利，还需一番激烈斗争，而取胜的关键是看谁先控制住川陕甘陇地区。当时的形势是，阿里不哥控制蒙古本土的和林一带，忽必烈控制长江以北的黄河中下游地区，南宋控制着长江以南的地区，而黄河上游的川陕甘陇地区，就成了双方取得胜势的关键。阿里不哥与忽必烈都清楚这一点，所以他们登基之后，首先采取的部署，都是任命陕西宣抚使。阿里不哥任命刘太平及大将果位噶到陕西、四川地区设行尚书省，并与驻军于六盘山一带表示支持阿里不哥的大将浑塔哈联合，又派人联络四川的密喇卜和卓等将领，准备同时发兵，攻击忽必烈。阿里不哥的计划是利用川陕甘陇地区的军队，对忽必烈形成右翼包围，与阿里不哥在漠北的军事部署构成钳击之势。

与此同时，商挺向忽必烈建议："南方的军队宜暂撤，以卫护上都开平和中都燕都，防阿里不哥的袭击。西部的军队，宜尽快占据战略要地，以防阿里不哥军在我右侧攻击。"忽必烈于是任命廉希宪为陕西宣抚使，命雅克特穆尔指挥黄河以西的军队，配合廉希宪，同时令大将史天泽率长江沿岸的部队回撤。

这时，廉希宪与刘太平都急着赶赴陕西上任。刘太平比廉希宪先出发，走到半路，听说廉希宪也来陕西赴任，他便换马不换人，不吃不喝不睡，比廉希宪提前两天赶到陕西。

虽然刘太平先到，但他并未占到优势，因为以前阿里不哥曾派阿勒达尔和刘太平在陕西任职，此二人对当地汉人施展威虐，使得当地人对他们恨之入骨。现在听说此二人又来了，大家胆战心惊，怕再度受到暴政的虐待。而陕人对廉希宪则充满好感，因为他以前担任京兆宣抚使时，按照儒家的治国思想，实行仁政，打击豪强，治民有方，深受当地民众的爱戴。

忽必烈与阿里不哥之所以派他们重返陕西，就是因为他们都曾在陕西任过职，熟悉当地的情况。但双方的素质不同，政绩不同，所以人心的向背也不同，这就直接决定了双方在陕西较量的结果。

廉希宪虽然比刘太平迟到两天，但刘太平并未能得到军民官员的支持，大家都在敷衍他，暗地里却盼廉希宪到来。果然，廉希宪一到，大家都倒向他，使之马上控制了陕西的军政实权，刘太平则成了孤家寡人，根本不能指挥任何人。

当廉希宪控制了陕西军政实权之后，刘太平就秘密派人联络驻扎在六盘山的蒙古军浑塔哈部。廉希宪一到任，也想稳住浑塔哈，派人对他宣谕安抚。浑塔哈暗中派人来京兆，准备与刘太平里外配合，对廉希宪下手。但城门守卫却将他们的使者捕获，带到廉希宪面前。经过审问，廉希宪掌握了他们的计划，于是他当机立断，派人分头行动，捕杀刘太平等人，又命总帅汪良臣率军进讨六盘山的浑塔哈。廉希宪不负忽必烈重托，完全控制了川陕甘陇，让忽必烈的称帝大业取得了关键的一分。

接着，忽必烈听从刘秉忠的建议，在汉人地区成立十路宣抚司，任命一批忠实而得力的官员出任各路宣抚使，以求谋得对于汉人地区的牢固控制。在这些宣抚使中，不乏忽必烈多年来网罗的汉族知识分子，如宋子贞、赵璧、王磐、张德辉、姚枢、张文谦、廉希宪等。这些人不仅是忽必烈得力的谋士，现在还成为忽必烈镇抚一方的股肱。在派出这批得力助手后，忽必烈又派人把各地著名的汉族知识分子尽数召到上都开平，如真定的刘郁、邢州的郝子明、彰德的胡子遹、燕京的冯渭、王光益、杨恕、李彦通、赵和之、东平的韩文献、张昉等人。

当时蒙古军队在战争中常把汉人当作胜利品，当作私奴，其中就有不少儒士。忽必烈只能注意到那些比较有名的儒士，对沦为私奴的普通儒士，就不会一一关心。作为一个帝王，这也是常有的事，不足为奇。不过，当初那个曾为蒙哥建议要重视儒家学说的高智耀，此时已成为忽必烈的翰林学士，他为此事特意向忽必烈进言："把儒士当作奴隶，这是自古以来不曾有过的事。陛下正以儒道为治国纲领，宜废除这种制度，以引导天下重视儒士。"忽必烈非常重视这个意见，马上派出专使，到各地巡视，凡属儒士沦为私奴者，一律加以甄别而恢复自由，由此而得到数千名儒士。可是一些蒙古贵臣对此表示不满，认为怎会有这么多儒士，可能有诈冒的，请忽必烈注意。忽必烈因此质问高智耀，是否放得太宽太滥？

高智耀回答："这就好比金子，其成色有深有浅，但不可说不是金子。这些儒士在学问上有高有低，同样不可说他们不是儒士。"忽必烈听他这样一说，非常高兴，说："你又为我挽救了不少人才。"于是忽必烈下令各地官员，让他们推举有学问才识的儒士，报上名单，以备朝廷选用。这些人虽然不能像那些著名的儒士一样，直接进入忽必烈的智囊团，但也在忽必烈这个政策的保护下，逐步渗入各级官府，运用儒家学说，缓和了蒙古人对汉人的严酷统治。

阿里不哥在刘太平等人失败之后，得知六盘山的珲塔哈部队尚未受重大损失，就与他联合发兵，向忽必烈发动进攻。他派阿勒达尔率蒙古本土的部队从和林由北向南出击，让珲塔哈的部队从西向东攻击，企图用军事上的胜利挽回政治上的失败。然而忽必烈早就估计到阿里不哥的这一步，他事先让南方部队回撤，让西方部队占据战略要地，就是为防备这一着。等阿里不哥行动时，已落后一步，结果在军事上仍不能战胜忽必烈，珲塔哈、阿勒达尔等人全部战死。而忽必烈在战场上取胜之后，率军亲征和林，要把阿里不哥彻底消灭。阿里不哥夺位不成，战又失败，得力干将也都命丧黄泉，完全丧失了与忽必烈竞争的本钱，仓皇北逃，躲到谦谦州（今俄罗斯叶尼塞河上游）去了。忽必烈让宗王移相哥领兵守和林，防备阿里不哥卷土重来，自己则返回上都开平。

经此一番争斗，忽必烈巩固了帝位，控制了局势，虽然阿里不哥不久又联合其他蒙古部落向忽必烈反攻，但已是强弩之末，不能动摇忽必烈的帝位。经过几场战斗，阿里不哥落到孤家寡人的地步。忽必烈处死了拥立阿里不哥的几名宗王之后，对阿里不哥采取了赦免政策，让他回到和林，然而不久也病死，忽必烈再也没有对手了。其后虽有占据山东的军阀李璮趁忽必烈与阿里不哥作战而无暇东顾之际发动叛乱，但也未能形成气候，叛乱很快平定。忽必烈又趁机撤掉了一些长期掌握军政大权的地方大族的职务，消除了内部的不安定因素，使得窝阔台在位时就存在的"群臣擅权，政出多门"的局面为之改变，也为后来灭宋奠定了基础。

蒙哥去世后，忽必烈能从蒙古诸王中一举成功而登上帝位，这在后人看来，似乎是顺理成章，众望所归，其实不然。如果不是忽必烈早有帝王之志，注意网罗汉族知识分子，组成人才济济的智囊团，并周密地实施帝王韬略，从而使自己具备了登基的各种条件，为顺利继位做好充分准备的话，恐怕在机会真的到来之际，也绝不会如此顺利地将帝位拿到手。就算有实力抢到帝位，也很难在继位之后，很快巩固统治，成为中国历史上的一代英主。

◇ 儒家文化与谋略

忽必烈与其他蒙古帝王不同，他自小就对汉族文化与历史怀有敬意，能在政治实践中真诚任用汉族儒士，这在那个兵荒马乱、天下分裂的时代是非常难能可贵的，这也是他能成为中国历史上一代名君的主要原因所在。由于忽必烈的这种态度与政策，处于乱世及异族统治之下的汉族儒士不仅得到了生存之机，更使他们中间的不少杰出人士，有了青史留名的机会，也让他们对中国历史能够做出自己的贡献。他们最大的贡献，是把儒家学说从理论转化为具体的政治策略，并运用巧妙的说服术，让忽必烈乐意接受并实施。这不能不说是儒家文化最大的政治智慧。从历史发展的角度看，这也是儒家文化对中国韬略文明的一大贡献。

在忽必烈的汉族儒士谋臣中，刘秉忠的地位最高，功劳最大。在他逝世时，忽必烈感叹说："秉忠跟随我三十多年，一向小心缜密，不避艰险，真诚坦言。尤其是他的阴阳术数，更为精通绝妙，能够预测时机，丝毫不差，只有我知道其中的详情，别人莫得闻知。"另一位汉族儒士王鹗评价刘秉忠说："参帷幄之密谋，定社稷之大计。"可知时人对他的定论。

阴阳，是儒家文化中的精髓之一，而术数只是阴阳的具体运用而已。这些秘术，并非刘秉忠赖以立功得位的主要因素，只可视为略施小计而已。从史书的记载看，他对忽必烈的政治上战略决策帮助尤大。

他第一次去见忽必烈时，经过当面会话，认为忽必烈是蒙古人中可以辅佐的明主，当时就上书数千言，为忽必烈定下大政方针。这篇上书的精华部分，在《元史·刘秉忠传》中得以保存，其要点包括：

一、儒家的典章、礼乐、法度及三纲五常之教，是帝王成功的保证，谁按这些去做，谁就能成为贤明的君主，反之就成为昏君败主，这是中国历史上无数史实一再证明了的。

二、帝王的成功，既与时势环境有关，又与政治家本身的素质有关，二者相应，才能在历史上留下光辉的一页，成吉思汗就是最好的例子。

三、武力可以夺取天下，但不可统治天下，所谓"以马上取天下，不可以马上治天下"，是中国历史的经验，也是客观规律之一。这是针对蒙古人迷信武力的一个警告。

四、蒙哥皇兄在位，并不能影响皇弟忽必烈的帝王之志。他以周公与武王的例子说明这一点，并明确告诉忽必烈："千载一时，不可失也。"这对坚定忽必烈觊觎帝位的信心起了关键作用，同时也指明了实现帝王之志的正确途径。

五、成功的君主，要靠才德兼备的相与将。一个在内统领百官，治理万民，一个在外指挥三军，安定四方。而君主的任务，就是发现适当的人选，并让他担任将与相，替自己实现理想。

六、统治天下，必须有一套完善的官吏体制，而依据儒家学说建立起来的汉人王朝的官吏体制，经历史证明，行之有效，不管哪个民族统治中国，都要遵循而不可违背。这是引导蒙古政权汉化的关键所在。

七、帝王要想长治久安，必须以民为本。所谓"天子以天下为家，以兆民为子"，帝王及其国家政权的一切，都靠兆民供给，兆民有了困难，帝王及其国家政权也要及时救助，双方相需如鱼水，谁也离不了谁。这对即将入主中原的蒙古人来说，是最好的政治课程。

八、君主要保持英明而不犯错误，一要大量培养人才，并保证人才顺利走上政治岗位，也就是要形成完整的学校与选官制度；二要在上的君主具备宽宏的政治气度，即所谓"君子不以言废人，不以人废言，大开言路"。天地之大，日月之明，都免不了有所蔽，"蔽天之明者，云雾也"。而蔽君之明者，则是出于私心的佞人邪说。普通人被蔽，只是一个人的问题，帝王被蔽，则关系到天下。所以帝王必须能够识别君子与小人，重用君子，而不受小人的蒙蔽。孔子说"远佞人"，又说"恶利口之覆邦家者"，都是指的这一点。

九、帝王为了保持天下国家的安定，必须讲"利"，儒家关于义利之辩，有完整的理论，并非只言"义"不言"利"。求利必须符合利国利民之大义，不仅不可残民以自利，也不可为了利国而害民。

十、对于帝王来说，奇珍异宝不是宝，贤能的人才，才是最大的宝。集中每一个人的睿智，乃是贤王的成功之本。

刘秉忠的上书，对于久有帝王之志的忽必烈来说，是完整的政治纲领，也是具体的政治教程，它对于忽必烈以后的称帝治国，具有长久的指导意义，可以说是儒家文化对于异族统治的最大政治韬略。

其他进入忽必烈最高智囊团的汉族儒士，都有类似的政治韬略性的上书或奏章，如徐世隆向忽必烈建议："陛下帝中国，当行中国事。"刘整告诉忽必烈："自古帝王，非四海为一家，不为正统。"王鹗建议修史并立翰林学士院。许衡提出："为政必因先王之道。"诸如此类，无一不是用儒家文化影响蒙古帝王，改造蒙古政权，这应该说是汉族人士在无法对蒙古取得军事胜利之后的根本性反攻，也是保护悠久的中华文化最好的深谋远虑。

忽必烈在接受了刘秉忠等人的政治教育之后，对他们委以重任，如让刘秉忠担任太保，负责中书省事务。在其死后又追赠太傅，进封常山王。元代以太师、太傅、太保为三公，是国家最高官职，只有功劳卓著的元勋才能得到这一职位。在整个元代，汉人之中只有刘秉忠被封为太保，可见忽必烈对他的敬重。其他汉人儒士们，只要被忽必烈视为可用之才的，也都担负了不同的职务，在蒙古政权中大量渗透进汉族的儒家文化，大至国家的方针大计，小到某个官职的具体措施，忽必烈建立的元朝廷，无不深受汉族儒家文化的影响。

　　这些影响，有些是有形的，如刘秉忠用儒家的阴阳文化为忽必烈相地筑城，修建了开平城，成为忽必烈后来的上都。后又替忽必烈修建燕京，即中都，也就是后来的元大都，成为元、明、清三代的首都所在地，即今北京的前身。忽必烈称帝后，其开国的整套制度，如颁章服，举朝仪，给俸禄，定官制，都是刘秉忠、张文谦、许衡等人为之全盘考虑而制定的。甚至当忽必烈灭宋之后，商定国号为"大元"，也是由刘秉忠取自儒家经典《周易》中的"大哉乾元"一句。又如郭守敬运用传统的中国方法考证历法，推算出《授时历》，由忽必烈下令颁行天下，并被明清两朝所继承，诸如此类，都是有形的影响。

　　但更多的是无形的影响，如刘秉忠等人为忽必烈日夜讲解中国历史与儒家学说，上书言事，出谋划策，这些东西潜移默化，都是无形的影响，而且是更为深长久远的影响。忽必烈在这些无形影响之下，其政治军事上的决策与韬略，也就不可避免地带上了儒家文化的烙印，从而使自己成为中国历史上的伟大帝王之一。

后记

二十年前出版此书时，正值谋略文化盛行之际，而中国的悠久历史过程中不乏富有谋略的人物与故事，当时出版社按历史朝代让若干学者分头来写，整体上就构成了一部完整的中国古代谋略史，各书则为断代的谋略史。现在回想起来，能够参与撰写这套古代谋略史，实属荣幸，因为这让我有机会深入了解中国古代人物在历史变迁中的谋略及其运用。

我所写的宋元时代的谋略，当然不能把这两个朝代的所有谋略都写下来，只能选择一些精彩的内容来写，读者举一反三，仍然可以从中得到智慧的启示。这次此书能够重版，让我颇多感悟，借此机会略述一二。

第一，人、人生及人类社会，不论在任何时代，都需要智慧，而谋略就是智慧的一种。俄国著名作家契诃夫的《第六病室》中有这样一段话："在这个世界上，除了人类智慧是最崇高的精神表现之外，一切都无足轻重、没有意思。智慧在人兽之间划出鲜明的界线，暗示着人类的神圣，而且在某种程度上甚至能取代人类的不朽。由此可见，智慧是快乐的唯一可能的源泉。"人能在各种事务中运用谋略，体现出自己的智慧，因此可以说这就使人达到神圣和不朽，也使人生充满了快乐。我们研究历史上的谋略，应该认识到这一点。

第二，二十年过去了，重读此书的原稿，让我体会到：学术没有止境，对于历史的了解和研究，完全可以进行多角度的关联并进行多样化的释读。如在写完《宋元韬略》之后，我为清代学者王夫之的《宋论》做注释和今译，就与当年撰写宋元谋略时的阅读与理解形成了有趣的关联，并使我对宋代历史和人物的认识得到不断的深化。如赵匡胤通过陈桥兵变而黄袍加身，是人所熟知的历史故事，但仔细梳理唐晚期到北宋建立这段历史，就会发现，赵匡胤通过兵变来夺取帝位的办法并不是他的首创，在他之前人们已经搞过四次兵变夺帝位的把戏。但前四次通过兵变当上皇帝的人，所建立的王朝都寿命不长，不久就被人推翻，而赵匡胤用同样的办法当上皇帝，建立的大宋王朝却能传承十八代皇帝，享国 319 年，成为中国古代历史上最辉煌的朝代之一，这是什么原因？对于这个问题，通过研究王夫之的《宋论》才得以明白。王夫之认为陈桥兵变前一些人用天命说来造舆论，但夺得帝位并进而统一天下，不能仅靠天命，还要靠人谋。王夫之指出：赵匡胤称帝后为后世继位者立下三条诫令——保全后周的柴氏子孙、不杀士大夫、不加农田之赋。王夫之认为能立下这样三条诫令，表明赵匡胤具有值得称赞的"盛德"。与这种"盛德"相配合的，是赵匡胤能对降伏之主采取优遇政策，这被王夫之称为"忠厚"。正因为赵匡胤有这种前人所没有的"盛德"与"忠厚"，所以王夫之认为赵匡胤开创的宋朝政治超过了汉代的文景之治和唐代的贞观之治。文景之治与贞观之治最多维持两代，而赵匡胤开创的宋代制度，则延续了整个宋代。王夫之认为自汉光武帝以后有"令德"的君主，宋太祖可谓"迥出"者。

将撰写《宋元韬略》与研究《宋论》关联起来，就对赵匡胤陈桥兵变黄袍加身的谋略有了更为深入的认识，而这种新的认识就在这次重版时补写进书中。

第三，历史是后人不可缺少的文化资源，后人必须从历史中吸取有益的经验教训，而正面反面的经验教训在历史上都有很多。英国学者弗朗西斯·培根有一句名言："史鉴使人明智。""史鉴"二字有不同的翻译，或译"历史"，或译"读史"，或译"谈史"，都不如译为"史鉴"更能体现培根的原意。培根的原意就是后人通过了解历史、研究历史而从中吸取有益的经验教训。如果不能从历史中吸取有益的历史经验与教训，这样的读史或历史，都是没有什么意义的。但历史本身并不会直接为后人说明什么经验教训，这要靠后人通过深刻的思考来认识历史中的哪些人物及事实能为后人提供经验教训。所以这又正像孔子所说的："学而不思则罔，思而不学则殆。""史鉴"

中就包括对历史的思考，光知道历史上的一些人物及其事迹，而不能进行思考，称不上史鉴，也就不能使人明智，这样读史、谈史对后人没有任何意义。要让历史成为后人的文化资源，一定要靠后人自己的独立思考。

第四，对历史的解读不能只凭片面的想象，要顾及历史事实和背景。由于人们不太注意对历史的解读需要严谨的历史背景知识与相关素养，因此也就形成了大量历史文学和影视剧的戏说性编造，这样的历史文学和影视剧不仅不能为后人展示真实的历史人物及历史事实，反而因为片面的想象和随意的解读而把历史歪曲成毫无真实性可言的闹剧。如果参与编剧的人与观看其作品的人都没有一定的历史知识和严谨认真的历史观，就会让培根所说的"史鉴使人明智"变成一句空话，导致后人不能正确地通过历史吸取必要的经验教训，这样一来，历史对于后人的教育作用就被阉割了。所以，读者在选择历史书籍进行阅读时，一定要看这种书是不是有根有据，有没有迎合低级趣味的内容与倾向。

第五，说到历史读物是不是有根有据，就要知道怎样才能看出历史读物是否有根有据。其方法只有一个，即要知道记载一段历史的原始文献是什么。这就是说，阅读历史读物时，应该知道读物是否根据可靠的历史文献来描述和撰写。如三国历史，可靠的历史文献是晋代史学家陈寿编纂的《三国志》，而不是元末明初的小说家罗贯中创作的《三国演义》。《三国演义》原名《三国志通俗演义》，是根据陈寿的《三国志》中的有关史实而用小说家的想象力加以发挥而写成的小说，已不是真正的历史著作。所以，要了解三国时期的历史人物及相关史实，必须根据《三国志》，不能根据《三国演义》。又如要了解春秋战国时期的历史，要根据《左传》《战国策》等历史文献，而不能根据明代小说家冯梦龙编写的《东周列国志》。中国古代留传下来的历史文献，除了历代正史之外，还有不少可靠的历史文献，如《资治通鉴》《续资治通鉴》等，但也有不少野史，后人要写历史读物，应该首先参考可靠的历史文献，不能只据野史或演义类的小说。我在写《宋元韬略》时，就要参考新旧《唐书》、新旧《五代史》《宋史》《元史》《续资治通鉴》以及宋代学者撰写的文集、笔记等，也参考了正规学术机构编写的《中国历代战争史》等可靠的文献和资料。在这些历史文献和正规学术著作的基础上，深入阅读，认真思考，才能写好宋元时期的韬略历史。二十年过去了，我一直遵循这一原则撰写历史读物，而不走戏说或随意想象的路子，以免误人子弟。